全球要事报告

Analysis of Important Global Affairs 2013/2014

主　编◇王宪磊

副主编◇王　晶/张焕波/吕　欣

时事出版社

目　录

金融焦点篇

贸易投资篇

政府采购篇

科技政策篇

网络安全篇

军事调整篇

人才政策篇

能源形势篇

序：要事概览

岁末年初，放眼世界，2013/2014年度的《全球要事报告》，乘着改革创新的东风，迎面走来了。她沿着中国梦与世界梦息息相通的大道，向每位亲爱的读者报告着全球“互联互通、合作共赢”的新变化、新特征、新格局。

你中有我，我中有你；乙方的收获，同是甲方的成就；甲方的危机，同是乙方的困境。一年来，世界全球化、信息化、市场化和金融化的新成果、新进程、新趋向，深入而明朗。全球各方互联互通的新成果日益增多，以政治、经济、信息、安全、科技、文化、贸易、金融、能源、人才、军事和生态十二大要素为主要内容的交流互动的新进程日益加强。全球范围内体制机制的变革和转型，在各地的趋向风起云涌。正确处理政府和市场的关系已成为全球改革的共识；全球科技进步加快，云计算、物联网和大数据日益改变着人们的生产方式、生活方式和学习方式；深海探测、空间探测和智能制造等新科技日益进入产业化和规模化，新材料、新能源、新动力正在进入日常的生产和生活。放眼2014年，美国等发达国家整体实力将继续透支，美国政府关门危机、债务上限上调、“棱镜”计划、量化宽松和历史问题等影响会继续发酵，会继续引发信誉下降、国力透支。新兴市场国家整体实力将继续上升。在十八届三中全会精神鼓舞下，中国在引领全球及国家或地区发展中，将呈现出动力十足的发展态势。生态文明、绿色发展（低碳发展）取得新成果，并成为全球发展方向。

回首收获令人欣慰，查看问题给人理性，面对挑战、全球要事波澜起伏，莘莘学子上下求索。未来10—20年，中国处在“由大到强”的发展阶段，最大风险是陷入“中等收入国家陷阱”。中国“由大到强”，即由农业大国到农业强国、教育大国到教育强国、工业大国到工业强国、科技大国到科技强国、经济大国到经济强国、军事大国到军事强国、文化大国到文化强国，甚至由环境污染大国到生态文明强国等。“由大到强”的“强”不仅是经济总量或人均收入，还包括人口素质、科技水平、生态环境、民族文化和制度文明等。从全球500年来的发展史来看，中国“由大到强”的最大门槛就是“中等收入国家陷阱”。中国是拥有13亿人口与较大地理疆域以及二次核打击能力的国家和中央集权制国家，强大的民族凝聚力已经注定了中国不会陷入“中等收入国家陷阱”或屈居一个二流国家的席位。

历史地看，现实地析，究其因观其性，探其果望其向，全球新格局已在进程。从全球角度来看，在中国“由大到强”的进程中，以美国为代表的传统强国在相当长的时间内，还会对中国采取遏制为主、合作为辅的政策，使中国注定要同其在各个领域内争夺属于自己的发展空间、势力范围和战略要地。在亨廷顿所提出的“文明冲突”理论中，以美国为代表的基督教文明同儒家文明之间也很有可能会发生冲突，这是因为基督教同伊斯兰教同样具有侵略性的原教旨派别。因此，摆在中国面前的道路只有一条，那就是必须勇往直前、迎接各种挑战。十八届三中全会的全面布局，动力十足。中国在“两个一百年奋斗目标”中必能成功实现发展和生态的“双赢”，完成转型，实现中华民族伟大复兴的中国梦！

王宪磊

2013 年 11 月 18 日于北京

总　论

全球新格局

王宪磊*

摘　要：一年来，经济全球化、世界多极化、文化多样化、社会信息化、空间体系化快速演变，全球“互联互通、合作共赢”的新格局已经形成，生态文明及低碳发展各方趋同。全球范围内体制机制的变革在世界各地风起云涌，正确处理政府和市场的关系已成为全球改革的共识。美国等发达国家由于国力“严重透支”，近年来将在变革和调整中蹒跚而行。新型市场国家在美国债务上限上调和量化宽松的负面影响下，曲折前行还要数年。我国正处在“由大到强”的战略机遇期，十八届三中全会确立的改革创新动力十足，“丝绸之路经济带”、“海上丝绸之路”及国家海洋战略的实施，凸显战略要点，跨越“中等收入国家陷阱”的制度变革令人期待。

关键词：互联互通　合作共赢　丝绸之路

* 王宪磊，中国国际经济交流中心博士后站主任，教授、博士后导师，新世纪百千万人才工程国家级人选，享受国务院特殊津贴。主要代表作《全球经济共同性问题的性质和原因》（七卷本），社会科学文献出版社2012年版。

当今世界，全球基本面只有一个，各种机制运行在同一进程，和平与发展面临的新机遇和挑战已是全球共同性问题。你中有我，我中有你；乙方的收获，同是甲方的成就；甲方的危机，同是乙方的困境。世界各方携手共同改革，合作维护安全，携手实现发展，是当今时代的历史使命。中国梦与世界各方之梦息息相通，必将铸造全球互联互通、合作共赢的新格局。

一、全球新形势

一年来，经济全球化、世界多极化深入发展，文化多样化、社会信息化持续推进，全球互联互通、合作共赢的新格局正在形成。国际力量对比朝着有利于维护世界和平方向发展，国际形势保持总体和平稳定的基本态势。与此同时，世界仍然很不安宁，霸权主义、强权政治和新干涉主义有所上升，局部动荡频繁发生，热点问题此起彼伏，传统与非传统安全挑战交织互动，国际军事领域竞争更趋激烈，国际安全问题的突发性、关联性、综合性明显上升。亚太地区日益成为世界经济发展和大国战略博弈的重要舞台，美国调整亚太安全战略，地区格局深刻调整。

（一）新成果新进程新趋向

世界全球化、信息化、市场化和金融化的新成果、新进程、新趋向，深入而明朗。全球各方互联互通的新成果日益增多，以政治、经济、信息、安全、科技、文化、贸易、金融、能源、人才、军事和生态十二大要素为主要内容交流互动的新进程日益加强。全球范围的体制机制的变革和转型，在各地的趋向风起云涌。正确处理政府和市场的关系已成为全球改革的共识；生态文明、绿色发展（低碳发展）取得新成果，并成为全球发展方向；全球科技进步加快，云计算、物联网和大数据日益改变着人们的生产、生活方式和学习方式；深海探测、空间探测和智能制造等新科技日益进入产业化和规模化，新材料、新能源、新动力正在进入日常的生产和生活。展望 2014 年，美、欧、日等发达国家整体实力将继续透支，美国政府关门危机、债务上限上调、“棱镜”计划、量化宽松和历史问题等影响会继续发酵，会继续引发信誉下降、国力透支。新兴市场国家整体实力将继续上升，在十八届三中全会精神鼓舞下，中国在引领全球及国家或地区发展中，将呈现出动力十足的发展态势。

（二）美国国力“透支过度”

美国经济继续温和复苏，能源结构调整见效，页岩油、页岩气对石油和天然气的替代率高达 95% 以上，房地产市场持续回升，就业形势继续有所好转。同时，电动汽车、3D 打印、物联网等发展迅速。但这仍改变不了美国“透支过度”和“欠账过度”的现实和历史。2014 年美国经济继续乏力，不排除出现经济金融走下坡路的可能性，某些州政府“破产”的概率也不小。让奥巴马政府头痛之事有不少，美经济复苏的复杂性、不确定性因素会很多。比如，美国债务上限上调、“斯诺登事件”及美元量化宽松等，会继续打击美国政府和美元的信誉。

（三）中国国际安全环境分析

十八大以来，综合国力大幅跃升，人民收入步步高升、生活显著改善，社会风气出现良好发展态势，大局保持稳定，两岸交流日益密切，和平统一深入人心，继续呈现良好发展势头，我国国际竞争力、影响力和话语权快速提升。但是，中国仍面临复杂多变的国际环境，周边安全与国际安全、经济安全与信息安全、生存安全和发展安全、传统安全和非传统安全相互交织，维护国家利益、维护领土完整、维护改革成果和拓展利益的任务艰巨繁重。美国深化亚太军事同盟，扩大军事存在，频繁制造地区紧张局势。极少数邻国在涉及中国领土主权和海洋权益上采取使问题复杂化、扩大化的举动，日本在钓鱼岛问题上制造事端。恐怖主义、分裂主义、极端主义“三股势力”对公共安全和人民利益的威胁上升。国家海外利益安全风险上升，主要国家大力发展军事高新技术，抢占太空、网络空间等国际竞争战略制高点。面对复杂多变的全球安全环境，信息安全保障、国家安全保障的使命重大、任务艰巨。中国武装力量要履行新世纪新阶段历史使命，加快拓展国家安全战略和军事战略视野，立足打赢信息化条件下局部战争，积极运筹和平时期武装力量运用，有效应对多种安全威胁，确保完成全面建设小康社会的多样化军事任务。

（四）未来的中国

未来10—20年，中国处在“由大到强”的发展阶段，避免掉进“中等收入国家陷阱”。中国“由大到强”，即由农业大国到农业强国、教育大国到教育强国、工业大国到工业强国、科技大国到科技强国、经济大国到经济强国、军事大国到军事强国、文化大国到文化强国，甚至由环境污染大国到生态文明强国等。“由大到强”的“强”不仅是经济总量或人均收入，还包括人口素质、科技水平、生态环境、民族文化和制度文明等。从全球500年来的发展史来看，中国“由大到强”的最大门槛就是“中等收入国家陷阱”。中国是拥有13亿人口与较大地理疆域以及二次核打击能力的国家和中央集权制国家，强大的民族凝聚力已经注定了中国不会陷入“中等收入国家陷阱”或屈居一个二流国家。

从全球角度来看，在中国“由大到强”的进程中，一方面，以美国为代表的传统强国在相当长的时间内，还会对中国采取遏制为主、合作为辅的政策，使中国注定要同其在各个领域内争夺属于自己的发展空间、势力范围和战略要地。在亨廷顿所提出的“文明冲突”理论，不少学者认为，以美国为代表的基督教文明同儒家文明之间也很有可能会发生冲突，这是因为基督教同伊斯兰教同样具有侵略性的原教旨派别。但这种冲突很可能是“隐性”的，即强势的一方企图在弱势文明尚未能够有能力对其产生威胁之前将其摧毁或者同化。即通过文化输出和同化政策来达到目的，将弱势文明变为其文化殖民地。因此，摆在中国面前的道路只有一条，那就是必须勇往直前、迎接各种挑战。这是一次绝对不能失败的竞技，如果失败那么中国不但面临着被永远肢解的危险，更面临着中华文明被基督教文明吞噬的危险。

另一方面，如果中国在“两个一百年奋斗目标”中成功实现发展和生态的“双赢”，完成转型、实现复兴，那么到21世纪中叶，世界的格局将由中国及其儒家文化圈、美国及其基督教文化圈、俄罗斯及其东正教文化圈、欧盟、印度阿拉伯文化圈和拉丁文化圈、非洲南部国家共同构成。

（五）专家研判

综合《全球要事报告》第1、2、3次专家研讨会结论，与本书各分报告观点，得出2014年全球要事报告的4个判断。具体如下：

第一，2014年全球将呈现出“互联互通、互利共赢”的新格局。当今世界，各方各国利益已经成为国内利益和海外利益的集合。全球各方海外利益可以看作是国内利益在境外的延伸，它包含战略利益、政治利益、经济利益、文化利益以及为维护这些利益而形成的安全利益与综合利益。只有各方利益的互联互通，才有全球互利共赢的新格局。科技进步是推动全球新格局的不竭动力，云计算、大数据、物联网和新材料新能源有力推动世界经济变革；调整和转型乃是全球各方的发展方向；改革创新是全球发展的主要动力。全球经济板块“丝绸之路经济带”、“海上丝绸之路”和中国自由贸易区的构建，将给世界经济复苏带来活力。中国等新兴市场国家的再改革、再开放、再创新将拉开全球新格局的序幕，令世界期许。

第二，不确定因素。2014 年欧盟改革发展动力一般，基本维持现状。日本前景令人担忧，极右势力干扰严重，给亚洲乃至世界人民带来不安。新兴市场国家受国际环境影响较大，在美国债务上限上调、量化宽松继续的背景下，经济复苏难度增加，由此带来的社会问题、环境问题和安全问题等将凸显。

第三，事件效应。2014 年斯诺登事件、美国债务上限上调负面效应、日本极右势力言行、局部军事冲突和自然灾害突发事件等，将给全球的和平、发展、合作带来负面影响。

第四，生态文明是人类的共同趋向。生态文明的基本含义是生态意识文明、生态制度文明、生态自然文明。

二、斯诺登事件及影响

（一）事件原由

斯诺登事件源于“棱镜”计划。英国《卫报》和美国《华盛顿邮报》2013年6月6日报道，美国国家安全局和联邦调查局于2007年启动了一个代号为“棱镜”的秘密监控项目，直接进入美国网际网络公司的中心服务器里挖掘数据、收集情报，美国情报机构一直在9家美国互联网公司中进行数据挖掘工作，从音频、视频、图片、邮件、文档以及连接信息中分析个人的联系方式与行动。监控的类型有10类：信息电邮、即时消息、视频、照片、存储数据、语音聊天、文件传输、视频会议、登录时间、社交网络资料的细节，其中包括两个秘密监视项目：一是监视、监听民众电话的通话记录；二是监视民众的网络活动。2013年7月1日晚，维基揭秘网站披露，美国“棱镜门”事件泄密者爱德华·斯诺登（Edward Snowden）在向厄瓜多尔和冰岛申请庇护后，又向19个国家寻求政治庇护。从欧洲到拉美，从传统盟友到合作伙伴，从国家元首通话到日常会议记录，美国规模惊人的海外监听计划在前中情局雇员爱德华·斯诺登的揭露下，引发了美国外交地震，其趋势与负面效应还在扩大。

（二）“棱镜”计划

“棱镜”计划（PRISM）是一项由美国国家安全局（NSA）自2007年起开始实施的绝密电子监听计划。该计划的正式名号为“US－984XN”。根据报道，泄露的文件中描述“棱镜”计划能够对即时通信和既存资料进行深度的监听。许可的监听对象包括任何在美国以外地区使用参与计划公司服务的客户，或是任何与国外人士通信的美国公民。国家安全局在“棱镜”计划中可以获得的数据电子邮件、视频和语音交谈、影片、照片、VoIP交谈内容、档案传输、登入通知，以及社交网络细节。2012年综合情报文件“总统每日简报”中有1477个计划使用了来自“棱镜”计划的资料。根据斯诺登披露的文件，美国国家安全局可以接触到大量个人聊天日志、存储的数据、语音通信、文件传输、个人社交网络数据。美国政府证实，它确实要求美国威讯公司（Verizon）提供数百万私人电话记录，其中包括个人电话的时长、通话地点、通话双方的电话号码。

关于“棱镜”计划的报道是在美国政府持续秘密地要求威讯（Verizon）公司向国家安全局提供所有客户每日电话记录的消息曝光后不久出现的。泄露这些绝密文件的是国家安全局合约外判商的员工爱德华·斯诺登。他原本在夏威夷的国家安全局办公室工作，在2013年5月将文件复制后前往香港将文件公开。

《华盛顿邮报》报道，“棱镜”项目2007年启动。参议员黛安·范士丹证实，国安局的电话记录数据库至少已有7年。项目年度成本2000万美元，自奥巴马上任后日益受到重视。2012年，作为“总统每日简报”的一部分，项目数据被引用1477次，国安局至少有1/7的报告使用项目数据。

《华盛顿邮报》报道，Facebook、谷歌、微软、苹果、雅虎已通过媒体断然否认为政府提供秘密服务。Twitter令人瞩目地没有出现在被监控的公司列表中。Twitter曾表示要特别重视保护用户个人数据。报道称，Dropbox下一步也将可能被纳入“棱镜”监视范围。美国《时代周刊》报道，美国政府对公众隐私的监控可能比媒体报道的更深入。“棱镜”项目监视范围很广，包括美国人每天都在使用的网络服务。FBI和NSA正在挖掘各大技术公司的数据，微软、雅虎、谷歌、Facebook、PalTalk、YouTube、Skype、AOL、苹果都在其中。

（三）各方反应

据BBC报道，美国国会众院情报委员会主席、密歇根州共和党众议员麦克·罗杰斯对记者说，从电信公司威讯（Verizon）收集美国电话通话记录的做法是合法的，得到了国会的授权，而不是奥巴马政府在滥用权力。他还说，这一做法在过去几年间有效防止了对美国的“重大”恐怖袭击。不过他拒绝就此透露更多的信息。白宫新闻发言人乔舒亚·欧内斯特表示，这种备受争议的监控举措“是让国家免受恐怖威胁的重要手段，因为这会促使反恐人员察觉已知的或者有嫌疑的恐怖分子是否与其他可能参与恐怖行动的人有联系，特别是那些在美国定居的人”。他补充说，“总统欢迎对安全和公民自由的取舍展开讨论。”

美国国家情报总监詹姆斯·R. 克拉珀则在一份声明中说，“只有在美国以外的非美国人”才是监视的对象。他补充道，监视行动曾接受严格的法律审查，为的是“将意外得到的美国人信息的获取、保留和传播最小化”。《华盛顿邮报》称，公众需要合理的解释，该项目为美国国家安全带来的收获是否值得侵犯个人隐私。《旧金山纪事报》表示，该行动“几乎没有法律监督”，“这位总统因为承诺消除 13 年前的袭击给美国人带来的恐慌走进白宫，却再次让民众失望”。消息曝光后，英国在野党工党称其令人“寒心”。在野党影子内阁内务大臣要求政府调查英国同美国“棱镜”项目的关系并给出一个全面的解释。德国《明镜》周刊报道，德国总理默克尔通过一位发言人证实，她计划在奥巴马访德时讨论可能影响了数百万德国人的“棱镜”项目。德司法部发言人称，两国政府正在讨论该项目对德国的影响。德消费者保护部部长也要求涉事美国公司给予明确回复。在太平洋另一端，与美国共享安全情报的澳大利亚和新西兰安全机构同样面临国内质疑。一些澳大利亚政界人士 9 日要求政府说明是否借用“棱镜”数据搜集情报。谷歌、Facebook 等公司均强烈否认参与“棱镜”计划，拉里·佩奇在一份声明中称，谷歌从没有参与过“棱镜”计划，也没有给予任何政府谷歌服务器的直接入口。facebook 的 CEO 马克·扎克伯格也发出了类似声明。

中国国际广播电台驻英国记者张哲报道：黑格表示，他很了解政府通信总部的工作，说他们与别国情报机构合作，逃避英国法律监管的说法很可笑，是无中生有。他也否认他本人批准过英国情报机构与“棱镜”项目展开合作。但是对于政府通信总部与“棱镜”项目的关系，黑格既没有承认也没有否认，只是说英国民众没有什么好害怕的。俄罗斯总统普京发言人比斯科夫则透过法新社表示，若斯诺登提出相关申请，俄罗斯政府会考虑向其提供政治庇护。欧盟司法委员雷丁 10 日致信美国司法部长埃里克·霍尔德称，“‘棱镜’这类项目以及授权此类项目所依据的法律可能会给欧盟公民的基本权利带来严重的负面影响”。美国国家安全局局长、美军网络司令部司令基思·亚历山大在国会作证时称，正处于风口浪尖的“棱镜”等秘密情报监视项目发挥了反恐作用，曾协助挫败超过 50 起恐怖阴谋。

（四）“棱镜”计划的法律问题

各国就数据保护有不同法律，但这些法律倾向于规范公司可以保存何种客户数据、拿这些数据做什么、能保存多长时间，而不是管理政府活动。大多数公司的隐私政策包括一项条款，该条款称在收到合法请求的情况下，它们将会共享信息以及有关其他监控的信息词。官员们通常会辩称，阻止恐怖主义高于保护隐私权。奥巴马 9 日在对美国的监视方法进行辩护时称：“你不能在拥有 100% 安全的情况下同时拥有 100% 的隐私、100% 的便利。”英国外交大臣黑格在接受英国广播公司采访时称，英国的守法公民永远不会知道政府部门为了阻止你的身份被盗或者挫败恐怖袭击所作的一切事情。用户数据（例如电子邮件和社交媒体活动）并不总是存储在用户自身所在的国家里。例如，Facebook 在其隐私条款中称，所有用户必须同意他们的数据“被转送和存储在美国”。美国2001年的“爱国者法案”给予美国政府在使用按这种方式存储的欧洲数据新的权力。“隐私国际”认为：“由于世界主要技术公司的总部都在美国，那些参与我们互联世界、使用谷歌或者Skype的人士的隐私都可能被‘棱镜’项目所侵犯。美国政府可能接触到世界的大部分数据。”斯诺登称，他是出于对隐私权的担心才采取报料行为的。他对英国《卫报》称：“我不想生活在一个做那些事情的社会里，我不想生活在一言一行都被记录的世界里。”

三、美国政府关门危机

（一）美国政府关门问题

美国政府关门（US government shutdown），起因是预算拨款案无法批准，美国政府没钱可花。预算拨款权力掌握在美国国会手中，国会不通过预算案，就意味着政府不能花钱，很多需要花钱的工程无法继续，员工的工资也将难以支付。从1977年到1996年的19年间，联邦政府曾关门17次，几乎平均每年关门一次，最短1天，最长21天。其中1995—1996年克林顿政府执政时期，联邦政府就曾两次关门，导致数十万政府雇员被遣散回家“待业”。2013年9月20—30日晚间，在共和党内“茶党”等保守势力的强烈要求下，国会众议院议长博纳至少3次提出不同版本的临时拨款议案，这些议案都与阻挠奥巴马力推的美国医疗保险改革实施内容相捆绑，但都没有得到民主党掌控的参议院的通过，最终导致联邦政府预算至今没有着落。2013年10月1日，美国联邦政府的非核心部门关门。2013年10月7日，据香港

《文汇报》报道，奥巴马急签军方支薪案，五角大楼九成员工复工。2013 年 10 月 16 日晚结束联邦政府关门。

在美国按照 1921 年预算与会计法案及 1974 年美国国会预算暨截留控制法案等的要求，任何全权预算支出（discretionary spending）必须通过相应的年度政府预算案（appropriation bill）的支持方有效。在预算案因故延迟的情况下，政府可通过持续决议案（continuing resolution）对预算进行授权。若两者皆未能按时颁布，即称作出现资金缺口（funding gap）。1981 年，时任司法部长本杰明·希弗莱蒂对反超支法案（Antideficiency Act）进行了诠释，要求当资金缺口出现时，关闭受影响的机构与服务，亦即开始政府关门。

（二）关门危机过程

2013 年 9 月 27 日，美国国会参议院（民主党把持）通过了一个避免政府关门的临时预算法案，发给众议院（共和党把持）表决，剔除了此前共和党提议的禁止给奥巴马美国医疗保险改革拨款的内容。但是，众议院当然不会轻易就范。2013 年 9 月 29 日凌晨，美国国会众议院投票通过为期两个半月的临时拨款议案，议案同时要求将奥巴马美国医疗保险改革延期一年实施。2013 年 9 月 30 日下午 2 点，美参议院以 54∶46 票否决了众议院要求把奥巴马美国医疗保险改革延迟一年，并取消用于实施医改而征收医疗器械税的临时拨款议案，这表明联邦政府的非核心部门 10 月 1 日关门的风险增大。共和党议员们表示不能接受参议院版本，众议院议长博纳说会在 30 日再发一个修正案给参议院。共和党人也承认说，眼下还拿不出修正案，毕竟在是否要给奥巴马医改法案提供资金支持这个问题上，驴象两党的立场是很难调和的。

根据美国立法程序，在年度财政预算没有获批的条件下，参众两院必须通过完全相同版本的临时拨款议案并送交奥巴马签署生效，方可保证联邦政府免除关门危机。参议院预定30日复会，留给两党的协商时间已经不多。2013年9月30日，奥巴马在白宫召开的新闻发布会上强调，如果联邦政府的非核心部门在10月1日停摆，马上就会给美国民众的生活和美国经济增长带来真实的冲击。虽然军队、边防、公共安全、狱警等核心部门的运营不会受此冲击，邮局还会照常运营，退休人士的社会保险福利金也会照常发放，医疗保健项目的享有者依旧可以去医院看病，但是数十万文职政府雇员将会停工，所有的国家公园将会关门，私营部门申请政府贷款的进程将被迫延期。当晚，白宫行政管理和预算局局长西尔维娅·伯韦尔宣布，由于联邦政府本财年的预算已经耗尽，而国会尚未批准新财年的预算或临时拨款议案，联邦政府的非核心部门被迫关门。她敦促国会应当尽快批准临时拨款议案，使得政府可以正常运转，并尽快通过新财年的政府预算。2013年10月1日，美国联邦政府的2014财年开始，由于美国民主、共和两党尚未解决新财年的政府预算分歧，联邦政府的非核心部门被迫关门，此次联邦政府“关门”风波持续多久取决于两党何时能解决预算分歧。奥巴马对军队发表电视讲话时说，尽管联邦政府的非核心部门被迫关门，美国在国内和国外的军队将正常运转，国会两院都已通过议案让军人可以在政府关门期间按时领取工资。造成本次美国两党分歧无法弥合的关键原因在于即将全面推行的奥巴马美国医疗保险改革法案。同时美国各州的健保交易所也将开张，该交易所是美国医疗保险改革法案中扩大医保覆盖面的核心举措，旨在为没有医疗保险的美国人提供政府补贴的医保产品。美国政府关门已使两党“战火”迅速烧至美债。奥巴马和财政部轮番发难，均称如果美债半个月后违约，将引发甚于2008年的金融危机，届时美国政府将有73多万人被迫休假。2013年10月2日，美国白宫通报，受政府关门所迫，奥巴马决定取消访问马来西亚和菲律宾。2013年10月3日，奥巴马总统呼吁众议院议长博纳立刻将参院通过的临时预算法案发众院全院投票表决，从而结束这场闹剧。同日，股神巴菲特接受美CNBC电视台访问时表示，他相当担心政治僵局，认为情况将会恶化到“极度白痴”（extreme idiocy）的程度，痛斥共和党不惜以国家倒债为要挟，否定推行美国医疗保险改革，但预言这种招数无法持久。

2013年10月4日，据外电报道，印度尼西亚称，由于美国联邦政府关门，美国总统奥巴马将缺席将于巴厘岛举行的亚太经合组织（APEC）峰会。据香港《文汇报》10月7日报道，美国政府停运令国防部文职员工被迫无薪放假，不过司法部研究过停运前由总统奥巴马紧急签署生效的军方支薪法案后，认为法案适用于直接支持军人的后勤职员，因此防长哈格尔已下令五角大楼大部分文职人员于本周起重返岗位。负责审计的副防长黑尔表示，暂时未能估计确实复工人数，但大概超过90%。他表示，国防部受影响的文职员工数目约为35万，少于报道指的40万。按此推算，复工人数约为31.5万，相当于全体被迫放无薪假的公务员的40%。2013年10月16日晚，美国国会参议院投票通过议案结束联邦政府关门。

（三）关门危机的直接影响

自1970年以来美国已经出现了17次联邦政府关闭的情况，其中有9次引发了标准普尔指数下跌，有11次政府关闭一周后指数开始下跌。福特和卡特总统当政期间也出现了政府提前关闭的情况，当时的背景是，债券收益率上升，股市下跌，美元走软。也许我们会担心20世纪70年代末（即卡特主政期间）的黑暗时期再度出现，但当时出现那种状况，只是因为卡特手中所握有的经济牌特别差。同样，里根主政期间出现的短暂政府关闭也不能说明问题。1995年的两次政府关闭提振了美元、股市和10年期国债。但当时的经济形势要比现在好，而且之前在1994年还出现过收益率飙升的状况。2013年美国政府关闭背后的经济形势要比关闭事件本身重要得多。世界经济复苏形势还很脆弱，自5月份传出美联储打算缩减政策的消息以来，对利率敏感的领域已出现了一些疲软数据。关闭不利于美国经济景气，市场出现加息时间点预期进一步推后的状况。

美国政府关门迫使几十万联邦雇员下岗回家，许多政府服务项目受限或关闭，并引发了一系列的民众抗议。抗议者对国会议员表示不满，并呼吁他们结束预算僵局。2013年10月1日美国进入新的财政年度后，预算方案迟迟没有通过，国家公园关闭，负责调查食品引发的疾病的工作人员下岗，政府停止公布有关经济状况的报告。这些影响让人们走上大小城镇的街头抗议。14日，在首都华盛顿大草坪，在保守的茶党组织下，好几百人拆掉了搭建在被关闭的国家纪念碑和纪念园周围的隔离障碍。他们把一些障碍物带到白宫，还打出批评总统奥巴马的标语。在芝加哥、波士顿、亚特兰大以及得克萨斯州的普拉诺、新泽西州的纽顿和宾西法尼亚州的斯普林盖茨波里等地，联邦雇员都走上街头抗议。

四、美国债务上限上调的原因及性质

2013年美国债务上限再次上调，深深打击了美国政府的信誉，严重影响世界经济复苏，给新兴市场国家带来了沉重负担。

（一）美国债务态势

2013年年初的债务上限为16.39万亿美元，事实上已于2013年1月1日被技术性突破。财政部虽可通过腾挪支付政府的账单，但只能坚持到2月中旬。此后奥巴马政府已决定的开支将超过税入，如果不能借到更多的钱，财政部将没有足够的现金为政府买单。美国国会众议院于2013年1月23日表决并通过了一项此前各方都已经翘首以待了许久的法案，该法案允许美国联邦政府在2013年5月19日之前继续进行必要的举债活动，以防发生债务违约。该法案在众议院以285票对144票的较大优势获得通过。然而，尽管此前白宫以及国会参院领导人都对这一法案表示了欢迎态度，但仍有部分民主党议员投下了反对票，原因是他们对债务上限仅仅是被“临时性”上调的状况表示不满。依据这一协议，年收入40万美元以上的个人和年收入45万美元以上的家庭所承担税率将从35%上调至39.6%。另外，两党同意把定于2013年年初启动的“自动减赤机制”推后两个月生效，在这期间转而以总额240亿美元的赤字削减方案取代。

（二）美国债务机制

由于美元的世界货币地位，美国国债实际上也成为世界各国竞相购买以获取稳定收益的投资对象。在这种情况下，美国国债的发行虽然是其国内行为，却具有世界影响。美国是以“债务”作为宏观经济运行的基础的。简单来说，美国政府不能发行美元，政府融资是通过发债来实现的。美元是美国联邦储备银行发行的不可兑换银行券，但是它不能独自随意印刷，美联储必须以购买国债的数量决定印刷美元的数量。美国政府向美联储卖出国债，美联储向其提供等额美元。不过，这里的“等额”通常不是面值的等额，因为国债具有偿付期限和利率，购买价格往往低于面值，两者之间的差及利率收入即为国债收益。通过这一过程，美联储拿到美国国债后，既可以拿到债券市场上出售获利，也可以坐收利息；而美国政府也拿到了美元，用于预算支出，维持政府和公共事业的正常运转。在这种运行机制中，国债上限提高就是允许美国财政赤字增加，财政赤字增加在短期内能刺激需求和增加产出，这也是美国在国际金融危机期间采取经济刺激方案的主要依据。不过从长期看，当经济复苏接近充分就业时，政府的赤字及增发的美元势必会引发财政危机和通货膨胀，进而迫使利率上升，抑制投资和消费。但同时，由于美元的世界货币地位，高利率会吸引海外资金流入套利，外国投资者会购买美国国债和其他美元资产，从而使美元升值，降低了进口成本，这在一定程度上又弥补了政府投资的不足，还可以部分抵消财政赤字增加对投资的消极作用。但是，是债务就要还，何况还有利息。据测算，如果按美国举债速度和赤字增加速度，到 2023 年，美国政府的全部收入将主要用于偿付到期债务及利息，根本不可能用于其他如国防、教育、卫生等正常的公共开支。换言之，到时美国政府将被“债务大山”压倒。实际上，不必等到 2023 年，只要美国政府触及债务上限就不能发行新的债券，无法通过债券市场融资，其支出将全部依靠收入，即税收和行政收费。如果支出超过政府收入能力，就只能削减支出，否则就将导致政府部门无法运转。

美国国债的发行毕竟要受到国会制约，发债量也不能无限制提高。在国债发行上限问题上，主导国会众议院的共和党与总统奥巴马所在的民主党有着明显的分歧：共和党认为只有签订长期协议，削减政府开支，包括削减医疗保健项目及社会保险制度计划，才能同意提高上限；民主党则希望通过加税来增加政府收入，却被共和党拒绝。纵观美国国债的“膨胀历程”，只能说“冰冻三尺，非一日之寒”。在布什政府时期，美国财政已由前任民主党克林顿政府时期的盈余局面转为财政赤字。伊拉克和阿富汗战争、新的减税政策以及经济刺激措施等因素使联邦债务继续显著增加。2009 财年美国政府赤字创下 1.41 万亿美元的历史纪录，2010 财年达到 1.29 万亿美元，2011 财年由于奥巴马政府前期实施的减税政策，财政赤字达到 1.65 万亿美元的历史新高。正是在不断高企的赤字推动下，美国国债突破了 14 万亿美元的大关，相当于美国人均负债 4.53 万美元。

（三）美国债务问题的实质

美国和欧元区面临的债务问题有很大区别，美国至少从中期而言看不到所谓的主权债务危机，债务违约风险更多缘于其国内的政治博弈。此前美国曾 100 多次提高债务上限，且较少被争论。但这次提限却被广泛关注，一方面是由于其违约后果的严重性，另一方面是美国国内政治形势微妙。美国联邦政府债务已接近国会批准上限——约 14.3 万亿美元，而此次提升债务上限的争论是共和党与民主党为各自利益在国会中的直接交锋，涉及两党短期与长期利益博弈。短期利益在于共和党反对加税，更偏向保护大财团富人的利益，民主党则反对削减开支，倾向加税。长期利益在于 2012 年总统大选。共和党表面表明不希望美国违约，害怕招致民众反感，从而装着也跟着出谋划策。但其提出的方案有一个原则，就是缓慢地、分阶段地提高上限，解决这个问题。实行“拖”字策略，让民众无时无刻不活在债务上限的担忧中，也活在对民主党的埋怨中。再如，参议院共和党领袖米奇·麦康奈尔 2011 年 7 月 12 日再抛出一项所谓“备选计划”。据该计划，国会将通过立法授权奥巴马政府在2012年年底前分三次要求国会提高债务上限，国会可以拒绝这一请求，但奥巴马随后可以动用总统否决权否决国会的决议。这实际上是给了奥巴马无限制提高债务上限的权力。麦康奈尔这么做，其目的首先是向选民证明，共和党不愿看到政府债务违约，并为此作出了重大让步；其次，迫使民主党承担提高债务上限的全部责任和后果，包括选民的不满。另一方面，民主党希望立刻解决问题，完事之后希望民众尽快把这事忘了，在2012年大选的时候最好不要想起。虽然说美国历史上每次讨论债务上限调整的时候总会遭到另一党派的刁难，但这次适逢大选将至，共和党有意将事件稍微升级以扩大影响。

实际上，美国政府债务上限在2011年5月就已达到上限，但当时美国财政部采取了四项措施临时扩展偿还债务的能力，包括：终止发行州和地方政府债券；宣布一个行政人员退休和残疾基金的债券发行终止期；终止政府债券投资基金的再投资；终止外汇平准基金的再投资。这四项临时措施得以将这个“大限”推迟到2013年8月2日，但也意味着政府再无退路。如届时国会没有通过调高债务上限的任何决议，那么美国政府就会面临违约风险。欧元区主权债务危机则切实存在，希腊、葡萄牙等国一旦失去国际援助，就不可能渡过难关。

（四）债务问题出路

第一，美国国债违约的可能性是零。自从1971年以来，国会已经80次批准提高债务上限，事实证明这一次国会也会如期提高债务上限；并且，国会大佬们都很清楚美国国债违约的灾难性后果，他们最终会作出理智且正确的选择。第二，国会批准提高债务上限过程应该会更加曲折。提高债务上限的谈判是一场政治游戏，而共和党和民主党都是有着几百年经验的游戏高手。不到最后一刻，答案是不会揭晓的。共和党在财政悬崖问题上已经落下风，这次必会迅猛反击，而奥巴马提高债务上限的态度不容置疑，民主党也占有主动，白宫国会以及国会两院民主党和共和党的斗争会更加激烈。第三，解决债务上限的根本出路在哪里。债务上限不是根本问题，只是一个程序问题；不是根源、结构问题，而只是一个小插曲。有关债务上限的谈判还会持续很久，直到美国财政情况好转到负债总额逐渐减少。从历史经验看，为了维护美元地位，维持债务融资来源，未来美国采取直接违约的可能性较小，但却不能排除其以间接方式违约，这些方式包括美元贬值和通货膨胀。虽然，美国自独立以来从未发生过直接主权违约，但是变相违约却屡试不爽：1933 年美国国会鉴于美元贬值，废除了国债的黄金条款，国债购买者不能再按原有契约换取相应黄金；第二次世界大战后美国采取通货膨胀办法，10 年内将总债务占 GDP 的比例降低了 40%；1971 年美国单方面停止美元兑换黄金，致使布雷顿森林体系崩溃，继而确立牙买加体系等，更是美国间接违约的明证。目前有估算认为，如果美国年均通货膨胀率为 6%，总债务占 GDP 比例在 4 年内将下降 20%。总之，采用美元贬值和通货膨胀变相违约早已是美国减债减赤的惯用手法，而对全球投资者来说，最终和最大的风险也正在于此。

五、陆海“丝绸之路”焕发活力

现代社会的战略主要都是围绕国家安全和经济利益这两个因素作出的。因为经济利益关乎国家命脉和社会稳定。可以说现代社会除了非常时期以外任何国家所面临的经济问题就是国家安全问题。经济问题处理好了国力才能提高，社会才能稳定，国家才有资源和能力深化改革，才有资本扩张势力。随着三十多年的改革开放建设取得了巨大成果，中国的综合国力有了显著提高，国家利益开始从陆地疆域之内逐步向外扩展。与此同时，中国的对内改革也已经到了至关重要的关口，能否将改革进一步深化，并平稳度过这个时期是中国目前的核心国策。世界史上的两大古老文明——欧洲和中国正在“新丝绸之路”上加快合作步伐，加深彼此纽带。中亚地处欧洲和中国之间，历来是亚欧大动脉“丝绸之路”的枢纽。“丝绸之路”的开辟极大地推动了人类自省、文化传播、贸易往来以及各民族思想与宗教交流。我们甚至可以说，这条历史上横贯欧亚大陆的“交通大动脉”见证了一部人类社会变迁史。

（一）“丝绸之路经济带”

中国和中亚各成员国努力建成的铁路、公路、航空、电信、电网、能源管道互联互通工程，为古老的“丝绸之路”赋予新的内涵。而在《俄罗斯之声》的报道中，西伯利亚大铁路和北极海路以及俄、哈、中三国的公路运输走廊被视为“新丝绸之路”的三个方案。习近平主席中亚之行提出建设“丝绸之路经济带”的倡议，拉开了欧亚深化合作、互利共赢的“新丝绸之路”的帷幕。为推进欧亚一体化进程，使欧亚各国经济联系更加紧密、相互合作更加深入、发展空间更加广阔，中国和中亚可以用创新的合作模式，共同建设“丝绸之路经济带”，以点带面，从线到片，逐步形成区域大合作。这将是一个东起西太平洋沿岸、西到波罗的海、横跨欧亚大陆的新兴经济合作区。“丝绸之路经济带”集中体现了中国在坚持全球经济开放、自由、合作主旨下促进世界经济繁荣的新理念，也高度揭示了中国和中亚经济与能源合作进程中如何惠及其他区域、带动相关区域经济一体化进程的新思路，更是中国站在全球经济繁荣的战略高度推进中国与中亚合作跨区域效应的新举措。当前，全球经济形势依然低迷，各种形式的贸易保护主义和区域经济集团化势头再度泛起。如何避免区域经济集团化趋势推高贸易保护主义，是促进全球经济均衡增长的重要方向。中国政府提出的“丝绸之路经济带”构想，显示了中国不谋求排他性的区域经济集团的基本立场。不仅如此，中国对于今天全球经济繁荣的信仰，仍然是在市场经济驱动下各国政府秉持自由贸易的原则，继续推动全球市场的开放和生产要素的合作性流动和增长。

100 多年前，英国地缘政治专家麦金利曾预言，包括中亚在内的欧亚大陆的腹地是全球战略竞争的决胜点。但在当今这个全球化的时代，中亚传统的地缘政治价值已经被中国崛起所驱动的地缘经济的巨大潜力所取代。中国提议建设“丝绸之路经济带”，正是代表了中国力求走出传统的权力政治窠臼，将一个发展的中国与中亚及更为宽广的区域联合起来、共同繁荣的战略意愿。“丝绸之路经济带”将会给现有的全球经济格局带来什么样的冲击，目前断言还为时尚早。但可以肯定的是，当美国正在打造自己的 TPP 和 TTIP 贸易集团，俄罗斯也在竭力营造独联体国家内自由贸易组织“欧亚经济共同体”（Eurasian Community）时，中国的“丝绸之路经济带”正在让世界经济一体化进程回响起醇厚、悠扬的“中国声音”。

（二）“新丝绸之路”的魅力

13 世纪以前，连接中东和亚洲的丝绸之路一直是全球最重要的贸易通道。后来，商人们转而将目光投向欧洲和美洲。经过 700 年的岁月变迁，如今贸易和投资再度开始在这些地区之间流动，曾经繁荣过千余年的丝绸之路如今又一次热闹了起来。在短短的几年时间里，新一代的商人又开始自发地在这条古道上交易最新的物品。

第一，中东东亚贸易大幅增长。早在几年前，沙特阿美石油公司就派遣数十名雇员到北京学习。毕竟代表沙特石油出口未来增长的是中国，而不是美国。同时，沙特赞助学生到印度、中国、马来西亚、新加坡和韩国学习。2005 年，阿卜杜拉即位国王后首先访问的四国中就包括了印度、中国和马来西亚。沙特学生代表了中东和东亚之间日增的贸易和商务走廊中的一小部分。这些地区之间的贸易和投资名曰“新丝绸之路”。在过去十年，这些贸易和投资增长了 3 倍，而且根据麦肯锡公司的说法，大幅增长会持续到 2020 年。

第二，投资机会出现。由于美国经济低迷，其投资环境对阿拉伯国家和部分东亚国家的不友好态度加深，新的商业交易大门因此在东亚和海湾国家之间打开。东亚国家与中东国家之间的关系是一种新生的平等互利的关系。拿中国与中东国家的贸易来说，最初只是中国单方面购买阿拉伯国家的石油，现在则发展成了双向贸易，包括银行、房地产、工业和旅游等方面的往来都得到了长足的发展。东亚和中东，这两个世界上资金流动最快的地区，正在创造一个新的贸易圈，同时也在重新分配世界经济格局。在世界上大多数国家都因经济不景气而步履蹒跚之时，东亚和中东国家的经济仍然持续良性发展。

第三，经济中心逐渐转移。目前，世界上主要的贸易通道中，跨大西洋的通道仍然是最富有的。2007 年一年中，跨大西洋的贸易和投资总额达 1.5 万亿美元。同时，欧盟和美国仍然是中东、东亚地区的最大出口市场。不过，“新丝绸之路”正在以飞快的速度成长。从 2000 年以来，中国与中东地区的贸易额已经翻番，达2400亿美元。迪拜国际金融中心的研究预计，这一数据将在未来10年内翻上几番。以沙特为例，其与中国的双边贸易额预计将从2006年的142亿美元增长到2015年的1000亿美元。“我们看到，世界经济围绕着欧美地区发展，”投资家大卫·鲁宾斯坦说，“但是，世界的经济中心正在从美国和欧洲逐渐转移到中东和东亚地区。”

第四，机遇与挑战。北京麦健陆顾问有限公司的报告预计，中东地区未来5年内流入中国的资金将达2500亿美元。该报告同时指出，从2003年以来，海湾国家对美国减少的投资达2000亿美元，因为“9·11”事件之后，美国对可疑的资金流动警惕提高，对阿拉伯国家投资的不友好态度也有所加深。开放度最高的市场自然会吸引更多商业机会。美国的国家安全政策已经对外来资金造成了不可弥补的反作用力，阿拉伯国家、东亚国家都撤回了投资，迪拜港口世界公司还被迫放弃了其在美国的资产。毫无疑问，有类似遭遇的公司在“新丝绸之路”上发现了更为包容的商业环境。2008年上半年，迪拜港口世界公司就宣布在中国天津与中方共同开发一个集装箱码头。“问问任何一个在美国做生意的人，”阿联酋的一名投资公司顾问阿沙夫·哈米德·福阿德说，“他都会告诉你，‘跟美国做生意不值得，让我们等着瞧吧，美国人还有很多问题要克服’。”

第五，稳定周边、互利共赢。“新丝绸之路”不仅促进了经济发展，而且在改变东部地缘经济和地缘政治景观，对美国政策有重要影响。“新丝绸之路”很大程度上是中印经济增长和石油价格高涨的混合产物。中国和海湾合作委员会6个石油丰富的成员国——沙特、巴林、阿曼、科威特、卡塔尔和阿联酋有大把的钱。更重要的是，中国和印度能源需求将保证海湾合作委员会地区（等同于世界第十六大经济体）经济继续增长。据预测，到

2025年，中国从波斯湾进口的石油将是美国的3倍。“新丝绸之路”的重要“商队贸易站”是地区经济“胜利者”或新星：迪拜、北京、孟买、清奈、东京、多哈、吉隆坡、新加坡、香港、利雅得、上海、阿布扎比。旧“丝绸之路”的文明中心如波斯（伊朗）、累范特（黎巴嫩、叙利亚、约旦）和美索不达米亚（伊拉克）已经落后。来自海湾合作组织的投资者把钱投入东南亚的房地产、银行和基础设施。同时，中国、韩国、印度和日本公司活跃于中东的房地产、消费产品和工业投资。

第六，全球格局的调整。经济学家相信，如果发展中国家能通过地域性贸易成长、成熟的话，最让人瞩目的一个贸易集团无疑就在“新丝绸之路”上。这条路上的国家都拥有更强大的贸易伙伴，如欧洲、美国等，但这些年来，它们与欧美的贸易发展速度都有所降低。后“9·11”时代的美国有这样一种趋势——将所有无法掌控的东西视作威胁。东亚和中东与美国的关系本就复杂，现在“新丝绸之路”的崛起更使得美国认为“警报”已经拉响。如果美国想要重新挑起世界经济发动机的担子，只有指望眼下疲乏的美国经济能够振作起来。

第七，国际治理的新变化。“新丝绸之路”上交易的不仅是货物和石油。东亚和中东国家是世界上最大的剩余资金储藏地，这使得“新丝绸之路”将会成为下一个金融中心。在“新丝绸之路”上，资金才是最有用的东西，政坛角力只能靠边站。最明显的例子就是，当布什总统正在为推动美国与哥伦比亚等国的自由贸易协定而煞费苦心时，中东国家和东亚国家却在建立一个强大的经济集团。尽管人们很容易理解亚洲对中东石油的渴求，但日益增长的直接投资和组合投资流动却较少得到认可。因此，阿联酋副总统兼总理谢赫·穆罕默德·本·拉希德·阿勒马克图姆通过对巴基斯坦的国事访问，宣布了总值数十亿美元的一揽子投资，包括基础设施、不动产及其他投资。巴林的海湾金融所则打算拿出高达10亿美元的资金，投向新加坡的金融、保健、旅游和休闲行业。“新丝绸之路”的交往不是单向的：由7家公司组成的新加坡专业建筑财团正在承揽中东的建筑项目；迪拜市内已经形成了一个微型城市——中国城，中国企业在此安营扎寨，将产品销往中东各地；在技术行业，三星电子和其他亚洲企业一道，正在大力耕耘中东市场。

第八，丝绸之路经济带。“新丝绸之路”经济带是在古丝绸之路概念基础上形成的一个新的经济发展区域，东边牵着亚太经济圈，西边系着发达的欧洲经济圈，被认为是“世界上最长、最具有发展潜力的经济大走廊”。丝绸之路经济带地域辽阔，有丰富的自然资源、矿产资源、能源资源、土地资源和宝贵的旅游资源，被称为21世纪的战略能源和资源基地，但该区域交通不够便利，自然环境较差，经济发展水平与两端的经济圈存在巨大落差，整个区域存在“两边高、中间低”的现象。

（三）海上丝绸之路

第一，“海上丝绸之路”的新共赢。当今中国与东盟打造新“海上丝绸之路”有着坚实的经济基础。中国已成为东盟最大的贸易伙伴。2012年中国与东盟的双边贸易额达4000多亿美元，是10年前的6倍；双向投资超过1000亿美元，是10年前的4倍。中国与东盟打造新“海上丝绸之路”有着广泛的政治基础，符合中国和东盟的共同利益。正如习近平主席提出五个方面的“坚持”，即“坚持讲信修睦”、“坚持合作共赢”、“坚持守望相助”、“坚持心心相印”、“坚持开放包容”。习近平提出中国与东盟的双方贸易额2020年有望达到1万亿美元。加强互联互通、倡导筹建亚洲基础设施投资银行、将2014年确定为中国—东盟文化交流年等具体举措赢得广泛赞誉。

国际社会普遍认为，中国与东盟历经“黄金十年”之后，正努力创造“钻石十年”，提出建设中国—东盟命运共同体、打造新“海上丝绸之路”正当其时，顺应时势。

“海上丝绸之路”的开辟使中国当时的对外贸易兴盛一时。不过由于时代的变迁，“海上丝绸之路”自1842年鸦片战争起就走到了尽头。而新中国经历60多年的发展以及经济实力的崛起，如今向欧美等地的海上运输再次蓬勃发展，中国希望再次恢复曾经与亚洲各国的贸易潜力，这是其中一个很重要的建设原因，也像是一个历史的轮回。如果这一构想能顺利实施，新“海上丝绸之路”会使得中国与东盟之间形成一个统一大市场。这将是中国—东盟自由贸易区建立后的又一次进步，也将实现实质性的飞跃，其将会作为一个市场整体与现在的北美自由贸易区、欧盟自由贸易区形成国际三大自由贸易区，三者之间可以形成更良性的合作和竞争格局。如果零售市场、资本市场等建设顺利的话，会进一步带动与南亚和西亚的经济合作，建设更全面的“海上丝绸之路”，从而在一定程度上改变国际政治经济的地缘格局。

第二，古老的“海上丝绸之路”。“海上丝绸之路”事实上早已存在。《汉书·地理志》所载海上交通路线，实为早期的“海上丝绸之路”，当时海船载运“杂缯”，即各种丝绸。中国丝绸的输出，早在公元前，便已有东海与南海两条起航线。

东海丝路。东海起航线最早始自周武王灭纣、建立周王朝（公元前1112年）时，他封箕子到朝鲜，箕子从山东半岛的渤海湾港口出发，到达朝鲜后教其民田蚕织作。中国的养蚕、缫丝、织绸技术由此通过黄海最早传到了朝鲜。

南海丝路。即古代中国与外国交通贸易和文化交往的海上通道，是唐宋以后中外交流的主要通道。其以南海为中心，起点主要是广州、泉州、宁波、汉代“海上丝绸之路”始发港——徐闻古港，所以被称为南海丝绸之路。其形成于秦汉时期，发展于三国隋朝时期，繁荣于唐宋时期，转变于明清时期，是已知的最为古老的海上航线。

第三，“海上丝绸之路”的变迁。中日两国之间一衣带水，通过朝鲜半岛或经由日本海环流水路，交往十分方便。日本自古以来就有关于蚕业的传说。传说在公元前219—前210年，秦始皇曾派徐福率领童男童女、船员、百工等数千人东渡日本，传播养蚕技术，日本人民后尊祀徐福为“蚕神”。也有记载说，公元前3世纪，江浙一带的吴地有兄弟二人，东渡黄海至日本，传授蚕织和缝制吴服的技艺。其后，内地人士或经由朝鲜、或从山东出发，三三两两地到日本定居，交往十分密切，并促进了日本蚕业的发展。

据日本古史记载，西汉哀帝年间（公元前6年），中国的罗织物和罗织技术已传到日本。公元3世纪，中国丝织提花技术和刻版印花技术传入日本。隋代，中国的镂空版印花技术再次传到了日本。隋唐时期，日本使节和僧侣往来中国频繁，他们在浙江台州获得青色绫，带回日本作样板，仿制彩色锦、绫、夹缬等，日本至今仍沿用中国唐代的名称，如绞缬、腊缬、罗、绸、绫、羽等。

唐代，江浙出产的丝绸直接从海上运往日本，丝织品已开始由礼物转为正式的商品。奈良是当时日本的首都，可以说是中国丝绸之路的终点，正仓院则是贮藏官府文物的场所。今日的正仓院已成了日本保存中国唐代丝织品的宝库，其中的很多丝织品即使在中国也很难见到，诸如彩色印花锦缎、狮子唐草奏乐纹锦、莲花大纹锦、狩猎纹锦、鹿唐草纹锦、莲花纹锦等，还有不少中国工匠当时在日本制作的、兼具唐代风格与日本民族特色的丝织品。

宋代也有很多的中国丝绸被运往日本。元代，政府在宁波、泉州、广州、上海、澉浦、温州、杭州设置市舶司，多口岸向日本出口龙缎、苏杭五色缎、花宣缎、杂色绢、丹山锦、水绫丝布等。明代则是日本大量进口中国丝绸的时期，这一时期，日本从中国输入的生丝、绢、缎、金锦等不计其数。

清朝从顺治时期到雍正时期实施四十年海禁（公元1655—1684年、公元1717—1728年）。清军入关之后，清朝政府为了禁止和截断东南沿海的抗清势力与据守台湾的东宁国部的联系，以巩固新朝的殖民统治，曾于顺治十二年（1655年）、十三年（1656年）、康熙元年（1662年）、五年（1666年）、十四年（1675年）五次颁布禁海令；并于顺治十八年（1661年）、康熙元年（1662年）、十七年（1678年）三次颁布“迁海令”，禁止人民出海贸易。

1683年清军攻占台湾后，康熙接受东南沿海的官员的建议，停止了清前期的海禁政策。但是康熙开放海禁是有限制的，其中最大的限制就是不许与西方贸易。康熙曾口谕大臣们：“除东洋外不许与他国贸易，”并说，“海外如西洋等国，千百年后中国恐受其累，此朕逆料之言”。而且此时日本的德川幕府为了防止中国产品对日本的冲击，对与清朝的贸易也采取严格的限制。因此，此时的海外贸易与明末相比，已经大为衰弱。到了乾隆以后，清朝开始实行全面的闭关锁国政策，一开始是四口通商，到后来只有广州开放对外通商，且由十三行垄断其进出贸易。清朝政府的闭关锁国政策完全阻碍了清朝与西方世界的接触，使清朝错过了与世界同步发展的最佳时期，为后来清朝百年积弱落后埋下伏笔，而清朝政府则有不可推卸的责任。当时西洋的科技发展蓬勃，渐渐地超越了以土耳其（奥斯曼帝国）为首的伊斯兰世界和以清朝为首的东方世界。

当时通过“海上丝绸之路”往外输出的商品主要有丝绸、瓷器、茶叶和铜铁器四大宗，往国内运的主要是香料、花草及一些供宫廷赏玩的奇珍异宝，于是“海上丝绸之路”又有“海上陶瓷之路”、“海上香药之路”之称。明初郑和下西洋时，“海上丝绸之路”发展到巅峰。郑和之后的明清两代，由于实施海禁政策，中国的航海业开始衰败，这条曾为东西方交往作出巨大贡献的“海上丝绸之路”也逐渐消亡。1784 年美国“中国皇后”号访粤，标志着美国直达广州的航线开通。

（四）美国的所谓“新丝绸之路”

按照美国官方的阐述，新丝绸之路战略以阿富汗为着眼点，是美国为 2014 年后的阿富汗所做综合安排的一部分。新丝绸之路战略的逻辑出发点是“一个安全、稳定、繁荣的阿富汗需要一个安全、稳定、繁荣的地区”。美新丝绸之路战略的目标是以阿富汗为中心，把中亚和南亚连接起来。新丝绸之路不是指一条路线，而是指形成广泛的地区交通和经济的联系网络。按照美国官方的解释，新丝绸之路战略的建设包括软件和硬件两个方面：软件建设是指贸易自由化、减少贸易壁垒、完善管理制度、简化过境程序、加快通关速度、克服官僚作风、消除贪污腐败、改善投资环境等；硬件建设则是指修建连接中亚、阿富汗和南亚的铁路、公路、电网、油气管道等基础设施。通过软件和硬件两方面的建设，推动商品、服务、人员跨地区的自由流动。美国认为，如果阿富汗能够融入地区经济，它就可能从地区合作中得到机会，从而推动其经济的活跃和发展。美国相信新丝绸之路战略根植于这一地区曾经密切相连的历史，与这一地区传统的合作模式相适应。这一计划目前进展缓慢。

(五) 中国是丝绸的发源地

在中国和中亚国家关系发展新的历史时刻，如何更好地为未来的双边关系发展夯实基础、规划蓝图，中国在思考，中亚也在思考。丝绸是中国古老文化的象征，中国古老的丝绸业为中华民族文化织绣了光辉的篇章，对促进世界人类文明的发展作出了不可磨灭的贡献。中国丝绸以其卓越的品质、精美的花色和丰富的文化内涵闻名于世。几千年前，当丝绸沿着古丝绸之路传向欧洲，它所带去的不仅仅是一件件华美的服饰、饰品，更是东方古老灿烂的文明，也是从那时起，丝绸几乎就成为了东方文明的传播者和象征。目前已知的最早丝织物，是出土于距今约 4700 年良诸文化的遗址。

中国是丝绸的发源地，早在先秦时期，秦国就常以丝绸和西戎交换战马，并经过西北游牧民族运往西方。近年德意志联邦共和国考古学家乔格·彼尔鉴定斯图加特西北 20 公里地方一座凯尔特时期（公元前 5 世纪）的坟墓，墓主人衣服碎片上嵌满了厚实鲜艳的中国丝绸。苏联 C. M. 鲁金科博士在《论中国与阿尔泰部落的古代关系》一文中介绍，公元前 5 世纪在南西伯利亚巴泽雷克畜牧部落首领的石室巨墓中，也发现了精美的中国刺绣丝绸鞍褥面，花纹风格和国内湖北江陵及湖南长沙战国时期楚墓出土的刺绣纹样一致。据公元前 5 世纪希腊历史学家希罗多德（被后世称为希腊历史之父）说，希腊商人曾在公元前 6、7 世纪到过“绢国之都”。希腊文称丝为“塞尔”（Ser)，称中国为“塞里斯”（Seres)，意即“丝国”。公元前 5 世纪的另一位希腊史学家克泰西亚斯在他的《史地书》中则称，“塞里斯人身高近 20 英尺，寿命超过 200 岁”。还说在塞里斯国中没有乞丐，没有小偷，没有妓女，对中国充满着美好的向往。自秦统一中国，建立了专制的中央集权的封建帝国，为发展汉民族的经济文化创造了条件。西汉初年，中国北方强大的匈奴民族严重威胁汉民族的安全，汉武帝派大将军卫青、霍去病击破匈奴，并与之订立友好盟约。西汉建元三年（公元前 138 年）和元狩四年（公元前 119 年），汉武帝两次派张骞通使西域，沟通了与大宛（今费尔干纳一带）、康居（今哈萨克一带）、大厦（今阿富汗）、安息（又称波斯，今伊朗）、条支（今伊拉克）、黎轩（又称大秦，古东罗马帝国）、身毒（今印度）等国的联系，西域诸国的使节和商旅不断来长安访问和贸易。中国丝绸由长安通过河西走廊和新疆南、北路，源源不断运到西方各国，当时备受西方各国的赞扬，至今全球对中国丝绸的赞扬声仍不绝于耳。

六、全球步入生态文明

生态文明是人类文明发展的一个新的阶段，即工业文明之后的世界伦理社会化的文明形态；生态文明是人类遵循人、自然、社会和谐发展这一客观规律而取得的物质与精神成果的总和；生态文明是以人与自然、人与人、人与社会和谐共生、良性循环、全面发展、持续繁荣为基本宗旨的文化伦理形态。从人与自然和谐的角度，吸收十八大成果的定义是：生态文明是人类为保护和建设美好生态环境而取得的物质成果、精神成果和制度成果的总和，是贯穿于经济建设、政治建设、文化建设、社会建设全过程和各方面的系统工程，反映了一个社会的文明进步状态。

（一）生态文明是科学的发展方式

十八大提出建设生态文明，是关系人民福祉、关乎民族未来的长远大计。面对资源约束趋紧、环境污染严重、生态系统退化的严峻形势，必须树立尊重自然、顺应自然、保护自然的生态文明理念，把生态文明建设放在突出地位，融入经济建设、政治建设、文化建设、社会建设各方面和全过程，努力建设美丽中国，实现中华民族永续发展。这个提法是科学合理的。

这种文明观强调人的自觉与自律，强调人与自然环境的相互依存、相互促进、共处共融。这种文明观同以往的农业文明、工业文明具有相同点，那就是它们都主张在改造自然的过程中发展物质生产力，不断提高人的物质生活水平。但它们之间也有着明显的不同点，即生态文明突出生态的重要，强调尊重和保护环境，强调人类在改造自然的同时必须尊重和爱护自然，而不能随心所欲，盲目蛮干，为所欲为。

很显然，生态文明同物质文明与精神文明既有联系又有区别。说它们有联系，是因为生态文明既包含物质文明的内容，又包含精神文明的内容：生态文明并不是要求人们消极地对待自然，在自然面前无所作为，而是在把握自然规律的基础上积极地能动地利用自然，改造自然，使之更好地为人类服务，在这一点上，它是与物质文明一致的。生态文明要求人类尊重和爱护自然，将人类的生活建设得更加美好；人类要自觉、自律，树立生态观念，约束自己的行动。在这一点上，它又是与精神文明相一致的，毋宁说它本身就是精神文明的重要组成部分。说它们有区别，则是指生态文明的内容无论是物质文明还是精神文明都不能完全包容，也就是说，生态文明具有相对的独立性。

因为在生产力水平很低或比较低的情况下，人类对物质生活的追求总是占第一位的，所谓“物质中心”的观念也是很自然的。然而，随着生产力的巨大发展，人类物质生活水平的提高，特别是工业文明造成的环境污染、资源破坏、沙漠化、“城市病”

等全球性问题的产生和发展，人类越来越深刻地认识到：物质生活的提高是必要的，但不能忽视精神生活；发展生产力是必要的，但不能破坏生态；人类不能一味地向自然索取，而必须保护生态平衡。

（二）文明的诉说

文明是人类文化发展的成果，是人类改造世界的物质和精神成果的总和，也是人类社会进步的象征。在漫长的人类历史长河中，人类文明经历了三个阶段：第一阶段是原始文明。约在石器时代，人们必须依赖集体的力量才能生存，物质生产活动主要靠简单的采集渔猎，为时上百万年。第二阶段是农业文明。铁器的出现使人改变自然的能力产生了质的飞跃，为时一万年。第三阶段是工业文明。18 世纪英国工业革命开启了人类现代化生活，为时三百年。从要素上分，文明的主体是人，体现为改造自然和反省自身，如物质文明和精神文明；从时间上分，文明具有阶段性，如农业文明与工业文明；从空间上分，文明具有多元性，如非洲文明与印度文明。百年的工业文明以人类征服自然为主要特征。世界工业化的发展使征服自然的文化达到极致；一系列全球性生态危机说明地球再没能力支持工业文明的继续发展。需要开创一个新的文明形态来延续人类的生存，这就是生态文明。如果说农业文明是“黄色文明”，工业文明是“黑色文明”，那么生态文明就是“绿色文明”。生态是指生物之间以及生物与环境之间的相互关系与存在状态，亦即自然生态。人类社会改变了这种规律的作用条件，把自然生态纳入到人类可以改造的范围之内，这就形成了生态文明。

生态文明以联合国的三次世界首脑会议为标志，世界有关环境与发展关系的认识，可以概括为三个阶段四个模型。了解这些阶段以及思想和政策的演变，可以深入了解中国的环境与发展问题，了解十八大提出的五位一体和生态文明观念的国际意义。过去50年的历史可以分为三个阶段：1962—1972年的环境问题提出阶段；1972—1992年的可持续发展与三个支柱的阶段；1992—2012年的绿色经济与全球环境治理的阶段。贯穿过去50年理论和政策演变的中心思想，是强调经济社会发展应该与资源环境消耗脱钩。依次深化的理论和政策模型可以概括为四个：一是环境与发展的二维模型，强调资源环境可以支撑的经济社会发展；二是可持续发展的三个支柱模型，强调发展需要注意经济、社会、环境三个效益；三是绿色经济的四面体模型，强调绿色发展需要政府、企业、社会等利益相关者的合作治理；四是发展质量的三个层面模型，强调好的发展应该注意四个方面的资本。

中华民族生态文明发展方式是一个必然实现的中国梦，是中华民族从人类世界历史生态、文化生态和现实生态出发，在生态全球化背景下，以提升人格文明、生态文明、产业文明为发展方向；以发展法治、优化体制、优化结构、促进公民意识和认知水平；以真诚的民主来反映公民的社会存在，建立社会公众信仰及其相应的伦理精神的法制秩序，让社会各阶层利益公开自由表达权利，以期让社会真理能够真实地公共表达；将人格质量的提升放在国民教育的首位，来提高人在群体公共事物中的智慧能力；将生态文明发展放在战略首位，来提高文明产业化社会的上升能力；将未来优先的战略放在国家建设的首位，来提高国家在国际社会中的战略产业能力；将公众人本信念及其相应的伦理精神的法制秩序放在推动联合国改革的首位，让国际社会各阶层利益公开自由表达权利以期让社会真理能够真实的公共表达，来提高联合国维护和尊重人的能力，走生态文明发展的国家发展道路。

（三）生态文明是人类发展的共同性问题

全球经济发展的严酷现实告诉我们，要清醒认识保护生态环境、治理环境污染的紧迫性和艰巨性，清醒认识加强生态文明建设的重要性和必要性。人与自然都是生态系统中不可或缺的重要组成部分。人与自然不存在统治与被统治、征服与被征服的关系，而是相互依存、和谐共处、共同促进的关系。人类的发展应该是人与社会、人与环境、当代人与后代人的协调发展。人类的发展不仅要讲究代内公平，而且要讲究代际之间的公平，亦即不能以当代人的利益为中心，甚至为了当代人的利益而不惜牺牲后代人的利益，而必须讲究生态文明，牢固树立起可持续发展的生态文明观。

生态文明的核心要素是公正、高效、和谐和人文发展。公正，就是要尊重自然权益实现生态公正，保障人的权益实现社会公正；高效，就是要寻求自然生态系统具有平衡和生产力的生态效率、经济生产系统具有低投入、无污染、高产出的经济效率和人类社会体系制度规范完善运行平稳的社会效率；和谐，就是要谋求人与自然、人与人、人与社会的公平和谐，以及生产与消费、经济与社会、城乡和地区之间的协调发展；人文发展，就是要追求具有品质、品味、健康、尊严的崇高人格。公正是生态文明的基础，效率是生态文明的手段，和谐是生态文明的保障，人文发展是生态文明的终极目的。

（四）生态文明的实现

在全球化背景下，世界北部国家和南部国家都出现了不同的生态运动。北部国家的主题是防止污染，南部国家的主题是防止资源衰竭。要解决全球环境资源困境，就要有全球协商，就要有全球共识，就必须在全球范围内有计划地放弃西方传统工业文明模式。社会主义相对于资本主义制度来说更能达到生态平衡，因为社会主义的出发点不是以利润为生产目的，其现实环境问题并非是社会主义的内在本质造成的，恰恰是违反这种内在本质的结果。世界资源环境矛盾为社会主义重新崛起创造了条件。

今天的生态文明是对传统文明的发展创意。生态文明期待生态运动与工人运动相结合，共同开展对现行资本主义的斗争。这不太容易。因为西方产业资本大量转移到发展中国家，致使发展中国家的剩余劳动力不能全球流动而导致绝对过剩，在生态与就业上，大多数工人选择后者。生态文明的最大启示主要在思想文化方面，即生态文明的内在本质要求它必须领导全世界从工业文明向新型生态文明的伟大转型。我们正处于一个新型文明的前夜，这就是生态文明。

New Global Pattern

Wang Xianlei

Abstract: In the last year, economic globalization, world multi-polarization, cultural diversification, social informatization, and spatial systematization are rapidly developing. A global pattern of "mutual-communication and win-win cooperation" has been formed with the convergence of ecological civilization and low-carbon development. Worldwide institutional reformations have been surging around the world. Correctly handling the relationship between government and the market has become a consensus on global reforms. The United States and other developed countries will stumble on reformations and adjustments due to "serious overdraft" of national power in recent years. New market countries' economy, which had suffered the U. S. debt ceiling increase and the negative impact of quantitative easing, will twist and turn for several years. China is undergoing the period of "from large to strong" strategic opportunities. The establishments of reforms and innovations at The Third Plenary Session of 18th CPC Central Committee are fully motivated. "The Silk Road economic belt", "the maritime Silk Road", and the implementation of national oceanic strategy highlights strategic points. The institutional change of stepping across the "middle-income countries trap" is intoxicating.

Keywords: Mutual-communication Win-win Cooperation the Silk Road

战略变化篇

世界主要国家与地区发展战略态势与调整

张焕波*

摘　要：本文对2013年美国、欧盟、俄罗斯、日本、韩国等世界主要经济体的经济战略、规划和设想进行了整理和分析。美国积极推进TPP、TTIP和TiSA，外交政策重心转向经济，支持以3D打印为代表的智能制造技术的研发，开始重新重视基础设施建设。欧盟提出加强推进再工业化战略，公布了互联网安全战略，"财政契约"正式生效并发挥了重要作用，一些国家也在培育新的经济增长点。日本提出了一系列经济增长对策，例如建立经济特区、扩大自由贸易协定范围、促进就业和企业并购等等。俄罗斯坚持新经济增长理念，加大基础设施建设力度，发布远东发展规划纲要，提出北极地区发展战略。韩国坚持推进经济民主化，推进财阀改革战略，公布了创新型经济实施计划，提出了欧亚计划，2014年将着手开展都市生活圈建

* 张焕波，中国国际经济交流中心经济研究部国际经济处副处长、副研究员，管理学博士，主要研究方向为人民币汇率、低碳发展、宏观经济。

设。从世界主要经济体的经济战略选择来看，有五个方面的特征值得重视：一是以创新促进工业发展；二是制定新的国际投资和贸易规则；三是推动国防科技工业发展和出口；四是设定经济区；五是重视地缘经济战略。

关键词：经济战略　经济再平衡　创新

一、美国：经济再平衡、智能制造、基础设施

国际金融危机以来，美国把实现全球经济再平衡作为重要的战略目标。经济再平衡是一个比较广泛的概念，包含了国家发展平衡、区域发展平衡、经济发展模式平衡、产业发展平衡等等。2013 年是奥巴马“2.0”时代的第一年，美国继续推动建立国际经济投资和贸易新规则来实现全球经济的再平衡，在外交上强调经济外交，在国内重点支持以 3D 打印为代表的智能制造，开始重新审视基础设施建设。

第一，推动建立全球经济投资和贸易新规则。2013 年美国加紧了推动全球新的贸易协定制定的步伐，其中跨太平洋伙伴关系协定（TPP）、跨大西洋贸易与投资伙伴协定（TTIP）和全球服务业贸易协定（TiSA）三个协定将对全球经济秩序产生新的影响，是美国总统奥巴马贸易战略的“金三角”的形成。这些协定既有美国主导和平衡地区经济利益的考虑，也有制定新标准、新规则的考虑，是美国主动进行经济结构和政策的全球经济战略性调整。TPP 成员国已经扩大到 12 个，GDP 总量约占世界的 40%，有望在 2013 年底结束谈判。TPP 是一个高标准宽领域的自由贸易协议，其最突出的特点是它不仅把取消其他自贸区和降低关税作为政策目标，还将涵盖安全标准、技术贸易壁垒、动植物卫生

检疫、竞争政策、知识产权、政府采购、争端解决以及有关劳工和环境保护的规定。2013 年 7 月，美国和欧盟启动了 TTIP 谈判，美欧两大经济体占全球经济总量的 45% 以及高收入国家经济总量的 2/3。根据欧盟和英国经济政策研究中心（CEPR）的研究结果，乐观情况下，如果 TTIP 可以消除 25% 的双边非关税贸易壁垒，将为美国和欧盟分别带来年均 950 亿欧元和 1190 亿欧元的收益。但实际上，像 TPP 一样，TTIP 除了减少关税，更为重要的还是要在产品标准、监管规则、采购程序等制度方面达成新的共识。TiSA 于 2011 年由美国和澳大利亚等国发起，主张用列“负面清单”的谈判模式，推动达成更高标准的服务贸易协议，目前 48 个国家加入了 TiSA 阵营，其中有美国、日本、欧盟成员国等发达国家，也有智利、巴基斯坦等发展中国家，覆盖了全球 70% 的服务贸易，中国已于 2013 年 9 月 30 日正式宣布参加 TiSA 谈判。

第二，加大经济外交力度。在确保经济可持续增长背景下，美国外交政策逐渐加大向保护和拓展美国海外经济利益倾斜的力度。美国国务卿克里称美国外交政策即是经济政策，国不强无以立足于世界之林。在经济方面，美国外交政策的最终目的首先是创造国内就业，其次是通过投资的方式，在发展中国家的经济发展中谋求利益，同时也保障其本身的经济和安全利益。实际上早在 2012 年 11 月，希拉里·克林顿在访问新加坡时发表了有关美国外交政策将出现战略性转型的演说，正式提出美国将更新外交政策的优先顺序，改变以往聚焦反恐的军事优先政策，改以服务经济为中心，以巩固其战略领导的地位。克里提出的外交政策即为经济政策正是这种外交理念的延续。

第三，支持以 3D 打印为代表的智能制造。再工业化是金融危机后美国反思经济发展模式后提出的经济发展战略。美国的工业化再造绝对不是传统工业的回归，而是定位于高端制造业。美国是3D打印技术最先进的国家，3D打印一旦成熟和大规模商业化，将对目前的制造体系产生革命性冲击。美国政府已经清楚地认识到3D打印的发展对于其未来继续保持领先的重要性。2013年5月美国政府宣布为5个联邦部门（国防部、商务部、能源部、航空航天局和国家科学基金会）提供2亿美元的联邦资金，成立3个制造业创新研究所。2014年预算为美国商务部提供10亿美元，以投资成立制造业创新国家网络。

第四，重视基础设施建设。加大对美国公共设施建设的投资是奥巴马2008年经济刺激五大计划之一，但自2011年以来，由于资金一直未能得到较好落实，该计划进展缓慢。美国的铁路系统曾全球领先，但现在被世界经济论坛排在第18位；航空运输系统排在世界第30位，落后于马来西亚和巴拿马。美国总统奥巴马2013年11月8日在路易斯安那州港口城市新奥尔良发表演讲，呼吁加强美国基础设施投资，刺激出口和增加就业机会，以此来促进美国经济发展。他提议为道路、桥梁和港口的修建筹集500亿美元。同时，通过联邦政府的税收减免和贷款等优惠政策，吸引私人资本的加入；成立一家基础设施银行，融合公共和私人资本，为该项目提供资金。美国土木工程师协会指出，美国需要在2020年之前在基础设施方面多投入1.1万亿美元，否则将遭遇可怕的经济倒退。从促进经济发展和基础建设本身需求来看，美国在基础设施方面将加大投资力度。

二、欧盟：再工业化、网络安全、财政联盟

欧盟2010年确立了十年欧盟经济发展计划，即“欧盟2020

战略”，旨在加强各成员国间经济政策的协调，在应对气候变化的同时促进经济增长，扩大就业。目前各项指标均向设定目标靠拢，完成情况较好。例如，研发投入占欧盟 GDP 比重由 2005 年的 1.82% 提升至 2011 年的 2.03%；可再生能源占最终能耗来源的比重由 2005 年的 8.5% 升至 2011 年的 13%。2013 年欧盟加强推进再工业化战略，公布了互联网安全战略，“财政契约”正式生效并发挥了重要作用。一些国家也在培育新的经济增长点，例如，英国大力促进国防工业发展，德国要发展生物经济，法国提出了 34 项未来工业计划，涵盖能源、交通运输、数字技术、智能电网、纳米科技、医疗健康和生物科技等多个领域。

第一，继续推进再工业化。欧洲“再工业化”是欧盟产业结构调整新的战略性定位，也是欧盟及其成员国的现实选择。2012 年 10 月，欧盟委员会发布了一份新产业政策通报，正式提出通过“新工业革命”逆转工业比重下降趋势，至 2020 年将工业增加值占国内生产总值比重由目前的 15.6% 提升至 20% 的“再工业化”总体目标，并设定了一整套实施框架。欧盟委员会曾围绕“如何重启工业投资”设计了一套系统实施方案，其中包含鼓励新技术研发与创新、改善市场条件、增加融资机会、培育劳动技能转型四大支柱，以及旨在进行清洁生产的先进制造技术、关键使能技术（Key Enabling Technologies，简称 KETs）、生态型产品、可持续的建筑材料、清洁运输工具、智能电网六大优先领域。欧洲希望推进的“再工业化”绝不是简单基于现有的产业结构提高制造业比重，而是试图推动一批新兴产业发展，并加强已有产业高附加值环节再造，建立新的经济增长点。工业政策是欧盟 2020 增长和就业战略的重要内容。欧盟正在恢复对实体经济的正常信贷，加大研发投资和人才培养，提高工业竞争力。欧盟新的研发计划“地平线 2020”总投资达 710 亿欧元，致力于将研发与市场紧密连系起来，通过关键技术支持工业领先优势。

第二，加强网络安全。2013 年欧盟成立了欧洲网络犯罪中心，出台了第一份涉及网络安全的全面战略，正在推动相关立法。欧盟委员会的网络安全战略，就如何预防和应对网络中断和袭击提出全面规划，以确保数字经济安全发展。根据新战略，欧盟在网络安全方面有五项优先工作：提升网络的抗打击能力、大幅减少网络犯罪、在欧盟共同防务的框架下制定网络防御政策和发展防御能力、发展网络安全方面的工业和技术、为欧盟制定国际网络空间政策。要求关键机构在遭受网络袭击时要向欧盟汇报，包括重要基础设施的提供商、关键的网络企业及公共行政部门。各成员国制定相应战略，成立专门机构以预防和处理网络安全风险和事故，并与欧盟委员会共享早期风险预警信息。“棱镜门”事件的持续发酵，使欧盟更加坚定加强网络安全的决心。

第三，财政联盟有一定程度的推进。2013 年 1 月 1 日，《欧洲经济货币联盟稳定、协调与治理公约》，即“财政契约”，正式生效，欧洲财政联盟由此迈出重要一步。目前，欧盟各国已就 2014 财年预算达成一致。这是欧盟第一次在 2014—2020 多年期金融框架（MFF）下达成的预算，对欧盟的财政整顿、规范边缘国家财务状况甚至迈向财政联盟具有重要意义。但是，由于财政领域的一体化建设无法获得欧洲民众尤其是债务国民众的支持，财政联盟的推进并不像预期那样顺利。欧洲理事会、欧盟委员会、欧洲中央银行和欧元集团在 2012 年 6 月 26 日联合公布了一份旨在推进欧洲一体化建设的路线图，提出欧盟成员国应从财政、金融、经济和政治四个层面进一步加强协调，以完善欧洲经济与货币联盟。路线图建议欧盟在未来加强对各国财政预算案的审核和监督，如果一国财政预算案违反相关规定，欧盟委员会将有权提出修改建议，并提交所有欧盟成员国投票批准。路线图已公布一年半时间，但其规划的各项内容落实缓慢。

第四，英国促进国防工业发展战略。英国政府和工业界2013年9月公布了一项名为“确保繁荣——英国国防部门的战略愿景”的战略报告，以促进英国国防工业的长期发展。报告指出了国防部门的核心发展力量，政府和工业界应如何协同开展工作，以最大化英国的竞争优势，扩大就业、贸易和经济增长。卡梅伦首相表示，英国国防工业的发展是一个值得国民自豪的成功事例。全国的工程师、科学家、实习生和工人参与其中，为英国军队提供全世界最好的装备。除了对国家安全的贡献外，国防工业对经济增长也至关重要，雇佣了超过10万名员工，年产值超过220亿英镑。报告为政府和工业界提出了一个如何保持全球优势地位的长期战略愿景。英国需要进一步发展的主要力量包括：空中能力、智能系统、拓展国际业务、技术和企业、技能、价值链竞争力。

第五，德国提出生物经济战略。生物经济是一种以可再生资源和生物技术为基础的经济形态。德国政府于2013年7月发布生物经济战略，提出通过大力发展生物经济，来摆脱对化石能源的依赖、增加就业机会、实现可持续发展、提高德国在经济和科研领域的全球竞争力。期望进一步发挥已有优势，实施新发明，创造就业，同时推动环保。人类在21世纪面临食品安全、气候变化、土壤退化、生物多样性等多重挑战，生物经济刚好提供了应对这些挑战的机会。实际上，许多德国企业已开始大量借助生物技术研发新产品，如用牛奶做服装、用植物造水瓶等。德国政府也早已启动对相关科研的支持项目。

第六，法国公布振兴工业34项。2013年9月法国总统奥朗德宣布了未来十年振兴工业34项行动计划，提出要建设“新的工业法国”，通过工业创新和增长促进就业，推助法国企业竞争力提升，使法国竞争力处于世界的最前列。奥朗德指出，法国的政策不能只是防御，还应该果断地进攻。法国要制定自己的工业政策，确定优先项目，尽可能保证资金渠道畅通，动员国有和私营企业、大学和所有合作方团结协作共同推动高技术产业发展。工业创新和工业恢复活力将能够使法国恢复目前缺少的经济增长，恢复公共财政和外贸平衡，创造更多的就业岗位，提升法国竞争力。34 项未来工业计划涵盖能源、交通运输、数字技术、智能电网、纳米科技、医疗健康和生物科技等多个领域。

三、日本：经济特区、自由贸易协定、就业

为了解决日本的通缩问题以及应对日本经济面临的挑战，日本首相安倍晋三上台以来，实施了以“三支箭”为主要内容的政策：大胆的宽松货币政策、灵活的财政政策、经济增长战略。经济增长战略在 2013 年 6 月 5 日公布，战略目标对 GDP、人均收入等指标做了设定，包括多项改革措施。概括起来看，有以下几项内容需要特别关注。

第一，建设经济特区。建立经济特区以吸引外国技术、人才和资金，打造“世界最高水准”的商业环境，是日本经济复兴计划的一部分。日本政府拟建立多个在政策和税收方面享受优惠的“国家战略特区”。针对特区的选定，除了此前已明晰的东京、大阪、名古屋三大城市圈，还将在冲绳县、北海道、新潟县三地设立“特区”。北海道、冲绳县、新潟县三地的“特区”将以建设农业、科技据点为主要战略。

第二，推动自由贸易协定。日本计划 2018 年将自由贸易协定覆盖的贸易增至70%。除了 TPP 之外，日本还积极寻求建立多

项贸易协定，希望在建立新贸易规则方面起到主导作用。这些协定将包括与中国、韩国以及欧盟的自由贸易协定。目前日本贸易的19%在自由贸易协定的覆盖范围之内。

第三，改善就业。在就业方面，日本主要有两项革新性的措施：一是增加女性就业比例。通过建立更多儿童托管中心并出台其他支持性措施，日本希望提高女性劳动力人数，并提高管理职位的女性比例。二是从支持维持就业水平转为支持就业流动。日本目前为维持就业水平的公司提供补助，但日本政府现在希望在不增加失业的情况下增加就业市场流动性，政府将把补助划拨给使劳动力在行业范围内平稳流动的企业。

第四，加快企业并购。目前日本经济领域特别是制造业领域的公司数量过多，众多国内企业相互竞争导致企业利润率低下，并导致企业在国际市场竞争时丧失后劲。政府希望通过税收减免及支持劳动力流动等方式来加快企业并购。

第五，计划重启核电站。在福岛核电站泄漏事故发生后，日本全国50个核反应堆目前只有2个还在运行。作为减轻企业和家庭能源消费负担的措施之一，日本政府计划在安全得到保障的情况下重启核电站。目前日本已经启动安全审查，作为重启核电站的前提条件。东京电力公司预估2014年7月能重启新潟县柏崎刈羽核电站。

四、俄罗斯：远东发展、北极开发、国防出口

俄罗斯希望摆脱对能源原材料出口的过度依赖，发展高效和低能耗的创新型经济，建设“新经济”。俄罗斯总统普京在2013年6月的圣彼得堡国际经济论坛全体会议上称，无论央行、俄总

统行政办公室和政府内阁内的人事如何变动，俄罗斯的经济战略方针都保持不变，俄罗斯的经济增长必须基于“三大支柱”：劳动生产率的增长、投资和创新。

第一，深化远东地区发展战略。2013 年4 月俄罗斯通过《俄罗斯联邦 2025 年以前远东和贝加尔地区社会经济发展国家纲要》。纲要目的是为加快远东发展建立条件，使它成为具有多样化经济的有竞争力的地区，经济结构中高附加值的高技术产业应该占多数。国家纲要达到的具体目标包括：消除现有的地区间经济发展比例失衡；在 2025 年以前劳动生产率提高 1.1 倍；能源消耗量下降 30%；在国家纲要实施期间，工业生产总额增加 1.6 倍；在 2025 年以前经济结构中加工制造业提高 8.4%，产品出口总额增长 2.4 倍，每年增加住宅建设达到 1500 万平方米；远东和贝加尔地区的人口在 2025 年以前达到 1240 万人。

第二，提出北极地区发展战略。在俄罗斯北极大陆架蕴藏着北极地区 70%—80% 的能源资源，除了能源方面的考虑，开发北极地区还将为俄罗斯开辟新的贸易通道。俄罗斯总统北极和南极国际合作特使、俄地理学会第一副会长奇林加罗夫指出，开发北极地区最主要的是应恢复北方海路，这条路线是连接俄西部极圈内地区和远东地区，以及欧洲与日本、中国之间最短的海上航道。目前这条海路可以实现全年通航，如果能对航运进行有效组织，保证货运量大而稳定，那么这条航线可以带来可观的利润。俄罗斯在 2013 年2 月批准了俄联邦北极地区 2020 年前发展战略。该战略内容包括北极地区的优先发展方向和国家安全保障、经济和社会的综合发展、科技发展、现代信息通讯基础设施建设、生态安全保障、国际合作、军事安全保障、国界维护等。此外，国家将制定措施，支持这一地区的油气等矿产资源以及水生物资源的开发，发展旅游业，建设包括浮动核电站在内的电力供应设施，改善当地居民的住房条件等。

第三，提出国防出口战略。俄罗斯目前是全球第二大军火出口国。俄国防出口公司武器出口额占全国军火出口总额的80%，与世界70多个国家存在军事技术合作。2012年，俄国防出口公司武器出口额达129亿美元。2013年11月俄罗斯国防出口公司通过了最新发展战略，这一战略将有助于俄罗斯保持在世界军火市场的优势地位。俄罗斯国防出口公司是俄唯一国有武器出口企业，其最新发展战略将持续至2020年。根据战略，俄罗斯国防出口公司2013—2016年武器年销售额将保持在130亿美元的水平。俄罗斯将努力开拓本国武器的海外销售市场，加强新武器设计研发，创新营销手段，完善售后服务，积极参与武器研发和产销方面的国际合作。

第四，重视基础设施建设。俄罗斯将进行运输基础设施的全面改造，特别是会对西伯利亚大铁路进行现代化改造。横跨欧亚的铁路将成为连接欧洲和亚太地区的关键交通干线。它为通往快速增长的亚洲市场提供了保障。另一个保障俄罗斯进入亚太市场的重要项目是跨阿穆尔河铁路桥的建设。充分利用海上和沿海地区油田的潜能，逐步使液化天然气的出口自由化。

五、韩国：创新、欧亚计划、都市生活圈

韩国政府积极推进“经济民主化”，营造公平的市场竞争环境，公布了创新型经济实施计划，提出了欧亚计划，2014年将着手开展都市生活圈建设。

第一，开始“财阀改革”。韩国政府为了推进经济民主化，已正式开始进行“财阀改革”，遏制财阀资本垄断、扶植中小企

业、保护劳动者权益。韩国2013年连续出台多项严厉举措，打压大企业的非法和不正当竞争行为。韩国公正交易委员会修改《公平交易法》，将目前占销售额1.5%的罚金数额比例提高到2%—20%；大幅强化对大企业下属企业治理的发言权，并进行相关调查；杜绝大股东通过操纵股市获取巨额不正当利益，建立针对大企业不正当降低承包单价行为的惩罚性损害赔偿制度、让财阀集团返还通过向旗下公司发包而得到的不当得利制度等。某种意义上，经济民主化更多地是对大企业垄断行为的限制。而这必然带来大企业利益集团的抵制，推进过程将困难重重。

第二，公布创造型经济实施计划。2013年6月韩国政府公布“创造型经济实施计划·创造型经济生态环境的建设方案”。为了实现创造型经济的发展蓝图，政府计划在5年间投入40万亿韩元。将采取以下发展途径：通过创新不断开拓市场、创造新的工作岗位；与世界同步，强化创造型经济全球化的核心领导力；尊重创意性的社会，进一步发掘全新的社会形态。同时，要矢志不渝地完成以下六大促进课题：给予创意性以适当奖励，创造轻松创业的社会环境；以风险企业和中小企业为创造型经济的主力，进一步向全球化进军；为开拓新兴产业和新型市场提供不竭动力；兼顾梦想与现实，培养具有挑战精神的全球创造性人才；强化创造型经济的基础——科学技术与革新力量；携手共同创建创造型经济的文化氛围。

第三，提出欧亚计划。2013年10月18日，韩国总统朴槿惠提出了“欧亚计划”战略构想，提出了团结的大陆、创造的大陆与和平的大陆这三大“欧亚计划”的方向。朴槿惠特别针对“团结的大陆”这一目标提出了三个具体方案：第一要逐渐实现从釜山出发，贯通朝鲜、俄罗斯、中国、中亚，直到欧洲的“丝绸之路快车”（SRX），提议建设连接欧亚东北部的道路和铁路设施，构建复合物流网络，并积极将其延伸到欧洲；第二是构建“欧亚能源网”，连接区域内的战略网、燃气管道和输油管道等能源基础设施，推动共同开发中国页岩气、东西伯利亚石油与燃气等，实现欧亚能源双赢合作；第三，现在正在讨论的韩中日自贸协定（FTA）等贸易自由化讨论逐渐加速，如果将其与区域全面经济伙伴关系协定（RCEP）及跨太平洋伙伴关系协定（TPP）等区域内外的贸易协定连接起来，将会形成一个巨大的统一市场。

第四，规划都市生活圈建设。2014 年起韩国政府将在境内划分 70—80 个地域进行都市圈开发建设，特别将对人口超过 50 万的地方中枢城市进行都市生活圈建设，并对指定的城市再生、尖端产业区开发和基础生活建设等项目进行政策和金融上的支持。2013 年 11 月，韩国总统直属的地区发展委员会和国土交通部，发布了朴槿惠政府的核心发展政策“地方都市生活圈”、中枢都市生活圈的发展战略和促进产业等。中枢都市生活圈发展战略主要围绕一些韩国超过 50 万人的大城市，这些城市要和临近 2 个以上的城市具有很好的连接性，才具备发展为城市圈的基本条件。还要考虑地方上的道路通勤率、产业区和观光产业等机能的有机连接性。韩国居民在 50 万人以上，并且临近 2 个 50 万人以上城市的地区共有 16 个。

第五，发布航空技术产业化发展战略。韩国从 1990 年开始积极研发自有技术人造卫星，并且从中积累了丰富的技术和经验，同时开发出多款卫星产品及卫星服务等。韩国教育科技部于 2013 年 5 月发布《航空技术产业化发展战略》，并在韩国航空宇宙研究院首次向大众公开卫星相关技术目录“solution”、国内卫星海外出口情况等。本次发布的《航空技术产业化发展战略》意在刺激韩国国内卫星技术发展，同时促进国内卫星领域产品出口规模的扩大。

六、分析与讨论

2013年11月12日，中国共产党第十八届中央委员会第三次全体会议通过了《中共中央关于全面深化改革若干重大问题的决定》，以完善和发展中国特色社会主义制度，推进国家治理体系和治理能力现代化。这将为中国经济实现全面协调可持续发展，根本改变长期形成的结构性矛盾和加快转变经济发展方式打下坚实的制度基础。放眼世界，2013年是继2012年大选之年后许多国家新一届政府施展抱负、大展宏图的元年。世界主要国家或经济体都在寻求新的突破，期望经济能够尽快走出低谷，经济能够实现中长期稳定繁荣，在新一轮产业革命中占得先机，获得优势。综合来看，2013年世界主要国家或经济体的发展战略态势具有如下五个特点：

第一，以创新促进工业发展。美国将3D打印技术及商业化应用作为再工业化的重点，已经开始布局国家级研究机构，并配有大规模的预算支撑。欧盟提出“再工业化”战略。法国提出要建设“新的工业法国”。发达国家的工业化并非传统工业的回归，而是瞄准新的工业科技发展趋势，对那些技术日趋成熟、商业化日益广泛、为经济社会带来更大便利、提高效率、具有大规模市场的工业技术进行规划和投资，例如3D打印、生物技术、航空技术、信息产业、纳米科技、医疗健康等。

第二，制定新的国际投资和贸易规则。以美国为首的发达国家推动的TTIP、TPP和TiSA是典型的新全球贸易和投资规则代表。发达国家，特别是美国希望主导地区经济规则制定和更深更广泛对接区域经济发展，同时也希望以此扩大出口，获得“经济再平衡”。日本特别将扩大自贸协定范围作为综合经济增长战略的目标提出。要正确认识这些新的国际市场规则可能带来的巨大发展空间。WTO框架下多哈回合谈判陷入僵局，而全球产业发展形势日新月异，新的产业形态层出不穷，经济全球化在信息化、网络化和交通便利化的大背景下持续加深，传统的投资和贸易规则如果不能及时调整，必然阻碍生产力发展。同时，新的投资和贸易规则还有一个明显的特点，就是更多关注边界内问题，对供应链条各个环节，包括劳动条件、政府采购、国有企业、知识产权和环境保护等领域均提出高标准的要求，这对于以开放促改革有重要作用。

第三，推动国防科技工业发展和出口。扩大出口是发达国家经济再平衡的重要内容。英国将国防工业看作国家发展和就业增长的重要推动力，从空中能力、智能系统、拓展国际业务、技术和企业、技能、创新等领域加强政策支持。俄罗斯期望未来3年俄罗斯国防出口公司武器年销售额保持在130亿美元的水平。韩国出台国内卫星技术产业发展战略，促进卫星技术发展和卫星领域产品出口规模的扩大。国防科技工业是知识密集型、技术密集型、人才密集型的高技术产业，在辐射和带动产业结构优化升级、引领技术创新，特别是促进出口转型升级方面具有重要带动和示范作用，应加大发展力度。

第四，设定经济区。规划经济区是整合生产要素、市场规则和政府支撑政策的重要途径。日本提出了建设经济特区的规划，韩国提出要建设都市生活圈，中国设立了上海自由贸易试验区，并计划在推进现有试点基础上，选择若干具备条件地方发展自由贸易园（港）区。设立不同功能定位的经济区，进行专门化发展，有利于生产要素的整合及其效益最大化，提高区域整体合力和综合竞争力，同时，不同经济区间优势互补，能够形成整体协调发展的局面。

第五，重视地缘经济战略。地缘经济战略是国家在特定历史条件下，从地缘经济空间的角度，综合运用各种经济手段和资源，应对核心挑战与威胁，维护国家利益的总体规划和构想。早在2009年年底俄罗斯就出台了远东地区发展战略，2013年又通过了北极开发战略。韩国总统朴槿惠近期提出了欧亚计划，包含了“丝绸之路快车”、“欧亚能源网”、“韩中日FTA与RCEP、TPP连接”三大设想。习近平主席也提出建设“丝绸之路经济带”和“海上丝绸之路”的宏伟构想。随着这些地缘经济战略、规划和设想的实施，欧亚、亚太地区的产业分工协作将更加密切，商品与生产要素将畅通流动，金融、贸易、投资、基础设施和生态保护等方面的区域一体化进程将进一步加深。

The World's Major Countries and Regional Economic Strategic Posture and Adjustment

Zhang Huanbo

Abstract: The economic strategies, plans and ideas of the United States, European Union, Russia, Japan, South Korea in 2013 were collated and analyzed. U.S. actively promote the TPP, TTIP and TiSA, shift foreign policy to economic, support 3D printing as the representative of intelligent manufacturing technology research and development, attend to focus on infrastructure. EU proposes industrialization strategy, unveiled Internet security strategy, "fiscal compact" came into effect. Japan proposed a series of measures of economic growth, such as establishing special economic zones, expanding the scope of free trade agreements, promoting employment and mergers and acquisitions, etc. ; Russia insisted that the new concept of economic growth, increased infrastructure construction, published Far East Development Plan and proposed Arctic regional development strategy. South Korea insisted economic democratization, promoted chaebol reform strategy, announced the implementation of innovative economic plan proposed Eurasian plan to embark on the construction of urban life circle in 2014. From the world's major economies strategic choice perspective, there are five aspects of the characteristics worthy of attention. First is to promote innovation and industrial development; second is to develop a new international investment and trade rules; third is to promote the national defense science and industrial development and export; fourth is to set economic zone; fifth is attention to geo-economic strategy.

Keywords: Economic Strategy　Rebalancing　Innovation

创新外储管理　提升中国国家战略能力

张茉楠*

摘　要： 3.6万亿美元的巨额外汇储备是中国最重要的国际储备资产和国民财富。外储在平衡国际收支、提高对外支付能力、稳定本币汇率以及应对国际金融危机冲击等方面发挥了积极作用。然而，过度积累的外储不仅严重影响货币政策的独立性，导致外汇冲销成本越来越大，特别是大量外储沉淀于美债等低收益资产，产生重大的估值效应损失。面对当前错综复杂的国际经济发展形势，中国如何配置、运用巨额储备资产，实现多重战略目标，并提高其收益水平，已经成为关系到中国经济金融安全的最重要的战略性命题之一。

关键词： 外汇储备　外汇委托贷款　资产证券化　主权财富基金

* 张茉楠，中国国际经济交流中心战略研究部副研究员，主要研究领域：全球宏观经济、国际金融等。

近十年来，中国外汇储备持续增长，2006 年以来连续 7 年位居外汇储备世界第一。巨额外汇储备在平衡国际收支、提高对外支付能力、稳定本币汇率以及应对国际金融危机冲击等方面发挥了积极作用，但与此同时，也给外汇储备管理以及宏观调控带来了巨大的挑战。要从根本上解决这个困扰中国经济的难题，需要从理论到实践、从产生根源到对策措施深入探讨改革外汇储备管理的思路，制定外储管理体制改革的顶层设计方案。

一、外汇储备统计口径与分解

关于中国的外汇储备数据，目前有三种主要统计口径：一是中国人民银行资产负债表上的外汇占款数据（历史成本口径）；二是中国国际收支表中的外汇储备流量数据（国际收支口径）；三是中国人民银行定期公布的外汇储备存量数据（市场价值口径）。而历史成本口径与市场价值口径的外汇储备数据均为存量数据。其中，国际收支口径的外汇储备数据为流量数据。基于以上对不同统计口径外汇储备概念的分析，可将市场价值口径的外汇储备大致分解为外汇干预、投资收益和估值效应三个部分。央行外汇占款增量可近似视为当期央行外汇干预的规模（包括结汇的储备经营收益）；国际收支口径的外汇储备增量减去外汇占款增量，可视为但略低于外汇储备的当期投资收益；市场价值口径的外汇储备增量减去国际收支口径外汇储备增量即为外汇储备的估值效应。

二、中国巨额外汇储备形成原因

外汇储备是一国货币当局持有的对外流动性资产。形式上，外汇储备是指一国央行所持有的国际储备资产中的外汇部分，即国家货币当局持有并可以随时兑换成外国货币的资产。本质上，外汇储备是一国政府通过货币发行权集中持有的以外币标示的国际财富。

20 世纪 90 年代以来，随着经济高速发展和贸易顺差大量积累，中国外汇储备爆发式增长，从 1996 年首次突破 1000 亿美元大关到 2006 年突破 1 万亿大关用了十年时间，而到 2009 年突破 2 万亿大关，再到 2011 年突破 3 万亿大关，五年时间迈过了三个台阶。2001—2011 年期间，中国外汇储备年均增长率高达 31.27%，远远高于同期中国 GDP 和进出口总额的增长速度（如图 1 所示），成为中国增长最快的宏观经济指标。中国国家外汇储备十年来为何爆发式增长？这其中既可以用“国际收支失衡论”、“全球储蓄过剩论”、“全球流动性过剩论”、“全球分工论”等来解释，更有中国自身的体制性和制度性成因：

（一）国际收支“双顺差”格局

国际收支与外汇储备的数量关系为：经常项目顺差 + 资本和金融项目顺差 + 净误差及遗漏 = 外汇储备增加额。由此可以清楚地看到，外汇储备的增加主要来源于经常项目顺差、资本和金融项目顺差、净误差及遗漏这三项。从存量上看，1999—2011 年，中国已经连续 13 年出现国际收支双顺差（如图 2、图 3 所示），其中 2012 年中国资本金融账户出现 1173 亿美元逆差，是 1998 年

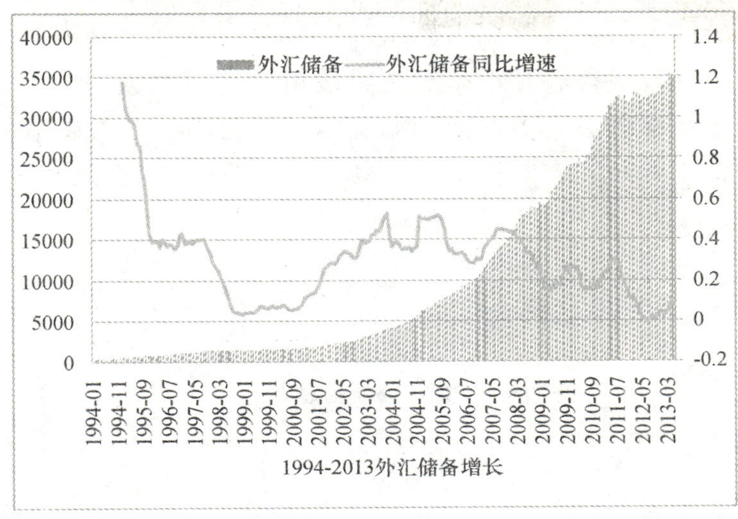

图1 1994 年外汇管理改革以来中国外汇储备高速增长

亚洲金融危机以来中国首次出现年度逆差。国内外经济失衡或者国内储蓄过高等因素是中国“双顺差”形成的深层次原因。但是

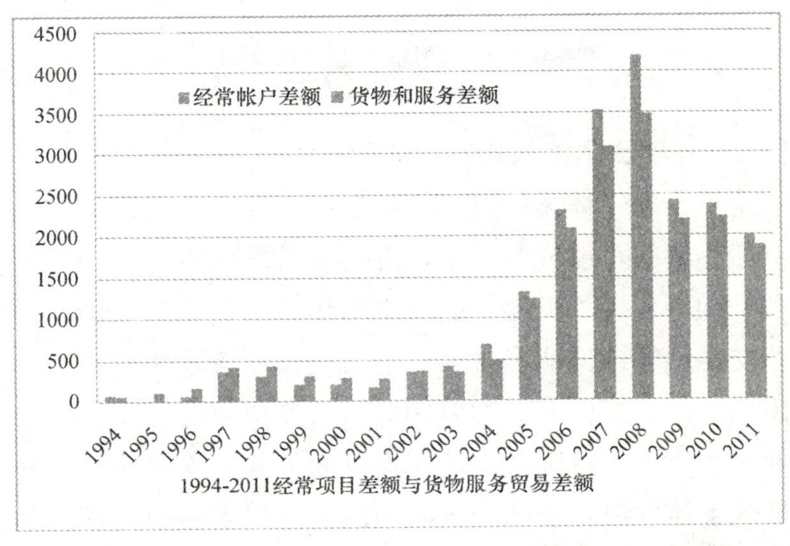

图2 1994 年以来中国经常项目与货物服务贸易状况

从微观层面来讲，外商投资利用国内低廉丰富的劳动力和土地等资源，借助政府税收和汇率等优惠政策，生产大量的劳动密集型产品并出口全世界，以获取超额利润，才是中国“双顺差”形成的根本动力。

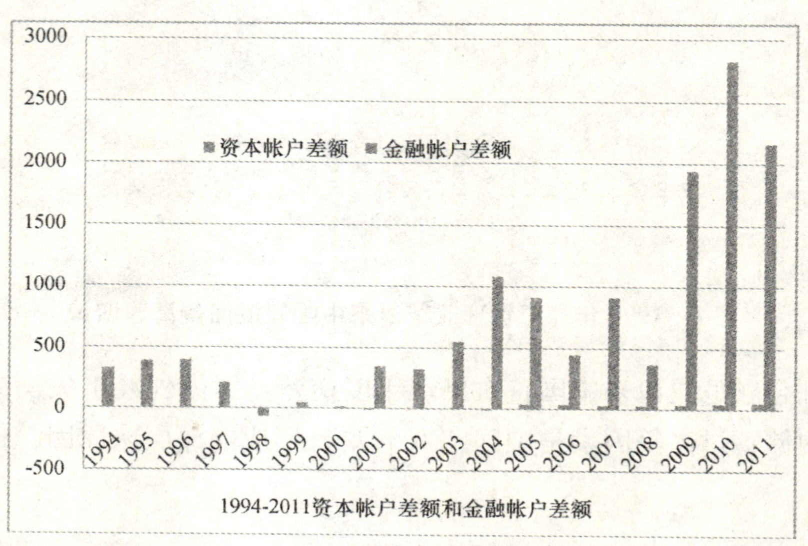

图3　1994年以来中国资本账户和金融账户状况

（二）外部资本流入是客观成因

在全球金融一体化的背景下，近些年来全球外汇储备迅速增加的一般趋势很可能成为一个新的历史阶段的特征，即外部资本规模和结构对各国外汇储备的决定作用越来越凸显。国与国之间的主要交往途径已经从经常账户悄然转换至资本账户，这一过程对一国外汇储备规模有着重要影响。从经济意义而言，外部债务属于他国投资者为一国生产活动提供的外部资本来源，其规模的大小反映了该国参与全球经济活动的密切程度。中国作为最大的发展中国家，从数据来看，在外部资本中权益类占主要地位，这或许导致了中国畸高的外汇储备。

近年来，中国外债余额总量呈不断增加之势，从1994年的928.1亿美元逐年增加到2011年末的6950亿美元，年均增长率达13.06%。其中，中长期外债余额从1994年末的823.9亿美元增加到2011年末的1941亿美元，年均增长5.19%；短期外债余额更是增长迅猛，从1994年末的104.2亿美元增加到2011年末的5009亿美元，年均增长率高达45.57%。特别是自2000年以来，短期外债余额无论是绝对数额还是占外债总额比例，都开始呈现较大幅度增长。因此，随着中国短期外债余额的不断迅猛增长，为了保持足够的国际清偿力，中国的外汇储备规模相应越来越大。

（三）中国独特的结售汇制度

1994年中国实行了外汇体制改革，取消了外汇留成制度，代之以银行的结售汇制。这表明外汇储备的形成与积累存在着“双重强制性转移机制”：第一重转移是企业对外汇专业银行的结售汇。企业通过外贸得来的超出外汇账户限额以上的外汇收入，必须卖给银行。第二重转移是外汇专业银行对央行的外汇资金转移，超出银行结售汇周转限额以上的外汇，必须卖给央行。这样不仅使央行成为外汇的最大买家，也奠定了中国官方储备国地位。近年来，虽然管理当局已经允许外贸企业开设外汇账户，留存部分外汇，企业可以留存外汇的比例也不断增高，但由于人民币升值预期，企业实际持有的外汇份额远远低于允许留存的限额。外储管理中依然存在着众多制约自愿持汇的制度障碍和现实约束。

首先，中国在放宽企业和个人持有外汇资金的同时，对外汇资金运用并没有做到相对应的放松，资金流出受到严格管制。其次，企业和个人到国外直接投资或购买金融产品仍然受到诸多限制，居民可以选择的外汇投资品种和工具极为有限。再次，在人民币持续升值及升值预期的自我强化下，由于持有外币的收益远低于持有人民币的收益，企业和个人往往将外汇资金视为烫手山芋，一旦取得外汇资金就迅速结汇。

因此，2008 年国际金融危机以来中国外储呈现加速增长态势。截至 2013 年三季度末，外汇储备余额已达 3.66 万亿美元，创历史新高，余额约占 2012 年中国 GDP（如果按照 2012 年末的汇率折合 8.3 万亿美元）的 44.1% 以及同期中国央行总资产的 80% 左右，成为央行资产负债表中最重要的资产。现行的政策导向和管理体制已难以适应新形势下外汇储备经营和管理的需要。中国经济开放程度的加深，对储备结构调整和储备经营上提出了新的要求，而外汇储备经营管理政策和体制的前进步伐显得有些迟缓。

三、巨额外储加剧内部均衡和外部均衡间的矛盾

巨额外汇储备使中国付出了高昂的经济成本，并加剧了内部均衡和外部均衡的矛盾。

（一）严重影响货币政策的独立性

在开放经济条件下，外汇储备及其变动不仅是一国对外金融政策的联系纽带，更是体现货币政策有效性的重要因素。外汇储备持续攀升引起的外汇占款会改变国内基础货币的投放，增强货币供给的内生性，给中央银行的货币政策调控带来巨大的压力，引起货币政策和汇率政策间的冲突，进而间接影响宏观经济的稳

定性。

（二）外汇对冲成本越来越大

中国货币当局采取了多种手段来对冲外汇储备上升对国内货币供给的影响，如回收再贷款再贴现、国债回购、发行央行票据、提高法定存款准备金率、银行信贷配额等。2002—2008年期间，央行票据发行规模迅速增加，央行票据的平均利率由2.13%升至3.86%，导致中国货币当局的对冲成本大幅上升，如果加上准备金存款利息、央行票据利息、国债正回购利息等外汇占款对冲的利息成本，总成本介于1.4万亿—1.5万亿之间。

（三）巨额外储持有成本高

拥有外汇储备实际上是持有收入回报率比较低的外国政府债权而出让收益率比较高的股权，这是很大的利益损失。中国积累的巨额外汇储备主要用于购买回报率很低的美国国库券、财政部中长期国债和联邦政府机构债券等（平均名义收益率只有4%—5%），中国持有美国国债规模由2000年初的714亿美元上升至2012年底的1.2万亿美元左右，占美债外国投资者持有总量的比例也由2000年初的8%升至目前的22.1%，持有美债规模占外储资产的比重达到38%以上。2008年国际金融危机以来，随着美元总体趋向贬值以及美国国债收益率大幅走低，中国外汇储备已处于高度“不经济”的状态。

（四）导致央行货币错配更加严重

在央行资产负债表上，储备资产占总资产的近80%。随着外汇储备的持续上升和人民币升值预期加强，央行资产负债表的货币错配日益加剧。即资产方主要表现为外汇储备的增长，负债方主要表现为人民币央行票据的增长，这种日益扩大的货币错配以及“负债高成本、资产低收益”的格局不仅加大央行资产负债表风险，也使货币当局在相当程度上陷入了减轻人民币升值压力与抑制货币供给增长难以兼顾的两难境地，使本币政策与外币政策间产生冲突，加剧内部均衡和外部均衡的矛盾。

四、重新认识外汇储备性质对未来改革至关重要

通过对外汇储备来源和成因的分析，可将外汇储备分为两类。认清这两类外汇储备的性质对于下一步外汇储备管理改革至关重要。

第一类是由外贸顺差形成的权益性资产，是积累下来的国际净财富。中国这部分外汇储备是用出口商品与外币兑换得来的，钱货两清后，中国是这部分外汇的拥有者，可以自由支配。目前，中国拥有这类权益性财富的总额大概是2.5万亿美元。

第二类是资本和金融项目形成的债务性资产，如外资流入等。中国这部分外汇储备是用人民币与美元相交换得来的，主要包括外商直接投资和中国的外债。对于中国而言，这部分外汇储备是债务性资产，不能随意动用。目前，中国拥有这类债务性资产近万亿美元。债务性资产可分为长期和短期两种：前者主要指外国在中国的实业投资和长期债券投资，这部分债务性外汇资产的流动性较小，我们使用的空间比较大；后者主要指外国在中国的证券投资和不明目的的热钱，这部分外汇随时都有可能撤出中国。

五、构建中国外汇储备管理绩效的新评价体系

到底用什么尺度来评价中国外汇储备管理，对外汇储备管理绩效具有导向意义，必须改变以往中国外汇储备管理的思路和评价体系，其核心就是建立以购买力为基础、以综合收益为参考、经风险调整后的外储价值评估体系。

（一）外汇储备管理核心不是总量大小，而是购买力价值高低

外汇储备的主要用途是进口商品及对外投资。现阶段中国对外投资规模相对较小，应重点关注进口产品的国别、币种、类型及其随着经济发展和产业结构升级出现的变化，即从动态、未来的角度衡量外汇储备的购买力，着眼于未来的通胀率、资产收益率、进口结构、投资结构，及时动态调整多元化投资的结构，与中国企业“走出去”和“引进来”的步伐相适应。

（二）外汇储备保值增值不仅要看直接账面收益，也要看综合收益

由于人民币存在较强的升值预期，中国企业和银行在“走出去”过程中面临一定的汇率风险，与欧美等发达国家的企业竞争时存在一定汇率劣势，投资项目的收益需要额外覆盖汇兑损失。应根据形势发展，转变长期以来形成的“奖进限出”理念，适当放开资本流动限制，鼓励企业对外投资和开展国际化经营。

（三）外汇储备购买力的衡量标准需进行风险调整

中国进口的主要商品为石油、矿产等，此类商品的价格较易大涨大跌。以纽约轻质原油期货价格为例，2000 年之后每日价格的离散系数约为 0.5，而 5 年期美国国债价格每日价格的离散系数仅为 0.02 左右。两者相比，风险程度差异巨大。因此，在衡量外汇储备的购买力时，不仅要与原油、矿产、黄金等商品的价格变化进行比较，还要充分考虑其中蕴含的风险因素。主要包括以下三个方面：一是选取恰当的风险评估周期，合理评估购买力的主要组成成分（如原油、矿产等商品）的风险程度。从每日价格看，原油等商品的风险度较大，但从中长期看整体处于上升通道，风险度将有所降低。二是根据外汇储备的战略目标，制定持续稳定的风险偏好制度，推动相关业务部门按照风险偏好进行管理，确保外汇储备经营在风险偏好所允许的范围内，不以一时一事的风险事件影响投资策略。三是外汇储备管理部门应定期评价购买力组成成分的风险变动因素和风险偏好的实施情况，对储备价值评估体系和风险偏好作出必要的调整。

六、基于战略视角的中国外汇储备创新管理的顶层设计

十八届三中全会后，中国将启动新一轮金融体制大改革框架，从推动中国金融对外开放的角度看，外汇储备改革无疑是重中之重。未来外汇储备改革重心在于“控制增量，优化存量”。在继续推动国际收支平衡、汇率形成机制改革以及人民币国际化

战略的同时，未来国家外汇储备经营管理应实现三大转变：一是由一个金融部门的技术性操作转向国家层面的战略性操作；二是由主要投向金融等虚拟资产转向为实体经济及战略转型服务；三是由单一层次、单一目标、单一主体向多层次、多目标、多主体的外汇管理体系转变。

在对外汇储备实行分类管理和分层次管理上，新加坡是世界上非常成功的模板。在新加坡，金融管理局、政府投资公司和淡马锡控股公司组成了外汇储备管理的“金三角”。这三个机构之间既有非常明确的分工，又形成了互补。金融管理局主要负责固定收益类投资和外汇流动性的管理；政府投资公司专门负责外汇储备的长期管理，将所持外储投向股票、固定收益债券、货币基金、不动产以及其他投资项目；淡马锡控股公司主要利用外汇储备，投资国际上的金融和高科技产业。新加坡在外汇的分类管理中通过多元化、分散化的投资取得了举世瞩目的成绩。数据显示，在过去20多年的时间里，新加坡政府投资公司管理的外汇储备扣除全球通货膨胀率后的年均实际收益率达到6%以上。

因此，应从分流的角度探索和拓展外汇储备的使用，可根据不同的需求，将中国外汇储备划分为三个层次，即基础性外汇储备、战略性外汇储备以及收益性外汇储备，各个层次均对应不同目标和相应的规模，决策和管理主体也应适应多元化管理模式。通过测算，中国的最优外汇储备规模在8000亿—10000亿美元，这部分外汇储备应保持较高的流动性，主要用于外债清偿、贸易逆差时的进口支付、应对汇率异动、应对国际国内经济和金融动荡等。而对于超过最优外汇储备部分，应在国家大战略主导下，为支持实体经济服务，并以战略性和盈利性为首要目标进行长期性、战略性或短期专业化投资。

（一）通过外汇投资产业基金和外汇委托贷款平台支持“走出去”

通过外汇投资产业基金，推动企业“走出去”进行各种直接投资或收购、兼并，可以支持高附加值设备和技术的购买和进口，也推动设立海外研发基地。利用外汇储备支持建立海外研发中心，利用海外研发资源，使研发国际化，取得先进的自主知识产权，进而提高中国技术体系的创新能力，为摆脱产业“低端锁定”创造条件。进一步拓展外汇储备委托贷款平台，[①] 支持企业海外投资，以及支持金融机构用于大型资源开发、大型基础设施、大型先进制造业等项目。

（二）建立多层次对外投资基金体系，对外储池子分类、分区域管理

根据市场细分理论，按地理区域或按概念对海外市场进行细分。如可按区域把海外市场划分为美洲市场、欧洲市场、亚洲市场、非洲市场等，按概念把海外市场划分为 BRICS 市场、APEC 市场、OPEC 市场等，同时成立专门针对目标市场的国家投资机构，对定位的目标市场进行投资。这样不仅可以加大对目标市场的专业研究，有效管理各自目标市场的投资风险，而且还可使承担国家投资职能的各机构合理分工，实现国家层面的投资收益最大化。

（三）“藏汇于民”，实现外汇储备持有主体多元化

目前，中国外汇储备模式是“藏汇于国”，企业和居民的

---

① 2012 年 6 月，国家外汇管理局成立了“外汇储备委托贷款办公室”，负责创新外汇储备运用，并向商业银行提供外汇融资，商业银行再向企业提供外汇融资。

外汇存款仅2500亿美元左右，仅占外储的7%左右，绝大部分外汇资产掌握在官方手中。而发达国家外汇储备模式主要是“藏汇于民”。2010年，日本、德国、英国的民间外汇资产分别高达4.99万亿美元、6.91万亿美元、12.78万亿美元。由此看出，虽然这些国家官方外汇储备远不及中国，但若加上民间全口径计算，其外汇资产均远远超过中国。因此，中国有必要借鉴国际经验，探索外汇储备由“藏汇于国”向“藏汇于民”的战略转变。应加快人民币资本项目可兑换过程，取消资本项下直接投资和外债项下汇兑环节的管制，停止执行资本金外汇支付结汇制，实现外汇管理由直接管理向间接调控转变。同时，多为“藏汇于民”创造有利条件，包括对外直接投资和购买国外股票、债券等金融产品，畅通民间外汇储备投资的多元化渠道。

在具体操作过程中，建议将“由企用汇”放在优先于“由民用汇”的位置。加快放松国内企业境外投资、并购换汇等投资限制，同时，也应给予银行并购贷款、搭桥贷款外汇支持。公司企业可以集中大量投资经验丰富的风险管理及财务管理专业人才，因此，与民众相比，公司企业使用外汇的水平更高。在相应的风险管理方面，企业换汇额度可以企业净资产为限，防止国内银行过多地陷入在境外难以测量的风险之中。

（四）通过资产证券化模式进行战略融资

资产证券化这种方式借鉴了金融衍生产品中资产支持抵押证券（CDS）的做法，所不同的是，在这里的证券发行抵押资产池，由国家的部分外汇储备组成，以这个资产池为基础发行债券、基金单位或信托凭证筹集人民币资金，为国家的战略发展建设融资。例如，可以考虑将部分外汇储备资产证券化来为中国的保障性安居工程建设和城镇化基础设施建设提供投融资支持。

（五）设立中国专项主权财富基金

近些年全球主权财富基金迅速崛起，并在全球经济中发挥着越来越重要的作用。截至 2012 年底，全球主权财富基金的规模较上年增长了 8%，至 5.2 万亿美元，2013 年增加至 5.6 万亿美元左右，2014 年有望超过全球官方外汇储备总额。然而，与全球主权财富基金的蓬勃发展相比，中国主权财富基金规模小，未来可研究设立新的主权财富基金：

一是建立主权养老基金。随着中国老龄化进程的加快，如何缓解养老基金体系的资金压力，开辟主权财富基金投资新渠道，并有效规避隐性债务风险，已经是中国经济社会必须面对的重大现实问题。实际上，国外利用外汇储备建立主权养老基金的尝试已存在几十年，目前已有十几个国家建立了主权养老基金。建议通过汇金公司或者成立类似汇金的其他金融机构，或单独成立养老主权财富基金来进行全球范围内的资产配置。

二是建立能源资源财富基金。能源资源短缺是中国未来面临的最大风险之一。面对日益突出的能源资源供需矛盾和国际能源资源格局的变化，未来中国必须充分利用全球能源资源。这是中国能源资源安全必须坚持的长期发展战略。应成立能源资源财富基金，用于建立能源储备，积极促进能源资源产业和金融资本对接，推动中国能源资源的海外并购、产业开发及能源资源保障等。

（六）运用外汇储备推动中国开放型经济升级版

可考虑通过“援助+投资”方式，重点支持在周边国家和地区进行国际通道建设：一是围绕国家及沿边省区建设国际大通道的部署，比如在“新丝绸之路”、“中国—东盟经济带”等大战略推动下，建立专属商贸流通集散区和公共信息平台，共建便捷、通畅、高效、安全的综合大交通运输网络。二是加强矿产资源加工、生物资源开发、新型能源基地、现代农业发展等领域的合作，共建产业合作示范园区。三是共同推进口岸基础设施建设，提升口岸配套功能。在跨境经济合作区内建立外贸加工或保税仓储园区，支持两地企业“走出去”，参与周边国家的资源配置、产业分工和市场竞争。四是依托于多边合作机制，鼓励各国运用外汇储备共同注册成立区域内国际化的政策性开发金融机构。

On Innovative Foreign Exchange Management to Enhance China's National Strategic Capabilities

Zhang Monan

Abstract: China's 3. 6 trillion dollars huge foreign exchange reserves are the most important international reserve assets and national wealth. The reserve has played very positive role in the balance of international payments, increase foreign payments capacity, stabilize the currency exchange rates and Cope with the international financial crisis. However, the excessive foreign reserves not only seriously affect the independence of monetary policy, but also leading to increasingly costly foreign exchange write-off. Specially, a large number of foreign reserves deposited in low-yielding assets such as U. S. Treasuries, resulting in a significant loss of valuation effects. Faced with the current complicated international economic situation, China is how to configure huge amounts of reserve assets, and achieve multiple strategic objectives, which is relative to the most important strategic proposition on China financial security.

Keywords: Foreign Exchange Reserves Forex Entrusted Loans Asset Securitization Sovereign Wealth Funds

关于运用“双核战略”推进我国综合国力跨时代发展的若干思考

郗润昌*

摘　要：本文旨在建议国家决策部门从战略层面运用“双核战略”，通过大力推进我国现有综合国力，其中主要是新兴综合国力，实现全面而快速的跨时代发展，不失时机地带动我国经济、社会、文化以及军事结构等实现全面跨越式发展，从而使我国真正成为一个与时俱进的新兴工业化强国，一个跟上时代进步而可与已跨入世界新兴工业大国行列的新兴工业列强比肩的国家。显然，只有这样，我国的国际威望才能真正得到提高，我国的国家安全才有可能从根本上得到真正保障。

关键词：双核战略　新兴工业　国家安全

纵观世界发展的大趋势，正当一些国家，主要是美、日、欧等已经或正在从传统工业化大国跨入新兴工业化大国的时候，我方则大有落后于这一跨时代发展之虞。有鉴于此，又有鉴于这种

* 郗润昌，中国社会科学院世界经济政治研究所研究员。

跨越时代的发展尤其具有重大的战略意义和时不我待的迫切性，笔者在举国上下空前重视高新技术及其产业发展重要性的前提下，特转换一个角度，提出如下若干思考，以供相关部门决策参考。

思考之一是：关于大力推进我国新兴综合国力的跨时代发展

在这里，与这一思考相关，提出了两个问题：第一个问题是，如何看我国现时综合国力的构成；第二个问题是，如何看待实现我国新兴综合国力的跨时代发展的迫切性问题。

关于第一个问题。

这首先涉及我国现今的综合国力的构成。撇开综合国力的软国力，考察我国现今拥有的综合国力的硬国力，其主要由两大部分构成：一部分为与传统工业时代相联系的传统国力；另一部分则是与新兴科技及其产业相联系的新兴国力。其中，传统国力部分仍占有相当比重。从社会发展与进步考察，正是在新兴科技及其产业的催生下，现今的世界正在从传统工业社会跨进到了以信息技术、信息产业所引领的新兴工业社会。这就犹如耕作手段的进步曾经引领世界从狩猎时代跨进到农耕时代一样。正因为这样，从纵向比较上，新兴技术及其产业正在引领世界，首先是其中捷足先登者率先跨入新兴工业社会的物质技术基础，从而导致世界实现从前一个时代跨向这一个时代！而从横向上看，国际竞争的着力点和决胜点，正是看谁在这一跨越时代首先集聚起更多的与新兴技术进步相关的新兴综合国力，用于现实国际竞争中，比如更新并构建新兴武器系统，以及在经济上抢占国际市场等。但比较而言，在现实国际竞争中，那些首先实现从传统工业社会向新兴工业社会转换的国家，对世界则具有更大的影响力、感召力！基于这一点，在现今世界的发展仍处于前一个时代向后一个时代的过渡时期之时，为不失时机，就犹如不误农时一样，设法在战略上大力推进我国综合国力主要是新兴综合国力的跨时代发展，正是本文之要旨。因此我以为，当今我国进行这一跨越，实现这一跨越，是时代进步的需要，是国际竞争的需要，尤其是国家安全和中华民族今后如何生存之需要。笔者建议以非同寻常的指导思想，非同寻常的战略手段大力推进我国新兴综合国力的战略性大发展，以使我国在综合国力的国际竞争中避免在时代大变迁之时落伍于新兴工业化发达国家。这正是其必要性和紧迫性之所在。

关于第二个问题。

对于如何看待实现我国新兴综合国力的跨时代发展的迫切性问题，笔者以为，实现新兴综合国力跨时代发展，具有特别的紧迫性，是基于如下认识：

第一，一部世界科技和社会发展史以及中华民族科技和社会发展史均表明，那些推动科技和社会进步的国家和民族，总会首先推动本地区的综合发展并在国际竞争中居于主动。如前已经提及，我国在以狩猎为生的时代跨向农耕时代时，我们的先人不愧为那个时代捷足先登，并开创了那个时代先进的农业文明的佼佼者。正因为如此，那个时代的国家及其后来人受益无穷！然而，当世界从农业时代跨向工业时代之际，远在天边的英帝国，因其开创了工业革命之先河，不仅使这个弹丸小国成为世界工业强国、“日不落”帝国，而且亦首先使欧洲成为世界工业文明地区。相反，在此一跨越中，中国落伍了，受尽了外侮和宰割，切肤之痛难平。从另一个角度讲，这自然便成为中国人奋起向上的最宝贵的内在动力。但亟待动员！

第二，对新兴技术与新兴产业在美、日、欧等国突飞猛进大发展，我们应有紧迫感。

20 世纪中后叶以来首先发生在美、日、欧的那次以航天技术、微电子技术等为先导的所谓新兴科技革命及其新兴产业革命密切相关。迄今以来这数十年的发展史已经表明，这次新兴科技革命及其产业革命的最新成果，正在改变或已经改变世界经济、社会和文化发展的历史，改变着大国综合力量的对比。其中，尤其是那些在这一革命中着人先鞭从而在新兴综合国力对内处于主导地位、对外占据强势地位的国家和地区，在国际竞争中处于优势地位，并左右国际竞争的变化态势。这种国际竞争局面迫切要求中华民族接受历史教训，并尽快行动起来，以便从根本上改变我国在新兴国力相关的自主核心技术及其产业研发中处于从属与落后地位。

第三，举国上下对开发新兴产业意义及其重要性，虽已有更加清晰的认知，但如何从战略层面来思考和对待这一发展问题，仍处于探索中。但从战略上讲，有鉴于战略挑战只能用相应战略予以应对方可收大效、奇效这一基本认识，且从我国综合国力现为双重结构这一立足点出发，笔者特提出了“双核战略”这一构想，以便推动并藉此使我国综合国力，主要是新兴综合国力得以大发展这一目的。

思考之二是：关于运用新“国力方程”评估我国现时综合国力

很清楚，确立一项大战略，其前提首先是对自身以及对他国的综合国力进行量化评估，以免造成“差之毫厘，失之千里”之误判。而在这方面，20 世纪 70 年代中后期，美国人推出的“克莱因国力方程”在指导思想上可供我国借鉴。但笔者认为，今昔时代不同，由于我国综合国力具有双重结构的特点，因而开发综合国力的着力点，其不同既往，故笔者借“克莱因国力方程”的框架结构推出了另一个国力方程，以供评估国力综合发展之用。

在国际竞争中，着眼于彼此力量的对比消长，并由此对竞争各方的综合力量进行量化评估，大约发端于 20 世纪东西方冷战时期，即 70 年代中后期的美国。与此同时，在此之前就已形成的评估综合国力的所谓“克莱因国力方程”，其形成并被美国当局所采纳，是 20 世纪 70 年代的事情。它的推出表明，美国在与那个历史阶段的主要对手苏联的竞争与军事政治对抗中，已不仅专注于军事力量方面的力量对比态势，而且尤其将这一关注点拓展到举全国之力的各大领域，并进而用“国力方程”的形式将之量化、对比，以便确保其不单单在军事方面而且亦在国力对比的各个方面胜过对手。应该讲，这一明显具有特定历史背景东西，其为美国国家军事安全而生。“克莱因国力方程”的推出，不失为一大创举。

“克莱因国力方程”所体现的综合国力即由硬国力和软国力两部分构成。构成这一方程的诸要素，即为：Pp =（C + E + M）×（S + W）。在这一方程中，等号左边的 Pp 表示综合国力；等号右边表示的，就是构成 Pp 表示的硬国力和软国力。前一部分为由（C + E + M）所构成的综合国力的硬国力，其中，C 表示人口和领土，E 表示经济力量，M 表示军事力量；后半部分为由（S + W）构成综合国力的软国力，其中，S 表示国家战略，W 则表示国民意志。

作为综合国力在该方程的设计者们看来，构成综合国力硬国力与软国力（S + W）之间的关系，从国际竞争的动态上讲，彼此为“乘”与“除”的关系，而不是“加”与“减”的关系。

这也就是说，在拥有一定的综合硬实力的前提下，（S＋W）的运用在国际竞争中对于赢得国际竞争是具有决定性的意义的；相反，如无（S＋W）的存在或其运用不当，那么其综合硬实力亦将出现（C＋E＋M）×0＝0的状况，从而不可避免地导致其与苏联的对抗中走向彻底失败。可以认为，正是从中看到了这一点及其中的奥妙，作为一代政治家和战略家，尼克松对之高度评价道："国家力量等于人力加上应用的资源，再乘意志，……如果意志这个因素等于零，那么整个方程式就是零。"

然而在新的历史条件下，这一方程作为传统工业时代的国力量化与比较方式，显然已不能完全涵盖和适应新兴工业时代需要了。正是在此情况下，笔者遂以"克莱因国力方程"为样板而推演出了另一个国力方程，并称之为"国力方程"B，以适应世界从传统工业时代向新兴工业时代兴起及其过渡时期之变化。这样，所谓"国力方程"，即指"国力方程"B和"克莱因国力方程"（即"国力方程"A）两个方程了。

这一定名为"国力方程"B的方程，即由"国力方程"A反映的传统综合国力加新兴综合国力构成。

如果把"国力方程"B，亦分解为：Pp＝综合国力，Pp1＝传统综合国力，Pp2＝新兴综合国力，那么，在新兴工业时代任何一个大国，尤其是中国这样的大国，其综合国力构成，应为：Pp＝Pp1＋Pp2。

与之相联Pp1＋Pp2可分解为：

C＝C1＋C2，其中，C1表示与传统产业相联系的人口和国家固有的土地面积；C2则表示与新兴产业，即信息、生物工程、新材料、航天等产业相关的人口，以及这些产业分布对固有国土面积贡献的影响。

E＝E1＋E2，其中，E1表示与传统工业产业相适应的经济力，而 E2 则是与新兴产业相一致的经济实力。

M = M1 + M2，其中，M1 表示与传统武装力量相联系的国家军事力量，其中包括核力量，而 M2 则包括天军、电子战兵团、机器人兵团等。

而在（S + W）所体现的软国力中，亦可以 S = S1 + S2 表示，S1 与 S2 分别系指国家综合发展战略的构想，S2 则为发展国家综合国力 B 的先决条件。

W = W1 + W2，W1 与 W2，其中，考察一个民族的 W1，一个国家及其领导班子的 W2，因为 W2 是决定战略成败的决定性因素之一。

将这些要素进行合成，即为：Pp1 = （C1 + E1 + M1）×（S1 + W1）。其即为“克莱因国力方程”的变种，它仅仅成为构成“国力方程”B 中的那个由传统国力各要素组成的部分，这一部分恰恰与“国力方程”A 所反映的那一部分相互重迭。而 Pp2 =（C2 + E2 + M2）×（S2 + W2）则为构成国力方程 B 的另一部分，即新兴国力诸要素的合成部分。

而“国力方程”B 为 Pp = Pp1 + Pp2，去简就繁，其国力结构为：Pp =（Pp1 + Pp2）=〔（C1 + E1 + M1）×（S1 + W1）+（C2 + E2 + M2）×（S2 + W2）〕。

对于“国力方程”B，尚有如下几点尤须予以进一步的强调。

第一点是，由“国力方程”B 取代“国力方程”A，其意味着，“国力方程”A（即“克莱因国力方程”），曾经作为衡量一个国家综合国力总量增减依据和作为大国间力量对比的参照标准，已不可再用。如继续用之，将不可避免地对“过渡时期”综合国力的估判产生误导。

第二点是，如“国力方程”B 所示：Pp = Pp1 + Pp2，其等号右边的 Pp1 与 Pp2，二者在 Pp 中，不是 1 +1 =2，而至少是 1 +1 >2。这其中，只有加大发展与新兴科技及其产业革命相一致的新兴国力 Pp2 的力度，这一目的才有可能达成。为此，在战略上当尤其突出强调（S2 + W2）的特殊重要作用。因为，与国际竞争相关，在大国间，彼此力量对比起决定作用的要素即反映在 Pp 中，其在这方面的强者总会在竞争中占据主动和上风。从这一角度讲，在和平时期，大国争夺的战略制高点恰恰存在于 Pp2 这一部分。“整个战争的艺术，就在于在决胜点上的兵力超过敌人。”在世界从传统综合国力向新兴综合国力竞争的时代，那个或那些国家能将其主要人力、财力、智力投到与 Pp2 相关这一决胜点上，它或它们将成为或正在成为主导 21 世纪发展大方向的佼佼者。笔者从“克莱因国力方程”，演绎出“国力方程”B，正是为了对“双核战略”可供付诸实施做参考，以便在战略上做到兼顾传统综合国力与新兴综合力并行发展两不误。而这正是将“双核战略”用于实践以为我所用的基本出发点之所在。

思考之三是：关于运用“双核战略”开发我国综合国力

在从传统工业时代向新兴工业时代这一全新时代过渡的时期，像我国这样的发展中国家，开发综合国力，即为开发传统综合国力与新兴综合国力在内的混合综合国力。量化与评估我国开发这种具有混合性质的综合国力，衡量其在国际竞争中与他国综合力量对比消长的尺度则是可将这两种力量合于一炉的所谓“国力方程”B。虽说这一“国力方程”B 仅仅起量化评估之作用，以及把握国家间，尤其是大国间力量对比消长基本状况，但它却为我国确立与付诸实施“双核战略”，从而为达到开发综合国力，其中主要是新兴综合国力和使我在国际竞争中立于有利地位的总的战略目的，提供了相应依据。很清楚，如同“国力方程”B一样，“双核战略”正是过渡时期两种国力并存这种背景下应运而生的。为的是确立过渡时期国家发展的方向与相应目标；而“国力方程”B则是为了量化评估国力增长的进展情况，供国家决策部门把握其进度，并据此，根据轻重缓急的变化不失时机地在战术上作出必要调整。这其中的大忌是，绝不可把本为战术性质的问题而归因于战略上的过错。

国家“双核战略”，顾名思义，是国家确立与实施的一项由两个“核”构成的国家战略。它借助这“两核”，既确保国家传统综合国力的有序增长，推动国家社会正常运行，确保民生得到可靠保障；同时又推动国家运用现有综合力量以发展和增强国家新兴综合力量为主要目标稳步实现。这也就是说，“双核战略”中的一个“核”，其体现的是国家现行综合战略的宗旨与要求，而另一个“核”则反映国家综合发展战略。如同任何一项别的什么战略一样，“双核战略”的实施，亦有轻重之分和缓急之别。“双核战略”从主次讲，当以开发国家新兴综合国力的发展战略，为该战略的“主战略”，而以运用传统国力的国家现行综合战略则谓之“辅战略”。没有重点，就没有战略。对于“双核战略”，在理论上当永远以与新兴产业发展之“核”作为不变的战略之重点；但在具体战术上其与传统产业发展之“核”亦可在应急之时作为其应急之重点。这也可谓为一种不变中的小变。

对于国家“双核战略”与“国力方程”B，其二者的关系，无一例外，自新兴科技革命及其产业革命以来，世界不少国家的综合国力主要由两大部分所构成，而“国力方程”B体现的正是构成这两部分的静态要素。而“双核战略”的提出与实施，既是为了运用“S1 + W1”，以推动传统国力 Pp1 的发展，以为国家现行政治、经济以及社会文化的发展需要服务，同时为国家的发展战略即另一个“核”所体现的战略构想与目标创造发展条件，奠定基础。

至于“双核战略”的另一个“核”，则是同时运用“国力方程”B 中“S2 + W2”，推动新兴科技革命及其产业革命的大发展，以创造与储备新兴综合国力，推动国家不失时机地向新兴工业化社会演进，且以适应世界竞争舞台上愈来愈以新的竞争手段为特征的迫切需求。而正是在这里，人们看到，“国力方程”B 中的“S2 + W2”、“S1 + W1”，成为了“双核战略”中的两个“核”，而 Pp = Pp1 + Pp2 正是这一战略实施过程中的动态反映及其结出的果实。

总之，从上述解构中，可得出如下几点结论：

其一是现今的世界正处于时代大转换的过渡时期，那些率先超越这一时期而跨入新兴工业化时代的国家和地区，在国际竞争中总会处于主导和有利的地位。这正如从农耕时代跨向传统工业时代的过渡时期的英国及欧洲率先实现时代超越而出现的国际竞争局面一样，只不过弱肉强食的形式不仅相同罢了。综观国际大势，这种现象已初露端倪。

其二是“双核战略”如同其战略一样，其功能亦是着眼于确定国家发展的大方向和发展大目标的。这种发展战略尤其是由我国现有的产业结构和社会经济结构决定的。国家“双核战略”中的两个“核”，恰如前面“国力方程”B 所示：Pp =（Pp1 + Pp2）=〔（C1 + E1 + M1）×（S1 + W1）+（C2 + E2 + M2）×（S2 + W2）〕之中，（S1 + W1）+（S2 + W2）即为盘活“双核战略”的两个“核”。对于国家“双核战略”应关注如下两个方面：一是应同时关注该战略的两个“核”，且二者不可偏废。因为正是这两个“核”构成了特定时期国家综合国力的软国力。而“国力方程”B 所示的（S1 + W1）和（S2 + W2）正是确立 Pp = Pp1 + Pp2 的发展方向及其具体战略目标的灵魂和前提。但一般讲，在实际生活中，人们均会关注体现 Pp = Pp1 + Pp2 的这一物质部分，但却又往往会忽视构成 Pp 软国力（S1 + W1）和（S2 + W2）的精神部分。然而，在当代的国际竞争中，这一部分是万万不可少的！

其三是“双核战略”分为“主战略”与“辅战略”。没有重点，就没有战略。在“双核战略”中，亦分为主战略、辅战略。辅战略即为：Pp1 = （C1 + E1 + M1） × （S1 + W1）；主战略则为：Pp2 = （C2 + E2 + M2） × （S2 + W2）。虽然 Pp = Pp1 + Pp2，但应把战略重点放在 Pp2 上。钢要用在刃上，国家的人力、财力、物力等在顾及辅战略的同时，应确保“双核战略”主战略之所需。这是因为主战略直接关系到国家在未来国际竞争中全局之成败。拿破仑曾说：“整个战争的艺术，就在于在决胜点上的兵力超过敌人。”事实上，在 Pp = Pp1 + Pp2 中，Pp2 已经成为大国竞争的决胜领域的情况下，实施“双核战略”中牢牢把握这一点，对于国家的发展及其未来的国际地位及国家安全显然是具有决定意义的！

其四是在实施“双核战略”中，亦须注意切实解决好实施过程中出现的轻重缓急的矛盾问题。因此，在实施“双核战略”中，亦应处理好执行过程中发生的轻重缓急的矛盾问题。如若处理不当，亦会导致战略的失败。所谓细节决定成败即指其也。但尽管如此，在指导思想上，仍须坚持的一点是，主、辅战略二者间的主次不得换位。只有这样，方可确保我国新兴综合国力得以不间断地发展，从而不仅可增强我国新兴综合国力在国际竞争中的分量，提升我国国际威望，而且尤其会从根本上推动我国与相关国家相随进入高于传统工业时代的新兴工业时代！历史教训已告诉人们，正是这一点，对于今人，对于中华民族的千秋万代，恰恰是最具战略意义的！

这一切，即为笔者对确立与实施“双核战略”构想所持的一己之见。如其可起到抛砖引玉之效，亦不失为本人千虑之一得了！

Some Thoughts about the use of “dual-core strategy” to promote the cross era development of China's comprehensive national strength Era

Xi Runchang

Abstract: This paper aims recommends that national decision-making authority from the strategic use of “dual-core” strategy, through great efforts to promote China's existing comprehensive national strength, mainly emerging comprehensive national strength, comprehensive and rapid development of cross-age, in order to seize the opportunity to promote China's economic and social, cultural and military structures to achieve a comprehensive leaps and bounds, so that the country really up with the times to become a newly industrialized powers, one can keep up with the progress of the times and has entered the ranks of the world's emerging industrial nations of the emerging industrial powers par countries. Obviously, the only way our country's international prestige can really be improved, our national security is possible fundamentally really protect!

Keywords: Dual-core Strategy Newly Industrialized National Security

经济热点篇

发展困境与深度调整中的世界经济

谷源洋*

摘　要：　在摆脱复合型危机的过程中，发达国家针对存在的痼疾进行了变革与调整，促其经济表现趋好及货币政策发生转向。新兴经济体“经济短板”显现，并受到来自外部的多重冲击，加上通胀率高、利率高，经济增速处于下行。南北经济增速趋窄，需要重新审视和定义全球经济失衡和再平衡。当今世界经济仍在复苏底部徘徊，呈现“起伏不定、低于正常水平、力度脆弱和增速分化”的特征。世界经济现正处于转折的十字路口，当下和今后几年世界经济大势的特点为“全面变革、深度调整、加快转变、互动共生”。各主要经济体需要从全球利益出发，协调各方利益，凝聚共识基础，求同存异，互利共赢，共同应对各种挑战，以确保世界经济从复苏底部走向扩张。

关键词：　世界经济　复苏　特征　变革与调整

* 谷源洋，中国社会科学院世界经济与政治研究所研究员，社科院荣誉学部委员。

一、发达国家重大经济变化动向

在摆脱危机过程中，发达国家针对普遍存在的虚拟经济与实体经济的严重背离、家庭借贷消费与实际收入的严重背离、金融创新与金融监管的严重背离、社会福利与财政预算的严重背离，进行了较大幅度的变革与调整，出现了值得关注的七个变化动向：

1. 从积极推动并主导经济全球化，转向追求全球经济再平衡，尽量“去全球化”，以防止经济全球化导致权力分散化。美国前财长保尔森在美国金融危机爆发伊始就宣称，全球经济失衡是金融危机的根源：一是美国对外贸易逆差，而新兴经济体为顺差；二是美国家庭储蓄率低，而新兴经济体储蓄率高。因而，新兴经济体对美国金融危机亦负有责任。

2. 从积极主动促进产业向外转移，转向重振国内制造业，通过减税等优惠政策鼓励在海外的制造业“回巢”，以增加国内投资，创造就业岗位。最为突出的表现是奥巴马签署了“制造业促进法案”，把公司税从35%降至28%，以吸引美国制造业回流，推动高端先进制造业的发展，使其制造业产值在GDP中占比增加，[①] 创造了20多万个就业岗位。

3. 从高举自由贸易和投资的大旗，转向提高市场准入门槛，实行各种形式的市场保护。

4. 从家庭负债消费，转向家庭“去债务化”，提高家庭储蓄率。在危机最严重的时期，家庭储蓄率有所增加，但“由俭入奢

① 2011年制造业产值占GDP的比重达到11.5%。

易”，而“由奢入俭难”，经济略有好转，家庭储蓄率又开始下降。家庭负债率仍高于储蓄率。

5. 从金融过度自由化转向加强金融监管。为摆脱危机和防范危机，各发达经济体纷纷筑起“金融防火墙”，防火机制起到了一定的作用，但限制金融机构发放高额年终奖金并未奏效，2013年华尔街年终奖金为230亿美元，高于2009年的225亿美元，创下金融危机后的新高。[①]

6. 从重视商品贸易转向服务贸易与投资并重及其规则制定。联合国贸易和发展组织发布的报告显示：2012年全球外国直接投资（FDI）降至1.35万亿美元，较上年下降了18%，美国成为吸引外国直接投资的第一大国。在国际信贷市场份额中，日本占13%，美国为12%，德国占11%。日本前首相鸠山由纪夫说“我们已经从货物和服务贸易的资本主义，转向一种新的资本主义，即通过投资来获取回报的资本主义”，[②] 亦即资本帝国主义。

7. 从关注和推动多边经贸活动，转向加速构建“块状经济体”，进行区域贸易与投资安排，签署双边和多边自由贸易协定及建立自由贸易区。

在上述变化动向中，有的变化动向违逆了经济全球化发展的大趋势，有的带有明显的战略与安全防范特征和区域经济一体化不应具有的排他性，有的则只是权宜之计而非长久之策。

---

① 美国财富双周刊网站，2013年8月29日。

② 鸠山由纪夫：《合作共建东亚共同体》，中国国际经济交流中心主办的第三届全球智库峰会，2013年6月。

二、发达国家的经济表现及货币政策转向

发达国家由于抑制虚拟经济，发展实体经济，通过新的科技创新提高劳动生产率，将逐步完成经济和产业结构调整。但各发达国家的经济表现不同，货币与财政政策走向存在差异，有以下三个值得关注的热点：

（一）美联储调整和退出“量化宽松”的货币政策

美联储为刺激经济复苏，自2009年起共计推出三次常规和非常规的“量化宽松”货币政策（QE），向市场注入3.7万亿美元的流动资金。伴随美国经济持续温和复苏，美联储主席伯南克于2013年6月20日首次挑明在“今年晚些时候”美联储将削减购买债务规模，并宣布在2014年年中退出QE。

美联储退出QE是“数据驱动”的退出。自2013年5月以来，伯南克曾多次表态指出“我们的政策绝不是预先确定的，而是取决于新的数据和经济前景”。伯南克所说的“新的数据和经济前景”，一是失业率降至6.5%或以下，二是通胀率升至2%—2.5%，而实现这两个条件的关键因素是美国的经济表现。

然而，从2013年前两个季度的经济数据看，美国经济状况不尽如人意。按年率计算，第一季度增长率为1.1%。美联储多数高层人士认为美国经济复苏程度远称不上什么强劲。鉴于美国企业库存增加，房地产市场继续向好，企业盈利增长了3.9%，首次申请失业救济人数降至33.1万人，接近5年来的最低点，第二季度经济增长率为2.5%。但第二季度个人消费增长却从第一季度的2.6%降至1.8%，消费需求不足，失业率难有明显下

降，通胀率难以上升。因此，2013 年 9 月 17—18 日美联储议息会议后，伯南克宣布仍不丢掉 QE“拐杖”。此举是意料之中的事情，不应感到“意外”：首先是就业市场恢复缓慢，8 月的失业率为 7.3%；通胀水平远低于政策目标，8 月 CPI 环比增速仅为 0.1%；其次是国债收益率持续上升，8 月 10 年期国债收益率为 2.8% 左右；再次是白宫和国会将进入新一轮的年度财政预算和提高债务上限的争论，或多或少会对经济复苏造成威胁和冲击，使美联储不敢轻易削减购债规模。

当今，美国经济年均潜在增长率为 2.5%—3%，由于以下两个因素，美国经济不可能达到潜在增长率水平。其一，民主党和共和党财政矛盾难以调和，找不到妥协的平衡点，2013 年 3 月 1 日正式启动“自动减支机制”，使美国经济面临“慢性折磨”，“减支”的触角渗透到国防、教育、医疗等多个重要领域。按美国国会预算局计算，“自动减支”计划将使美国经济增幅减少 0.6 个百分点。其二，参议院和奥马巴不接受共和党提出的临时拨款议案而修改医改法案或延期实施医改法案，因此从 10 月 1 日起美联邦政府非核心部门约 80 万人休假，导致旅游等多个行业收入锐减，投资者大量抛售短期国债，给美国经济复苏增添了不确定因素。标准普尔信用评级机构认为，部分政府部门工作“停摆”已导致 240 亿美元的经济损失，并将严重拖累第四季度的经济增长。奥巴马指出这场财政之争没有赢家，对美国经济造成了没有必要的伤害。扣除“自动减支”和政府“关门”对 GDP 造成的损失，2013 年美国经济大约只有不到两个百分点的增长。美联储已将 2013 年美国经济增长率从早先预计的 2.3%—2.6% 下调为 2.0%—2.3%，而 IMF 预测 2013 年美国经济增长率只有 1.6%，因而告诫美联储不要轻易放弃 QE。美国金融机构普遍认为美国经济将会逐步提速，美联储最终退出 QE，使货币政策从“超宽松”回归常态是必然的趋势和大概率的事件。

（二）日本“安倍经济学”的效果与潜在反效果

为摆脱过去20年经济萎靡不振的状态，促使日本从“僵尸经济”中爬出来，推动经济出现一个攀升的“拐点”，以摆脱“停滞国家”形象，安倍于2012年12月26日上台执政后即推出三箭捆绑在一起的“安倍经济学”：激进的货币政策、灵活的财政政策及通过结构改革实现经济增长战略。“安倍经济学”的三支箭并不新奇，过去都曾推行过。从1999年起日本央行就实行零利率政策，但其政策收效甚微，并没有给经济增长带来持续影响。“安倍经济学”的“新意”在于设置通胀目标与无限量购买债券挂钩，亦即通过无限量购买债券把通胀率从1%提升到2%。

从实践情况分析，“安倍经济学”已产生了阶段性效果，具体表现为：一是货币政策溢出效应导致日元贬值，有利于增强企业竞争力，扩大企业出口。这是日本企业，特别是消费电子巨头长期期盼的事情。野村证券预测，如果按1美元兑100日元计算，日本企业（金融企业除外）在2013财年的利润率将同比增长50%。二是刺激了日本股市，股市兴旺带来的“财富效应”改善了消费者心理，在某种程度上刺激了消费欲望。三是宣布将上调消费税，驱使消费者提前购买耐用消费品等，刺激了短期消费欲望。四是日本央行加大购买国债力度和规模，促使债券收益率下降，新发5年期债券和10年期债券收益率均低于美国，[①] 有利于激励企业贷款发展生产。

然而，“安倍经济学”也存在“潜在反效果”：2%通胀预期带来债券减值，债券购买者为规避风险，到一定的时间点就会抛

① 2013年4月中旬，美国10年期国债收益率为1.75%，而日本仅为0.56%。

售国债，造成债券收益率上扬，进而增加政府发债成本。因此，新发国债的3/4 由日本央行持有，日本企业和个人金融资产很少去购买国债；日元贬值虽增强了出口企业竞争力，但被能源和食品等进口价格提高相抵消，增加了企业运营成本和家庭居民生活负担。消费者最终将削减其他方面的需求来平衡家庭总支出，从而使政府刺激内需、扩大通胀的努力受到抑制；日本央行制造的过剩流动性难以真正进入实体经济，常被用来换为外国货币进行套利活动，或者流向海外债市和股市等高风险资产等等。因此，安倍内阁激进的货币政策和灵活的财政政策难以根本解决日本经济面临的“结构短板”，短期内也不可能使之摆脱通缩的困局。相反，日元持续走贬意味着其他国家货币对日元升值以及以日元计价的资产缩水，引起其他国家忧虑和反制，加剧了货币摩擦和市场保护情绪。

在安倍射出的第一支箭和第二支箭的作用下，按年率计算，日本2013 年前两季度的经济增长率分别为3.8%和2.6%。由于经济数据持续向好，日本央行曾预测2013 财年实际经济增长率为2.05%，名义经济增长率为2.9%，安倍甚至认为名义增长率为3%，但国债收益率却大幅攀升，10 年期国债收益率从4 月底的0.6%一度跃升至1%。金融机构是日本国债的主要持有者，国债收益率上扬，将增大其资产估值损失，[①] 推高企业贷款利率及增加债务负担。日本政府及大型银行对债市的突变感到忧心忡忡，为此日本央行向金融市场注资2 万亿日元（约为200 亿美元），并加大购买国债频率，将长期国债收益率压回到0.8%附近。与此同时，安倍政府公布了以放宽政府管制、激活民间投资

① 日本央行前行长白川方明认为10年期国债收益率每上涨1个百分点，日本大型银行就将遭受总计3.5万亿日元的损失。

活力为核心内容的第三支箭，亦即“经济增长战略”。[①]

然而，安倍的“经济增长战略”眼下看来只不过是一种美好愿望，其前途如何取决于结构性改革。结构性改革是“安倍经济学”最为关键且难度最大的一个环节。

首先，日本早已步入老龄社会，65 岁以上的人占总人口的 1/4。人口老龄化带来劳动力严重缺乏、生产成本急剧增加、家庭储蓄率持续下降的风险，而储蓄率下降又导致消费低迷与投资不足。统计数据表明：日本职工的工资和奖金已经 10 多年几乎停止不动，雇主越来越多地依赖于工资较低的临时工。这些人占劳动力总数的 1/3，但加班工资跌幅创下 3 年来的最大。[②] 加班时间减少和加班工资下降表明，日本家庭消费已经没有多大扩充余地。

其次，股市狂升创造的“财富效应”虽使一些人增加了对奢侈品和耐用品的需求量，但食品和能源等价格上涨却给低薪阶层，特别是以养老金为生的退休百姓带来了更多的生活困难。在物价上涨和消费税率提高的情况下，工资如果涨不上去，就会带来更多的社会问题。尽管安倍一再要求企业应配合政府提高职工工资，但由于企业对其经济前景缺乏乐观的预期，真正开始提高基础工资的企业为数不多。

第三，在国内市场萎缩及国外竞争加剧的形势下，日本企业重组和改革仅通过安倍所说的减轻企业财务负担是远远不够的。税收优惠并不是刺激日本企业改革的根本动力，企业重组改革涉及到企业裁员，然而打破终生雇佣制、裁减人员对日本企业来说是很难的事情。

① 2013 年 6 月 4 日。

② 2013 年 4 月 2 日日本厚生劳动省公布的数据。

第四，结构改革涉及到企业投资问题。安倍提出了增加企业投资的具体目标，亦即从2013年的63万亿日元提高到3年后的70万亿日元。实际上日本企业缺少的并不是资金，而是值得投资的项目。因此，安倍所指望的放松银根、增加投资与消费去刺激经济增长或许是不容易实现的愿望。既便政府开动印钞机器，鼓励大规模投资，但由于日本国内缺乏大规模投资基础设施的空间，大量的投资只会造成产品与产能的过剩。企业由于在国内找不到有利可图的投资领域，只好继续向海外拓展业务，把企业转移到劳动力成本低和市场潜力大的国家。然而，日元贬值在提高日本国内企业国际市场竞争力的同时，却又增加了海外企业的生产成本，延缓了企业向外移转的速度与节奏。

众多的结构性改革绝非宽松货币政策和财政政策能够解决的问题。相反，安倍政府无节制地扩大支出，既增加不了多少财政税收，又将导致公共债务规模持续扩大，因而成为经济复苏中的隐患。缺乏结构性改革的支撑，安倍的“经济增长战略”乃至整个“安倍经济学”的成功率就将大打折扣。IMF于2013年8月初发表的全球风险评估报告虽然对“安倍经济学”持认可态度，但认为如果安倍政府未能克服量化宽松政策所遭遇到的多重阻碍，那么日本的经济改革存在失败的风险，并将拖累全球经济复苏。

（三）欧洲经济在财政紧缩中进行自身修复

步入2013年，国际社会对欧元区债务危机的忧虑有所消退，德国财长朔伊布勒认为经过3年多“折磨”之后，欧元区“最糟糕时刻”已过。当下欧洲经济稍有向好趋势，主要是由于欧盟和欧元区为解决债务问题筑起了道道金融“防火墙”，加强了金融业自身的修复与监管：

1. 成立临时欧洲金融稳定基金（EFSF）及永久欧洲稳定机制（ESM），基金和机制贷款既可直接注入有困难的银行，又可用于购买欧元区各国政府发行的债券；

2. 欧盟25个成员国签署了《欧盟财政契约》，加强财政纪律监督与检查，违反《契约》规定的国家不仅得不到欧洲稳定机制的资金支援，还将受到按《契约》规定作出的惩处；

3. 成立银行业联盟，授权欧洲央行直接对各国银行进行统一监管，可无限制地购买成员国政府债券；

4. 欧洲央行实施直接货币交易计划（OMT），从二级债券市场直接购买债券；

5. 欧洲议会与现任欧盟轮值国爱尔兰就如何执行《巴塞尔协议3》达成协议，提出资本规范措施，对银行高管的奖金予以控制，这在欧洲金融监管历史上尚属首次。

欧洲央行从2014年11月起将开始直接监管欧元区130家银行。更为重要的是，在防范债务危机转化为银行危机的同时，德、法等核心国家及欧洲央行领导人反复释放出捍卫欧元的“政治决心”，国际货币基金组织亦给予支持与配合，与欧盟、欧元区联手化解债务危机。在多种政策和措施作用下，欧洲经济已基本上下滑到“衰退底部”，金融市场趋于稳定，融资压力减轻，出口竞争力增强，经济下降力度减弱。2012年欧元区国家的平均财政赤字已降至GDP的3.7%，其中希腊为9%。负债严重国的经济与财政状况均有不同程度的好转变化，爱尔兰总理恩达·肯尼甚至宣称于2013年12月中旬“在没有欧盟伙伴帮助的情况下结束国际组织救援计划”。

然而，欧盟和欧元区的首要目标依然是逐渐将财政赤字降至3%的“趋同标准”，使欧盟和欧元区不要走向“赤字联盟”。欧盟理事会提交的欧盟2014—2020年预算案规定，今后

7年欧盟预算规模将降至9600亿欧元，削减340亿欧元，主要削减能源、交通和数字网络等项目建设投资及减少欧盟行政预算，但对农业补贴不减反增，占总预算的40%。但欧洲议会以绝对多数票否决了欧盟历史上首次削减中期预算案，主要理由是欧盟预算案未能考虑欧洲议会的意见，以便使预算案更具弹性，亦即欧盟各成员在厉行紧缩的同时，必须确保优先项目资金的获得，以促进各国经济发展。欧洲央行行长德拉吉多次重申，只要有必要，欧洲央行的货币政策仍将保持宽松，将利率维持在当前或更低的水平。

由于削减支出和刺激经济的矛盾仍在加深，2013年欧盟和欧元区没有推出力度大的紧缩方案，而是注重创造就业和扩大消费支出刺激经济增长，但依然面临众多挑战，包括失业率高企、资产负债严重、消费能力较低、进出口不稳定及一些国家社会持续动荡。因此，虽然2013年第二季度欧元区经济出现了18个月以来的首次正增长，[①] 其经济收缩幅度趋窄，但复苏力度甚弱，2013年欧盟和欧元区经济仍将为负增长或零增长，失业率高达两位数。欧洲经济出现实质性复苏尚需要几年的时间，期间“紧缩与反紧缩”的分歧以及“拥欧元与反欧元”的斗争将持续下去，并左右一些国家的政局变化，但欧洲一体化进程不会中断，会在排除重重障碍中继续向前推进。

三、世界经济增长由“两个引擎”驱动

从历史考察，发达国家和发展中国家经济实力对比格局正在

① 2013年第2季度欧元区GDP环比增长0.3%，高于市场预期的0.2%。

发生变化。在21世纪头13年，新兴经济体和发展中国家的GDP和人均GDP增速以及拉动经济增长的私人消费、固定资产投资和对外贸易“三大要素”的增速都继续保持着高于发达国家的势头，而且人均寿命、教育年限以及清洁用水和卫生设施状况也有明显的提高与改善。

然而，近两年来新兴经济体的经济“短板”显现，并受到来自外部的多重冲击，加上通胀率高、利率高，因而经济增速处于下行。尤其在美联储调整和退出QE的大趋势下，自2013年5月以来部分新兴经济体面临着资金撤离、货币贬值、国债收益率提升的压力，新兴经济体经济将持续向下滑行。IMF于2013年10月8日发表的《世界经济展望报告》再次下调了新兴市场国家与发展中国家的整体增长预期，预计2014年的经济增速为5.1%，较前次预测下调了0.5和0.4个百分点。世界银行则把2013年东亚发展中国家的经济增长率从7.8%调低至7.1%。鉴于南北经济增速趋窄，需要重新审视和定义全球经济失衡和再平衡。

面对新兴经济体经济增速持续下滑，唱衰新兴经济体的声音日趋高涨，并出现一些“杂音”，说什么金砖国家概念已不复存在，新兴经济体的“神话”已终结，失去了世界经济“引擎”的作用，而发达国家替代了新兴经济体，成为拉动世界经济的“引擎”。这些说法有些言过其实。西班牙中国政策观察网站载文称“相比较而言，新兴经济体正在下坡而发达经济体仍站在悬崖边上”。由于新兴经济体家庭储蓄率高、外汇储备雄厚、外债水平较低、对内和对外投资潜力大、工业化提速、收入增加、购买力上升和创新能力趋强、存在减息空间和推行财政刺激政策余地，其通过有针对性的深化改革，能够应对和抑制住“南快北慢”变化速度放缓的局面，继续保持高于发达国家的速度向前发展。尽管 IMF 下调了金砖国家的经济增长率，但俄罗斯官方公布的统计数字显示：2011 年到 2013 年金砖国家经济平均增速为 4. 11%，远高于发达国家的 1. 37%，其影响力仍在上升，并不再认同“华盛顿共识”（即市场原教旨主义）。尤其是金砖国家建立发展银行及金砖国家应急储备安排，既可以向发生流动性和国际收支困难的成员国提供资金支持，也可以在实际困难发生前化解各种外部冲击对各国金融稳定的负面影响。

当今新兴经济体和发展中国家占世界经济的比重约为 42%，在亚洲发展中国家的带动下，这一比重还将继续上升。预计到 2020 年，亚洲将成为世界最大的经济区域。因此，新兴经济体依然是全球经济增长的“引擎”，仍将继续对世界经济增长作出贡献。“南升北降”的大趋势不会发生逆转。正如世界银行前行长佐利克所说的，在美国金融危机之前，新兴经济体已经开始崛起，随后而至的危机则更加快了崛起的步伐。未来世界经济格局的一个鲜明特点是新兴经济体的崛起，新兴经济体特别是大型新兴经济体是世界经济增长的新动力。在经济全球化的时代，如发达经济体不坠入“悬崖”而保持持续性的复苏和增长，可与新兴经济体一起成为拉动世界经济增长的“引擎”。美国布鲁金斯学会发表的《全球经济复苏跟踪指数》报告认为，全球经济正在受到“发达经济体飙升的商业和消费信心，以及新兴市场经济增长趋于稳定的共同推动”，世界经济的牵引动力将由“单引擎”变为“双引擎”。

美联储最终退出 QE 使许多人担心新兴经济体可能发生系统性金融风险。这种担扰不无道理，但是还应看到存在着抑制发生系统性金融风险的多种因素：

一是美联储实施 QE 带来的外溢效应，主要是以套利为目的的“热钱”涌向新兴经济体的股票市场。统计数据显示：2005—2010年间流入新兴经济体股市的资金量增长了500%，而美联储一旦退出QE将使流入股市的“热钱”瞬间流出，“热钱”的大进大出易诱发金融市场动荡乃至危机。因此，美联储实施QE或退出QE带来的“热钱”流入和流出，都会让新兴市场国家付出代价。但是，伯南克表示美联储在未来结束购买债券计划时，将不会采取“突然的结束方式”，而是“逐渐收缩购债规模”，其退出过程有多种选择方式。基于美联储退出QE将是一个渐进的、分阶段的较长过程，从削减购买国债规模到完全退出再到加息大约要经历3年左右的时间，因而新兴经济体有时间进行有针对性的政策调整，以提前应对美联储货币政策转向造成的“冲击波”。

二是新兴经济体近期的金融市场动荡，其主因是全球资本追逐高收益率的短期行为，基于新兴经济体的增速依然高于发达经济体，资金的短期流动性的冲击不会持久，难以对新兴经济体造成致命的伤害。

三是美联储退出QE是美国经济好转的标志。美国经济向好，有利于新兴经济体增加对美国的出口，刺激经济增长，吸引资金再度回流。

四是当今的新兴经济体，特别是东南亚国家的宏观经济环境已不同于1997年爆发金融危机时的状况。具体表现为：（1）吸取了上次危机的深刻教训，普遍加强了金融监管，以防发生系统性金融风险；（2）资本市场趋于成熟，拥有抵抗金融风险的外汇储备，国家外债比例下降，银行资本比上升；（3）在清迈协议框架下建立了多边外汇储备库，以及多国相互签署了货币互换协定；（4）东南亚国家联盟不是10国的货币联盟，而是10个国家的联合组织，因而不会出现欧元区“单一货币”那样的麻烦问题；（5）加强了内部经济整合以及同域外大国的全面经济合作，有助于应对外资暂时逃离带来的风险。因此，美联储退出 QE 并不是新兴经济体爆发金融危机的必然条件，新加坡总理李显龙认为东南亚金融危机不会重演，一些国家出现的汇率波动及资金撤离不是“新的全球经济危机”。

但是，新兴经济体发生金融危机的可能性仍不容忽视。首先，伴随着“热钱”流出，一些新兴经济体的外国直接投资也在减少，因而维持了较高的利率和汇率，抑制了经济增长。其次，一些新兴经济体通货膨胀压力有所缓解，货币政策的着力点转向“稳增长”和“促增长”，但部分国家通胀率依然较高，经济增速持续下行，面临着“滞胀”压力。再次，新兴经济体出口不振，竞争力下降。从 2003 年至 2008 年，亚洲新兴经济体的年均出口增幅为 22.5%，而金融危机以来的出口增速仅为 8.5%。最后，美联储改变宽松货币政策导致国际金融市场波动，并推高长期国债收益率。美国国会预算办公室（CBO）预测，美国 10 年期国债收益率在未来 5 年内可能上升至 5% 的水平。美国国债收益率上升意味着全球融资成本的上涨，从而使世界逐渐告别“低利率时代”，增加了新兴经济体的美元借贷成本。外汇储备不足、经常账户高额逆差以及资源型出口的新兴市场国家绝不可掉以轻心，必须保持高度的警惕，及早采取有针对性的改革措施，并加强相互间宏观经济协调，共同应对发达国家货币政策变化带来的逆风袭击。

四、世界经济处于转折的十字路口

各主要经济体为应对金融危机和走出经济衰退，同步推出了

“量化宽松”货币政策，促使2010年世界经济开始“触底反弹”，从衰退步入复苏轨道，并没有出现“二次衰退”的局面。然而，世界经济复苏呈现“起伏不定、低于正常水平、力度脆弱和增速分化”的特征，危机造成的“后遗症”尚未完全消除。具体表现为：国际贸易和国际投资尚未恢复到2008年以前的增长速度和绝对水平，WTO已将2013年国际贸易增长率从3.3%下调到2.5%，仅相当于上年的增速；2013年全球资本流动量为1.06万亿美元，少于上年的资本流动量；世界经济连续3年下行，IMF已将2013年世界经济增长率下调至2.9%，略低于上年的增长水平。如果新兴经济体抑制不住经济下滑趋势以及第四季度美国经济不如预期，IMF或许会再次下调对2013年世界经济增长的预测值。世界经济仍在复苏底部徘徊，然而国际经济金融机构普遍预测2014年和2015年世界经济复苏步伐有可能略有加快，2015—2020年世界经济将从复苏阶段步入较快增长阶段，年均经济增长率将高于过去30年3.5%的平均值。世界经济大体呈现“U型”反转走势。

然而，当下和今后几年世界经济不可避免地面临多重可预知风险的冲击：

1. 各经济体内部贫富差距不同程度地扩大，造成社会秩序不稳甚至动荡。最富有的1%美国人在2012年的收入占到美国全民年收入的1/5，贫富差距创历史最高纪录。英国非政府组织乐施会发表的报告预测，到2025年欧洲贫穷人口将达到1.6亿人。按中国国家统计局公布的数据，中国的基尼系数为0.48—0.49，高于许多发达国家。根据2013年胡润百富榜，2012年中国有315名亿万美元的富豪，比一年前增加了64%。

2. 未来人口的变化，就是老龄化趋势。老龄化是一个全球现象，凸显出许多国家快速步入高龄社会。人口寿命延长显示健康与医疗的进步，但是老龄化速度过快将使各国财政不堪重负。

3. 全球投资不振，经济增长不足，失业率居高难下。国际劳工组织的统计数字显示，全球失业人口总数现已超出 2 亿人，其中 G20 为 9300 万人，每个国家都遭受到失业问题的困扰。[①]

4. 来自粮食安全、能源安全与环境安全的挑战依旧。2013 年《全球饥饿指数》报告指出全球 56 个国家粮食严重短缺。

5. 美联储调整和退出“量化宽松”以及日本和欧洲继续维持“量化宽松”的货币政策，导致少数新兴经济体存在发生系统性金融风险的潜在可能。

6. 各种形式的区域经济整合速度加快，其中 TPP 和 TTIP 谈判的重心转向规则制订，与此同时，全球多边贸易谈判踏步不前，但世界仍需要多边贸易体系。2013 年 12 月 WTO 部长级会议是推动多哈回合谈判取得“早期收获”和维护多边贸易体系权威性的关键时间点。

7. 石油市场供需基本面虽然相对较为宽松，但地缘政治导致油价扑朔迷离，全球油价仍处于高价位。高油价带来物流成本的上升及大宗商品价格的连锁上涨，加剧了通货膨胀压力。

8. 美国和欧洲多数国家在“去杠杆化”的过程中，势必将通过货币贬值和制造通货膨胀途径，向其他国家转嫁危机，因而货币和贸易摩擦难以避免。新兴经济体必然会实施货币储备和投资多元化战略，强化国际货币体系改革的诉求。发展中国家在 IMF 的份额及投票权虽已有所增加，但远未能反映出南北经济格局的真实客观变化，发达经济体仍握有绝对的话语权和否决权。

世界经济现正站在转折的十字路口上，当下和今后几年世界经济大势的特点似可概括为“全面变革、深度调整、加快转变、

---

① 国际劳工但组织于 2013 年 9 月 4 日发布的报告。

互动共生”。各主要经济体需要从全球利益出发，协调各方利益，凝聚共识基础，求同存异，互利共赢，共同应对各种挑战，以确保世界经济从复苏底部走向扩张。

中国作为新兴大国，面对外部环境的变化及其存在的风险，其外交政策选择似应突出全球性、区域性、安全性、战略性；突出大国经济外交的分量，积极开展各种形式的经济金融外交，加快推进经济规则国际化、资本国际化、产业国际化、人才国际化及人民币国际化；突出“南南合作”，把“南南合作”放在更加重要的突出位置上，创建更为广泛的国际合作平台和空间；突出中国利益和人类利益的结合，营造和平稳定的外部环境，利用、创造、延长好中国发展的重要战略机遇期。

大国外交应具有全球性的视角，从和平、发展、互利合作出发处理国际事务和争端，但和平与合作不应影响国际经济政治秩序变革，国际秩序不合理的本质在于：经济金融上的“美元本位”；政治安全上的西方制度霸权；权力分配上的不均衡。改革不合理、不公正的国际秩序，就是冲击国际利益格局。“后危机时代”，南北利益冲突将会在各个领域和不同层面上反映出来，对此需要尽早作出预判与准备；在处理复杂的国际事务时，中国要让世界多了解自己，采取多种形式积极开展公共外交；为应对美国“亚太再平衡战略”，中国外交战略的目标重点似应放在亚洲地区。

Development Dilemma and Depth Adjustment of the World Economy

Gu Yuanyang

Abstract: Get rid of complex crisis in the process, developed for the existing solid disease were change and adjustment, and promote its economic performance is getting better and monetary policy shift occurred. Emerging economies, "Economic short board" appeared, and by multiple shocks from the outside, coupled with high inflation, high interest rates, economic growth in the downlink. Narrow north-south trend in economic growth, the need to re-examine and define the global economic imbalances and rebalancing. Recovery of the world economy is still hovering at the bottom, showing the "ups and downs, below normal levels, the intensity vulnerable and growth differentiation" feature. The world economy is now at a crossroads turn, present and future years, the general trend of the world economy is characterized as "comprehensive reform, depth adjustment, accelerate the transformation, interactive symbiosis." All major economies need from the global interests, coordinate interests of all parties reach a consensus basis, seek common ground and mutual benefit, jointly cope with various challenges and ensure recovery of the world economy from the bottom toward expansion.

Keywords: world economy recovery features changes and adjustment

我国宏观经济形势分析与政策展望

王军　李锋　窦勇*

摘　要： 当前中国经济的突出特点是稳中有进，但稳而不强，未来中国经济发展仍面临一系列挑战或风险。预计中国经济将延续温和复苏态势，2014 年仍将围绕 7.5% 这一中枢，在“七上八下”这一较为理想的区间内窄幅波动。宏观经济政策的搭配仍将维持积极的财政政策和稳健的货币政策不变，统筹施策，精准发力。从中长期来看，破解发展困境需加快打造中国经济升级版，通过释放改革红利、挖掘内需潜力、激活创新活力、深化开放推力、发挥区域合力，形成促进经济转型和持续发展的新动力，逐渐实现中国经济由大到强的升级。

关键词： 经济发展　经济需求　国内转型

* 王军，中国国际经济交流中心咨询部部长；李锋，中国国际经济交流中心咨询部博士；窦勇，中国国际经济交流中心咨询部博士。

一、当前宏观经济形势的主要特点

2013 年前三季度中国经济实现了 7.7% 的增长速度，在全年预期目标之上成功地守住了“下限”，稳增长的目标基本得以实现。如果用两句话来概括宏观经济的表现，可以说是“稳中有进，但稳而不强”。所谓“稳中有进”是指受前期企业补库存速度加快、政府稳增长政策激励以及各项改革措施渐次出台的积极影响，宏观经济总体运行平稳，这主要体现在三个方面：增长平稳，物价平稳，就业平稳。而且，在三个方面取得了明显的进步，初步踏上了打造中国经济升级版之路：一是改革开放有进步，财税、金融、行政管理等很多领域的改革措施成熟一项推出一项，令人耳目一新、倍感振奋；二是结构调整有进步，产能过剩治理等工作已全面部署并展开；三是风险控制有进步，例如财政领域地方政府债务问题、金融领域影子银行等等，都在采取有针对性措施加以防范和化解。

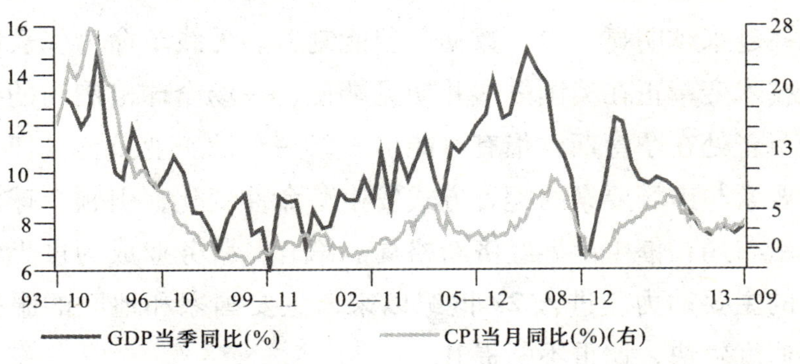

中国 GDP 与 CPI

但是我们也应看到，中国经济在稳中有进的同时，也表现出“稳而不强”的特点，主要是在四个方面表现得差强人意：总需求改善的自主性、内生性和持续性不强；以提质增效、创新驱动为核心的经济转型升级力度不强；服务业发展力度不强；居民收入提高程度不强。

二、新时期中国经济发展面临的新特征和新挑战

从国际层面看，世界经济进入深度转型调整期。这主要表现在：第一，经济全球化日趋深入。第二，世界经济平衡出现新变化，主要发达经济体复苏乏力，新兴经济体发展较快，随着亚太地区经济一体化的不断发展，该地区各经济体之间的经济联系与分工日益深化，经济总量不断扩大，世界经济重心呈现向亚太地区转移的新趋势。第三，发达经济体和新兴经济体加速转型。发达国家致力于改变借贷消费的模式，吸引制造业回流，扩大实体经济比重；新兴经济体则致力于扩大国内需求，加快产业转型升级，努力实现创新驱动发展。第四，新一轮科技革命和产业革命的征兆越来越明显。以大数据、智能制造、无线革命为代表的新一轮技术变革正在美国酝酿并初见端倪，一场全球范围内的技术大变革正处在孕育期，很有可能引发新一轮的工业革命，使全球技术要素与市场要素的配置方式发生革命性变化，引领全球产业分工新布局，催生世界经济新格局。第五，服务业成为世界经济复苏的主要动力。进入21世纪以来，主要国家和地区的服务业发展速度较快，比重不断提升。

就国内层面，中国经济发展进入新阶段：一是经济发展进入增速换档期。中国经济由于规模的增大以及发展方式的转变，长

期保持GDP两位数的高速增长将不会是常态，开始进入个位数中高速增长的“换档期”。但是，中国还拥有广阔的市场空间和发展潜力，保持年均7%—8%的增长速度、推动经济持续健康发展是完全有可能的。经济增长速度适度回落是经济达到中等收入之后的普遍规律，是经济结构调整和增长动力转换的表现。二是经济发展进入风险凸显期。一方面，中国经济内部的深层次矛盾不断显现，经济发展中不平衡、不协调、不可持续的问题依然突出。另一方面，中国经济面临的国际经济风险与日俱增。各种形式的国际贸易保护主义明显抬头，对外投资遭遇越来越多的壁垒。同时，国际金融风险加剧，美、日等国家采取的量化宽松货币政策导致全球流动性泛滥，世界经济不确定性增加。三是经济发展进入升级机遇期。世界经济进入深度转型调整期、新一轮科技革命和产业革命处于孕育期、服务经济时代来临等，都为中国经济升级提供了难得的机遇，有利于培育中国经济发展的新优势。同时，与发达国家相比，中国的经济还有相当大的增长空间，后发优势依然比较明显，经济升级处于大有可为的战略机遇期。四是经济发展进入转型关键期。中国现有的经济发展方式，在需求结构上主要依靠投资和出口拉动，在产业结构上主要依靠第二产业带动，在要素投入上主要依靠增加物质和资源消耗。2012年，中国消费占GDP的比例仅为35.7%，固定资产投资占GDP的比例上升至46.1%，GDP占世界生产总值的11.6%，而消耗的能源占到21.3%。中国经济发展方式转变刻不容缓，必须加强创新驱动，不断提升产品和服务的附加值。

未来中国经济主要面临五大挑战或者说风险：第一，要继续防止经济大起大落，稳增长既是短期任务，也是中长期重要任务。由于产能过剩问题突出，新的经济增长点有待形成，经济内生增长动力仍显不足。由于产能过剩问题突出，新的经济增长点有待形成，2012年以来民间投资呈持续减速态势，尤其是制造业表现得更为明显。民间投资增速出现了大幅度回落，由2005年的近50%下滑至2012年的25%左右，2013年上半年继续下跌至2005年以来的新低点23.4%，较上年同期下降2.4个百分点。这一现象反映出民间资本对未来实体经济投资回报的预期下降，也反映出中国经济的内生增长动力在减弱。

第二，产能过剩问题严重、治理任务艰巨，特别是落后产能的淘汰，仍然需要相当长时间才能消化，生产能力过剩问题将长期困扰中国经济。即使制造业增速恢复到历史平均水平，相关行业的过剩产能仍然难以消化。数据还显示，中国工业落后产能占比达到15%—20%，淘汰落后产能任务艰巨。一方面制造业产能过剩问题严重；另一方面目前这些行业的投资仍在增长，且大部分为现有水平的重复投资，新的中低端产能继续积累，导致过剩程度进一步加剧。

第三，需要高度重视化解财政金融等领域风险。未来随着经济增速逐渐放缓，财政金融领域潜在风险在加大。比如，地方政府融资平台负债快速增长，这些负债中85%左右依靠土地收入支撑借贷和偿还，地方融资平台偿债压力加大，部分贷款面临违约风险；制造业领域产能严重过剩问题使企业经济效益下滑，加之劳动力成本上升、资源环境要素价格提高和资金借贷成本偏高，部分企业无力偿还金融机构贷款，已经出现违约问题；影子银行继续快速扩张，由于缺乏有效监管，信用违约风险不断提高；中央、地方两级财政负债率上升，国家资产负债表亟待改善。

第四，房地产调控长效机制还未建立，房价、地价泡沫继续累积。

第五，国际经济环境及政策变化、国际资本市场波动所带来的货币政策独立性日益减弱等风险需要及时应对防范。

三、对未来经济走势的分析和判断

1. 中国经济将延续温和复苏态势。未来温和的扩张政策（微刺激）、换届效应及三中全会后改革红利的释放、补库存因素及国际经济环境改善等因素，将继续支持2014年中国经济稳步小幅回升。2014年仍将围绕7.5%这一中枢，在“七上八下”这一较为理想的区间内窄幅波动。

2. 仍需发挥投资促进经济增长的作用，投资将保持较快增长。“十二五”规划中期评估、较宽松政策等因素支持基建投资保持较快增长，调控真空期有助于维持房地产投资增长势头，经济温和回暖有助于遏制制造业投资减速局面，总体来看投资仍将保持较快增长态势。加之地方政府有强烈的加快投资的动力，多个地方政府正在主导新一轮投资计划，未来地方投资增长将有可能加速增长。从行业来看，传统的采矿、制造、建筑业等领域投资增速回落，与城市化发展相关的行业，与社会物流相关的交通运输、仓储和邮政业，以及水利、节能环保和公共设施管理业等行业成为投资热点。

3. 消费市场将基本保持平稳。当前，中国城乡居民就业形势良好，收入分配制度改革全面推进，部分地区再次上调最低工资标准等因素有助于推动消费稳定增长。2013年以来商品房销售大幅增长将会带动家装建材、家具、家电等领域消费需求，网络消费、社区消费等新型消费模式进一步显示出较大潜力。但是，居民对未来消费信心不足、高房价对消费的挤出效应等因素抑制了消费增长，特别是前三季度城镇居民年度实际可支配收入仅增长6.8%，较上年同期减少3个百分点，直接影响到居民的实际消费能力。初步预计，中国消费未来还将平稳增长，社会消费品零售总额增长13%左右。

4. 中国外贸面临严峻形势，不再具备高速增长的内外条件。未来外部需求将有轻微好转。2014年发达经济体经济形势可能会好于2013年。美国将会有所起色，欧洲正在逐步走出衰退状态，日本经济将继续回升，新兴经济体经济形势不容乐观。整体而言，下半年中国面临的外部经济环境将有轻微好转。未来人民币有望保持稳定或贬值。这将缓解汇率因素给出口企业造成的成本压力，有助于中国出口。随着未来内需疲软态势逐步改变，进口乏力的局面也将有所改善。在经济增速下降并越来越逼近“下限”时，微刺激政策将正面影响进口增速。

5. 物价走势保持温和上涨态势。展望2014年，中国经济回升力度依然不会太大，总需求仍将是弱复苏或者说是温和复苏，有利于物价水平保持稳定。但是，猪肉及其他肉禽价格提前出现反弹，新一轮“猪周期”将再度来袭，加之我国货币存量偏大、货币流动性增长较快，未来广义货币（M2）增长仍会明显快于名义GDP增速，存在物价上涨的货币基础；劳动力成本中期上升，资源价格改革以及景区门票上涨等成本推动型通胀压力较大；短期资金净流入加快加大外汇占款投放流动性压力。

四、宏观经济政策将统筹施策、精准发力，中长期决策框架将体现四个更加注重

2014年经济工作的重点仍将是把握好稳增长、调结构、促改革和控风险的关系，在“稳中求进、稳中有为、稳中提质”上下功夫，经济运行的主要矛盾还将是应对和防范经济下行乃至失速

风险，以确保稳增长的实现。未来政府将采取既稳增长又调结构，既利当前又利长远，一举多得的有效措施，全方位应对经济运行所面临的各种风险和挑战。基于这样的分析，预计宏观经济政策的搭配仍将维持不变，仍是积极的财政政策和稳健的货币政策。与此同时，宏观调控将显现出以下几个方面的特点：

1. 更加注重供给侧管理。加快推进重点领域改革，优化供给结构；重视从供应端建立长效机制，有效抑制通胀及管理通胀预期，逐步控制农产品价格大起大落；不断完善保障性住房制度，建立城镇多层次的居民住房供应体系。

2. 更加注重发挥财政政策的作用。将更加强调优化财政支出结构，加大结构性减税力度，切实减轻企业负担，强化财政政策的针对性，着力提高有效供给能力。

3. 更加注重科技创新。将继续增加对于科技创新的投入，培育整个国家的创新精神。

4. 更加注重扩展海外投资。将重点考虑与石油、铁矿石、有色金属资源丰富的国家建立经济贸易合作区，或通过投资、风险勘探及技术合作等方式增加海外能源资源供应。

五、破解中长期发展困境需加快打造中国经济升级版

（一）打造中国经济升级版的内涵

2013 年 3 月，十二届全国人大一次会议闭幕后，李克强在与中外记者见面并回答记者提问时，首次提出“打造中国经济升级版”的概念。之后，他又在很多场合对如何“打造中国经济升级版”提出明确的要求，作出具体的部署。打造中国经济升级版是

政府根据世界经济发展的新特点与新趋势，针对中国经济未来发展面临的新机遇与新挑战提出的重要经济方略。打造中国经济升级版，既是当前稳增长和调结构的需要，也是未来提高经济发展质量和效益的需要，还是为经济社会发展提供持久动力的需要，更是实现中国梦和增进人民福祉的需要。

打造中国经济升级版的内涵可概括为：以体制升级为前提，以动力升级为基础，以方式升级为核心，以福祉升级为宗旨，通过释放改革红利、挖掘内需潜力、激活创新活力、深化开放推力、发挥区域合力，形成促进经济转型和持续发展的新动力，培育更多依靠内需拉动、创新驱动、绿色推动、区域互动的经济发展新方式，使经济质量和效益、居民就业和收入、资源节约和环境保护等有新提升，逐渐实现中国经济由大到强的升级。对于打造中国经济升级版的内涵，可从以下四个方面来理解：其出发点是实现中国经济由大到强的质变，关键点是形成中国经济持续发展的新动力，核心点是培育中国经济科学发展的新方式，落脚点是提升人民的福祉。

（二）打造中国经济升级版的基本路径

第一，以制度创新释放新的红利。经过多年的高速发展后，中国经济社会发展进入新阶段，劳动力、土地等要素成本不断攀升，边际收益持续下降，传统的要素禀赋的比较优势基础正在加速衰减。依赖人口红利和土地红利的传统经济增长模式逐渐陷入困境，中国经济社会的转型发展正面临着“中等收入陷阱”的严峻挑战。对此，还是要继续深化改革，把经济增长的动力转到制度创新所释放的红利上来。此外，经过30年的改革，原有的一些制度设计已不适应形势的发展需要，现在已成为发展的羁绊。因此要继续深化改革，推动制度创新，调动起各方面的积极性、主动性、创造性，源源不断地释放“制度红利”，为中国经济发展注入新的动力。

第二，扩大消费激活内需潜力。中国经济社会已进入新的发展阶段，必须与时俱进，推动消费、投资、出口实现结构型转变，避免落入“中等收入陷阱”。扩大内需、提升消费水平的关键在于城镇化。中国城镇化的规模和潜力在世界经济增长史上都是空前的，在相当长的时间内还将保持较快的增长速度。城镇化的过程就是农民转为市民的过程：一方面消费观念的更新以及消费结构的升级，会带来巨大的消费需求。目前中国城镇居民人均收入是农村居民人均收入的3.1倍左右，人均消费也是农村居民的3.1倍左右。如果一个农民真正成为城市居民，收入和消费至少将扩大3倍以上；另一方面，城镇化不仅仅是将农村居民转化为城市居民，还要为其提供适宜居住的便利条件，这必然带来城市基础设施建设的提速。

第三，实现从要素驱动和投资驱动向创新驱动的转变。党的十八大报告指出，要把推动发展的立足点转到提高质量和效益上来。提高经济增长质量和效益的关键是大力推进科技进步和创新。自主创新为经济发展升级提供根本动力，培育长期竞争优势，成为中国顺应时代要求、涉及经济社会发展全局的重大战略。因此，未来自主创新能力将深刻而持久地影响中国的经济前景，是对未来中国经济具有重大影响力和决定性的关键因素。根据经济发展方式转变理论，打造中国经济升级版实质上就是由数量型、规模扩张型、高成本型、投资和资源驱动型，向质量型、效率提高型、低成本型和创新驱动型升级。

第四，以开放促改革。当前中国发展的内外环境发生了明显变化。从国际来看，国际金融危机以来，国际市场波动与震荡频繁，原有的国际经济秩序内生弊端暴露，世界经济格局面临再平衡挑战。从国内来看，改革步伐放慢，各领域改革进入深水区，举步维艰，原有的改革红利边际效应逐渐衰减。今天的改革亟需新的动力，迫切需要对外开放的倒逼机制来为内部改革注入新的动力。对外开放30年，尤其是加入WTO后，全方位、制度性的对外开放极大地促进了中国国内经济体制的变革，政府开始借鉴国际经验改革原有的行政体系，按照市场经济规律办事。但如果没有开放的倒逼压力，政府改革有可能远远滞后。今天，当国内改革涉及利益错综复杂、进展缓慢时，尤其需要对外开放来“倒逼”改革。

第五，创新资源节约环境友好型发展模式。推动产业转型升级是建设资源节约环境友好型发展模式的根本途径。促进产业转型升级，总体要求是加快淘汰落后产能，促进传统产业改造升级，大力发展战略性新兴产业、高新技术产业和服务业，在保持经济稳定增长的同时，降低经济社会发展对资源能源的消耗及对生态环境的破坏。

第六，实现从需求管理向供给管理的转变。当前中国经济所面临的各种问题，除需求下滑外，供给遭受冲击也是一个不容忽视的重要方面，由于劳动力、能源资源、利率和环境等要素价格上涨，成本上升压力，进而导致生产者生产意愿增大下降，造成供给端的冲击。在此背景下，中长期决策框架有必要更加注重供给侧管理，重点以生产关系的自我调整继续解放生产力，在结构优化、经济发展方式调整过程中充分激发全体社会成员的活力，在中等收入阶段培育起以创新为主的持续增长动力，继续促进全要素生产率稳步而持续提升。寻求未来中国经济诸多矛盾问题的破解之道，必须将分析和研究的重点从传统的需求转向供给，这将是中国宏观调控思路的一个重大转变。

第七，推动经济发展与民生改善同步进行。在中国，GDP与官员升迁绩效考核挂钩，往往易导致 GDP 崇拜。部分地方官员片面追求 GDP 绝对值的增长，从而忽略了改善人民福祉。民生滞后于经济发展，反过来会制约经济发展，分配公平度不高、社会保障不足终会导致内需扩张乏力。此外，民生的改善还关乎社会稳定，中国已进入社会矛盾凸显期，教育、就业、社会保障、医疗、住房、生态环境等关系群众切身利益的问题呈集中多发态势，如不合理有效地加以解决，极易引发社会危机。十八大提出，要把推动经济发展的立足点转到提高质量和效益上来。质量型的经济发展方式，就是在经济增长的同时，不断提高经济增长的质量，包括经济增长、社会结构、资源利用及人民物质生活和精神生活等。就是要让全体人民享受到发展成果，全面提高人民福祉，逐步解决就业、社会保障、收入分配等事关人民切身利益的核心问题，确保群众能够呼吸洁净空气、喝干净水、吃安全食品，使人民生活水平实现质的提升。

（三）打造中国经济升级版的战略任务

第一，释放改革红利。深化改革、创造制度红利的突破口在于政府职能转变。政府要处理好与市场、社会的关系，加快简政放权改革，把该放的权力放掉，把该管的事务管好，激发市场主体创造活力，增强经济发展内生动力，把政府工作重点转到创造良好发展环境、提供优质公共服务、维护社会公平正义上来。要加快行政审批制度改革，创新和改善政府管理，管住管好该管的事，建立起有利于中国经济升级的评价考核体系与全面评价政府和干部绩效的指标体系。

第二，积极扩大内需。扩大内需是中国经济社会发展的战略基点，必须坚定不移地实施扩大内需战略。总结经验做法，针对现实问题，建立健全扩大内需的长效机制，牢牢掌握发展的主动权。要稳步推进城镇化，研究制定中国城镇化发展的中长期规划，出台综合性的政策措施；促进服务业加快发展，采取有效措施，为服务业发展创造有利环境，扩大服务业规模，提高服务业水平；同步推进农业现代化，坚持不懈抓好“三农”工作，加大强农惠农富农政策力度，着力提高主要农产品综合生产能力，保障粮食安全，促进农业稳定发展、农民持续增收和农村全面发展。

第三，强化创新驱动。要加快建立完善以市场为导向、以企业为主体、产学研结合的技术创新体系；实施国家科技重大专项，突破重大技术瓶颈，抢占科技发展战略制高点，增强中小企业特别是科技型中小企业的创新活力，创新人才激励机制，完善创新引导机制。

第四，调整经济结构。打造中国经济升级版不仅是经济领域中“数量”的变化，更重要的是经济运行中“结构”的优化。要推动三次产业协同发展，大力发展现代农业；改造传统制造业的科技、工艺水平，加快先进制造业的发展和壮大；大力发展服务业，引进并消化吸收高端服务业，提升服务业对国内生产总值的贡献率；大力发展战略性新兴产业，培育新的经济增长点。要加快生产性服务业发展，为产业结构调整提供有力支撑。

第五，深化对外开放。在当前经济全球化和区域经济一体化的大趋势下，紧紧抓住国际政治经济以及产业格局调整所带来的难得历史机遇，以更积极的心态启动“二次开放”。经过 30 年的高速增长，中国经济应以更高的起点、更大的范围、更高的层次参与全球资源配置、规则制订和利益博弈，全面提高开放型经济水平，为推动中国经济升级创造良好的外部环境。要积极参与新一轮贸易与投资自由化谈判，加快实现人民币资本项目可兑换，把服务业作为新的开放重点，加快农业领域的开放步伐，通过扩大对外开放促国内改革，提高中国参与全球资源配置的能力和效率。

第六，推动绿色发展。必须牢固树立生态环保理念，把生态文明建设融入社会生活的各个方面，在发展中保护、在保护中发展，走绿色低碳发展道路。要提升标准引领升级，严格准入优化升级，污染减排倒逼升级，强化监管促进升级，优化服务助推升级，创新机制保障升级，推动环境保护产业化，全面推进资源利用集约化。

第七，优先改善民生。改善民生的关键是多谋民生之利，多解民生之忧，解决好人民最关心、最直接、最现实的利益问题。适应群众的新期盼和形势的新要求，把重大民生工程摆在发展工程的优先序列。要加快推进保障性安居工程建设，深化医药卫生体制改革，大力发展教育事业，进一步完善城乡社会保障体系，积极扩大就业规模，缩小收入差距。

第八，协调区域发展。区域协调发展是促进经济可持续发展的重要途径，促进区域协调发展的重点是，紧紧围绕促进形成区域协调发展机制这条主线，逐步实现缩小区域发展差距和基本公共服务均等化两大主要目标。要加快转变促进区域协调发展的工作方式，继续实施区域发展总体战略和主体功能区战略，加大对欠发达地区的扶持，拓展区域合作的广度和深度，进一步完善区域政策体系。

第九，完善供给管理。中国的改革已进入深水区，解决中国经济长期存在的深层次矛盾和问题，还是要从供给端加强和改进宏观经济调控，把长期战略落实到短期宏观调控中来，通过深化改革，推进结构调整，逐步提高经济增长质量和效益。关键是化解制约中国长期发展和要素生产率进一步提升的深层制度因素，加快推进重点领域改革，优化供给结构。要继续推动财税制度改革，促进技术升级和产业结构调整，刺激企业的内生增长动力；推进金融体制改革，支持和促进实体经济发展；打破城乡和行业壁垒；抓住国际大宗商品价格稳中有落的有利时机，有序推动资源性产品价格形成机制改革，刺激资源品供给，优化资源配置效率；重视从供应端建立长效机制，有效抑制通胀及管理通胀预期，逐步破解农产品价格大起大落现象；不断完善保障性住房制度，建立城镇多层次的居民住房供应体系。

第十，创新社会管理。社会管理创新重点应以政府向社会放权为核心，以实现基本公共服务均等化为目标，强化政府的公共服务职能，培育社会组织，由市民社会向公民社会并最终向公共治理转变，实现基层社会的自我管理、自我服务。要创新公共服务产品供给模式，创新社区自治模式，创新社会公益组织体制机制。

China's Macroeconomic Situation Analysis and Policy Outlook

Wang Jun　Li Feng　Dou Yong

Abstract: China's current economy is growing steadily, but not in a forceful way. China's economic development still faces a series of challenges and risks in future. It predicts that China's economy will continue to be in a mild recovery with its GDP growth staying around 7.5%, a satisfying status. The macroeconomic policies will stick to the proactive fiscal policies and prudent monetary policies, which are deemed as an effective combination to stimulate economy. In mid-long term, China needs to push forward its economic transformation and upgrading to break development stalemate by releasing reform dividend, boosting domestic demand, encouraging innovation, deepening opening-up and using the pool effort of regions. As a whole those measures will help promote China's economic transformation and continuous and healthy development, moving from a "big" economy to a "strong" economy.

Keywords: Economic Development economic transformation domestic demand

金融焦点篇

中国参与全球金融治理框架研究

王冠群*

摘　要：全球金融治理指超越国家主权的金融合作和共治。各国金融监管机构和国际金融组织，通过协调、合作、确立共识等方式参与全球金融监管事务的管理，以建立或维持理想国际金融秩序。2008 年国际金融危机显示，现有的国际货币和金融体系无法有效管理、促进、引导国际金融的健康发展，有必要深化全球金融治理改革。当前全球金融治理改革工作主要包括：落实和深化国际金融组织制度改革；不断完善国际金融监管体系；稳步推进国际货币体系改革；落实和深化国际货币基金组织治理改革方案。中国参与全球金融治理的主要成绩包括：通过逐步增加在 IMF 实际份额等提高中国在国际金融机构改革中的话语权；在历次 G20 峰会提出在全球金融治理改革等重要议题上的主张；参加国际清算银行、巴塞尔委员会、金融稳定理事会来加强与其他国家央行和监管机构的沟通与合作

* 王冠群，中国国际经济交流中心博士后、副研究员。

等。而中国参与全球金融治理的不足在于，缺乏参与改变全球金融治理规则的能力和意志，在决定国际金融治理决策中话语权不够以及中国全球金融实力不强等。当前中国参与全球金融治理的阶段性目标是，建立公平、公正、包容、有序的国际金融新秩序，努力营造有利于全球经济健康发展的制度环境。其一，不断完善国际金融机构现行决策程序和机制，推动各方更加广泛有效参与，以公平择优为原则选择国际金融机构管理层。其二，推进国际金融监管体系改革，着眼于平衡金融监管和金融创新、政府干预、市场调节的关系，触及最根本的监管原则和目标。其三，完善国际货币体系，建立币值稳定、供应有序、总量可调的国际储备货币体系，主要储备货币发行经济体应该实施负责任的政策，保持汇率相对稳定，增强新兴市场国家和发展中国家应对金融风险的能力，缓和并逐步解决造成外汇流动性风险的根本矛盾。进一步提高中国参与全球金融治理水平的建议包括三方面：一是推进国内金融体系改革。努力实现开放型经济转型升级，加快国内金融改革，大力发展国内金融市场，推动国内金融机构加快“走出去”。二是加强自身治理全球金融的能力。通过加紧培养和造就精通全球经济治理的人才以及与金砖国家等新兴经济体政策的协调，来推动国际货币金融体系改革。三是提高人民币的国际地位。提升人民币区域地位与全球地位，进一步推动人民币国际化。

关键词： 金砖国家　全球经济治理　金融体系

一、全球金融治理基本现状

全球金融治理指的是在一部分或全体主权国家间，超越国家主权的金融合作和共治，既包括合作行为与行动，也包括设立运行合作机制、机构和创立相关金融理念。全球金融治理的基本模式是，各国金融监管机构和国际金融组织通过协调合作、确立共识、参与全球金融监管事务来建立维护国际金融秩序。

（一）全球金融治理的主要内容

为世界经济加强复苏创造金融环境仍是当前主要任务。金融危机揭示了当前国际金融体系需进一步变革以适应大发展、大变革、大调整的国际格局变动和世界经济发展趋势。发端于美国华尔街的金融危机对全球各经济体构成巨大打击，显示出原有国际货币和金融体系无法有效保障和促进国际金融健康发展。面对危机，全球主要经济体首次协商一致，采取共同的经济政策来应对危机，从某种意义上降低了金融危机危害程度，缩短了危机持续时间，改善了国际金融体系的自我修复能力。在后金融危机时代，国际金融体系一方面将随着各国经济复苏进行自我修复，另一方面对现有的国际货币和金融体系进行变革，已成基本共识。

深化全球金融治理改革的主要工作包括四个方面：落实和深化国际金融组织制度改革；不断完善国际金融监管体系；稳步推进国际货币体系改革；落实和深化国际货币基金组织治理改革方案。

国际金融组织制度改革。国际金融组织改革对于确保全球经济稳定和平衡发展至关重要。就国际货币基金组织和世界银行而言，影响两机构合理性的主要问题是份额和股份分配不公。IMF和世界银行是根据 1944 年达成的布雷顿森林协议创建的多边金融组织。这两家机构自成立之初即成为西方发达国家分配权力的工具，由欧洲指派 IMF 总裁、美国指派世界银行行长已成惯例，而其他高级管理人员大部分来自美、欧、日等发达国家。IMF 各国投票权与基金份额挂钩的运行机制导致IMF的许多决定仅反映了发达国家的意志，其作为超国家组织的广泛性与代表性日益受到质疑。根据IMF协议，许多重要决策如份额的调整、特别提款权的分配、章程的修改等，美国事实上享有一票否决权。然而，与以中国为首的新兴经济体日益成为世界经济增长一大动力极不协调的是，这些经济体在国际金融机构中的投票权和份额却很少。

金砖国家财长和央行行长在联合公报中提议发达国家和发展中国家在国际货币基金组织和世界银行享有平等投票权，使发展中国家在两机构中占有的总体份额与其在世界生产总值中所占份额大体持平。此外，重申国际货币基金组织和世界银行应按照公开、择优的原则选拔管理层。国际货币基金组织总裁和世行行长选拔不应受地域限制。调整货币基金组织和世界银行执行董事会以及国际货币金融委员会和发展委员会的组织结构，以实现新兴市场和发展中国家更加充分的代表性。

加强全球金融监管合作。2008年金融危机给全球最大的教训在于各国金融监管存在的非系统性，没有及时识别系统风险，甚至某些关键环节都处于监管之外。G20伦敦峰会公告表示，当前危机的根本原因是“金融业的重大衰退和金融监管措施的重大失误”，各国对于这一问题的共识有助于日后提高彼此之间的合作和协调。新成立的金融稳定理事会的使命就是识别和预警金融体系中存在的问题，促进各国加强金融体系监管和监管协调，对现有监管体系进行改造，构建整个全球金融体系的监管原则框架。

全球金融监管体系改革按照内容分为三个层次：一是市场冲击前的危机预警，主要包括加强针对“影子银行”的改革，将表外资产纳入监管范围，提高对以银行为主的金融体系风险规模的把握；加强评级机构改革，减少对少数评级机构的过度依赖，在银行层面加强对风险的评估；针对场外衍生品市场改革，推动衍生品标准化，采用中央对手方清算、规范交易平台制度及交易汇报机制等。二是提高金融机构对市场冲击的应对能力。这是改革内容最多、结构最复杂的部分，包括加强银行安全资本要求；对金融机构杠杆进行限制；设立流动性准备要求；加强银行资产的风险覆盖；开展逆周期审慎监管，防止信贷周期性扩张与跨部门、跨国间风险传导；对系统性重要银行进行额外的资本要求等。三是金融机构破产后的保护处理，包括银行等机构的破产处置，就受困于金融机构的处置、恢复、大额风险敞口、自救和东道国与母国就跨境处置的合作机制等。

国际货币体系改革。国际货币体系是指支配各国货币关系的规则和机构，以及国际间进行各种交易、支付所依据的一套安排和惯例。主要内容包括三个方面：一是国际支付原则。即一国对外支付是否受到限制，货币可否自由兑换成支付货币以及汇率决定机制。二是国际收支调节方式。各国政府弥补国际收支缺口的方式。三是国际货币或储备资产的确定。一国应选用何种货币作为支付货币，以及持有何种为世界各国所普遍接受的资产作为储备资产。布雷顿森林体系瓦解后，1976 年 IMF 通过《牙买加协定》，确认了浮动汇率的合法性，继续维持全球多边自由支付原则。美元在国际货币体系中的领导地位和国际储备货币职能仍得以延续。提议创造一种与主权国家脱钩，并能保持币值长期稳定的国际储备货币。

目前国际货币体系存在两大问题：一是在浮动汇率制下，美元同样具有内在的不稳定性，当前国际货币体系无法克服美元汇率频繁波动问题；二是储备货币面临如何满足各国的对外清偿力，以及如何充分发挥储备货币的功能问题。中国人民银行行长周小川在《关于改革国际货币体系的思考》一文中提出，国际货币体系改革的理想目标是"创造一种与主权国家脱钩、并能保持币值长期稳定的国际储备货币，从而避免主权信用货币作为储备货币的内在缺陷"，建议拓宽SDR的使用范围，满足各国对储备货币的要求。积极推动在国际贸易、大宗商品定价、投资和企业记账中使用SDR计价；积极推动创立SDR计值的资产，增强其吸引力；进一步完善SDR的定值和发行方式。SDR定值的篮子货币范围应扩大到世界主要经济大国。

落实深化国际货币基金组织治理改革。尤其是加快落实2010年份额和治理改革方案，包括总份额翻番、调整成员国份额比例、向新兴市场和发展中国家转移6%的份额、改革执董会以增加新兴市场和发展中国家的代表性和发言权等，为推进下一轮国际货币基金组织的改革奠定基础。当前，二十国集团应当敦促美欧等一些发达国家加快国内批准进程，防止其拖延甚至阻碍改革方案的落实。

（二）主要国际金融组织及治理机制

国际货币基金组织的治理机制。随着20世纪70年代初布雷顿森林体系的瓦解，IMF角色也从最初汇率稳定机构逐渐向危机救援机构转变，对于维护国际金融稳定发挥了作用。其宗旨是：促进成员国在国际货币问题上的磋商与协作；促进汇率的稳定和有秩序的汇率安排，从而避免竞争性的汇率贬值；为经常项目收支建立一个多边支付和汇兑制度，消除外汇管制；提供资金融通，缓解国际收支不平衡；促进国际贸易的发展，实现就业和实际收入水平的提高及生产能力的扩大。其职能为汇率监督、资金融通、提供国际货币合作与协商的场所。

IMF的最高决策机构是理事会，日常行政工作由执行董事会负责。基金组织的份额由特别提款权（SDR）表示，各成员国缴纳的份额构成 IMF 运作的基础，份额不仅显示了成员国在 IMF 中的相对地位，而且与成员国在 IMF 的投票权、可获得贷款最高限额及可获得 SDR 分配数量等权益密切相关。IMF 一般每隔 5 年对份额进行一次总检查，决定是否需要增加份额（即增资），或者利用新增份额分配多少来反映成员国相对经济地位的变化。IMF 决策方式为投票表决方式，投票表决是以多数票为基本原则，包括简单多数（51%）和特别多数（70%）两种，而重大事项上主要采用后者。在《基金协定》第一次修订后，IMF 又在原 70% 多数票制度之外，新增加了 85% 特别多数票制度，包括确定份额规模、SDR 分配、贷款利率、汇率制度安排、基金黄金储备的处置等重要事项，都采纳 85% 特别多数票制度。

二十国集团成为全球金融治理的重要平台之一。2008 年金融危机爆发后，出于国际经济金融形势发展的需要，二十国集团（G20）从部长级会议正式提升为首脑级会议。

G20 是一个国际经济合作论坛，于 1999 年 12 月 16 日在德国柏林成立，属于布雷顿森林体系框架内非正式对话机制之一，由原八国集团以及其余 12 个重要经济体组成。峰会旨在推动已工业化的发达国家和新兴市场国家之间就实质性问题进行开放及有建设性的讨论和研究，以寻求合作并促进国际金融的稳定和经济的持续增长。G20 改善了发达国家和发展中国家、大国和小国、不同地区等多方面的平衡，体现了新兴经济体在全球事务中地位的不断提高。某种程度上，G20 机制为全球金融治理结构优化提供了制度保障，是全球性金融治理改革的重要步骤。

国际清算银行的建立与发展。最初创办国际清算银行的目的在于处理第一次世界大战后德国赔款支付及其相关清算业务。第二次世界大战后，国际清算银行成为经济合作与发展组织成员国间结算机构，其宗旨逐渐调整为促进各国中央银行间合作，接受委托或作为代理人办理国际清算业务和为其他国际金融业务提供便利等。国际清算银行主要活动包括：促进各中央银行交流与合作；与其他负责金融稳定的机构进行交流合作；就中央银行和金融监管当局面临的政策问题开展研究；承担中央银行金融交易的主要交易对手角色；在国际金融合作中发挥代理人的作用。国际清算银行通过召开中央银行官员和监管当局会议推进巴塞尔进程，即通过设在巴塞尔的国际清算银行总部的国际性委员会推广其制定标准，有效地促进国际金融与货币合作，稳定国际金融体系。

巴塞尔银行监管委员会的宗旨及任务。巴塞尔委员会成立于1974年，由十大工业国家的中央银行和银行监管当局组成。该委员会主要宗旨在于，交流各国监管信息，改善国际银行业务监管技术，设立资本充足率最低标准以及在其他领域确立标准，增强监管有效性。其重要任务之一是堵塞国际监管中的漏洞，并遵循两项基本原则：任何境外银行机构均应在监管之列；所有监管应当及时充分。30多年来，巴塞尔委员会先后发布了一系列银行监管和风险管理原则、指引和稳健做法。包括1988年资本协议、银行有效监管核心原则和新资本协议等重要银行监管制度，并为全球各监管当局分享交流监管技术和经验提供了平台，增强了全球银行监管标准的一致性。

金融稳定理事会的成立。金融稳定理事会成立大会于2009年6月26至27日在瑞士城市巴塞尔举行，成员由24个国家或地区的中央银行、监管机构和财政部门及欧洲中央银行、欧盟的高层代表组成。理事会还包括国际金融机构、国际标准制定组织和中央银行组织代表，是国际公认的全球金融标准制定与执行的核心机构。金融稳定理事会的任务是制定和实施促进金融稳定的监管政策等，解决金融脆弱性问题。金融稳定理事会协调各国金融当局与国际标准制定机构制定政策，从而加强国际金融稳定。金融稳定理事会的具体职责包括：评估影响金融体系的脆弱性，并识别和监督解决脆弱性的监管行动以及行动的结果；促进各国负责金融稳定当局的协调和信息交流；监测市场发展及其对监管政策的影响并提出相关建议；提出最佳监管标准建议并进行监测；与国际标准制定机构共同对政策制定工作进行战略性联合审查，确保工作及时、协同一致，并关注重点及解决差距；支持建立联合监管机制并制定政策；为跨境危机管理特别是涉及系统重要性的机构提出应急管理计划；与国际货币基金组织在早期预警工作方面进行合作。

（三）国际金融组织近期主要改革进展

金融危机后国际货币基金组织的改革。本轮全球金融危机进一步暴露出 IMF 的缺陷：一方面，在代表性与合法性方面，IMF 的份额与投票权分配已经与各成员国在世界经济中的地位不相匹配；另一方面，IMF 的可贷资源有限，难以应对全球大规模金融危机。针对所存在的问题，成员国对 IMF 进行了一系列的改革。第一阶段改革是 2008 年的 IMF 改革，主要由三部分组成：第一，提升 54 个成员国的份额。这些国家的总份额达到 200 亿 SDR，相当于 300 亿美元。新兴市场国家是转移 4.9% 份额的主要受惠国，中国在这次改革中份额提升了 50%。第二，基金组织的基本投票权扩大了 3 倍。这将有利于提高低收入国家在 IMF 中的发言权和参与能力。第三，允许基金组织执董会中的非洲席位具有更大灵活性，以此提高非洲国家的代表性。2008 年的改革方案已经开始生效。第二阶段改革是 2010 年的改革，主要包括三个方面：首先，总份额从约 2384 亿特别提款权增加 1 倍到约 4768 亿特别提款权（约 7500 亿美元），大幅提高了基金组织的金融资源。其次，超过 6% 的份额由一些发达国家和石油生产国转移给新兴市场国家和发展中国家。再次，调整基金组织执董会的构成，增强新兴市场国家和发展中国家在IMF日常决策过程中的代表性。2010年11月，基金组织执董会就新的改革方案达成一致，并于2010年12月15日得到基金组织理事会的批准。

2010年国际货币基金组织改革方案遇阻。国际货币基金组织于2013年1月31日发表声明，基金组织执行董事会近日评估了2010年12月通过的有关份额与治理改革方案的实施进展。截至1月15日，已有份额占77.1%的145个成员国批准了份额改革方案，投票权占70.2%的130个成员国批准了执董会改革方案。目前的批准情况尚未达到份额与治理改革方案生效所需的法律门槛。执董会改革方案生效需要投票权占85%的成员批准，而份额改革方案生效需要占份额不少于70%的成员批准，同时以执董会改革方案生效为条件。目前国际货币基金组织的最大股东国美国尚未批准治理与份额改革方案，成为改革完成的最大阻力。由于部分共和党议员阻挠，该项改革方案并未能进入美国国会参众两院近期分别提出的2013财年（截至2013年9月底）下半年的联邦政府预算临时拨款案，也未能进入参众两院本分别提出的2014财年的联邦政府预算案，这意味着该议案获批恐需等到2014财年结束之后。

二十国集团主要进展。按照G20在各国宏观经济协调方面所取得的成就，G20协调全球经济的进程分为三个阶段：第一个阶段从华盛顿到匹兹堡（2008—2009年），工作重点在于刺激全球经济，所有国家都被要求在国内预算允许的前提下作出贡献；第二个阶段从多伦多到戛纳（2010—2011年），以支持增长和预算巩固为双重目标，预防全球不平衡再起；第三阶段则从戛纳到现在（2011—2013年），焦点集中在欧洲危机和世界其他国家可能提供的解决途径上。通过广泛对话和协商，二十国集团确立了全球性危机需要全球应对协同解决的信念，并以此为指导采取了具体措施，如提供巨额资金促进世界经济复苏，加强金融监管，改革世界银行和国际货币基金组织以强化国际金融机构的作用。此外，其决策适当照顾并体现了新兴市场经济国家和其他发展中国家的利益，有利于它们在全球金融经济治理和对话中地位的提升。但是，二十国集团的成立并不代表世界经济体系结构的本质变化，也没能够冲击或颠覆现有世界经济运行的三大保障机制，美元霸权依然大行其道。与其说二十国集团的成立表明了世界经济秩序的转换，还不如说它是当前形势下全球经济治理的一条新途径。

国际金融监管制度改革取得重要进展。根据二十国集团峰会确定的国际金融监管改革目标和时间表，由金融稳定理事会主导和协调的国际金融监管制度改革取得了积极的进展，主要包括两方面。一方面，巴塞尔委员会对现行银行监管国际规则进行了重大改革，发布了一系列国际银行业监管新标准，统称为“第三版巴塞尔协议”（Basel III）。Basel III 体现了微观审慎监管与宏观审慎监管有机结合的监管新思维，按照资本监管和流动性监管并重、资本数量和质量同步提高、资本充足率与杠杆率并行、长期影响与短期效应统筹兼顾的总体要求，确立了国际银行业监管的新标杆。另一方面，2010 年 11 月，金融稳定理事会向 G20 首尔峰会提交了解决系统重要性金融机构问题的一揽子政策框架。该框架的主要内容包括：提高系统重要性金融机构损失吸收能力；提升系统重要性金融机构监管强度和有效性；完善危机处置制度安排；强化核心金融市场基础设施，以及各国对全球系统重要性金融机构的监管政策和危机管理措施；恢复和处置计划等都必须接受金融稳定理事会组建的同行评估理事会的审议。此外，在改革场外衍生品市场、扩大金融监管范围、改革国际会计标准和推动国际监管标准实施等其他国际金融监管领域也取得了进展。

二、中国参与全球金融治理基本现状

（一）中国参与全球金融治理主要成绩

作为崛起中的全球第二大经济体，中国经济发展得到国际社会的认可。提升中国在国际金融体系以及国际经济治理机构中的发言权具有双重意义，这不仅关乎大国的形象和地位，更是挑战美元霸权、应对未来国际金融体系变局的必经之路。通过积极与国际金融机构合作，中国不仅可以争取更多资源或优惠条件发展经济，更可利用各国际机构平台加大对全球经济政策制定的影响力，提出符合中国经济利益的政策建议。正确评估人民币升值问题，推进人民币国际化，为中国的经济发展创造良好的外部环境。

1. 加强与国际货币基金组织的合作

中国在国际货币基金组织份额不断上升。中国在 IMF 的实际份额逐步上升。中国于 1945 年加入国际货币基金组织，是该组织的创始国之一，1980 年 4 月 17 日该组织正式恢复中国的代表权。中国一直积极通过多种渠道做 IMF 和各主要国家的工作，推动改革取得进展。从 2001 年开始，在基金组织的实际份额中中国占 2.98%，与加拿大并列第八位。2006 年、2008 年 IMF 进行了两次特别增资，中国在 IMF 的份额排名从并列第八位上升到第六位。在 2006 年 9 月的国际货币基金组织新加坡年会上，IMF 特别增加中国、韩国、土耳其、墨西哥的份额和投票权，中国在基金组织的份额上升至 3.72%，位居第六。在 2010 年 11 月的国际货币基金组织份额和治理改革一揽子方案中，发展中国家份额升至 42.3%，发达欧洲国家让出两个执董会席位，中国份额占比增加2.398个百分点至6.394%，投票权升至6.07%，排名从第六跃居第三。随后IMF执董会于2010年11月5日通过了改革最终方案。2012年6月19日，为了“应对当前世界经济面临的风险和挑战，国际货币基金组织需拥有充足资源”，中国宣布向国际货币基金增资430亿美元。随着出资比率的上升，中国在IMF中的发言权也将提升。中国积极参与并推动IMF的增资计划，增强IMF的资金实力，使其更好地发挥在金融市场中的稳定功能。

中国官员担任IMF管理者，提高在国际金融机构的话语权。2010年5月，人民银行朱民副行长就任IMF“总裁特别顾问”，这是IMF历史上首次由中国人担任高级管理层职务。2011年7月26日，原总裁特别顾问朱民的头衔正式更换为副总裁，这是IMF增设的第四个副总裁职位。作为新兴市场国家的代表，朱民无疑会对推进国际货币体系改革有一定促进作用。国际货币基金组织中国籍的雇员林建海被任命为该组织秘书长，任命于2012年3月22日生效。基金组织秘书部负责基金组织执行董事会的日常保障工作，并负责与基金组织187个成员国的日常联络事宜。林建海成为第二位在IMF中担当要职的华人，从长期看，中国以及发展中国家在未来全球经济治理结构中的地位将会继续上升，全球经济治理格局将日趋多极化。

2. 借助G20峰会不断阐述自身理念

中国以G20机制为平台积极参与全球经济治理。G20在南北关系中架起了一座沟通的桥梁，并在很大程度上影响全球秩序的构建。中国通过G20平台全面参与全球经济治理，积极开展G20宏观经济评估，加强与各国的宏观经济金融政策对话和协调，提出了一系列有关危机应对、全球经济增长框架、金融部门改革和国际金融机构改革等重大议题的主张和举措，宣传和阐释中国宏观经济政策和改革开放成就，妥善处理各种矛盾，争取互利共赢，为中国领导人圆满出席历次峰会作出重要贡献，显著提高了中国在国际经济金融事务中的影响力和话语权。

华盛顿峰会上中国的声音。2008年11月15日，G20金融市场和世界经济第一次领导人峰会在华盛顿举行，对于稳定金融市场、遏制危机蔓延发挥了重要作用，同时启动了国际金融机构改革和金融部门改革的进程。这次会议上，中国对危机应对和国际金融体系改革提出了一揽子政策建议方案。例如，深刻分析金融危机发生的根源，呼吁国际社会采取包括加强宏观经济政策调控、深化国际金融监管等在内的“一切必要措施，尽快恢复市场信心，遏制金融危机扩散和蔓延”。另外还明确提出了国际金融改革的方向和原则，即“坚持建立公平、公正、包容、有序的国际金融新秩序的方向”和“坚持全面性、均衡性、渐进性、实效性的原则”。对此，中国提出了重点实施的四点改革措施：第一，加强国际金融监管合作，完善国际监管体系；第二，推动国际金融组织改革，提高发展中国家在国际金融组织中的代表性和发言权；第三，鼓励区域金融合作，充分发挥地区资金救助机制作用；第四，改善国际货币体系，稳步推进国际货币体系多元化。

伦敦峰会上中国的声音。2009年4月2日，G20金融市场和世界经济第二次峰会在伦敦举行，这次峰会出台了全球经济刺激计划，并积极地推进了金融领域的改革。根据峰会共识，中国成为金融稳定理事会、巴塞尔银行监管委员会等国际金融标准制定机构的新成员，增强了中国在国际金融领域的制度性权力。中国对进一步改革国际货币体系、改进国际货币基金组织治理结构，提高发展中国家的代表性和发言权等问题提出了一系列主张。胡锦涛主席重要讲话全面介绍了中国应对国际金融危机采取的有效举措，深刻阐述了中国政府对应对国际金融危机的看法和改革国际金融机构和体系的立场，重点强调了中方加强金融监管、反对保护主义、重视发展中国家利益等主张。同时，明确提出“最紧迫的任务是全力恢复世界经济增长，防止其陷入严重衰退；反对各种形式的保护主义，维护开放自由的贸易投资环境；加快推进相关改革，重建国际金融秩序”。中国还提出了推动国际金融体系改革的指导性原则和可操作性的建议，受到与会各方高度重视。

匹兹堡峰会上中国的声音。2009 年 9 月 25 日，G20 第三次峰会在美国匹兹堡召开，宣布二十国集团将成为“国际经济合作的主要论坛”，二十国集团峰会将机制化，自 2011 年起每年举行一次，这也意味着二十国集团将成为全球经济治理的主要平台。中国在此次峰会提出：着力提高发展中国家代表性和发言权，不断推动改革取得实质性进展；完善国际金融机构现行决策程序和机制，推动各方更加广泛有效参与；推进国际金融监管体系改革，改革应该触及最根本的监管原则和目标，未来金融监管体系要简单易行、便于问责；加强金融监管合作，扩大金融监管覆盖面，尽快制订普遍接受的金融监管标准，高质量落实各项改革措施。对此，中国提出了一系列具体政策主张，主要包括：各国应该保持经济刺激方案力度；主要储备货币发行国要平衡和兼顾货币政策对国内经济和国际经济的影响；坚决反对和抵制各种形式的保护主义；大力推动国际新兴产业合作；充分依靠科技进步增强世界经济增长内在动力。

多伦多峰会上中国的声音。G20 多伦多峰会于 2010 年 6 月 26—27 日举行。本次峰讨论全球经济可持续增长、国际金融监管、国际金融机构改革等议题。峰会在试图弥合各方有关宏观经济政策分歧时最大限度地践行灵活原则，为不同国家作出了量体裁衣的政策要求与建议。对发达国家的建议是继续财政刺激，同时就有利于增长的财政整合计划进行沟通，发达国家承诺“在2013年前至少将赤字削减一半，在2016年前稳定或减少政府债务在GDP中的占比”。对新兴市场国家的建议则是强化社会安全网，加强公司治理改革，促进金融市场发展，增加基础设施支出及提高汇率灵活性。此次峰会上中国领导人指出要深刻认识国际金融危机深层次影响的严重性和复杂性，继续发扬同舟共济、合作共赢的精神，推动二十国集团机制化建设，加快建设公平、公正、包容、有序的国际金融新秩序，促进建设开放自由的全球贸易体制，提高发展中国家自我发展能力，推动世界经济尽早进入强劲、可持续、平衡增长。为了推动世界经济尽早进入强劲、可持续、平衡增长，中国提出三点重要建议：第一，推动二十国集团从应对国际金融危机的有效机制转向促进国际经济合作的主要平台；第二，加快建立公平、公正、包容、有序的国际金融新秩序；第三，促进建设开放自由的全球贸易体制。

首尔峰会上中国的声音。首尔峰会于2010年11月11—12日举行，以汇率、全球金融安全网、国际金融组织改革和发展为四大主要议题。本次峰会达成的协议包括：避免竞争性货币贬值；向新兴国转让6%以上投票权的IMF改革方案；反对一切形式的贸易保护主义；加强对大型金融机构的监管；继续合作以应对危机。峰会上中国提出以下建议：第一，完善框架机制，推动合作发展，促进世界经济强劲、可持续、平衡增长。第二，倡导开放贸易，推动协调发展。以各国资源禀赋为基础开展国际分工和自由贸易，体现了经济规律的客观要求，顺应了经济全球化深入发展的历史潮流。第三，完善金融体系，推动稳定发展。第四，缩小发展差距，推动平衡发展。

戛纳峰会上中国的声音。2011年11月3—4日的二十国集团戛纳峰会是20国集团领导人之间的第六次高峰会。峰会公报核心包括：制定全球增长和就业策略，建立一个更稳定和富有弹性的国际货币体系，改革金融部门和加强全球市场整合，解决大宗商品价格波动和刺激农业发展，改善能源市场和推进应对全球气候变化，避免保护主义和加强多边贸易体系，应对发展挑战，加强反贪污，以及改革面向21世纪的新全球治理格局。胡锦涛主席在会上发表了题为《合力推动增长合作谋求共赢》的重要讲话，提出的主要建议有：稳妥推进国际货币体系改革，扩大国际货币基金组织特别提款权的使用，改革其货币组成篮子，建立币值稳定、供应有序、总量可调的国际储备货币体系；继续高举自由贸易旗帜，反对贸易和投资保护主义，坚定推动多哈回合谈判，重申不采取新的贸易保护主义措施的承诺，致力于建立公平、合理、非歧视的国际贸易体系；推动形成更加合理透明的大宗商品定价和调控机制，扩大产能、稳定供求、加强监管、抑制投机，实现和保持大宗商品价格合理稳定，着力保障全球能源安全和粮食安全，尤其是要保障发展中国家能源和粮食消费需求；坚持推进改革的决心不动摇，朝着更加公正合理的全球经济治理体系不断迈进。

洛斯卡沃斯峰会上中国的声音。G20洛斯卡沃斯峰会于2012年6月17—19日举行，讨论加强国际金融体系以及发展、贸易等问题。峰会的五大议程包括：第一，以增长和就业为基础的经济稳定和结构重组；第二，加强金融体系和促进金融包容性以推动经济增长；第三，完善相互联系的国际金融体系；第四，加强食品安全和应对商品价格波动；第五，促进可持续发展、绿色增长和应对气候变化。国家主席胡锦涛出席并发表专题讲话，提出五点建议，即坚定不移推动世界经济稳定复苏、坚定不移深化国际金融体系改革、坚定不移促进国际贸易健康发展、坚定不移倡导可持续发展。

3. 加入国际清算银行、巴塞尔委员会、金融稳定理事会

中国与国际清算银行的双边合作。中国人民银行于1984年与国际清算银行建立了业务联系。人民银行已加入金融稳定理事会、巴塞尔银行监管委员会等国际金融组织，全面参与国际标准和规则制订的工作，为有关国际金融准则的形成作出了积极贡献，同时充分借鉴国际金融改革成果，通过推进实施国际标准促进国内金融改革，提升中国金融业稳健标准。中国人民银行于1996年11月正式加入国际清算银行，进一步增强了中央银行与国际清算银行及其他国家和地区的中央银行的了解，扩大了合作，提高了管理与监督水平。中国人民银行是清算银行亚洲顾问委员会的成员。2005—2007年，中国人民银行行长周小川轮任国际清算银行亚洲区中央银行行长组成的亚洲顾问委员会主席，有力地加强了亚洲各国中央银行的联系，促进了国际清算银行与亚洲央行的合作。2006年7月，周小川行长出任国际清算银行董事，这是该行第一次从发展中国家的中央银行吸收新董事，也是该行自1994年以来首次扩充董事会，体现出中国等新兴市场经济体在国际经济金融体系中的重要地位。2008年国际金融危机爆发后，中国通过加入设在国际清算银行的主要标准制订机构及其管理机构，积极参与危机后国际标准与准则的制订。

通过国际清算银行加强与其他央行交流与合作。自2006年以来，人民银行周小川行长一直担任国际清算银行董事会成员，中国积极利用国际清算银行提供的探讨宏观经济金融政策的重要平台，加强与全球主要中央银行和监管机构的对话与合作。出席每两个月召开一次的成员中央银行行长和高级官员会议，讨论当前经济金融形势、世界经济及金融市场前景，并就与中央银行相关的专题和热点问题交换意见和经验；参加国际清算银行为中央银行高级官员定期或不定期组织的各种其他类型的会议；参与国

际清算银行主办的有关研究项目。人民银行于2009年先后加入支付结算体系委员会（CPSS）、全球金融体系委员会（CGFS）以及市场委员会（MC），并于2010年1月加入经济顾问委员会（ECC），全面、深入地参与总体金融部门改革战略的制定以及强化银行体系资本和流动性、宏观审慎管理框架、金融基础设施建设等具体金融监管标准的制订与修改。此外，中国人民银行还受邀参加十国集团的市场委员会、全球金融系统委员会、支付与结算系统委员会、巴塞尔银行监管委员会、欧文·费舍尔中央银行统计委员会的各种活动。

加入巴塞尔委员使中国银行监管水平不断提升。2009年3月16日，巴塞尔委员会决定吸收澳大利亚、巴西、中国、印度、韩国、墨西哥和俄罗斯为该组织的新成员，标志着中国将全面参与银行监管国际标准的制订，更加有效维护中国银行业利益，并为国际银行体系稳定作出更大的贡献。中国一直积极参与巴塞尔委员会有关监管制度的起草工作，并借鉴巴塞尔委员会发布的监管文件，完善中国银行监管制度。2004年2月，根据1988年资本协议，银监会发布了《商业银行资本充足率管理办法》，推动了银行体系资本充足率持续大幅度上升；目前银监会正在推动国内大型银行实施新资本协议，促使商业银行全面提升风险管理能力，增强银行体系稳定性和国际竞争力。2003年和2007年银监会按照《有效银行监管核心原则》开展了两轮自我评估，并制订和实施了提高银行监管有效性中长期规划。

参加金融稳定理事会，参与国际金融监管规则制订的程度有所上升。中国于2009年5月加入FSB，人民银行直接参与设计FSB组建工作。人民银行、财政部、银监会、证监会、保监会等部门通过多种形式参与理事会工作，在参与国际金融监管标准制订和推进国内金融监管改革方面作出了积极贡献。香港金管局作为FSB前身——金融稳定论坛的成员，在FSB成立后继续保留其成员资格，近年来在相关领域一直发挥着重要作用。人民银行周小川行长、银监会刘明康主席和财政部李勇副部长作为全会成员出任FSB指导委员会与脆弱性评估、监管合作和标准执行三个常设委员会的委员，积极参与FSB总体战略设计。2013年1月28日，金融稳定理事会召开全体会议，人民银行副行长易纲、财政部副部长李勇和银监会副主席王兆星出席了会议。此次会议通过了FSB新章程和工作程序指引文件，宣告FSB正式组建成协会类法人机构。

（二）中国参与全球金融治理存在的不足

基于国力与历史原因，中国参与全球金融治理影响力尚不足。由于历史上经济与金融体系欠发达，中国在全球治理中发挥作用时必须要考虑与国力相称。中国的经济对外开放和改革，有中国特色的市场经济以及管理浮动汇率制度并未完全与美欧取得共识。中国加入国际货币基金组织等国际金融组织时间较早，但在最初工作重点是深入了解基金组织等的运作程序和机制。由于自身定位以及缺乏应对全球金融治理机制的经验，中国的注意力并不在关注货币基金组织的治理问题上，而是在货币基金组织的决策权问题上。中国站在发展中国家的一边，努力在谈判进程中削弱发达国家对国际金融组织的不公正主导。但总体而言，中国并没有大幅改变IMF等国际金融组织规则或进程的意图。

中国在决定国际金融治理决策中话语权不够。目前主要发达国家与新兴经济体对“全球金融治理权”争执不下，但新兴经济体如何实现从全球金融治理的“被领导者”向“领导者”的华丽转身，目前看来仍然困难重重。中国经济和贸易的快速发展大大提升了中国在国际金融治理中的话语权，但与中国作为世界第二大经济体、第一大贸易国的地位相比仍不相称。中国仍然是当今由西方主导的“全球金融治理”的“被领导者”，造成这种局面，主要有三方面的原因：一是延续60余年的现存国际金融体制已形成深厚的利益格局，任何一个后加入者要想分割其利益，都会遇到美国、日本和欧洲等既得利益国家的百般阻挠。二是中国自身方面的不足，给主要发达国家提供了阻挠中国获得国际规则制订权的理由。例如，按照IMF的规则，可兑换货币才可以作为特别提款权的篮子货币，人民币资本项目未开放使其仍未加入货币篮子。三是与我们的部分应对失当有关。例如，要求少数主要发达国家承认中国的市场经济国家地位和浮动汇率制度，成为少数发达国家敲打中国并索取利益的重要筹码。如果我们总是被动地接受规则，就仍将处于劣势地位。因此，如何运用自己的实力与优势去争取国际规则的制订权，正是当前中国增强全球金融治理过程中面临的一个现实问题。

目前中国全球金融实力不强。近年来，中国金融开放度提高，国际金融实力有所提升，有利于维护国际金融稳定，推动国际金融体系改革。但受制于国内金融发展滞后的现状，目前中国在国际分工中仍处于劣势，其国际金融实力的上升与实体经济及对外贸易的发展不相称，难以在国际金融治理和国际经济不平衡的调整中发挥重大作用。2008年金融危机后，中国国际金融活动萎缩，金融开放度（对外金融资产、对外金融负债之和与本国GDP的比值）指标有所下降。在对外证券投资（不含外汇储备的投资）和贷款方面，中国从较低的起点上较快增长，但与经济规模相比仍较小。目前居民和企业可通过合格境内机构投资者制度（QDII）有序投资境外金融市场，但QDII的资格及其投资额度都须经批准。中国金融机构逐步扩大对外贷款，但业务量与全球规模相比微乎其微。中国商业银行国内信贷规模庞大，但对外贷款几乎是空白，对外贷款主要由政策性银行进行。新兴经济体对国际金融治理的影响，取决于自身经济金融实力。尽管中国外汇储备较快增长，但毕竟难以摆脱对发达金融市场的依赖。只有本国金融市场的国际化程度显著提高，成为国际投融资的重要平台，才可能真正参与国际金融规则制订，在国际金融治理中发挥实质性作用。

（三）中国参与全球金融治理的阶段性目标

目标是：建立公平、公正、包容、有序的国际金融新秩序，努力营造有利于全球经济健康发展的制度环境。其一，不断完善国际金融机构现行决策程序和机制，推动各方更加广泛有效参与，以公平择优为原则选择国际金融机构管理层。其二，推进国际金融监管体系改革，着眼于平衡金融监管和金融创新、政府干预、市场调节的关系，触及最根本的监管原则和目标。其三，完善国际货币体系，建立币值稳定、供应有序、总量可调的国际储备货币体系，主要储备货币发行经济体应该实施负责任的政策、保持汇率相对稳定，增强新兴市场国家和发展中国家应对金融风险能力，缓和并逐步解决造成外汇流动性风险的根本矛盾。

1. 继续深入国际货币基金组织改革

中国关于深入国际货币基金组织改革的主张。国际金融体系改革的当务之急是落实好国际货币基金组织 2010 年份额和治理改革方案，为国际货币基金组织提供长期稳定的资金来源。中国对于 IMF 改革主要持有的主张：其一，在现有架构上发展和演变，不寻求另外设立新的机构来替代国际货币基金组织的功能。其二，国际货币基金组织改革的首要目标是建立一个公平公正的治理机制，在认可欧美对现行国际体系稳定所做的贡献的同时，强调应该根据各国对国际经济增长的贡献来分配权益。其三，中国在考虑自身国家利益的同时，应该加强在制度设计和规范制订上的参与力度，并以此作为争取各方共识的基本出发点。对不合理的制度尽可能快、尽可能早地进行调整，就可以在更大程度上减轻金融危机的负面冲击。其四，提高国际金融机构负责人遴选程序的透明度和合理性，增加发展中国家的代表性和发言权。其五，加强国际金融监管，使金融体系更好地服务和促进实体经济的发展。其六，完善国际货币体系，扩大国际货币基金组织特别提款权使用并改善其货币篮子组成，建立币值稳定、供应有序、总量可调的国际储备货币体系。

全面提升中国和发展中国家在 IMF 的地位和作用。中国在参与国际货币基金组织改革的过程中将维护发展中国家的利益置于较高的位置，与各新兴大国团结一致，增加各发展中国家基础投票权的效力。中国与发展中国家和新兴经济体参与国际经济、金融新秩序建立的战略目标是希望未来能在 IMF 组织中扮演一个公平、公正的领导角色。份额的争取是我们介入国际事务的一个支点，是中国争夺国际事务话语权的一次良机，重点问题是调整成员国投票权、份额及在基金组织治理的代表权，以反映它们在全球经济中的地位和作用的变化。首先，关于投票权改革。IMF 的改革要尽可能弱化美国的特权，或将其投票权下调至 15% 以下，或改变“85% 通过率”红线。而中国希望继续增加自身的投票权。其次，关于份额改革。中国主张 IMF 按照权利与义务平衡、分摊与自愿相结合的原则筹集资金，并对资金使用进行科学评估、合理规划、严格监管，做到公平、公正、透明、有效。最后，关于代表席位改革。减少欧洲人的代表席位，欧盟占据了 IMF40% 以上的执董和副执董席位，可以考虑将席位大量合并，最终腾出执董位置来给发展中国家。可以将约 30% 的高层管理人员职位分配给从发展中国家招聘的工作人员，增加工作人员的地区多样性，有助于给该组织带来新的视角。

督促IMF加强和改善对各方特别是主要储备货币发行经济体宏观经济政策的监督。目前欧、美、日等发达国家竞相采取宽松的货币政策以刺激本国经济，不可避免地会造成全球流动性过剩及全球性通货膨胀。IMF应以治理结构改革为前提，加强对发达国家特别是储备货币发行国的监督；加强对跨境资本流动的监测，防范金融风险的跨境传播；完善国际货币体系，保持主要储备货币汇率的相对稳定；以份额为基础充实可用资源，完善贷款工具，充分满足成员国抵御危机冲击，特别是外溢效应的需求；及时审查和修订现有双边监督决定，以适应监督改革的需要。此外，一旦国际收支失衡恶化到非调整不可的地步，储备货币国家应同广大非储备货币国家一样，调整其国内经济政策和对外经济关系，对等且实质性地承担调整国际收支不平衡的责任。

2. 促进国际金融监管合作

加强国际金融监管改革：其一，稳定全球金融市场。在第一次G20峰会上，中国就加强国际金融监管合作和完善国际监管体系提出了建立评级机构行为准则、加大全球资本流动监测力度、加强对各类金融机构和中介组织的监管、增强金融市场及其产品透明度的四点改革举措。此后中国又对建立早期预警机制、监管影子银行体系、加强对信用评级机构的监管问题提出了更加具体的改革举措，并提出了简单易行、便于问责及平衡金融监管和金融创新的原则。其二，在国际金融监管改革中落实简单易行、便于问责的原则。中国提出，应建立有利于实体经济发展的国际金融体系。要建立并执行严格的资本和杠杆率要求，将影子银行体系纳入监管，制订全球统一的会计准则。要着力加强对系统重要性金融机构的监管，采取必要的预防性措施，防止风险投机过度。要强调国际监管核心原则和标准的一致性，同时要充分考虑不同国家金融市场的差异性，提高金融监管的针对性和有效性。要加强对信用评级机构的监管，减少对信用评级机构的依赖，完善信用评级机构行为准则和问责制度，特别是要制订客观、公正、合理、统一的主权信用评级方法和标准，使有关评级结果准确反映一国经济状况和信用级别。其三，平衡金融监管和金融创新。中国主张应致力于解决国际金融体系中存在的系统性、根源性问题，使金融体系促进、服务于实体经济发展，同时坚持高标准、严要求，跟踪评估各成员执行新监管标准情况。

稳定大宗商品价格。粮食、能源等大宗商品价格高位波动暴露出国际社会对大宗商品金融衍生品市场监管不够以及生产国与消费国之间协调不足的问题。大宗商品价格波动主要体现出三方面的因素影响：第一，世界经济增长前景存在不确定性，导致大宗商品价格随着对未来经济形势预期的变化而大幅波动。第二，大宗商品衍生金融产品市场存在过度投机情形，导致价格脱离实际供需状况制约。第三，一些重要大宗商品主要供应地区的地缘政治格局和形势缺乏稳定性，导致大宗商品价格走向日趋政治化。中国倡导在 G20 下建立涵盖能源生产方、消费方、中转方的全球能源市场治理机制，制订公正、合理、有约束力的国际规则，构建能源市场的预测预警、价格协调、金融监督、安全应急等多边协调机制；倡导推动建设相应的环境补偿机制、技术共享机制、价格稳定机制，既考虑供应的充足性，也考虑对环境损害的预防和补偿，实现商品充分供给与收益公平分享的双重目标。

加强跨国金融机构监管。随着世界经济的一体化，国际金融也日趋自由化，而高科技的发展又使巨额资金在短时间内跨国境转移成为可能，因而国际货币局势和金融市场日趋动荡不安。对跨国金融机构的监管主要有三个目标：一是系统安全。确保金融系统以一个安全和稳健的方式运作，避免由一个公司或一个市场蔓延到其他地方的传染性倒闭风险。二是投资者保护。确保金融市场的普通私人客户能得到银行或投资顾问的公平对待，并在这些银行和投资顾问公司倒闭时为其提供相应的保护措施，以避免其风险损失。三是市场完整。确保金融市场在尽可能有效的情况下运作，防止操纵市场并提高市场的流动性，以保护投资者信心。中国正在逐步开放国内金融市场，允许更多的外资银行、保险公司进入，允许它们开展更广泛的业务，这将增加中国金融监管的难度。当监管对象同时涉及国内和国外机构时，监管机构会面临很大的压力。这是由于监管机构需要保持来自不同法域的金融机构之间竞争的公平性，并确保某一国家或来自某一监管背景的公司不会因不同的监管要求而享有不公平的竞争优势。因此在对跨国金融机构的监管中，各国的合作和监管协调非常关键。此外，会计准则的协同也很重要。

3. 促进国际货币体系改革

稳步推进国际货币体系多元化，支撑国际货币体系稳定。健全储备货币发行调控机制，保持主要储备货币汇率相对稳定，促进国际货币体系多元化、合理化。改善国际货币体系，稳步推进国际货币体系多元化，共同支撑国际货币体系稳定。寻求美国对维持美元强势和借款信用的保证。提议各国联合协调汇率水平，维持世界主要货币币值的“相对稳定”。开启对美元国际储备货币地位的讨论。终结美元作为国际储备货币的制度安排，加快推进多元化国际货币体系建设。中国人民银行行长周小川指出，必须创造性地改革和完善现行国际货币体系，推动国际储备货币向着币值稳定、供应有序、总量可调的方向完善，才能从根本上维护全球经济金融稳定。创造一种与主权国家脱钩并能保持币值长期稳定的国际储备货币，从而避免主权信用货币作为储备货币的内在缺陷，这是国际货币体系改革的理想目标。而国际储备货币多极化将是短中期内更为现实的选择。而为了在多极化国际储备货币中占有一席之地，中国政府面临两种不同的路线：一是直接推动人民币国际化，将人民币发展成为一种国际储备货币；二是促进东亚区域货币合作，推动某种形式的亚洲货币（例如包含人民币与日元的货币篮子）成为国际储备货币。上述两种路线是相辅相成的，中国政府也在平行推动区域货币合作与人民币国际化。

改革国际储备货币体系。在国际储备货币改革中，中国的核心利益在于降低在国际贸易与国际资本流动过程中对美元的依赖程度，努力避免外汇储备继续快速增长，并实现外汇储备存量的保值增值。本轮全球金融危机爆发后，中国政府事实上已经形成“三位一体”的国际金融新战略，包括推动超主权储备货币的创建、促进东亚区域货币合作以及加速人民币国际化。在超主权储备货币的创建方面，当前最重要的工作是推动SDR在更广泛的范围内得到使用。目前SDR仅适用于IMF成员国之间以及成员国与IMF之间的特定清算。未来SDR的使用范围应该扩展至官方交易与私人部门交易。作为更稳定的价值载体，SDR应该在国际大宗商品计价、企业记账以及国际金融产品计价中得到更广泛的使用。积极参与和推动国际货币体系改革，降低在国际贸易与投资中对美元的过度依赖。人民币国际化的推进以及东亚区域货币金融合作的加速，都有助于降低外汇储备的进一步积累。多极化的国际储备货币体系将为中国外汇储备的多元化管理提供更广阔的空间。IMF应该发行更大规模以SDR计价的债权，同时考虑推出替代账户。通过购买以SDR计价的债券，中国的外汇储备将进一步多元化。而如果IMF的替代账户能够顺利推出，那么中国政府可以将大量的美元资产转换为以SDR计价的资产，从而能够显著降低外汇储备面临的美元贬值风险。

努力推动人民币加入SDR货币篮子。中国在伦敦二十国峰会上力推SDR取代美元作为国际储备货币，从中可以看出中国政府希望打破美元独霸格局的愿望。在国际货币体系深化改革的大趋势下，人民币加入SDR货币篮子可能只是时间早晚的问题。国际社会特别是IMF等国际机构欢迎和促进人民币的加入，以提高现行国际货币体系的合法性和权威性，并进一步深化国际货币体系的后续改革。IMF协定规定，特别提款权货币篮子的货币还应该满足自由使用货币之标准：一是被广泛使用于国际交易的支付活动；二是在主要外汇市场上广泛交易。人民币尚不符合自由使用货币标准，IMF暂时不会将人民币纳入特别提款权的货币篮子。人民币加入SDR货币篮子的主要收益包括：有助于增强人民币国际影响力，进一步促进人民币国际化；有助于中国政府进一步参与国际货币领域的规则制订；有助于改善SDR计价货币的代表性，促进SDR在更广泛的范围内得到使用；有助于促进IMF推出替代账户，从而进一步实现中国外汇储备的多元化。人民币加入SDR货币篮的主要成本则包括：人民币将面临更大的升值压力；利率市场化改革将不得不提速；中国政府不得不加快开放资本账户，推进人民币在资本账户下的可兑换。

三、提高中国参与全球金融治理水平的建议

中国参与国际金融体系改革的战略目标可以归为两个大的方面：一方面，确保稳定的外部经济制度环境，保障自身经济的可持续发展；另一方面，提高中国参与全球经济治理的能力，完善世界经济强劲、平衡和可持续增长的制度框架。随着中国在国际经济组织和机构中的份额和话语权的提高，国际社会对中国的期

待和要求也在水涨船高。中国需促进国内开放型经济转型，加快经济结构改革，加强金融体系监管，不断加强自身全球金融治理能力和人民币的国际地位。

（一）加快推进国内经济金融领域改革，积极化解经济金融风险，努力实现开放型经济转型升级

目前，中国开放型经济增长模式的转变面临着外部经济环境恶化与内部经济矛盾加剧两方面的挑战。中国经济外需与内需失衡、政府投资与私人投资失衡、引进来与走出去失衡、区域发展与城乡发展失衡等诸多突出矛盾的相互交织，加大了中国政府改革与调整的决策难度。贸易保护主义盛行、人民币汇率升值压力加大等问题使得中国开放型经济再平衡的外部环境趋于恶化。在全球金融经济危机的冲击下，“以邻为壑”的贸易保护主义逐渐主导各国政府的贸易政策，各种关税与非关税贸易限制措施纷纷出台，而中国则是这种贸易保护主义政策的最大受害者。同时，出于转嫁国内危机等目的，西方国家舆论一直指责中国操纵人民币汇率、实现本币贬值以大量出口是造成世界经济失衡的重要原因，并以此要求人民币大幅升值。因此，在后危机时期，中国应充分利用危机带来的战略机遇，负责任地调整与改革经济增长模式，实现开放型经济的转型升级，这将对世界经济的复苏与再平衡具有极其重要的意义。

（二）加快国内金融改革，大力发展金融市场，提高金融要素市场化水平

展望未来，中国能否在国际金融舞台上发挥更大影响力，在很大程度上取决于其能否加快金融的健康发展。目前中国已成为世界第二大经济体、第二大出口国和进口国，却是贸易大国中唯

一的本币未能普遍用于贸易计价结算的国家，其金融发展和本币国际化还有很长的路要走。新兴经济体在国际金融舞台上发挥更大作用，关键是要提高自身经济金融实力。中国金融市场的发展或金融改革中的三层面改革最为重要：一是金融领域的基准价格市场化，特别是人民币汇率与利率；二是融资结构的转变，具体到中国而言则是如何提高直接融资的比重；三是市场主体的多元化，即如何向民间资本与外国资本开放金融市场。首先，加快发展以债券市场为主的直接融资渠道。长期融资工具使基建投资项目的融资不得不过度依赖银行贷款，并因而造成了项目周期长期性与银行贷款短期性之间的错配。长期来看要解决期限错配，债券市场的发展亟待加快。其次，推进利率市场化。建立以市场为导向的机制架构，央行对于金融系统的影响主要通过直接干预货币市场利率来完成，从而降低对诸如贷款配额及存款准备金率等行政性政策工具的依赖。最后，推动中国实现资本项目可兑换。资本项目可兑换可促进国内金融市场的建设和金融体系的发展，并有效利用国内国外两个市场和配置国内国外两种资源，以推进人民币的国际化。

（三）银行等金融机构加快“走出去”

20 世纪 90 年代以来，随着中国银行业转轨和金融业对外开放的逐步深入，中国参与国际竞争的意识开始加强，银行业的国际化进程大大加快。但同美英等发达国家相比，中国的银行国际化总体上仍处于起步阶段，面临着一系列的障碍。银行在“走出去”过程中，应当考虑国际化是否能够满足自身的总体发展战略。“走出去”的途径一般有两种，即自己开分行或者并购当地银行。各家银行应当根据是否与自己经营特点、风险管理能力相匹配等条件来抉择，并注意以下事项：首先是要熟悉当地的法律法规。一般来说，金融机构受到当地法律法规的约束较多。其次是培训网络人才，海外分支机构运行的好坏往往与人员匹配、专家团队的好坏密切相关。再次是构建优良的IT系统。随着现代金融的快速发展，电子系统在金融服务中的重要性与日俱增。较好的IT系统不仅是为客户提供衍生品等金融服务方面的必需，也是加强海外分行与总行之间交流往来的重要条件。

（四）加紧培养和造就精通全球经济治理的人才

有计划地培训更多有志者参与IMF、世界银行和WTO等全球经济治理框架内机构的运作，鼓励更多的中国人加入这些机构工作。国际经济秩序不合理的一个重要表现是人才流向不均衡，发展中国家的人才流向富国。中国经济持续快速增长，就业机会和收入大幅度增加，就业机会和收入大幅度增加，对海外人才产生了很大的吸引力。金融危机爆发后，许多地方政府派团到欧美国家招揽留学人才归国，今后将会有更多海外人才来到中国参加建设，加强中国国内国际经济治理能力。提高中国G20议题设置能力，善于拒绝于我不利的议题，不做超出自己能力范围的事情，逐步提高主导议题的能力与技巧。对于已经启动的各国相互协调和评价政策框架，中国在开展评估时应区别各自的境况，避免一刀切。

（五）加强与金砖国家等新兴经济体的政策协调，推动国际货币金融体系改革

目前金砖国家已建立首脑、财长和央行行长等层面的定期会晤机制，就重大问题进行协商。五国财长、央行行长会议决定启动合作研究项目，对五国经济发展状况、经验教训和潜在合作领域进行研究。这有利于深化相互了解，对其他发展中国家和新兴

经济体也可提供宝贵经验。由于五国均从全球化大潮中获益，与发达经济体联系密切，因此四国不会成为排外团体，更不会对发达国家主导的现行国际经济秩序构成直接、强有力的挑战。下一阶段，金砖国家有必要建立更密切的合作机制，吸引更多发展中国家参与对话、协调，以提高新兴经济体在国际舞台上的话语权，加强对发达国家政策的约束，改善全球金融治理，促进世界经济稳定、均衡发展。

（六）提高人民币国际地位

提升人民币区域地位与全球地位。建议包括：第一，央行降低对外汇市场的干预，让人民币汇率更多地由市场力量决定。第二，中国政府在可控前提下加快资本账户开放的步伐。第三，积极推进人民币国际化。一方面，扩大人民币在跨境贸易中的结算功能。另一方面，扩大境内外以人民币计价的金融产品的发行数量，这又包括：允许符合条件的外国政府与企业在中国国内发行以人民币计价的债券与股票；允许中国金融机构与企业在香港等离岸市场发行以人民币计价的债券等。第四，通过更加积极地参与区域货币金融合作来提高人民币在区域货币合作中的地位，尤其是应注意在未来亚洲货币基金的份额与投票权问题上与日本的竞争。第五，中国政府应加速发展结构转型，变出口导向的发展策略为内外平衡的发展策略。我们必须看到，一个存在持续经常账户顺差的国家的货币很难真正成长为一种国际性货币，而国际储备货币发行国通常具有非常广阔的国内市场。

（七）积极筹备中国主导性较强的国际金融机构

加强中国全球金融治理的影响力需要全面提高中国对世界经济和金融活动的参与程度和影响力水平。结合中国近年发展成就，中国经济金融实力不断上升，而作为参与国际金融活动的重要主体，国际金融机构作用不容忽视。只有中国经济和金融实力更好地在国际舞台上发挥影响，才能释放中国参与全球金融治理潜力。只有与更多国家与区域具有共同利益导向，中国才有可能更好地获得与世界其他国情相近国家改善全球金融治理现状的合力。为此，建议尽快设立金砖国家银行，加快筹备设立亚洲基础设施建设银行步伐。通过设立多国参与的有利世界经济金融发展的大型金融机构，形成对全球金融治理的倒逼机制，提高中国参与全球金融治理能力，改善全球金融治理水平。

Research on China's Participation in Global Financial Governance Framework

Wang Guanqun

Abstract: Global financial governance refers to financial cooperation beyond national sovereignty and co-governance. National financial regulators and international financial organizations, through coordination, cooperation, and other ways to establish consensus in the global financial regulatory affairs, in order to establish or maintain an ideal international financial order. 2008 international financial crisis has shown the existing international monetary and financial system can not effectively manage, promote and guide the healthy development of international finance, it is necessary to deepen the reform of global financial governance. The current global amount of work includes the implementation of governance reforms and deepening reform of international financial organizations; constantly improve the international financial regulatory system; steadily promote reform of the international monetary system; implement and deepen IMF governance reform program.

China's participation in global financial governance by gradually increasing the main achievements include the actual share in the IMF and other international financial institutions to improve China's reform of the right to speak , put forward in the previous G20 summit on global financial governance reform and other important issues of the proposition, to participate in International Settlements banks, the Basel Committee, the Financial Stability Board to strengthen cooperation with other central banks and regulatory bodies such as communication and cooperation. The lack of Chinese participation in global financial governance is the lack of change in global financial governance rules in the ability and will of the international financial governance in deciding voice in decision-making and China is not the global financial strength is not strong. The amount of current Chinese participation in global governance milestones is to establish a fair, just, inclusive and orderly international financial order , and strive to create a favorable global economic health of the system environment. First, continue to improve the existing international financial institutions, decision-making procedures and mechanisms to encourage all parties to be more extensive and effective participation, the principle of fair and merit-based selection for the management of international financial institutions. Second, promote the reform of the international financial regulatory system , aimed at balancing financial regulation and financial innovation, government intervention, market regulation relationships to the most fundamental regulatory principles and objectives. Third, improve the international monetary system, the establishment of the currency stable, manageable supply adjustable international reserve currency system, the major reserve currency issuing economies should implement responsible policies to maintain relatively stable exchange rate, and enhance the development of emerging market countries and countries in response to the financial risks, mitigate and gradually solve the liquidity risk caused by foreign exchange fundamental contradiction.

Further enhance the level of China's participation in global financial governance proposal includes three aspects. First, to promote reform of the domestic financial system. Efforts to achieve the transformation and upgrading of an open economy, speed up domestic financial reform, vigorously develop the domestic financial market, to promote domestic financial institutions to accelerate the "go." Second is to strengthen self-governance of global finance capabilities. By means of intensified training and bringing proficient talent and global economic governance with BRIC and other emerging economies, policy coordination, promote the reform of the international monetary and financial system. Third, improve the yuan 's international status. Enhance the RMB regional status and global position, and further promote the internationalization of RMB.

Keywords: BRICs Global Economic Governance Financial System

田东县农村金融扶贫长效机制的探索

王　军*

摘　要：发展农村金融扶贫是中国新一轮农村扶贫开发的新思路，具有重要的现实历史意义。本文分析了要建立健全农村金融扶贫的体制机制，必须明确农村金融扶贫的指导思想，建立多层次扶贫性农村金融机构和理顺农村金融扶贫的逻辑关系。从解决贫困户首贷款难、扩大贷款需求、提高资金效率以及保障资金安全四个方面问题入手，构建具有普惠意义的农村金融扶贫模式。文中还就中国农村金融扶贫的发展提出了政策建议，希望国家层面建立健全财政和金融合作的扶贫机制、加快推进农村金融体制改革、着力构建农村金融服务均等化体系、深化改革增强贫困地区发展的内生动力和尽快完善农村金融法制保障体系。

关键词：农村金融　扶贫　农金村办　信用体系　农村产权

* 王军，中国国际经济交流中心博士后，广西壮族自治区百色市田东县县委书记。

农村金融在中国一般是指在县及县以下地区提供的存款、贷款、汇兑、保险、期货、证券等各种金融服务。农村金融扶贫就是通过农村金融机构满足贫困地区贫困农户的生产性金融需求，缓解长期困扰贫困农户和金融机构的贷款难问题，推动造血式扶贫模式的发展，提升贫困农户自我发展能力。

当前，中国银行业、保险业等金融机构的国际竞争力不断提升，金融服务也不断完善。但与此对应的是，广大农村地区，特别是贫困地区不仅在信贷总量上显示出与其发展潜力和经济规模不相适应的下降趋势，而且金融网点不断减少，金融服务不足，整个农村金融体系出现萎缩的现象。贫困地区公共财政缺位、农村资金外流和农村信贷资金不能得到有效满足等现象进一步制约了中国农村贫困地区的自我发展。

中国新一轮扶贫开发攻坚，突出强调扶贫开发事关巩固党的执政基础，事关国家长治久安，事关社会主义现代化大局。深入推进扶贫开发，是建设中国特色社会主义的重要任务。发展农村金融是未来扶贫的新思路和主战场，也是农村地区适应金融深化和创新、解决三农问题的重要举措。在市场化资金配置体制下，如何克服贫困地区的资金需求与供给的低水平平衡，引导社会资金和金融服务流向贫困地区，并充分尊重扶贫对象的主体地位，提高其自我管理水平和发展能力，立足自身实现脱贫致富，是各级政府部门和金融管理部门亟需研究突破的重大课题。

一、建立健全农村金融扶贫的体制机制

（一）明确农村金融扶贫的指导思想

中国14个集中连片特困地区的县份多数属于“老少边山

穷”地区，经济发展基础薄弱，农业生产以小农经济为主，缺少规模化生产，农业产业化经营程度较低，农产品加工产业链短，农业大户和龙头企业借贷规模不大。这些问题使得农村地区金融需求结构分散，需求主体信贷承载能力有限，有效金融需求不足。

集中连片特困地区的金融机构涉农业务风险大、成本高，县级支行审批权限十分有限，加之部分机构需要依靠上级行处置成本，支农与创新内在动力不足，建立可持续发展的农村金融服务长效机制较为困难。

经济发展水平是决定一个地区金融发展程度和金融生态环境的根本原因，也是决定该地区农村金融机构进行自身经营行为选择的制约因素。因此，要针对集中连片特困地区经济发展和金融发展的现状，多渠道、多层次增加农村金融供给，进一步强化农村金融扶贫的功能，就必须立足贫困地区特点，探索一种“培育贫困村金融有效需求”和“提升金融机构长效供给的内在动力”相结合的双轨并行发展模式，这样才能建立可复制、可持续发展的运行机制。如图 1 所示：

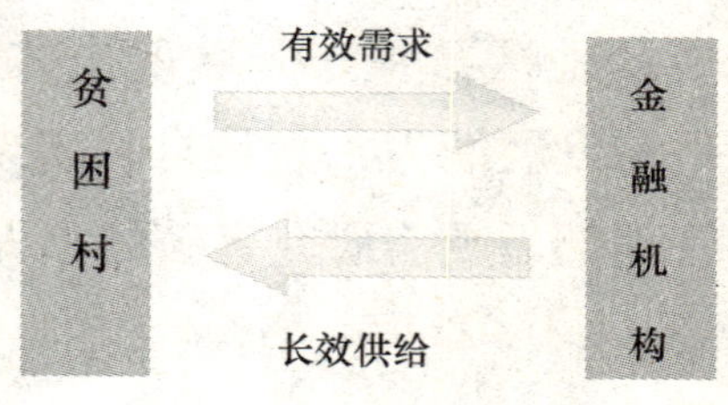

图 1　农村金融双轨并行发展模式

（二）建立多层次扶贫性农村金融机构

受制于贫困地区的经济发展水平，农村金融机构设置的合理性和均衡性还有着明显不足。国有商业银行网点布设的重心上移，乡镇金融网点偏少，农村金融服务功能严重弱化；本可以承担资金扶持、扶贫攻坚等功能的政策性银行，现实中更加倾向于商业盈利，金融扶贫的内生动力不足。中国几十年的扶贫攻坚实践证明，凡是有效解决贫困地区发展资金瓶颈的地方，经济社会都得到了又好又快的发展。因此，针对中国农村金融现状，科学定位，建立多层次的扶贫性金融机构是充分发挥农村金融扶贫作用的基础。

田东县位于广西西南部，百色市东南部右江河谷中心区域，是邓小平同志领导和发动著名百色起义的策源地，是集“老少边山穷”于一体的地区，还具有库区、石漠化地区、生态安全与敏感地区等特点，是国家扶贫开发重点县。

田东县积极引导以中国农业发展银行为主的政策性金融、以中国农业银行为主的商业性金融、以农村商业银行为主的合作性金融，加大对农业龙头企业的支持力度，通过“龙头企业+基地+农户”模式带动扶贫攻坚深入开展。先后组建了村镇银行，重组改制农村信用社为农村商业银行，分别成立两家农民资金互助社，组建县助农融资担保公司，与广西金融投资集团共同设立了县域金融综合服务中心。经过几年努力，实现了银行网点和保险网点乡镇全覆盖，金融机构种类齐全度居广西县域首位。

与此同时，公共财政承担起更多的职责，帮助农村金融机构有效降低覆盖和经营成本。田东县本着实现城乡金融服务“均等化”的目标，逐步推动农村金融服务向行政村拓展业务，实现县域金融普惠。推广“农金村办”工作模式，在全县167个行政村（含社区）建立“三农金融服务室”，使农村金融服务与基层组织建设得到有机结合；设立10个“贫困农户发展生产互助协会”，帮扶银行信贷无法覆盖到的贫困农户，实现扶贫资金的循环可持续利用。目前，田东县的农村金融服务已经实现了行政村全覆盖，为贫困地区的发展提供了坚实的金融保障。

（三）理顺农村金融扶贫的逻辑关系

按照现行的财政体制和投资体制，中央政府拨付的财政扶贫资金在投向上更多地倾向于基础设施建设而非产业发展，也很难直接覆盖到更多的农村中小型基础设施项目；在投放规模上，与实际需求还有着非常大的差距；在投放方式上，往往为一次性投入，难以对贫困地区项目和贫困户形成稳定支持，可持续性差；在资金管理上，政出多门，没有统一使用、统一规范。

为了有效解决财政扶贫的不足，田东县出台相关规定，整合政策扶贫资金资源，发挥规模和整合优势；改进扶贫投入机制，明确地方政府和部门的职责，制订银行业、保险业等金融机构的工作要求；在发挥政府主导作用的前提下，积极吸引多方资金进入扶贫领域，通过有限的财政扶贫资金撬动金融资本投入到贫困地区的扶贫开发中来，探索财政扶贫和农村金融扶贫有机结合的新模式，缓解扶贫资金供需矛盾，引入市场机制实现扶贫资金管理规范化、资金来源渠道多元化、资金使用效益最大化。

由于农户和银行之间缺乏良好的沟通渠道，要让农村金融真正把扶贫攻坚的作用发挥好，还需要破解四大难题，即：如何突破贫困户首次贷款难的问题、如何扩大贫困户的有效贷款需求、如何提高金融扶贫资金的使用效率以及如何保障金融扶贫资金的安全（如图 2 所示）。解决了以上四个问题，农村金融扶贫的体制机制则才可有效地建立起来。

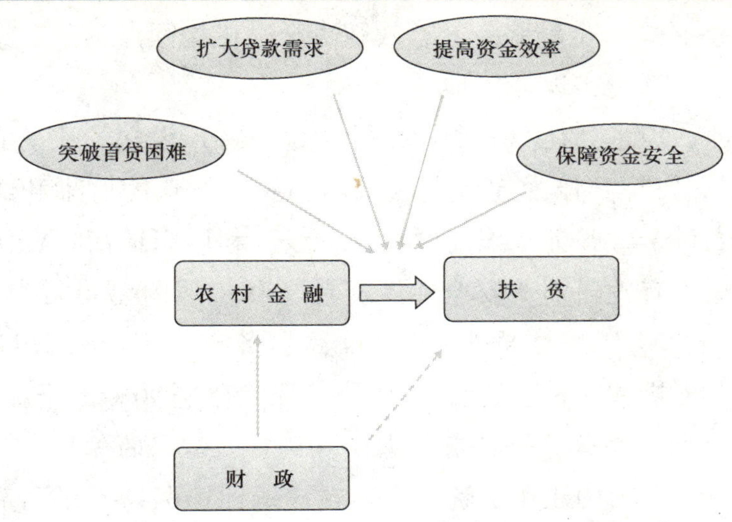

图2　农村金融扶贫的逻辑关系示意图

二、创新建立农村金融扶贫的普惠模式

要创新建立农村金融扶贫的普惠模式，首先要突破贫困户首次贷款难的问题，这个问题是建立普惠模式的关键，也是衍生其他问题的根源。

（一）综合运用多种金融服务手段，切实解决贫困农户首贷难问题

1. “农金村办”——真正“接地气”的农村金融服务方式

“农金村办”是以行政村为单位，设立“金融服务室”，搭建农户与金融机构连接的桥梁，“金融服务室”由村“两委”、大学生村官、致富带头人等人员组成，协助银行和保险公司提供贷前调查、贷中管理、贷款催收、保险知识宣传、理赔现场勘验等服务，并按一定比例提成工作经费，实现农民足不出村就可办

理的“一站式”金融服务，有效解决金融机构网点不足、人员短缺的问题，真正实现“接地气”。

目前，田东县在167个行政村（含社区）设立了“三农金融服务室”，发挥其作为连接金融机构和农民群众的桥梁和纽带作用，使农村金融服务工作前置到村一级。利用当地信息资源进行信息筛选，有效甄别“安全性借贷者”和“风险型借贷者”。截至2012年末，田东县通过“三农金融服务室”累计为2.1156万户农户办理贷款6.89亿元，小额贷款保险覆盖90%的贷款农户。

2. 农村信用体系——有效激活农民贷款需求的保障

信用体系的构建在于解决个体农户抵押担保物不足而造成的贷款难问题，是金融扶贫的有效手段。信用体系的核心价值在于把信用资本化，将社会责任加入到商业银行的业绩衡量标准中。在信用评级时，以个人信用为保证，以信用品质和邻里关系及履行社会责任为侧重点进行评级增信；以系统自动生成的信用评级记录降低银行对农户的贷前调查成本；以整村的信用评级并通过“农金村办”模式降低贷前调查和贷后跟踪成本；以一次授信随贷随取的规则切实简化贷款流程，进而降低贷款门槛，有效解决贫困农户首贷难的问题。

田东县通过大力推进农户信用体系建设，探索出一条解决农业生产资金周转难问题的有效路径——以信用村、信用乡镇建设为抓手，在“一村一品”地方特色产业带动下，广大农户通过增强经济实力、累积信用记录产生正向促进作用，进而提高信用等级和贷款额度、降低贷款利率，逐步形成信用体系的良性循环机制。具体模式如图3。

2011年10月，经国务院社会信用体系建设部际联席会议批准，田东县荣获“信用县”称号，成为中国第一个“信用县”。2013年，田东县针对全县57个贫困村开展了“贫困村转信用

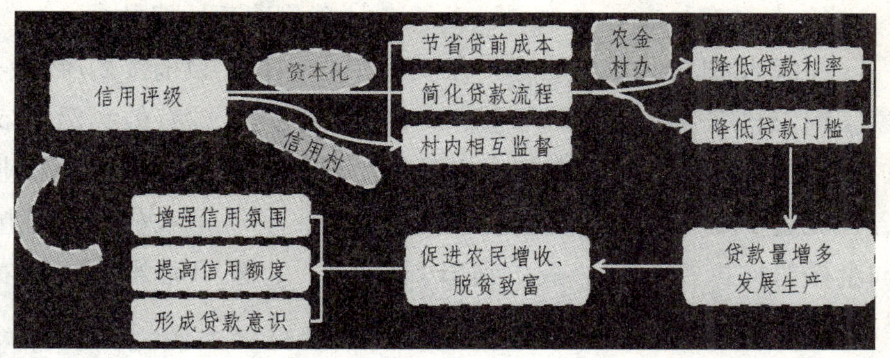

图 3 信用体系良性循环示意图

村”活动，通过以上措施将大多数贫困村评为信用村，然后按照整村推进方式引导银行资金投入贫困农户发展生产，再通过助农担保的介入和农户小额贷款保险的保障，有效降低了银行业金融机构的信贷风险，快速促进了贫困村贫困农户发展生产和生活水平的提高。

3. *资金互助社——切实解决贫困农户短期资金周转*

尽管建立了农村信用体系，但仍然有一些极端贫困、信用等级太低而又有贷款需求的农户，无法通过银行贷款审查获得发展生产急需的资金。为了解决这一部分农户贷款难的问题，田东县2010 年开展了“贫困农户发展生产互助活动”，成立了 9 家“扶贫资金互助社”。扶贫资金互助社以财政投入 15 万作为初始资金，超过 50 户且贫困户占 50% 以上即可组成互助协会；每户会员费 100—300 元；每户最大贷款额一年期不超过 5000 元，年息5% 即可获得微小额贷款帮扶。资金互助模式下的小额贷款金额小、利率低、周转快，适合农户短期资金周转。贫困村资金互助社进一步降低了贷款门槛，有效帮助了那些尚无获取银行贷款资质而又急需资金周转生产的农户。

4. 农村产权交易中心——盘活农村存量资产抵押融资

2012年田东县成立农村产权交易中心，它是目前广西唯一一家县级农村综合产权交易平台。交易中心的建立，有效盘活了农村存量资本，使资源变资产成为可能。开展农村产权抵押贷款业务，促进了农村产权和资金在农村的流转，实现了农村产权直接向金融机构抵押融资。截止到2013年9月，该中心累计主持农村产权交易37宗，交易额7880.73万元。

在林业资源丰富的山区农村，推进集体林权制度改革，鼓励金融机构开展林地使用权抵押贷款、林农小额信贷等模式，可以有效增加农民资产实力。田东县的林权制度改革总面积为210.6万亩，涉及161个村7.46万户、30.47万人。经估算，田东县林农持有的林业总资产价值超过34亿元。如果按照70%折扣进行林权抵押贷款，至少可以盘活森林资源资产和获得林权抵押贷款27多亿元，每户林农可增加3.7万多元贷款。

5. "龙头企业+基地+农户"模式——让金融机构更放心地向贫困农户贷款

"龙头企业+基地+农户"是田东县域内银行业金融机构创新的一种贷款模式。田东县依托当地自然环境和龙头企业的带动，大力发展"山上竹海，山下蔗海"。竹农和蔗农将种植的竹子和甘蔗定向销售给本地龙头企业，企业将贷款以种子、化肥等生产资料、资源的形式发放给农户，最后回收农户种植的作物。这一金融服务模式通过对农业龙头企业进行扶持，并对形成农产品产业链的前端环节——种植、收购提供相应的信贷支持，不仅满足了龙头企业发展的资金需求，更对上游客户提供延伸的涉农金融服务。若农户在种植竹子和甘蔗过程中需要向银行贷款，银行则根据农户与企业签订的保价收购合同（订单）简化贷款审批流程，提高了首贷成功率，同时也能更加确定资金的流向，确保资金的按时收回，降低了银行风险。

（二）全面提升农村金融供给能力和服务水平，使更多农户贷到更多资金

迈出首贷成功的第一步之后，持续扩大贷款的有效需求，让更多的农户贷到更多的资金，将会使农村金融扶贫的力度更大、涉及面更广、成果更显著。

持续扩大贷款有效需求的方式有很多，例如：深入开展“农金村办”，让更多村屯的农户具有更多的机会接触农村金融服务；构建动态调整的信用体系，让更多的非信用村转变为信用村，逐步实现全覆盖，并逐步提高信用额度贷，得到更多的资金；不断拓展农村产权抵押融资的范围，集中开展农村资产确权、登记和颁证工作，并从农村集体“三资”管理入手，探索集体经济发展的新路径；积极发展“龙头企业+基地+农户”贷款模式，提高龙头企业的带动能力，提高贫困农户带动的范围。

此外，还可以充分利用财政资金的杠杆作用。在贫困地区，可以通过贷款贴息项目扩大贷款规模。在农户自愿的基础上，鼓励金融机构按市场化原则扩大扶贫贴息贷款的规模和范围。扶贫贷款重点投向贫困户，主要用于发展生产；对通过能人带动贫困户共同致富的项目，在明确扶贫责任的条件下予以重点支持。

（三）引导产业适度规模经营和资金适度规模使用，确保贷款使用效益最大化

1. 发展多种形式的适度规模经营，不断提高农业农村发展能力

农村金融扶贫的贷款主要投向连片特困地区、重点县和贫困村，如果没有合理的规划和引导，没有明确的产业定位，加之贫

困地区的涉农产业抗风险能力低弱，农村金融服务不仅不能对农业产业发展提供有效支撑，还会造成资源的浪费和损失。

在强化服务的基础上，田东县完善土地承包经营权流转市场，发展多种形式的规模化、专业化生产经营。集中培育甘蔗、芒果、秋冬菜、养鸡、养猪等特色优势产业，大力扶持种养大户、家庭农（牧）场、专业合作社。严格规范管理，支持农民专业合作社及农业产业化龙头企业建立规模化生产基地。在贫困村相对集中的地方，实行连片开发、整村推进，实施“一村一品”等强村富民工程。

2. 发展合作社、小微企业的集合授信，保证资金使用的规模效益

2010年，田东县的信用体系建设已经实现了银行业金融机构对不同等级信用户的贷款优惠帮扶。近两年，正逐步把信用体系建立到产业链上，对专业合作社、涉农小微企业进行评级授信，实行贷款优先、利率优惠、额度放宽、免抵押免担保，建立起“农户—专业合作社—涉农企业”三级信用体系。相对于分散向单个农户贷款而言，对专业合作社、涉农企业评定信用等级，可使贷前调查、贷后管理集约化，并有效降低违约风险，发挥规模经济效应。同时，向专业合作社贷款可以保证贷款资金流向，更好地扶持贫困村的产业发展。

2013年，田东县进一步加快了农业产业化进程，建立健全农民专业合作社运行机制，制定农民专业合作社管理办法，加强了对全县农民专业合作社的规范管理，完成了对全县185家农民专业合作社的信用等级评定，力争每年培育5—10个三星级信用农民专业合作社，为做大做强各类农民专业合作社探索路子，进一步增强合作社扶贫带动能力。在依法自愿有偿基础上，由县政府金融办、人民银行田东县支行牵头，整合工商、税务、公安、环

保等多方面信息资源，对全县1300家涉农企业进行信用评级授信，在建立“龙头企业+基地+农户”的产业化组织模式基础上，加大带动贫困农户发展生产的能力建设。

（四）运用多种金融手段，确保贷款风险可控

田东县积极引导银行机构、保险公司、担保公司开展合作，构建“信贷+保险+担保”的立体支农模式，有效降低银行信贷风险。

1. 探索建立农业贷款风险补偿机制

县政府根据涉农贷款金额的一定比例建立风险补偿基金800万元，按照“专款专用、结余留成、滚动使用、超支不补”的原则，专门用于各类金融机构服务“三农”贷款的风险补偿。同时，积极申请中央财政资金补偿涉农贷款风险。

2. 探索建立金融机构风险防控机制

加大对县级投融资平台公司、担保机构、小额贷款公司、资金互助社的监管力度，加强对不良贷款的处置，有效分担了金融机构服务“三农”的风险，有效激发了涉农银行业金融机构支农的内生动力，增强了发放农户小额贷款的信心。截至目前，偿付农业银行农户小额贷款坏账61.5万元，偿付资金互助社不良贷款8.8万元。

3. 探索开发使用多种保险、担保服务措施

保险作为一种风险共担的方式，在风险大的个体农户贷款中的作用尤为突出。田东探索开发“信贷+保险”金融服务新产品，如“小农户+小贷款+小保险”模式，可以有效规避银行信贷风险。同时，人寿保险公司田东支公司积极开发人身保险新险种和地方特色的农产品保险，如“新农合+小额人身保险”的模式，弥补了新农合覆盖不到的保障范围，有效保证了农户正常生

产经营活动，降低了自然原因导致的生产收入的波动性，间接保证了还款来源。人保财险田东支公司在2012年承保农村房屋、能繁母猪、香蕉、甘蔗、芒果等险种基础上，扩大了竹子、水稻、养鸡等保险品种，提高了农业生产抗风险能力。

经过5年的实践，田东县基本实现了让全体农民都拥有获得贷款的权利和资格，涉农贷款总量翻番；贫困村贫困农户的生产生活水平得到大幅提升，2012年57个贫困村农民人均纯收入达到3418元，增幅超过全县平均水平，收入差距不断缩小；农村金融扶贫的创新机制活跃，农村产权制度改革实现融资方式和能力的新突破；农村信用体系实现全覆盖和动态优化，农村支付体系运行高效和便捷，金融生态环境明显改善，城乡金融服务差距明显缩小，涉农金融机构支农积极性和盈利能力显著提高，而涉农贷款的整体不良率维持在0.9%的低水平。

总之，一个多层次、低成本、广覆盖、适度竞争、商业运作的现代农村金融扶贫体系初步建成，一个农村金融与农业农村经济良性互动局面初步形成，一个破解农村金融扶贫难题的“田东模式”初步生成。

三、政策建议

（一）建立健全财政和金融合作的扶贫机制

对积极参与集中连片特困地区扶贫工作的金融机构和业务实行差别化财政政策，对金融机构的涉农贷款按一定比例予以税收优惠，对存贷比、不良率等指标适度放宽，鼓励资金流向“三农”；继续完善国家扶贫贷款贴息政策，完善风险补偿机制，对农村金融机构在扶贫攻坚开发中的损失进行补贴；适当调整金融机构的所得税在中央与地方的分配结构，尽量向县级基层财政倾斜，加大对基层创新的支持力度；尽快实现贫困地区金融机构空白乡镇的金融服务全覆盖，并向有条件的村屯和社区延伸。

（二）加快推进农村金融体制改革

加快推进商业性金融、合作性金融、政策性金融多主体竞争的农村金融体系建设，尽快批准设立民营银行，引导并规范民间资金进入农村发展；建立涉农银行业金融机构信贷风险分担机制，加快推进涉农金融机构风险防控能力建设；推动正规金融和非正规金融合作，把正规金融的规模优势和专业优势与非正规金融的灵活性和地缘优势有机结合起来，延伸农村金融服务触角；开放农村金融市场，鼓励和引导民间资本进入农村金融服务领域，拓展农村金融市场的深度和广度。

（三）着力构建农村金融服务均等化体系

理顺现有农村金融机构定位，放宽准入门槛，建立健全服务组织体系；加快布设和优化农村服务网点，推广流动服务，拓展服务渠道；不断创新服务农村的金融产品，提供日益多元化的服务方式；完善农村金融服务均等化的政策支持体系，增强服务能力；实施与城市金融差别化的监管政策和运行体系，加强风险防控的同时降低运营成本。

（四）深化改革，增强贫困地区发展的内生动力

探索贫困地区农村改革和农业现代化相结合的发展道路，激活贫困地区的各类农村集体经济产权，增加技术、资本等生产要素投入，形成开放的要素流动状态，激发农村经济发展活力。要通过深化制度改革创新，着力提高农业的集约化、专业化、组织化、社会化水平，加快传统农业向现代农业的转变进程。农业农村发展了，贫困农户信贷的有效需求才可能提升，金融机构长效供给的内在动力才能可持续发展。

（五）尽快完善农村金融法制保障体系

农村金融法制建设是加大农村金融扶贫工作力度的重要保障，目前国家针对政策性农业保险、防范农村资金外流的法律规范尚处于空白。遵照循序渐进、平稳推进的原则，抓紧制定农村金融方面的法律、法规和制度。建议近期重点制定农业保险法、农村合作金融法等专门法律，为参与农村金融扶贫工作的金融机构提供法律上的支持，建立健全适应农村金融内在要求的银行业、保险业、证券业、信托业、基金业、典当业的涉农法律体系。

Poverty Alleviation of Rural Finance long-term Mechanism to Exploreof Tiandong County

Wang Jun

Abstract: It is a new idea to develop the rural financial poverty alleviation so as to implement the new rural poverty alleviation and development, which is of great realistic and historical significance. This paper holds that it is necessary to make clear the guiding ideology of rural financial poverty alleviation, establishing the multi-level rural financial poverty alleviation institutions and probing into the logic relationship of the rural financial poverty alleviation so as to establish and perfect the systems and mechanisms of the rural financial poverty alleviation. This paper proposes to establish the rural financial poverty alleviation mode benefiting the whole society from four aspects: settlement of the difficulties of the poverty alleviation households in initial loan, expansion of load demand, improvement of the fund efficiency and guaranty of the fund security. This paper also puts forwards the policy suggestions for the development of the rural financial poverty alleviation and wants the state to do well in establishing and perfecting the poverty alleviation mechanism of fiscal and financial cooperation, quickening the rural financial system reform, establishing the equalized system of the rural financial service, deepening the reform to strengthen the intrinsic drive for the development of the poor areas and perfecting the legal security system for the rural financing as early as possible.

Keywords: Rural Financial Poverty Alleviation Rural Finance Service Being Conducted Within the Village Credit System Rural Property Right

国际短期资本流动波动性显著增强将成未来金融市场核心影响因素

翟晨曦*

摘　要： 当今世界金融体系处在一个重构平衡的时代，国际资本流动及国际资本流动管理体制在自由化与管制之间的矛盾中发展，资本流动与国际金融市场波动关联性加剧。资本流动主体的多元化与各国货币政策调整的复杂化使世界金融体系格局的不稳定性大幅增加。全球经济形势更趋复杂，全球金融市场跌宕起伏，国际资本流动正成为影响全球经济金融格局的核心因素。本文重点对2013年以来短期国际资本流动的影响进行分析。

关键词： 资本流动　经济金融　金融体系

始于2007年初的全球金融危机至今已近7年，但全球经济总体形势依然低迷，全球产业链再平衡进展缓慢，全球结构调整

* 翟晨曦，中国国际经济交流中心博士后、CFA、经济学博士。

进展缓慢，全球经济分化，全球地缘格局重组。2013 年以来，全球短端利率和长端背离，全球实际利率整体上升，全球货币体系悄然变化。2013 年全球市场出现了国际资本流动的三次“大转移”：年初开始的债市转向股市，4 月份开始的新兴市场国家转向发达国家，年中开始的美国华尔街转向欧洲。短期国际资本流动正成为影响全球经济金融的核心因素。

一、全球金融经济平衡发生重大变革

（一）世界经济体系正在重构

世界经济体系定义为由各国家、各地区在各个经济领域中，以一定的经济过程和经济制度构成的有机整体。世界经济体系的变革正在呈现经济全球化、多极化、不平衡的网络结构。

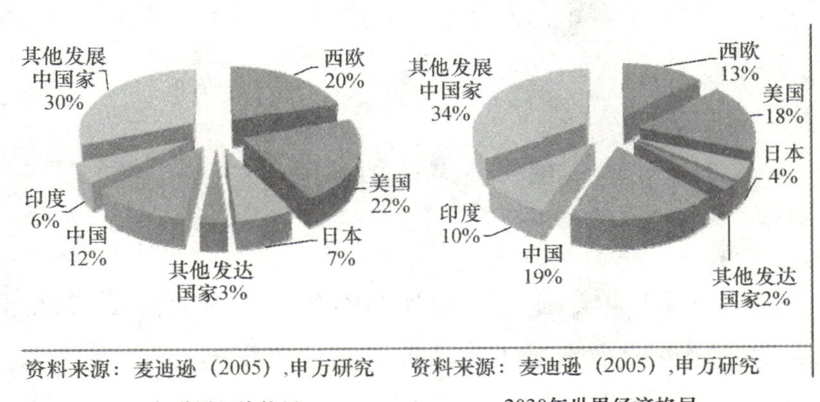

图 1　世界经济格局对比

（二）全球经济失衡引发短期国际资本大幅流动将成为常态

1. 过去的平衡

过去美国的高消费、低储蓄形成的需求，促使各国商品竞相进入美国，而美元作为支付手段被各国持有，然后美元作为投资资本通过购买美元资产回到美国，国际收支达到平衡。

这种商品流入美国—美元流向世界各地—资本流回华尔街的循环，使世界经济在不平衡的体系中维持了阶段性的被动平衡。

这种均衡秩序是以美国巨大的财政赤字和贸易赤字为背景的。美国依靠向全世界负债维持的平衡是被动且非常脆弱的，任何一个环节崩溃，就将影响整个世界经济。

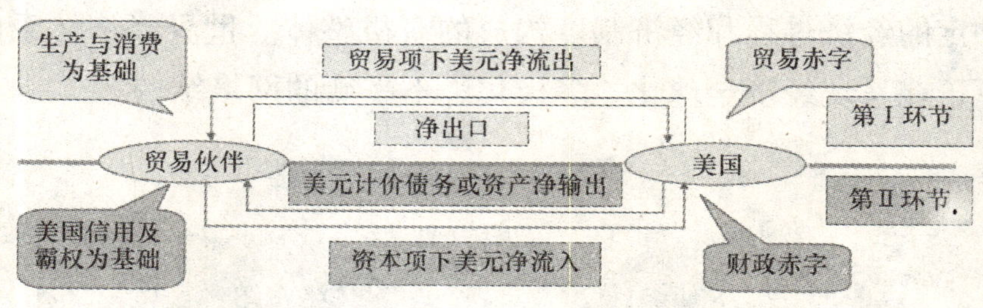

图2　世界经济的平衡

2. 平衡正在被打破

一是未来20年美国的能源对外依存度将显著降低；二是美国制造业、服务业占未来工业增加值的比重将增加。

（三）国际资本流动成全球经济金融核心，危机就在一线间

当今世界金融体系处在一个“无制度”时代，国际资本流动及国际资本流动管理体制在自由化与管制之间的矛盾中发展，资本流动与国际金融市场波动的关联性加剧。

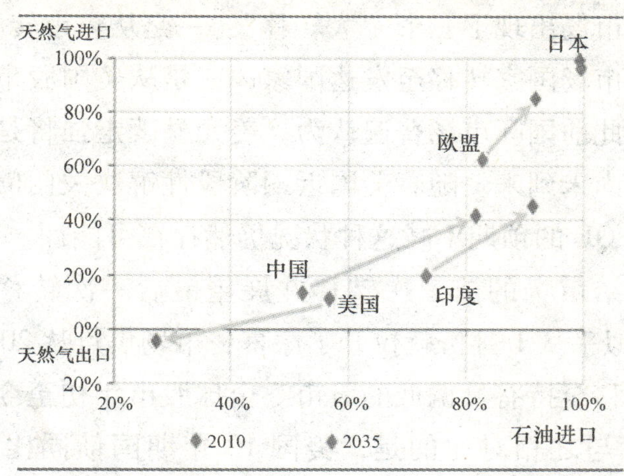

图 3　主要国家天然气进出口依存度

表 1　美国主要产业占比

	2000	2010	2020
制造业	**14.2**	**11.2**	**13**
汽车	1.2	0.4	0.7
能源	0.4	0.9	2.2
其他	12.6	9.9	10.1
服务业	**65.1**	**66.8**	**69**
金融保险	7.7	8	8.2
房地产	12.4	12.9	13.3
其他	45	45.9	47.5

资料来源：美国经济分析署，申万研究。

资本流动主体的多元化与各国货币政策调整的复杂化使世界金融体系格局的不稳定性大幅增加。全球经济形势更趋复杂、全球金融市场跌宕起伏，国际资本流动正成为影响全球经济金融格局的核心因素。

2013 年成为短期国际资本流动的拐点。进入 2013 年的最后一个季度，市场出现了三个“大转移”：一是从债市转移至股市；二是从新兴市场国家转移至发达国家；三是从美国股市转移至欧洲股市。而此前国际市场普遍认为，美元显著走强将是第四个趋势，但是它尚未到来。随着美国近期阶段性解决关门问题，美联储未来退出 QE 的预期不减这种状况仍然存在可能性。

下面总结市场的前三次转移并展望最后一次转移：第一个“大转移”似乎从 1 月份就拉开了序幕：市场焦点从 20 年牛市巅峰的债券转移至持有量偏低的股市。全球股市年初至今已累计攀升近 20%。与之相对比的是，美国 10 年期国债同比下跌 5%，欧元区蓝筹股上涨近 20%，欧元区 STOXX 涨幅更大。

在从债市向股市的转移过程中，年内市场的第二个“大转移”在 4 月份出现：从新兴市场国家转移至发达国家。这是因为市场对中国经济增长放缓，加之美联储削减 QE 的担忧打击了新兴市场国家的货币和债券市场，这些国家包括巴西、印度、印尼、土耳其和南非等。

从华尔街到欧洲的第三个“大转移”发生在年中：当时，欧洲正摆脱遭受重创的经济，美国的经济周期也逐渐成熟。截止到 9 月底，欧元区股市和标普 500 指数都上涨近 20%。但是，自 7 月 1 日以来，欧元区股市的涨幅比标普 500 指数高 10%。

第四个“大转移”，美元走高：美国经济走强，利率上升，国内页岩能源价格便宜，贸易赤字下降，以及美国制造业复苏，这些因素都将促使美元走强。与股市两位数的涨幅相比，美元指数年初至今的表现平庸。美联储推迟退出 QE 是美元表现较差的原因之一。看涨美元的投资者并没有认输。美联储仍然有可能在 12 月份或稍晚时候削减 QE，同时欧洲央行进一步的宽松政策有可能减弱欧元的走强趋势。

二、全球范围内国际短期资本流动正在加速，影响有所显现

美联储继9月意外宣布维持购债规模不变之后，10月仍未明确决定退出QE时间表，市场上仍预期美联储2013年年底可能开始缩减资产购买计划。与2008年以来美联储、欧央行、日本央行连续采取量化宽松政策引发全球资本大流入相反，美联储QE政策的退出预期从5月以来引发了全球范围内国际资本的大回撤。

（一）美国国债是反映国际资本流动方向的核心指标

与美复苏加快对应成立的几个概念：债务收敛、全球整体美元流动性呈回落态势、银行开始信贷扩张、美联储停止扩表甚至开始缩表，因此美国国债利率将会上升，上升的速度将快于通胀。观察2013年来美债收益率的上升，以及通胀指数国债（TIPS）收益率利差的显著回落，这次美债收益率回升显然来自于经济增长动能增强的强烈预期（实际利率上升），而非通胀。

参考刘煜辉的观点，我们需要在核心（美国）—夹心层（日本和欧洲）—外围（新兴市场包括资源型经济体）的结构框架下来理解未来的全球资本流动。例如，10年期美国国债收益率一度上行到3%，比欧债高150个基点（德国10年期公债收益率只有1.4%），比日债高200个基点（日本10年期国债收益率仅为不到1%）。而新兴市场经济由于自身的结构性缺陷，自2011年以来就呈现衰退趋势，最近开始加速下行，其长期利率的中枢

趋势向下（它们将逐渐失去高息货币区的吸引力，但特别值得关注的是，目前中国的中枢在上移，这是与其他新兴市场国家不同的），将显著地低于过去20年的黄金时段，原有的全球货币收益结构的平衡将会被彻底打破。如果美债收益率持续上升，会触动美元套息平仓，欧债、日债以及全球资产估值的高地（东亚+澳洲经济体）都可能面临越拉越大的压力。

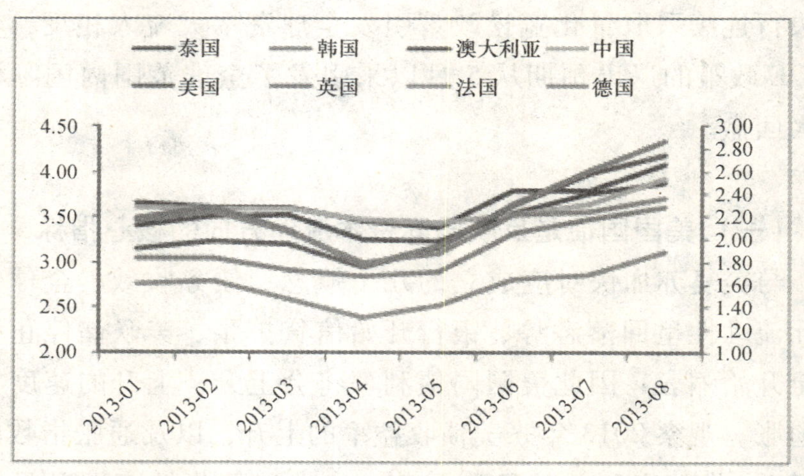

图5　美国国债利率引导全球国债收益率上行

数据来源：申万研究、彭博。

（二）从核心—夹心—外围结构看全球资本流动

2013年以来新兴市场资金撤离大体可以分为两个阶段：

第一个阶段：与美元回落同时出现。这是因为现行美元指数是由6种发达国家货币加权构成，其中欧元权重57.6%、日元权重13.6%、英镑权重11.9%，合计83.1%。所以美元指数反映的是美国与欧洲、日本等夹心层之间的货币交易，而不是直接反映美国与新兴国家之间的货币交易。原来的夹心层融资货币主要是日元的携带交易，但欧元正在逐步变成下一个日元，即通缩和结构性问题导致欧洲经济将长期低迷（日本化），利率维持在低位，而同时德国强压危机边缘国紧缩的政治意愿下降，使欧元区解体的尾部风险降低。这样欧元可能逐步成为另一个夹心层的融资货币。这对未来美元走强构成坚实支撑。

在“核心—夹心层—外围”这个结构下，夹心层经济平稳时，资金流出向外围，这时夹心层货币贬值；夹心层经济动荡时，套利交易平盘撤资，新兴市场国家货币贬值。这次新兴市场资本回撤的第一阶段（主要发生在5月前后）可能主要来源于日本经济的动荡。

第二阶段：与美元走强同步。伴随10年期美国国债一度攀升至2.9%上方，资金启动流向核心层，引发了6月以来新兴市场的大规模资金回撤。1993年10月—1994年11月美债收益率持续上升250个基点之后，夹心层资金才开始流向核心层，所以从1995年5月开始日元贬值和美元升值开启长达3—5年的长波段，最终触发了1997—1998年的亚洲金融危机。所以从这个角度看，美国经济复苏的强度最终决定美债收益率上升的高度，并决定美元走强的速度与幅度。

总的来说，应全面看待美联储QE退出到逐步加息期间对于国际资本流动的影响。美联储货币政策从QE削减规模至2014年中结束，再至2015年开始逐步加息，这是一个为期3年的退出过程。美国难以摆脱汇率、利率与经济增长的制衡三角。美元指数持续升高、美国国债利率大幅上升都将制约其经济持续复苏，未来复苏之路注定不会一帆风顺，美元汇率与利率总体升势中必然会出现较大波动。

美联储宽松货币政策退出期间两个因素将相互交替，一个是负面的，一个是正面的。负面的影响在于，由于美元的全球中心货币地位，美联储货币政策变化具有外溢效果，影响其他经济体的货币政策。当美联储货币政策收缩时，这个流动性的紧缩会外溢，导致全球资本流动方向逆转。正面的是，美联储的退出必然是以美国经济恢复增长为前提的，而经济繁荣可能推动全球国际资本流动的风险偏好改善，向高利率新兴经济体流入的可能性存在。在未来3年期间里，这两个因素会交替且此消彼长。退出的方向是确定的，但退出的节奏是变化的，国际资本流动的波动性将增大，方向将不断变化。

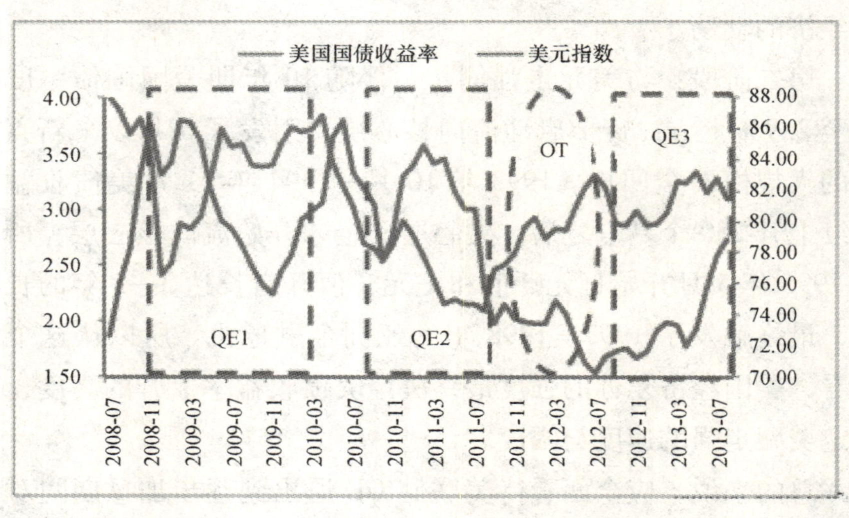

图5 美国国债收益率和美元指数走势

数据来源：申万研究、彭博。

（三）全球新兴市场感受国际资本流动冲击，风险正在累积

1. 新兴市场各大央行储备一度骤减

2013年5—7月，新兴市场的各大央行应急储备骤减810亿

美元。该数据统计发生在 2013 年 8 月新兴市场剧烈动荡之前。据摩根史丹利估算，这个资金减少规模相当于所有新兴市场央行储备的 2%。部分国家的央行储备流失更为严重。例如，印尼 4 月—7 月央行储备流失了 13.6%；土耳其减少 12.7%；乌克兰下降 10%；印度流失 5.5%。

2. 新兴市场国家的股票、债券和货币受到全面打击

以印度为例，2013 年以来卢比一度下跌 12%—63.2%，创历史新低。印度 Sensex 股票指数下跌了将近 2%。10 年期国债收益率突破了 9%，创下了 2008 年金融危机以来的最高水平。而印尼股市、债市和货币也正陷入一场危机。印尼股市 8 月 19 日单日暴跌 5.6%，本季度雅加达综合指数成为全球表现最糟糕的指数。印尼盾 2013 年以来下跌 9%，跌至 4 年来新低 10520。10 年期国债收益率涨至 8.4%，创 2011 年 2 月以来最高纪录。此外，经济减速加之财政恶化让新兴市场国家雪上加霜。

3. 政府救市与推高美债利率的恶性循环加剧国际资本流动

美国国债在 8 月中旬连续大幅上行，债券呈现显著的流动性缺失。10 年期、30 年期美国国债的利率分别上升到 2.89% 和 3.9%，回到了美国遭标准普尔下调 AAA 评级以前的水平。7 年期国债利率更是 6 天里上行了 30%。而为支持本国货币，新兴市场经济体一度对货币市场入场干预。各央行被迫抛售美国国债并买入本国货币，结果推升美债收益率，加剧资本波动性。美国财政部数据显示，海外投资者在 6 月抛售 608 亿美元美国国债，逆转了 5 月的 113 亿美元购买量，为有史以来最大月度规模的抛售。新兴市场陷入了救货币还是保储备的艰难境地。

三、全球经济金融复杂形势升级，国际资本流动波动性显著增强，中国有望成为新的全球避险市场（FLY TO CHINA）

（一）美国危机有常态化趋势，避险地位面临历史性挑战

2013年10月17日，美国总统奥巴马签署法案，结束政府关门，上调债务上限，此前美国参议院和众议院已先后投票通过了该法案。虽然预算危机再次转危为安，但在预算危机的假威胁逐渐淡化之时，我们应该注意危险并未远去，包括中国在内的新兴市场经济体需要认真审视此番预算危机的演化过程，争取未来准确定位真实的危险所在。

根据美国两党在最后关头达成的协议，问题只是被延后，尚未根本解决，债务上限问题被延至2014年2月7日，政府关门问题则被延至2014年1月15日。因此，2013年10月的债务危机刚被化解，2014年新的财政悬崖危机又在悄然形成。

自2008年以来，美国可谓“一年一危机，岁岁不安宁”：2008—2010年是次贷危机，2011年8月遭遇美债危机，2012年岁末邂逅财政悬崖，2013年10月又碰上预算危机，2014年则又要面对新财政悬崖和QE实质性退出。美国的危机似乎已进入常态化状态。在美国危机的轮番冲击下，全球经济不确定性丛生，国际金融市场波动性大增，国际资本流动的方向性减弱，波动性增强。

因此，当下的全球经济金融格局面临一个历史性的拐点，在这一特殊的历史背景下，特定的某个危机可能并不关键，新兴市场需要重点防范的是，“美国危机常态化”的潜在趋势和美国作

为全球金融市场的避险港的地位面临挑战的变局：

一是美国危机的根源性风险总体在上升。美国危机的根源性风险有两种：一种是政治风险；另一种是市场风险。近20多年来，美国政治力量分布呈明显的分散化态势，中间派和模糊派的力量不断扩大，坚定的民主党人和共和党人的占比不断下降。政治结构变化导致共识达成更趋困难，两党为维持支持率则不得不在重要问题上保持强硬政治姿态，这导致主要经济问题受到广泛争议，政治风险呈上升趋势。但恰是由于政治力量具有分散性，美国两党在涉及美国根本利益和重大命运的原则问题上尚不敢真正强硬。这种两面性导致美国政治风险时有发生并经常激化，但演化为实质性危机的可能性不大。而市场风险则不同，它往往由市场非理性行为的长期积累所致，且经常处于政府干预力量的能力范围之外，所以演化为实质性危机的可能性相对较大。

二是中国成为美国危机常态化下的新避险港的可能性正在提高，FLY TO CHINA 正在形成。应对美国危机常态化，新兴市场一方面需要淡然处理单一危机，美国经济依旧是未来较长时间内全球经济的领头羊，美元依旧是国际货币体系核心，美债也依旧是全球避险需求最大体量的容纳池。另一方面，要看清美国危机常态化对不同经济体的不同影响。由于利率和汇率未完全市场化，利率较高，汇率尚在升值通道，中国有可能独立于其他新兴经济体，在美国出现危机时成为与欧洲市场相似的“类夹心层”的避险新港。FLY TO QUALITY（避险）有可能出现新的选择叫FLY TO CHINA，即在美国出现危机引发全球金融市场动荡时，避险资金可能从新兴市场国家流出，但却流入中国。中国面临的国际资本流动格局将更为复杂。

(二)中国将面临国际资本流动波动冲击的严峻考验

1. 2013 年 5—7 月中国经历第一波冲击，并以国际资本流出为特点。8 月 22 日，汇丰银行公布 8 月汇丰制造业 PMI 初值 50 1，重回 50 荣枯线上方，创 4 个月来最高水平，显示经济企稳。此外，新订单指数初值升至 50. 5，为 4 个月高位。制造业产出指数初值为 50. 6，为 3 个月来高位。

根据中国外汇管理局公布的数据显示，7 月份银行结售汇逆差 69 亿美元，有迹象表明有跨境资金流出。另一方面，根据央行的金融统计报告，2013 年 1—5 月份，新增外汇占款达到 15766 亿元人民币。6—7 月份，外汇占款则减少了 656. 8 亿元人民币。而与此同时，6—7 月份的贸易顺差并未显现趋势性的减少。这进一步表明了资本项目逆差。

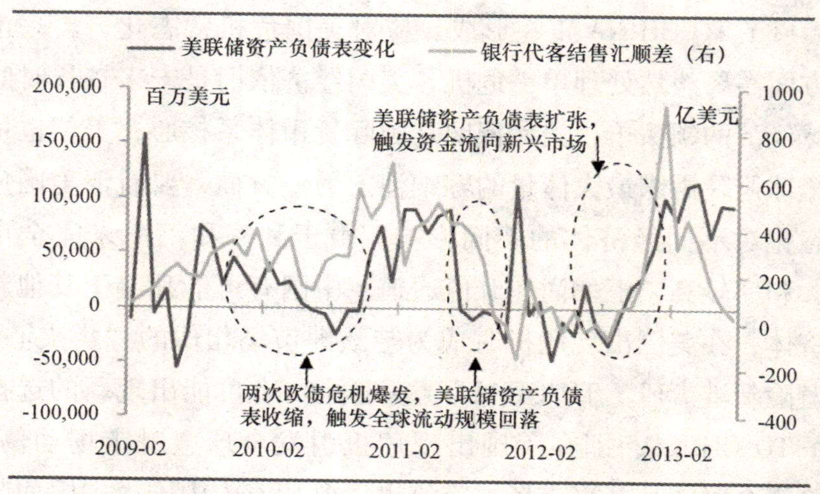

图 6　美联储资产负债表规模的扩张增速与中国跨境资金流动密切相关

资料来源：WIND，招商证券。

因此，虽然国内仍然面临着经济复苏乏力和转型压力，但最主要、最复杂的风险主要来自海外。2013 年 5—7 月，我们经历了全球资本波动的第一波冲击，这主要源于我们与其他新兴经济体相似，处于全球美元货币经济的最外围。一旦美国经济复苏和美元流动性出现收缩，我们将不可避免地受到之前过度量化宽松货币政策反向后所带来的全球流动性回撤的压力。这一波危机主要始于美联储释放 QE3 退出信号。

2. 中国应对国际资本流动流出具备独特优势，较其他新兴市场国家表现良好。一是宏观经济的企稳为后续应对全球流动性危机提供坚实基础。从近期宏观数据来看，进出口贸易数据总体改善和经常项目的贸易顺差将为国内的流动性提供一定正面对冲。从数据来看，虽然贸易增长速度很难有大幅改善，但贸易顺差有望维持相对均衡的水平。二是国内金融体系的流动性储备可为应对全球资本流动逆转提供缓冲。目前，国内商业银行高达 20% 的存款准备金率，将为央行应对流动性收缩提供充足的资金。以当前商业银行的存款规模扣除非银行金融机构的存款，央行下调 1% 的存款准备金率将有望为国内银行注入约 8000 亿资金。同时，我们拥有超过 3. 5 万亿美元的外汇储备，而除中国以外的其他 12 个新兴市场经济体（包括其他金砖国家以及东南亚、中南美洲国家等）的外汇储备仅有 2. 9 万亿美元。这种大规模的外汇储备将为央行在关键时候干预外汇市场提供保障。三是国内金融体系的非市场化也将阶段性地提供制度屏障。当前的人民币汇率形成机制是盯住一篮子货币，而这种制度的不透明性使央行在干预汇率市场时争取到了一定的主动权。同时，我们在资本项目上未实现完全可兑换，部分限制了资本的流动。

因此，在经历了 5—7 月新兴市场国家“股债双杀”的挑战后，中国市场的稳定表现使国际投资者对中国的看法发生了一些变化。中国外汇占款开始出现显著回升。

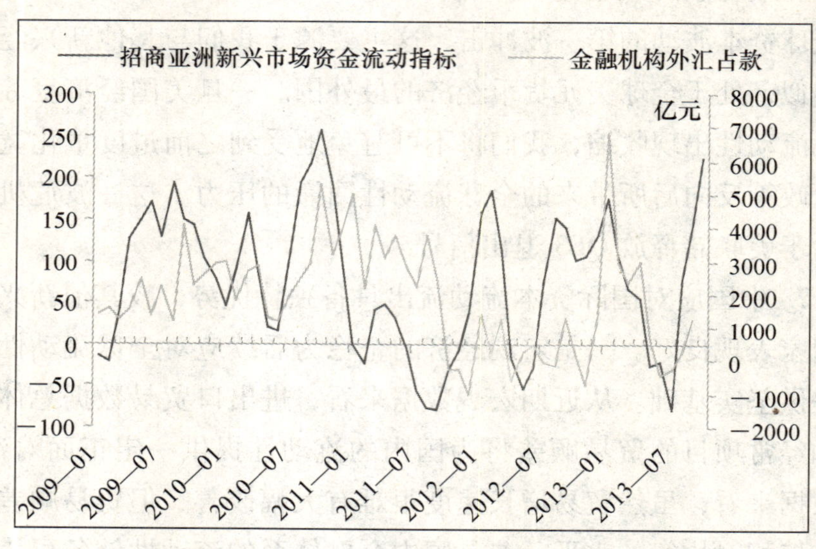

图7　中国外汇占款持续上升

数据来源：招商证券、WIND。

3. 9月开始，中国经历国际资本流入的第二轮冲击，货币政策难度继续加大。一是目标多元化可能带来漏洞。国内货币政策存在目标多元化的现实困境，除传统的国际收支平衡等目标外，它还要促进经济稳增长、化解债务风险、促进金融体系改革、推进利率市场化、人民币国际化等，这可能使货币政策操作陷入纠结。对于央行的货币政策而言，维持“中性”的货币政策，以不变应万变，所面临的风险相对较小，这是多目标下的最优选择。但国际资本由流出转为流入，可能带来货币政策的被动中性偏紧。这种选择可能使货币政策阶段性陷入被动，体现为政策反应易滞后于市场，加大短期波动，引发风险与危机。二是市场过度反应引发危机。金融体系的微观参与者出于自身资产安全性的考虑，在市场利空消息集中爆发下易形成一致行动，市场的波动性在短期易被放大，形成“羊群效应”。再加上多元化目标下的预期管理难度加大，政策引导传导不畅甚至反向时（即政策向左，市场向右），风险传导引发危机可能会加快。三是主动对冲外部资本流入采取的中性偏紧货币政策隐藏两大风险。其一，可能忽视流动性的微观传导结构已发生深刻变化。2013 年以来，利率市场化进程加快和“620”流动性紧张事件冲击后，主要货币中介银行的行为发生重大变化：高度重视流动性，提高备付；压缩资产负债久期缺口；调整资产配置类型与收益要求。银行在加强审慎运营的同时，直接导致了微观层面流动性易紧不易松。其二，“紧货币，宽信用”，杠杆在转移，成本在推升。由于大型银行的非标资产并未达到监管上限，三季度以来“紧货币”的实际效果是非标资产从中小银行向大型银行转移，大型银行抛标准债券接入非标资产，推高债券利率，未来可能推高整体社会融资成本，给中国经济带来直接影响。

QE 退出将是一个为期三年的退出过程，美元利率与汇率总体升势中必然会出现较大波动。退出的方向是确定的，退出的节奏则是变化的，国际资本流动的波动性将增大，方向变化频繁且加速。中国有可能逐步差别化于多数的新兴市场国家，国际资本流动的格局将更为复杂。建议中国货币政策应充分考虑总体战略，建立国际资本流动全面监测框架与指标，短长结合，熨平波动，有的放矢，占据主动。

The Volatility Increase of International Short-term Capital flow will Become the Future Financial Market Core Influencial Factors

Zhai Chenxi

Abstract: The world financial system is in a balance reconstruction era, the international capital flows and international capital flow management system is developing during the contradiction between liberalization and regulation, and the correlation between capital flows and international financial market volatility increases. The multiplication of capital flow and the sophistication of global monetary policy make the instability of the world financial system increase in world. The global economic situation becoming more complex, the global financial market going ups and downs, and international capital flow has become the key factor which influences the global economic financial pattern. This paper focuses on the analysis of the impact of short-term international capital flows since 2013.

Keywords: Capital Flow　Economic Financial　Financial System

2013 年全球金融市场焦点

陈　超*

摘　要： 2013 年，全球经济总体上延续金融危机后“弱复苏”的走势。从全球金融市场看，美国与日本市场无疑是2013 年的主要亮点，欧洲市场在下半年也有显著改善。中国、俄罗斯等新兴经济体市场表现总体平淡，但不乏结构性分化的特点。具体来看，美国量化宽松退出与债务上限问题扰动全球金融市场，日本在“安倍经济学”的带动下初现复苏迹象。欧洲边缘经济体正缓慢步出危机，法国也开始推进税收、养老金及退休制度等多层次的财政改革。国内方面，上海自贸区正式挂牌成立，成为中国新一轮、深层次改革的标志。在地方债务高企、影子银行高速膨胀的背景下，金融监管当局采取措施规范影子银行。5 月以来，金融市场资金利率全线攀升，“钱荒”频发。

关键词： 全球经济　新兴市场　全球市场

2013 年，全球经济总体上延续金融危机后“弱复苏”的走势。美国经济温和复苏，欧洲经济底部企稳，中国经济惯性持续

---

* 陈超，工银瑞信基金管理有限公司首席经济学家。

回落，其他新兴经济体经济走势也呈持续回落之势，唯一的短期亮点是日本经济在“安倍经济学”的刺激下呈现复苏迹象。各国经济政策则出现显著的周期性差异。美国美联储着手研究逐步退出量化宽松政策；欧洲则因德国大选、法国税收改革等因素仍维持原有宽松货币与财政紧缩的组合；日本则在安倍晋三出任首相后启动量化宽松与财政刺激的扩张性政策；中国经济政策则更多受制于2009年大规模经济刺激后的结构性失衡，不得不维持稳中偏紧的政策格局。因此，从金融市场的表现来看，美国市场与日本市场无疑是2013年的主要亮点，欧洲市场在2013年下半年也有显著改善。中国、俄罗斯等新兴经济体市场表现总体平淡，但不乏结构性分化的特点。

一、美国量化宽松退出扰动全球金融市场

2008年9月国际金融危机爆发以来，美联储先后出台三轮QE政策，通过购买中长期国债、住房贷款支持证券（MBS）、“两房”发行的机构债等，使其资产负债总规模从0.9万亿美元扩张到3.5万亿美元，借此向市场注入了大量流动性资金，以刺激经济和金融市场复苏。目前，美联储宽松货币政策主要包括两部分：一是前瞻性（forward guidance）零利率政策，在失业率高于6.5%且1—2年后通胀（PCE）预期不超过2.5%，以及长期通胀预期稳定的情况下，联邦基金利率将维持在0%—0.25%。其中，失业率降至6.5%、通胀率预期达到2.5%是加息的必要条件而非充分条件。二是开放式（open ended）QE政策，美联储每月购买400亿美元MBS和450亿美元长期国债，直至在通胀稳定的情况下劳动力市场明显好转，市场猜测美联储的标准是6个

月平均新增非农就业达到 20 万人。此外，实施到期证券再投资计划，将到期回收的机构债和 MBS 本金再投资于 MBS，到期回收的国债本金再投资于国债。

2013 年以来，美国劳动力和房地产市场持续改善，经济内生增长动力增强，引起了市场对美联储可能放缓债券购买节奏的关注。6 月 19 日，伯南克表示，“如果美国经济形势如预期继续好转，预计在今年晚些时候开始放缓债券购买步伐，并可能在明年中左右终止购买计划，届时失业率可能下降到7.0%”。从美联储释放出来的政策信号来看，其货币政策调整已进入临界点，2013 年第四季度是关键节点。

美国为什么要逐步退出量化宽松政策？虽然三轮 QE 政策为化解金融市场压力、刺激经济复苏发挥了积极作用，但也造成了若干风险隐患：一是大规模 QE 的边际效应递减，长时间的资产负债表扩张扭曲了利率、债券市场价格以及资金配置，可能造成新的金融泡沫；二是美联储总资产已达 3.5 万亿美元，虽然近期美国通胀率受大宗商品价格下跌等影响而走低，但从中长期来看，美国金融体系约 1.9 万亿美元的超额准备金依然埋下了一定的通胀隐患。因此，美联储需要在适当的时候停止 QE3（不再印钱购买债券），这也就是量化宽松的退出。当前面临的环境：一是经济基本面有所改善；二是未来美国国债供给将有所下降，美国财政赤字从 2009 年 1.5 万亿美元左右到 2014 年下降到 5000—6000 亿美元。

预计美联储货币政策正常化的路径如下：第一步，缩减购债规模直到停止购买。一是在方式选择上，预计美联储可能采取相对均衡的策略，平衡缩减对长期国债和 MBS 的购买；二是在节奏把握上，预计美联储将采取有序、渐进方式放缓购债速度。第二步，停止到期证券的再投资计划。在 2010 年 3 月 QE1 结束后，美联储曾让到期证券自动赎回；直到当年 8 月，由于失业率高企，通胀水平过低，美联储重新启动到期证券再投资计划。停止再投资意味着美联储资产负债表逐步缩减，将成为政策转向收紧的起点。第三步，提高联邦基金利率。在停止到期证券再投资计划后，随着经济形势继续好转，美联储可能逐步调整前瞻性零利率政策的语言表述，为此后加息做好准备。当失业率降至 6.5%、1—2 年后的通胀预期升至 2.5%时，美联储将研究提高基准利率。第四步，出售存量证券资产。资产负债表正常化是退出的最后一步，也是美联储的长期目标。预计美联储将优先选择出售机构债和 MBS，并在 3—5 年实现清空。不过，由于利率正常化将带来收益率的上升，届时大规模出售资产可能使美联储承受账面损失，由此引发的政治压力甚至会导致美联储放缓出售步伐，并暂时性地通过提高法定存款准备金率等方式锁住流动性。

需要说明的是，正如美联储一再强调的，其政策退出时点、方式、节奏等仍将取决于未来经济形势的发展变化。如果经济数据显著偏离预期，不排除美联储推迟或放慢缩减购债计划的可能性。未来数年，美联储政策退出将成为影响全球经济和金融市场发展的重要主题。美联储能否成功退出，取决于对时点和节奏的把握。从 1994 年、2004 年美联储两次宽松政策退出经验看，能否成功退出取决于对退出时点和节奏的把握，以及能否进行有效的市场沟通。从 QE 政策的主要传导机制来看，缩减购债规模对美国经济的影响要看长期利率以及房地产和股票市场走势，预计长期利率可能小幅攀升，房地产和股市影响不大，对经济增长拖累有限。但 QE 政策退出预期的增加，加上新兴市场经济增长的放缓，可能引发新兴市场的资金外流。对于那些经常账户显著失衡、外债水平较高的国家，如南非、匈牙利、土耳其、印度、巴西等需高度关注，过度依赖大宗商品出口与外部融资的国家也面临较大风险。

二、美国债务上限再掀波澜

2013年5月19日，美国国会将美国国债余额上限设定在当时美债存量的余额16.7万亿美元，由于美国是个财政赤字国，正常情况下美国财政部需要发行美国国债筹集资金来维持政府正常支出，在债务上限达到、不能新发国债的情况下，美国财政部就会进入技术腾挪的非常规阶段以维持正常的支出，美国财政部开始估计这种非常规技术腾挪会在2013年9月左右穷尽，后来这一时间点又被推后至10月17日。由于10月1日是美国新一财政年度的开始，正常情况下美国国会两党应该在新财年开始前通过新一财年的政府支出预算法案，2013年两党迟迟未能达成妥协，使得美国债务上限问题的时点和美国财政预算案的时点重合，两个本来没有直接联系的问题由于两党政治上讨价还价变成相互关联的问题。10月16日，美国两党打破2014财年财政支出预算僵局，通过了一个维持短期支出的临时法案，维持政府正常支出到2014年1月15日，并对2014年2月7日之前美国债务余额暂时不做限制。

美国国债债务上限是1917年美国国会为了限制美国行政部门（财政部）举债规模而设立的一个法律机制，在美国国债债务上限范围之内，美国财政部发债规模和节奏不会受到国会直接约束，一旦美国国债余额达到债务上限，需要国会通过提高债务上限的法案，否则美国财政部无法发债。由于美国财政部仍然有财政收入，因此美债余额达到上限只是部分限制了美国财政部支出的能力，并且美国财政部还可以通过一些技术腾挪措施来临时维持政府的支出。如果在美国财政部穷尽了技术腾挪手段之后，美债上限仍然没有提高，美国财政部还有可能通过选择性延迟或者违约部分偿付义务。偿债义务应该优先得到维护，因为如果美债出现违约，其带来的冲击将是巨大的，甚至可能会触发一场金融危机。由于美债收益率被投资者广泛用作无风险利率的基础，美债违约带来的短期直接结果是无风险收益率上行和所有风险资产可能暴跌，黄金可能出现暴涨，随后可能出现美元暴涨、美债修复、非美资产低迷的局面。

三、安倍经济学带动日本经济初现复苏

“安倍经济学”（Abenomics）是指日本首相安倍晋三2012年底上台后加速实施的一系列刺激经济政策，最引人注目的就是宽松货币政策，日元汇率开始加速贬值。

安倍经济学有三大支柱：首先，是央行印钞进行量宽；其次，安倍在2013年1月11日通过相当于日本GDP 2%左右的财政刺激；最后，是经济结构改革。

2013年4月份，日本量宽规模进一步加大，日央行行长黑田东彦在4月3日主持了第一次议息会议后宣布加大量宽计划规模。每月的日本国债购买规模将提高1倍至7万亿日元，同时每年增购1万亿日元上市交易基金，及每年增购300亿日元房地产投资信托基金。同时，量宽的尺度与通胀数据直接挂钩，目标是CPI超过2%，否则量宽规模将不会减少。

从日本政府的角度而言，量宽之外的其他工具基本已经用尽。财政政策方面，债务占GDP的规模已经达到236%；货币政

策方面，短端利率已基本接近0%。通过大量印制货币，日本政府希望能够打破消费者的通缩预期，从而使得消费增长。日元贬值也对日本出口形成利好。

从结果来看，安倍经济学对日本通胀确实起到了刺激的作用，日本核心CPI（剔除能源和食品）同比读数在2013年9月回升至0%左右，接近于结束2008年以来的通缩局面。日元在安倍经济学推出后经历了明显的贬值，美元兑日元在5月份触及1美元兑102.93日元的水平。之后由于缺乏量宽加码的信息以及美联储货币政策的影响，贬值趋势停止了。在出口端，在货币贬值的推动下（全球大环境也有所好转），日本出口增速近1年来也呈现上升趋势。短期看，安倍经济学发挥了一定的效力，但未来将面临明显挑战。首先在2014—2015年间，日本的消费税率将先上调到8%，随后再上调至10%。当前经济的强势在2014—2015年间可能再度走弱。另一方面，面对通胀预期的上升，如果日本央行的定量宽松规模不够，国债收益率的上升将明显推高日本政府的融资成本，最终刺激计划的可持续性会出现问题。

此外，日本债务本身可持续性也是一个巨大问题。据日本内阁估计，如果日本GDP未来10年名义增长在1.5%左右，2015年起年度财政赤字与GDP的比例将在3%左右，到2023年日本公债余额占GDP之比大约达到280%。即便名义增长能保持在3%左右，到2023年日本公债余额占GDP之比也将达到265%。中长期来看，日本的人口结构将从当前的工作年龄人口逐年下降，逐渐过渡到总人口也将逐年下降，这种人口结构的变化意味着日本经济中长期的趋势增长率大约就是0.5%，安倍政府设定的中长期2%的增长目标看起来并不是一个现实的目标。如果没有显著的改革，数年之后海外投资者很可能会丧失对日本的信心，以至触发日本债券的剧烈调整，并扩散到全球金融市场。

四、欧洲边缘经济体缓慢步出危机

边缘国家原泛指经济上较为落后的国家。欧洲边缘国家则是指在欧债危机中爆发债务危机的欧洲国家，主要包括“欧猪五国”（希腊、意大利、西班牙、爱尔兰、葡萄牙）以及其他一些申请救助的小国，比如塞浦路斯等。

欧债危机是美国债务危机的延续和深化。2009 年 10 月 20 日，希腊政府宣布当年财政赤字占国内生产总值的比例将超过 12%，远高于欧盟设定的 3% 的上限。随后，全球三大评级公司相继下调希腊主权信用评级，欧洲主权债务危机率先在希腊爆发。葡萄牙、西班牙、爱尔兰、意大利等国接连爆出财政问题，德国与法国等欧元区主要国家也受拖累。

欧元区“天生”的体制性缺陷，即货币政策和财政政策的“二元性”是导致主权债务危机的根本原因。基于各国政治意愿，欧元区成立之初只统一货币政策，未统一财政政策，财政大权依然被视为各国经济主权范围内的事。分散的财政政策和统一的货币政策使各国无法及时调整双边贸易中的失衡因素，导致结构失衡在欧元区内部聚集，边缘国出现了依赖外部资金流入的状况。美债危机发生之后，资金因规避风险而流入美国、德国等经济体，最终导致欧洲边缘国债务面临违约风险，也就是欧债危机。

危机发生以后，欧洲政府采取了多方面的举措，包括欧洲央行先后推出了 LTRO 和 ESM 机制，为金融市场提供流动性保证，化解流动性危机压力，这一举措在 2012 年开始实施之后收效明显。其次，边缘国普遍开始降薪、削减福利，以改善本国的相对竞争力。至 2013 年中，欧洲经济体出现稳定的迹象。

西班牙 GDP 季环比年率初值在 2013 年三季度转正，环比增长 0.1%，但同比下降 1.2%。西班牙经济仍然处于房地产泡沫破裂后私营部门持续的去杠杆过程，如果出口转弱，西班牙 GDP 可能重新回到收缩。与此同时，意大利三季度 GDP 依然为负，意大利经济仍然受到其不稳定的政局所拖累，并可能殃及其他欧洲边缘国。

总的来说，欧洲边缘国目前仍然处于脆弱平衡的边缘，其结构性的问题仍然需要通过去杠杆过程来化解，如果美国经济走弱或欧央行支持不够，欧洲边缘国经济仍将处于收缩的境况，相对有利的一面则是边缘国财政紧缩最严厉的时期可能正在过去，2014 年整体边缘国实际 GDP 增速估计将处于 0 附近。

五、法国推进财政改革

奥朗德主政后法国开始税收、养老金以及退休制度等多层次的财政改革。9 月 4 日，法国总理艾罗宣布了退休改革提案，改革主要通过 2020 年之前提高在职人员和雇主的基本养老保险缴费，2020 年之后延长养老保险金缴费年限的措施来保障养老保险制度的正常运转。10 月 22 日，法国国民议会通过了财政法案中的税收相关条例，规定 2014 年预算案中的主要税收措施包括个人所得税将按照通胀率水平制定。从 2014 年元旦起，增值税正常税率将从目前的 19.6% 上升到 20%；企业税方面，特别附加捐金征收率将从 5% 提到 10.7%；对企业支付职工年薪报酬超过 100 万欧元的，须缴纳 75% 的“巨富税”；设立能源气候环保捐助（CCE），根据排放的二氧化碳废气量，对导致大气污染的能源产品逐步增加国内消费税。10 月 26 日法国下议院通过养老金改革法案，当前的改革措施拟将养老金的缴付期限由当前的 41.5 年延长到 43 年，同时要求雇员本人和雇主缴纳更多部分的养老金费用，改革措施的总体基调仍是相当保守的。

法国经济从 2011 年第三季度起连续下滑，自 2013 年二季度数据才初现回升。高税负将使消费者可支配收入有所减少，弱化需求端的活力。2013 年法国的税收收入占到 GDP 的 46%，成为全球重税国家之一。沉重的税负压抑国民的消费热情，法国 10 月消费者信心指数为 85，与 9 月持平，但仍大幅低于长期均值 100。消费支出方面，三季度家庭消费支出数据继续维持负增长，低于市场预期。

受到经济复苏势头较弱的影响，法国社保赤字居高不下，若维持现阶段的增速，养老金系统将在 2020 年时积累起超过 200 亿欧元的亏空。为解决庞大的债务问题，法国有关部门被迫执行高税负，同时减少开支，以保证其偿还债务的能力。但从长期来看，过分紧缩会拖累本来复苏基础较弱的经济，进而影响其还债能力。而且，财政紧缩的步调过快有导致经济衰退的风险，甚至会抵消其改善财政预算带来的积极因素。

六、中国上海自贸区正式挂牌成立

中国（上海）自由贸易试验区于 2013 年 8 月 22 日经国务院批准设立，并于 9 月 29 日正式挂牌。上海自贸区的规划面积为 28.78 平方公里，相当于上海市面积的 1/226，包括洋山保税港区、外高桥保税区（含外高桥保税物流园区）及浦东机场综合保税区。

上海自由贸易区的试点在一定程度上是中国新一轮、深层次改革的标志，类似于当年设立的深圳特区。但我们要注意两点：一是自由贸易区是中国自由贸易区，只是设立在上海；二是自由贸易区还是一个试验区。上述两点表明，中国（上海）自由贸易试验区规格很高，但还只是一个试验区而已，成功与否并没有定数，对其抱有巨大的期望并不现实。虽然这样，中国地方政府对设立中国自贸试验区的热情持续高涨，这方面广东和天津是代表。国人对自贸试验区的期望和地方政府对其的追逐表明，经济体制改革是人心所向，未来的经济变革具有较好的群众基础。

设立中国上海自贸试验区的意义还远不止于此。国务院印发的上海自贸区的总体方案涵盖了政府职能转变、金融制度、贸易服务、外商投资和税收政等政策体制改革，这些恰恰可能是中国未来改革的主体。上海自贸区是在中国面临“二次入世”和中国经济换挡关口的背景下获准设立的，即美欧自贸区和跨太平洋伙伴关系协议，这两大自贸区都不包括中国，面对世界贸易规则、格局的可能改变，中国将面临严峻的“二次入世”危险；另一方面，在国际需求疲弱及劳动力成本升高导致产业转移下，严重依赖出口已不可行，且国内市场经济效率仍较低，需经改革来谋出路。还有一层可能的意义就是中国自贸试验区未来在祖国的统一上可能发挥一定的作用。

七、中国金融监管当局规范影子银行

2013年3月以来，银监会对规范影子银行问题给予了高度重视。3月25日，银监会下发了《中国银监会关于规范商业银行理财业务投资运作有关问题的通知》，对于商业银行理财资金直接或通过非银行金融机构、资产交易平台等间接投资于“非标准化债权资产”业务作出规模限定，并要求资金和投向一一对应，充分披露资产状况，对类影子银行的理财产品加强监管和规范。根据中国社会科学院发布的《中国金融监管报告2013》称，截至2012年底，中国影子银行规模或达到20.5万亿元，已然形成庞大规模。

影子银行的飞速发展主要原因在于中国金融资源配置上间接融资占比过高，股票市场融资能力有限，债券市场门槛较高。同时，商业银行受制于信贷规模限制，资金运用渠道不畅。因此，影子银行应运而生，很大程度上缓解了中国的“两多两难”（企业多与融资难，资金多与投资难）问题。更重要的是，影子银行的定价体系和银行贷款的定价体系相比更接近市场化。但上述优势并不能消除人们或者监管者对影子银行的担心。影子银行体系作为一种“靠隐藏风险赚钱的行业”，具有超短期、高杠杆负债、过度交易、在期限上出现错配等特征，从而使得流动性风险成倍放大，给整个金融体系带来极大的脆弱性。而且，其破产隔离机制加大了对贷款机构盲目放贷的激励，使得贷款机构的“逆向选择”与借款人的“道德风险”同时发生。此外，影子银行的杠杆操作、业务界限突破、披露不完整、规避金融监管创新等特性和现行法律监管方面的缺失，使得该体系处于监管的灰色地带。

有鉴于影子银行正反两方面的特性，监管当局从中国金融业发展的实际水平出发，对于影子银行的规范从引导和防范风险两个角度出发。引导和防范风险落脚点应当是进行金融市场化改革，降低金融行业准入门槛，形成多元化竞争性的金融体系，建立多层次的资本市场，满足实体经济的金融服务需要。因此，可用市场化改革来培育抑制影子银行负面作用发展的土壤，建立影子银行健康发展的环境。

八、中国金融市场“钱荒”频发

2013年5月以来，金融市场的资金利率全线攀升。以3个月国债利率为例，5月7日到6月1日升幅高达30%；银行间隔夜拆借利率更是狂涨，6月20日的拆借利率高达7.66%，比5月7日的2.36%暴涨了2.24倍，很多银行的7天拆借利率更是高达20%以上。与此同时，市场盛传的光大银行与兴业银行的同业拆借违约事件、工商银行“机械故障”事件等火上浇油，中国金融市场开始恐慌不安，资金价格直线飙升。

巨额货币存量的中国为什么会突然出现这样的“钱荒”？有内因，也有外因。内因是资产负债期限错配。商业银行为获取高额利差，用获取的短期资金配置长期资产，当这种行为成为普遍现象后，银行的流动性风险必然加大。外因是5月外汇占款减少。外汇占款长期以来是中国货币投放的主要途径之一。但中国人民银行6月14日发布的数据显示，5月中国金融机构新增外汇占款668.62亿元，较4月份的2943.54亿元大幅减少2274.92亿元。截至5月末中国金融机构外汇占款余额增至人民币274299.51亿元，这也是2012年12月份以来单月新增外汇占款首次降至千亿元以下。同时，人民银行的公开市场逆回购操作也暂停，央行释放流动性的动作远逊于市场预期，由此透露出央行强制商业银行去杠杆的政策预期，这进一步导致恐慌情绪越来越浓，市场利率越走越高。

我们认为，2013年6月的钱荒事件表明中国特色的量化宽松先于美国QE退出，“盘活存量，用好增量”是未来市场调控政策的主基调，“紧平衡”将成为未来流动性状况的新常态。用“钱荒”形成倒逼机制，事实上也有助于减少金融领域改革的阻力。

Focuses on Global Financial Markets in 2013

Chen Chao

Abstract: Global economy in 2013 remained in the trend of a weak recovery after financial crisis. From the perspective of the world financial markets, undoubtedly, markets of US and Japan became the major stars of this year while European market also showed a significant improvement in the second half of 2013. Although emerging markets like China and Russia remained dull, there were still some characteristics of structural differentiations. Specifically, firstly, the Fed's exit strategy from its quantitative easing policy and debt ceiling roiled the global markets. Secondly, an incipient recovery emerged in the economy of Japan owing to the motivation of Abenomics. European peripheral countries also got through the crisis and France started to implement multilevel fiscal reforms on tax, pension, retirement and other aspects. On domestic side, establishment of Shanghai FTA marked a new round of deep reforms in China. In addition, the financial supervision authority took measures to standardize the fast-growing shadow banking businesses. Moreover, market interest rates rocketed since May and liquidity problems became more frequent.

Keywords: Global Economy　Emerging Markets　Financial Markets

贸易投资篇

全球贸易新格局与中国应对策略

丁继华*

摘　要：在WTO推动下的多边贸易谈判陷入僵局的情况下，各国纷纷调整贸易政策，转向双边自由贸易谈判。其中，以美国主导的跨太平洋战略经济伙伴协定（TPP）谈判和美国与欧盟的跨大西洋贸易与投资伙伴协定（TTIP）谈判成为美国和欧盟贸易政策的重点，谈判进程将深刻影响全球贸易格局。面对正在形成的全球贸易新格局，作为全球贸易大国，中国在推动和维护多边贸易谈判的重要性前提下，应积极参与双边和区域性自由贸易区谈判，主动参与全球贸易和投资新规则的制订，促进中国对外开放和经济发展。

关键词：TPP　TTIP　贸易政策

一、当前全球贸易形势

全球经济进入深度转型调整时期，发达经济体逐渐走出危

* 丁继华，中国社会科学院研究生院博士研究生。

机，新兴市场与发展中经济体因自身经济结构调整放缓了发展速度，使得全球经济形势有所改善。全球贸易周期低迷期已经触底，未来两年有望恢复增长。

（一）全球经济增长动力趋向平衡

国际货币基金组织（IMF）在10月发布了世界经济增长展望报告，IMF调低了对世界经济增长的预期，从2013年6月份预测的3.2%下调到2.9%，下调了0.3个百分点；IMF也下调对2014年世界经济增长的预期，从2013年6月份预测的3.8%下调到3.6%。IMF认为，世界经济已进入另一个转变过程。新兴市场经济体的增长已经减缓，新兴经济体不再是拉动世界经济增长的主要动力来源，发达国家经济表现开始出现积极变化，正在向拉动世界经济增长重要引擎的位置回归。新兴经济体的增速回落与发达经济体增速回升，共同推动世界经济平稳地走出危机。

（二）全球贸易周期低迷期触底

世界贸易组织（WTO）曾预测，2013年全球贸易将增长2.5%，低于此前预测的3.3%，发达经济体和发展中经济体的出口将分别增长1.5%和3.6%，发达经济体进口将减少0.1%，发展中经济体进口将增长5.8%。从全球市场份额最大的集装箱航运公司马士基对全球贸易的分析来看，全球贸易周期已经触底，并预测未来两年全球贸易将走出欧元区危机导致的低谷。该公司认为贸易低迷时期已经触底，预测2014年和2015年全球集装箱需求增幅为4%—6%，高于2013年2%—3%的预测值。根据WTO的预测，2014年全球贸易额预计增长4.5%，低于2013年4月份预期的5%。其中，发达经济体和发展中经济体的出口增幅分别为2.8%和6.3%，进口增幅分别为3.2%和6.2%。

（三）贸易保护主义形势严峻

各主要国家在全球经济危机后出台一系列围绕就业刺激、自由贸易协定、贸易促进授权和贸易赤字应对的政策与计划，各主要经济体积极启动了自由贸易区谈判，推动全球贸易及投资自由化深入发展。但是，一些发达国家失业率仍然处于历史较高水平，纷纷出台政策鼓励产业回归和保护本土企业。而一些新兴经济体国际贸易面临困难，贸易摩擦增加。根据英国智库全球贸易预警（Global Trade Alert）的统计，国际金融危机5年来，二十国集团成员出台的贸易限制措施中，近90%仍在实施；截至8月19日，世界各国新出台了近300项以邻为壑的贸易措施。贸易保护主义措施的增加加大了全球贸易的摩擦，导致全球贸易保护主义形势变得更加复杂。

二、全球贸易格局新变化及主要国家贸易政策

在全球经济危机背景下，各个国家把恢复经济增长、增加国内就业、加强宏观经济政策协调作为经济工作的重要任务。在这样的背景下，一些国家保护国内市场，重启贸易保护政策，导致全球新的贸易保护主义形式和手段更加多样化。在世贸组织（WTO）的推动下，经历了12年的多哈回合谈判停滞不前，使得多边贸易体系谈判障碍重重。一方面，多哈回合谈判是各国对恢复经济增长的强烈愿望；另一方面，多边贸易谈判受阻。在这样的情况下，以双边贸易谈判为主导的区域贸易协定受到各国的青睐，构建一体化的区域自由贸易区成为各国贸易政策的重点，几个重大的区域自由贸易谈判进程将给全球贸易及投资带来新的

格局。

（一）多边贸易谈判举步维艰

WTO 建立的初衷是为建立一个全新的国际贸易秩序而努力，经历 20 多年的发展，各国贸易谈判涉及更加深层次的利益，导致利益博弈加剧。各国在农业、市场准入、出口补贴、服务贸易、强化 WTO 的执行机制、改善 WTO 的争端解决机制、劳工权利和劳工标准等问题上存在严重的分歧，使得多哈回合谈判举步维艰。

随着经济全球化不断深入发展，全球价值链把多数国家的利益联系在一起，各国都需要在开放型的世界贸易体系中促进贸易增长和增加本国就业。当以世贸组织为代表的全球多边贸易规则谈判遭遇障碍时，WTO 推动下的全球贸易规则多边谈判已经不能满足各国对全球贸易自由进一步扩大的要求，各国正在寻找新的途径推动跨国贸易自由化，各个国家均把区域自由贸易谈判作为新贸易政策的重点方向。

（二）区域性自由贸易谈判进程加快

近年来，世界主要经济体纷纷加入了区域性自由贸易谈判，各主要国家积极通过区域性贸易谈判，主要是希望在区域内建立贸易规则。一方面通过降低区域内国家成员贸易和投资壁垒，促进区域贸易和投资自由化；另一方面可以通过区域内的贸易规则对区域外的国家设置贸易和投资的进入门槛，从而使得区域内自由贸易区成员在全球经济合作与竞争中获得更加主动的地位。

以建立区域性自由贸易区为目标的双边谈判正在如火如荼地展开，目前已经取得了不错的成绩。据 WTO 统计，目前签订并实施的自贸区达到 247 个，全球一半以上的贸易已经在各个区域贸易安排、自贸区当中进行。随着区域性合作加强，区域内资源将实现优化配置，区域内产业竞争优势有望得到加强。

（三）重要区域贸易谈判正在重塑全球贸易格局

区域性自由贸易谈判变成各个国家在区域内争夺竞争优势和主导权的主要方向，也是参与全球贸易及投资竞争的重要力量。随着区域性自由贸易谈判的逐渐扩大，其对全球贸易格局带来的变化和影响也在增强。在全球范围内众多的区域贸易谈判中，以下几个区域性自由贸易谈判将对全球贸易格局带来重要影响。

1. 跨太平洋战略经济伙伴协定（TPP）谈判

跨太平洋战略经济伙伴协定（TPP）谈判最初是由智利、新加坡、新西兰3个国家在2002年墨西哥APEC领导人峰会上发起成立的，其目标是建立三国间紧密关系的一体化经济。随后文莱、澳大利亚、马来西亚、秘鲁、美国、越南等国家加入了谈判。2012年，墨西哥、加拿大和日本也决定加入TPP谈判。到2013年，TPP已经有12个成员国家，这些国家经济总量占全球的50%以上，相互间贸易量也达到全球贸易量的50%。

美国加入TPP谈判后，就开始主导TPP的谈判。由于TPP提出了高标准谈判要求，在参与TPP谈判各个国家发展水平和国内经济状况不一样的情况下，谈判中各方在涉及知识产权、环境、劳工标准、竞争政策、原产地规则的核心谈判议题上分歧较大，达成一致会比较困难。

2. 跨大西洋贸易与投资伙伴协定（TTIP）谈判

2013年6月美国和欧盟正式宣布启动跨大西洋贸易与投资伙伴协定（TTIP）谈判，并计划在两年内达成协议。与以往谈判所关注的关税议题不同，TTIP谈判所关注的重点是消除非关税贸易壁垒，美欧间要建立统一市场，包括协调统一欧美的食品安全标准、药品监管认证、专利申请与认证、制造业的技术与安全标准，并在竞争、投资便利化、劳工、环境和知识产权等领域制订新的规则和标准。

对于美国来说，TTIP 达成协议，不仅会打开欧盟商品、服务与投资市场，也将推进贸易规则制订和削减非关税贸易壁垒，进而加强美欧之间紧密的战略伙伴关系。欧盟和美国加在一起人口达 8 亿，占世界人口的 10%，国内生产总值（GDP）约占世界总额的 50%，双边贸易额约占世界的 1/3，如建成将是一个巨大的自由贸易区。

从 TTIP 的谈判目标来看，双方致力于在贸易和投资领域形成一个统一的标准。据一些专家分析，美国与欧盟在谈判中将在以下三个方面面临挑战：其一是关于补贴和农产品、商品达成一致的挑战；其二是在农业领域、工业设计领域、卫生和食品安全领域、金融监管领域、知识产权保护领域、开放服务业和政府采购领域、消费者数据保护领域，各个领域涉及的相关谈判内容众多，利益关系重大，美国和欧盟要对上述众多领域的标准达成一致挑战巨大；其三是统一两大经济体的法规和标准体系并非易事。

但是，对于欧盟和美国的 TTIP 谈判前景，两大经济体都相对乐观。因为两大经济体都面临着相同的外部环境挑战，在后全球经济危机时代，两大经济体面临着新兴经济体带来的挑战。以欧盟和美国联合的经济贸易实力，如果 TTIP 达成协议，制订出统一的贸易和投资标准来看，就实现了欧美联合与中国和印度等新兴经济体抗衡，继而延续美国在全球贸易和投资中的领导地位，欧盟也会从美欧新的贸易规则中获得有利地位。面对两大经济体的内部需求，两大经济体都需要在通过扩大和方便自由贸易来提升本国经济活力，增加就业和促进经济增长。所以，在美国的推动下，美国和欧盟的 TTIP 谈判进程和节奏将会加快。但是两大经济体在对谈判中具体涉及的标准可能会比前期设定的目标进行灵活调整与作出相互补偿和妥协的安排。

3. 区域全面经济伙伴关系协定（RCEP）谈判

区域全面经济伙伴关系协定（RCEP）谈判是由东盟国家提出并以东盟为主导的区域经济一体化安排。RCEP 的主要谈判成员包括东盟 10 国和 6 个已经与东盟签署自由贸易协定的国家，即中国、日本、韩国、澳大利亚、新西兰和印度。

RCEP 的自由化程度将高于东盟与这 6 个国家已经分别达成的自贸协定。协定的内容将涵盖货物贸易、服务贸易、投资和经济技术合作等广泛领域，还将设立开放准入条款。RCEP 建成后将成为一个总人口达 35 亿、GDP 占世界 30%、贸易总额占世界 40% 的区域统一市场，建成后各国在产业发展、市场扩展都有较大的提升空间，大幅度降低亚太市场贸易和投资壁垒，方便各国在亚太地区开展贸易投资活动，促进各国内部的经济增长。

RCEP 谈判于 2013 年 5 月在文莱举行了第一轮谈判，16 个成员国一致同意努力推进谈判，以实现 2015 年结束谈判的目标。由于 RCEP 参与国家较多，各国经济水平不同，产业层次差异较大，参与的一些国家还涉及到领土纷争，所以谈判中面临的难度较大。但是，作为亚太经贸格局中的重要力量，推进 RCEP 无论是对东盟本身还是其他参与国家来说均意义重大，各国都会积极推动这一谈判进程。目前来看，东盟一体化的谈判进程正在加快，已经完成了经济共同体蓝图计划的 77.5%。中国也在努力推动这一谈判进程，中国总理李克强在第八届东亚峰会上主张与 RCEP 各成员共同努力，力争于 2015 年底前全面完成谈判，达成一个现代、全面、高质量、互惠的自贸协定。

4. 中日韩自贸区谈判

中日韩自由贸易区（简称中日韩自贸区、中日韩 FTA）于

2002 年正式提出。三国经济规模在全球仅次于欧盟和北美，一旦自贸区建成，将出现一个人口超过 15 亿的大市场。中日韩三国国内生产总值（GDP）占东亚 GDP 的 90%，占亚洲的 70%，2012 年三国的 GDP 合计达到 15 万亿美元，占全球 GDP 的 20% 左右。三国是全球贸易大国，2012 年中日贸易总额 3294 亿美元，中韩贸易总额 2563 亿美元。2012 年三国的直接投资流入量为 1268.88 亿美元，占全球的 8.3%；流出量为 1998.25 亿美元，占全球的 11.8%。据预测，中日韩自贸区如若建成，中国的 GDP 将获益 1.1%—2.9%，日本会获益 0.1%—0.5%，韩国则将获益 2.5%—3.1%。

中日韩三国第二轮谈判 2013 年 7 月在上海举行，三方就货物贸易、服务贸易、原产地原则、海关程序和便利化、贸易救济、竞争政策、知识产权、电子商务等议题进行了磋商。

中日韩三国相互贸易发展迅速，是互为重要的贸易伙伴。三国经济上的联系紧密，相互依赖性强，尤其是日本和韩国对中国贸易的依赖较强。可以说，三国在经济和贸易领域的合作潜力与空间较大，自由贸易区建设具有现实可行性。但由于日本与中韩两国之间存在领土纷争和历史问题，这对三国的谈判影响较大，谈判进程短期看进展不会太大，长期来看建成三国自由贸易区又是必然结果。

（四）各主要国家贸易政策的选择

在区域自由贸易谈判重塑全球贸易新格局的背景下，各主要国家在制定贸易政策上已经有新的重点和方向，推动着全球贸易新格局的变化。

1. 美国

2013 年 3 月 1 日，奥巴马政府向国会提交《2013 年总统贸易政策议程》报告，提出继续推进5年出口翻番计划。该计划推出3年来，美国出口持续攀升。特别是在主要出口市场需求疲弱的情况下，美国出口在2012年达到历史新高。当年的商品与服务出口与2009年相比增长也超过39%，共为美国创造了100多万个就业岗位。在2013年，奥巴马政府将继续推进5年出口翻番计划，消除贸易壁垒和扩大市场准入。

为了提升美国出口市场和维护美国在国际贸易领域的领导地位，美国把跨太平洋战略经济伙伴协定（TPP）谈判和跨大西洋贸易与投资伙伴协定（TTIP）谈判列为美国贸易政策工作的重点。美国主导着TPP的谈判，要与相关国家建设成为符合21世纪贸易发展要求的高标准的一体化协议。与欧盟TTIP的谈判方面，美国希望与欧盟在贸易投资领域统一标准，从而维持在全球经济中的领导地位。

2. 欧盟

2010年欧盟发布了的新的贸易战略，在《贸易、增长和世界事务》文件中提出了2011—2015年欧盟的贸易政策。欧盟的贸易政策着眼于通过贸易，促进欧盟经济发展，加强与贸易伙伴的合作，挖掘贸易潜力。欧盟正在加强与新兴经济体展开双边谈判，寻求新的市场开放和准入机会。

在欧盟应对低增长率和高失业率之际，欧盟与美国的贸易协定被标榜为重振两大经济体的重要方式，并为跨大西洋关系注入新的推动力量。欧盟正在积极响应与美国的跨大西洋贸易与投资协定（TTIP）谈判，推动欧美贸易及投资标准一体化。同时，欧盟国家正在与中国就破除双方市场壁垒，增进贸易便利的条约展开谈判，或将为这两个全球重要市场间达成自由贸易协定铺平道路。2013年3月，欧盟与日本之间的经济伙伴关系协定谈判正式启动，双方正在推动达成一个内容全面的贸易协定，促进双方经济持续发展。

3. 日本

日本实行以双边自由贸易为中心、以韩国和东盟各国为重点，优先与东亚各国缔结自由贸易协定（FTA）的基本方针。2008 年金融危机后，日本贸易政策在选择谈判对象国时，优先考虑能够给日本带来最大经济利益的国家（地区），优先与双边贸易量大但在贸易和投资等方面又有许多关税和非关税壁垒的国家（地区）缔结经济伙伴协定（EPA）。所以，日本在双边自由贸易谈判中，不仅推动了中日韩自由贸易谈判和 RCEP 谈判，还加入了以美国为主导的 TPP 谈判和欧盟的经济伙伴关系协定谈判，采取全面参与的策略。

日本政府提出了“国际开拓战略”，在 2018 年之前将 FTA 伙伴国在日本贸易总额中所占比例从目前的 19% 提高到 70%。如果到 2018 年中日韩 FTA 仍不能签署的话，这个目标就很难实现了，所以推动中日韩自由贸易成为日本贸易政策的重要方向。

同时，日本也宣布加入 TPP 谈判，争取成为 TPP 规则的缔约方，增强日美对整个亚太区域合作的影响力。日本与欧盟的经济伙伴关系协定谈判是 2013 年 3 月 25 日正式启动的，谈判要协调贸易规则，扫除非关税贸易壁垒，解决知识产权、投资服务、政府采购、劳动力市场等方面的问题，实现日本和欧盟的自由贸易。

三、中国在全球贸易新格局中的地位与面临的挑战

这些年来，中国在全球经济和贸易中的地位不断提升，已经成为全球贸易格局中不可或缺的力量。中国经济力量壮大，已经

成为推动全球经济和贸易增长的重要力量。

（一）中国在全球贸易格局中的地位

经历全球经济危机后，中国经济在全球经济中的地位不断上升。全球贸易处于低位增长，中国贸易地位继续提升。2012 年，中国经济增量达到 8.23 万亿美元，成为全球第二。2012 年中国货物出口额占全球货物出口的 11.2%，居世界第一位；货物进口额占全球货物进口的 9.8%，居世界第二位，仅次于美国。在服务贸易方面，中国仍是全球服务贸易第三大国。2012 年中国服务出口 1900 亿美元，同比增长 4%，占全球服务出口的 4.4%，居世界第五位；服务进口 2810 亿美元，同比增长 19%，占全球服务进口的 6.8%，居世界第三位；服务进出口总额 4710 亿美元，仅次于美国和德国。

表 1　2012 年全球货物贸易出口排名前十名国家和地区

排名	出口国或地区	金额（十亿美元）	份额（%）
1	欧盟 27 国	2166	14.7
2	中国	2049	13.9
3	美国	1547	10.5
4	日本	799	5.4
5	韩国	548	3.7
6	俄罗斯	529	3.6
7	中国香港	493	3.4
8	加拿大	455	3.1
9	新加坡	408	2.8
10	沙特阿拉伯	386	2.6

中国香港、新加坡的出口值数据包括香港本地出口和再出口数据。

资料来源：WTO 世界贸易报告 2013。

表 2　2012 年全球货物贸易出口排名前十名国家和地区

排名	进口国或地区	金额（十亿美元）	份额（%）
1	美国	2335	15.6
2	欧盟 27 国	2301	15.4
3	中国	1818	12.2
4	日本	886	5.9
5	中国香港	554	3.7
6	韩国	520	3.5
7	印度	489	3.3
8	加拿大	475	3.2
9	墨西哥	380	2.5
10	新加坡	380	2.5

资料来源：WTO 世界贸易报告 2013。

（二）中国在全球新贸易格局中面临的挑战

在全球新的贸易格局变化过程中，中国是一个贸易大国，但是中国在全球贸易附加值创造能力还相对较低，并不是一个贸易强国。在推动全球双边自由贸易谈判中，中国不是一个主导性国家，在未来新的区域性自由贸易和投资标准的制订上显得被动。

1. 中国全球贸易在全球价值链中所处的地位不高

根据经合组织与世贸组织联合推出的关于全球价值链的研究报告，全球价值链已在当今全球经济中占有主导地位。报告强调开放和高效的服务业市场的重要性。服务业占美国、英国、德国、法国和意大利等工业发达国家的 GDP 的 2/3，但按附加值算，对出口的贡献率仅为 50%，而中国不足 30%。按照全球价值链来计算，各国当前按传统方式发布的双边贸易平衡数据，包含大量重复计算，完全不能反映真实的情况。报告以争吵多年的中美双边贸易不平衡为例。如按增加值计算，中国对美国顺差高估了400亿美元，即25%以上，因为中国进口品中含有很高的美国成分；另一方面，中国出口品中含有1/3的进口成分，美国对华服务出口顺差达150亿美元。中国是全球贸易大国，但是从全球价值链的角度来看中国的全球贸易，中国在全球贸易中获得的附加值并不高，在全球价值链中没有太大的竞争优势。

2. 中国在推进区域性贸易自由化中存在困难较大

中国作为全球第二大经济体，还没有形成一个以中国为主导的区域贸易自由区谈判。中国主要是进行双边贸易谈判和参与东亚区域性贸易谈判。迄今为止，中国已与东盟十国、智利、新西兰、新加坡、秘鲁等19个国家和地区签署了11个自贸协定。中国正在与海湾合作委员会、澳大利亚、挪威、南部非洲关税同盟和韩国进行自贸区谈判，中日韩自贸区谈判和由中、日、韩、印、澳、新与东盟十国参与的“区域全面经济伙伴关系”谈判也已启动。从这些自由贸易协定覆盖的区域来看，主要集中在亚洲、中美洲和大洋洲，欧美等主要发达国家没有包括其中，使得区域限制十分明显。

以东盟为核心的RCEP谈判，需要强大的领导力来推动，但东盟缺乏强有力的政治影响力，这场谈判可能持续较长时间，谈判的结果也可能达不成一个高标准的自由贸易协定。对于中日韩自贸区建设的谈判，由于日本与中国、韩国的历史和政治问题，三国的谈判也受到影响。

3. 面临被边缘化的危险，国际贸易投资环境可能恶化

在美国主导的TPP和TTIP的谈判中，没有中国加入，将会对中国国际贸易和投资环境带来挑战。美国主导的TPP贸易谈判是面向21世纪的高标准的贸易和投资谈判，TTIP是美欧推动下要统一双方贸易和投资标准的谈判。如果两大谈判在没有中国参

与的情况下取得成功，中国国际贸易和投资会遭遇极大的负面影响。

TTP谈判如果取得成功，给中国带的负面影响将有以下几个方面：第一，中国不是TPP成员国，就无法享受到TPP成员内部的贸易投资优惠政策，将在出口市场上失去部分竞争力；第二，由于美国主张在TPP成员国内部实行“原产地规则”，即利用来源于非TPP成员国的原材料以及中间产品生产出的最终产品在享受TPP关税优惠上存在限制，因此TPP成员国对于中国原材料和中间产品的需求可能会发生转移，进一步降低对中国产品的需求；第三，TPP谈判还有一条秘密规则就是不允许后参加国对已经谈好的推倒重来，而且后参加国在谈判中还没有否决权，只能接受已经谈好的结果。中国如果不及时加入TPP谈判，将来加入谈判就会显得非常被动。

美国和欧盟的贸易和投资自由化谈判成功也将对中国和新兴经济体国家贸易投资带来挑战。第一，TTIP谈判将重新制订贸易和投资规则，进而影响到整个全球化规则制订，加上TPP所设定的标准，中国和新兴经济体开展出口和对外投资的成本将加大。第二，TTIP谈判成功后，中国和新兴经济体因新的贸易和投资标准而被边缘化。

四、中国对全球贸易新格局的应对策略

应对全球贸易发展的新格局，中国要进一步扩大开放，促进国内经济可持续发展，也为世界经济发展作出贡献。在推动多边贸易谈判的同时，中国要积极参与双边自由贸易谈判，参与新的国际贸易及投资规则的制订。大力推进全球自贸区建设是符合中

国在全球贸易和投资中的利益的，也是顺应全球化、区域化潮流需要的。通过双边和多边贸易谈判，中国对外开放、国内改革以及经济的发展得以促进。

（一）继续推动 WTO 主导下的多哈回合谈判

WTO 推动下的多边贸易体系谈判是推动全球贸易自由化的重要力量，中国要维护 WTO 主导下的多边贸易体系谈判，力促多哈回合谈判向前迈进。在积极发展多边贸易体制工作方面，继续利用好世贸组织平台，推动多边贸易体制向更加公平、高效、平衡的方向发展，利用世贸规则为中国经济发展提供保障。

（二）积极推动双边贸易谈判和区域贸易谈判

在多哈回合谈判陷入僵局的情况下，统筹多边、双边、区域次区域开放合作，加快实施自由贸易区战略。优先推进中韩、中日韩、中国与澳大利亚等国的自贸区建设；稳步推进区域性全面经济伙伴关系谈判，加强与东盟国家的合作，最大限度寻找各方共同利益。中国广阔的市场与潜在的消费力，足以吸引众多国家，包括欧盟等与中国进行自由贸易区谈判。不断提高一些新兴经济体的合作水平，加强联合行动能力，一起参与国际规则制订。加强与金砖国家的合作，在金砖国家间建立自由贸易协定，通过与金砖国家合作，共同应对国际贸易新格局带来的新问题。

（三）跟踪 TPP 谈判的进度和主动加入 TPP 谈判

加入 TPP 谈判的关键是取得话语权与规则的制订权，尽量避免被边缘化的风险。积极参与 TPP 谈判有助于提高中国在贸易新规则制订中的话语权。如果加入 TPP 谈判，一系列谈判包括国有企业问题、宏观调控问题、汇率市场化问题、为各类所有制企业创造公平竞争环境问题、金融领域的开放问题等可能会给中国经济短期带来不利的影响。

但是从长远来看，TPP 谈判反映出高标准的国际贸易和投资规则，这些规则与中国下一步的改革思路是一致的。TPP 要求政府应在“竞争中立”中，形成各种所有制企业平等竞争的局面。而中共十八大报告明确提出，经济体制改革的核心是处理好政府与市场的关系，政府放权、限权、分权，营造有利于企业发展的环境，成为中国下一步改革的主线。中国国务院总理李克强在强调政府改革主要目标时提到，要以简政放权激发各类市场主体发展活力和创造力，促进经济稳定增长。如果加入 TPP 谈判，可以“倒逼”和加快政府改革，有利于促进中国经济体制改革，加快市场化改革进程。

（四）按全球价值链发展规律调整和设计政策

根据价值链的全球布局，正确认识中国在全球价值链中的分工、增值、获益情况，调整和重新设计政策。按照全球价值链的对贸易增加值的统计，中国在制定贸易政策过程中，要通过进口的产品和服务来提升出口产品和服务的竞争力，通过出口高附加值的产品和服务来提高国际竞争力。中国企业要融入全球产业，在全球产业中整合全球资源来促进产业转型升级。企业要加强技术创新、产品创新、服务创新、商业模式创新，提升企业在全球价值中的附加值，向全球价值链的高端发展，在全球价值链上加强与其他国家合作，实现互利共赢。

New Pattern of Global Tradeand China Strategies

Ding Jihua

Abstract: As the multilateral trade negotiations under the WTO have come to a deadlock, many nations have turned to bilateral trade negotiations. In particular, the TPP (Trans-Pacific Partnership) led by the U. S. and the TTIP (Trans-Atlantic Trade Investment Partnership) led by both the U. S. and EU are producing significant impact on the pattern of global trade. Having considered the emerging global trade pattern, China, as a major trade nation should actively participate in both bilateral and regional free trade negotiations while propelling and maintaining the importance of multilateral trade negotiations. Furthermore, China should take a proactive approach to design new rules for global trade and investment and further promote China's opening-up and economic development.

Keywords: TPP TTIP Trade Policy

美欧速启自贸区谈判将产生深远影响

陈炳才　田青*

摘　要：①　2013 年 2 月，美国和欧盟正式启动了自由贸易区谈判。谈判内容、谈判难点以及是否能够预期完成，引起了国际社会的广泛关注。本文分析了美欧自贸区谈判的背景，提出巨大的经济利益是美欧双边建立自贸区的经济基础，是化解当前经济金融危机的需要，是摆脱多哈回合谈判僵局的战略选择，是全球贸易和经济竞争压力下的战略合作需要，也是欧盟战略调整的结果。本文还介绍了自由贸易区谈判的 5 大主要内容和进程安排，分析了对世界经济、贸易的影响，探讨了谈判中关于补贴、农产品、食品问题，标准差异问题，两大经济体的法规和标准体系的统一的三大难点与达成协议的可能性。最后对欧美自贸区几大谈判内容的结果进行了预测，提出了中国加快

* 陈炳才，国家行政学院决策咨询部副主任、研究员；田青，中国国际经济交流中心副研究员、博士。

① 本文为中国国际经济交流中心 2012—2013 年度重大基金课题《国际贸易与对外投资问题研究》的成果之一。

实施自贸区战略，积极应对美欧自贸区建设的建议。

关键词： 美欧自贸区谈判　背景　内容　难点　对策　建议

2013年2月12日奥巴马在国情咨文中宣布，将正式与欧盟启动自贸区谈判工作。按照欧美双方发表的联合声明，建立自由贸易区的谈判在2013年6月进行，预期在2年内完成。美国和欧盟两大地区的经济总量，几乎占据地球的半壁江山，一旦欧美自贸区谈判达成协议，将为全球经济增长带来活力，也将重塑国际贸易、经济新格局。这标志着全球经济已经进入分工和竞争并存的新时代。因此，美欧自由贸易区的谈判内容、谈判难点以及是否能够预期完成，引起了国际社会的广泛关注。中国作为世界第二大经济体，也要积极应对，以适应这种国际新形势变化。

一、欧美自由贸易区谈判的背景分析

（一）欧美建立自由贸易区设想由来已久

美欧早在1995年就签署了旨在加强双边经贸关系的文件，后因美国通过带有歧视性质的赫尔姆斯—伯顿法惹怒欧盟而搁置。1998年欧盟又提出建立欧美自贸区的构想，但美国主要精力在建立全球多边贸易机制上，加之双方某些谈判分歧大，根本无暇顾及。世界贸易组织的成立降低了美欧自贸区的吸引力，后经多次反复，仍难以出台。2007年双方成立了“跨大西洋经济理事会”，但谈判进展缓慢。2008年以来，被金融危机、债务危机折磨的美国、欧盟，把扩大出口、加强自由贸易区建设作为增加就业、推动经济增长的重要战略措施。自贸区谈判提上议事日程。

2011年11月，奥巴马和欧盟委员会主席巴罗佐、欧洲理事会主席范龙佩共同授权设立了“工作与增长高级别工作小组”。2011年末，奥巴马在总统竞选连任的“经济计划”中承诺继续推进与欧盟的自贸区谈判。2012年11月成功连任后，默克尔、卡梅伦等许多欧洲领导人力促奥巴马推动自由贸易协定。2013年2月12日奥巴马在国情咨文中宣布，正式与欧盟启动自贸区谈判工作，双方此后发表了建立跨大西洋贸易与投资伙伴协议（TTIP）的联合声明。

（二）巨大的经济利益是双边建立自由贸易区的经济基础

美国和欧盟两大地区的经济总量，几乎占据地球的半壁江山。美国副总统拜登表示，如果建立自由贸易区成功，“成果几乎是无限的”。参与跨大西洋问题谈判的人，把美欧贸易合作称为“经济北约”。美国商会预计，如果美欧达成自由贸易协定，双方的经济增长可提高1.5个百分点。德国马歇尔基金会估算，消除贸易壁垒可能会使欧盟GDP增加1900亿欧元，美国GDP增加1000亿欧元。德国另有机构估算，跨大西洋自由贸易区协议如果达成，可以令美国实现2.2%的GDP增长，欧盟整体GDP增长1.7%，德国GDP增长1.6%。美国对欧出口将增长94%，欧盟对美国出口将增长73%。两者之间的贸易更是创造了1500万个就业机会。

（三）是双方化解当前经济金融危机的需要

对于建立自由贸易区，欧盟方面更为迫切和积极。欧洲债务危机不仅导致欧洲各国的国际竞争力下降，金融市场剧烈震荡，还出现了内部分裂，凝聚力下降，希腊等面临退出欧元区的压力，英国甚至威胁脱离欧盟。同时美国战略重心转往亚洲，加重了欧洲国家的失落感和金融市场对欧洲的不信任。建立“全面的跨大西洋贸易与投资伙伴关系”，对于欧盟各国克服经济困境，维系欧盟内部的团结，提升欧盟地位，具有重要的战略意义。

金融危机以来，奥巴马应对危机的举措集中在金融和财政手段上，收效有限，副作用明显。为解决高失业率问题，拉动经济增长，提出了2015年出口翻番计划。虽然与哥伦比亚、巴拿马、韩国等签署了自由贸易协定，但这是小布什总统时期的谈判成果，因动作缓慢而被商业界诟病。奥巴马虽然提出了TPP，取得了进展，但对贸易推动有限。英国和德国倡导建立美欧自由贸易区，有利提振双方经济，成本也低，获得了美欧商界的一致推崇。因此，奥巴马积极推动这项事情，在正式宣布建设美欧自由贸易区之前，率先向欧方打招呼，要求欧方保证谈判必须是“不同寻常地”迅速，在两年之内达成协议，而不能像多哈回合谈判那样一拖十几年达不成协议。

（四）是摆脱多哈回合谈判僵局的战略选择

欧美的贸易优势之一是服务贸易，而且发展水平接近，但2001年启动的多哈回合谈判，由于发展中国家和发达国家在此问题上分歧严重，谈判至今无果。美国人看到，近年来贸易谈判已经分化，要么太大而不能成功，要么太小而不受重视，贸易协定的老旧模式几乎崩溃。美国与韩国、哥伦比亚和巴拿马三国自由贸易协定的签订，证明了双边贸易协定更切实可行，但因这些国家体量不够，在美国的经济增长和就业方面不能产生明显收益。欧美自由贸易区如果谈判成功，有利于美国贸易增长和市场开拓，有利于打破多哈回合谈判僵局，也有利于美国重新夺回国际贸易规则话语权。TPP在美国一些专家看来，就是一个有利于美国的“2.0版的WTO”，而欧美的自由贸易区实际是在WTO之外建立两个经济体“自己的WTO”。

（五）是全球贸易和经济竞争压力下的战略合作需要

欧美看到，21世纪的头10年以来，东盟自由贸易区蓬勃发展，安第斯共同体应运而生，中日韩自贸谈判风生水起。这些自由贸易区的贸易高速增长，与美欧贸易低增长形成鲜明对比，尤其是新兴市场经济体的贸易比重迅速上升，欧美感到自己的贸易发展落后。1990—2011年欧盟和美国的全球份额分别从44%和13%下降到34%和9%，而金砖四国的份额则从5%上升至16%。美欧认为，新兴国家之所以得益、欧美失利，是因为在现有多边体系下，新兴国家充分利用对其有利的商品贸易自由等便利条件，借助相对廉价劳动力等比较优势，在全球化竞争中赢得了对发达国家的大量贸易实惠。

欧美如何重新获得市场？寻找自己的优势，避免自己的劣势是必然的选择。实现商品零关税，彻底开放市场，以及在具有优势的知识产权、劳工标准、环境保护、农业等相关领域实行新的标准，统一监管规则，正是欧美的优势所在，双方也会有共同语言。因此，欧美建立自由贸易区，是发达国家在全球贸易竞争及其压力下的战略合作，有利于自己的实体经济发展和贸易的发展，也可以替代新兴市场经济体在其国内的部分市场。

（六）欧盟的战略调整也推动了欧美之间的合作

金融危机爆发后，由于投资和消费持续疲软，减少贸易逆差、扩大出口成为欧盟促进经济增长和创造就业的必然选择。欧盟委员会2010年11月对外公布了新的5年贸易战略，将推动签署自贸协定作为拓展贸易增长空间的重要途径，希望至2015年与自贸伙伴的贸易额覆盖其50%的对外贸易，并将美国、中国、日本和俄罗斯等大国纳入自由贸易区战略。

欧盟自由贸易区战略的对象遍及亚洲、欧洲、非洲和美洲。从谈判进展情况来看，欧盟设定的谈判任务迄今已经完成过半，尤其是在亚洲的推进速度较快。2011 年以来，欧盟先后与韩国、秘鲁、哥伦比亚、中美洲国家和中国香港签署自贸协定，2012 年 12 月新加坡成为第一个与欧盟正式签订自贸协定的东盟成员国。2013 年 3 月 6 日，欧盟方面宣布和泰国启动双边自贸协定谈判。目前，欧盟还在和马来西亚、越南进行自由贸易区协定谈判。与印度、加拿大的自由贸易协定谈判已接近尾声，与日本谈判已开始。2013 年 3 月 9 日东盟与欧盟签订《2013 至 2014 年贸易与投资合作计划》，双方重申将加强地区间的经济、贸易和投资联系。此外，欧盟也在积极筹划与独联体外高加索地区的格鲁吉亚、摩尔多瓦和亚美尼亚等国，以及非洲的埃及、约旦、摩洛哥和突尼斯等国更进一步和全面的自贸协定谈判。

欧盟的贸易战略调整和行动，与美国产生了市场竞争，但也使美国认识到与欧洲在贸易合作上合作的重要性。双方统一标准，可以重新制订全球贸易规则。

二、美欧自贸区谈判的内容、难点和达成协议的可能性分析

（一）自由贸易区谈判的五大主要内容

美国—欧盟自贸区谈判高层工作组 2012 年 6 月向欧盟轮值主席团提交的报告中称，美欧自贸协定将包括 5 方面的内容：一是消除商品贸易的关税和非关税壁垒；二是消除对服务贸易和投资的限制性措施；三是在知识产权、劳工、环境、政府采购等领

域制定高于WTO现行标准的规则；四是消除或削减所有不必要的“边境后壁垒”；五是推进两大经济体的法规和标准体系的统一。其中第五项尚未在任何自由贸易区（FTA）谈判中涉及。目前大多数自由贸易协定仅涵盖前两项或三项内容，第五项内容从未涉及。美国、欧盟表示，谈判重点是打破剩余的关税及其他贸易壁垒，使技术规定、标准和认证变得标准化等，进而力争成为国际标准。

（二）欧美谈判的进程安排

欧美期待6月实质性谈判。2013年2月，美国总统奥巴马与欧洲领导人发表联合声明，宣布双方将启动双边自由贸易协定谈判。3月12日，欧盟委员会通过了启动欧美自贸协定谈判的授权书。欧美为谈判启动了各自内部程序，欧盟需要各成员国的授权，美国政府则需要立法机构的批准。美国和欧盟已就谈判进行了广泛会谈，包括关税和内部监管问题。2月26日美国国务卿克里会见德国外长韦斯特韦勒时表示，期望双方能够推进有关自贸区谈判的前期准备工作，争取夏天开始实质性谈判。

欧美预期2年内达成谈判协议。美欧自贸协定谈判计划于2014年完成，主要考虑到2014年现任欧盟委员任期届满，美国也将进行中期选举。欧盟负责贸易的委员德古赫特表示，只要双方有强烈的政治决心，欧美之间的自贸协定最快在2014年中就能完成全部谈判。

（三）欧美自由贸易区谈判面临三大难点问题

一是补贴和农产品、食品问题。其中包括：波音和空客补贴，这是欧美贸易长期纷争的一个重要内容，曾经上诉到世界贸易组织。音视频产业播出配额或播出补贴问题，在这个问题上，欧美分歧比较大。农业补贴，欧盟长期实行共同农业政策，对农业提供大量财政补贴，并坚持对进口农产品征收差价税，难以满足美国削减农业补贴和扩大农产品市场开放的要求。欧盟的农业补贴每年高达520亿美元，居世界第一。美国年度支持农业经费为110亿美元，居全球第三。食品问题，欧盟一贯反对转基因食品，限制含激素的肉制品和肉鸡的销售。根据德国方面的统计，2012年美国88%的玉米、93%的大豆以及95%的牛肉都存在转基因问题。美国蒙大拿州民主党参议员保科斯致美国贸易代表柯克的公开信中表示，希望欧盟废除对转基因粮食的限制，允许对牛使用激素，这与欧洲消费者的观点南辕北辙。而美国进口食品类关税普遍高于平均关税4%的水平。因此，农业食品领域的谈判不容易。

二是标准差异问题。该项谈判项目众多。谈判项目涉及农业、工业设计、卫生、食品安全、专业服务、金融监管、知识产权保护、开放服务业、政府采购、交通体系、消费者数据保护等。谈判的目的是达成相互认同或提高标准，取消地方歧视性贸易壁垒的协议。如在美国进行过安全测试的汽车不再需要在欧洲进行安全测试；欧盟检测认为安全的药品可以直接进入美国市场。但由于美欧标准差异大，标准差异的法律体系、文化背景和历史传统有所不同，标准的统一或协调谈判难度大。在消费者数据保护方面，美国公司可以使用其消费者的个人信息数据，欧洲有最低标准保护。欧洲当局声称，如果谷歌侵犯欧洲消费者个人数据，会将其送上法庭。

三是两大经济体的法规和标准体系的统一。双方提出的监管标准统一，对谈判而言是个巨大挑战。其一，面广。不仅有商品、服务贸易，还有投资。只有符合输入国标准、认证的才能进入。其二，美欧已经形成了自己的监管体系，互不兼容。欧盟法律法规汗牛充栋，长达 10 万页之多，美国也不亚于欧盟。双方一直期望实现“贸易管理规则一方批准，两地自动适用”的设想，但 17 年也没有解决。

国际贸易学者预测，谈判启动后，双方将首先聚焦削减贸易壁垒，然后谋求统一有关产品技术、公共安全和行业标准等方面的监管机制。

（四）对欧美自贸区几大谈判内容的结果预测

关税谈判容易成功。目前，美国和欧盟双方之间的关税，除农产品外，已平均低于 3%，可是非关税壁垒盛行。要打破剩余关税及非关税贸易壁垒，将触及敏感领域。如美国的化工和纺织因政治原因而长期高关税。但美国商会希望免除全部关税，故可能提出交换条件，以获得利益。因此，大部分关税在谈判中会被清除。

农业谈判不易成功。无论是美国还是欧盟，对农产品市场开放的反对力量都很强大。欧盟预算协议规定，今后 7 年共同农业政策支出达 3700 亿欧元，限制了欧盟在农业贸易自由化方面作出让步的可能性。乳制品是欧美都立场鲜明地予以特殊保护的商品；在牛肉问题上，欧盟处于守势，美国处于攻势；欧盟明令禁止转基因产品，而其在美国正变得日益重要。

谈判的突破口在非关税壁垒。人们相信，真正的谈判突破口是非关税壁垒，主要在工业产品标准和监管规定方面，制药、化工、汽车业产品的规范协调和相互认可，相对更回容易。

成功与否的关键在美国。专家认为，美欧自贸区谈判能否实现的关键在于美国。目前，欧美贸易冲突约占世界贸易争端的 20%，美国务卿访欧主动表态是非常积极的信号。

(五)对美欧自贸区谈判2年内达成协议的可能性判断

对美欧自贸区谈判结果和达成协议的可能性存有不同判断，一些专家比较悲观，认为2年内达成协议有困难。但本文的分析结论较乐观，总体判断欧美2年内达成协议的可能性很大。

1. 一些权威人士和机构对达成协议不乐观

一是认为不排除谈判搁浅的可能。欧盟贸易委员卡雷尔·德古赫特表示，美欧构建自由贸易区的需求和意向都很强烈，达成共识的前景较为明朗。然而，由于美欧在农产品补贴、高科技保护等领域分歧严重，谈判历程将不仅漫长，而且会十分崎岖，甚至不排除再次搁浅的可能。

二是表示需要比2年更长的时间。美欧双方在转基因食品、含激素肉制品、波音和空客补贴、农产品补贴、高科技保护、技术标准和会计制度等领域存有较大分歧，一些美国专家表示2年时间达成协议显得相当仓促。北美自贸区谈判4年，美韩自贸协定谈判6年。即使美欧贸易谈判能在2013年6月启动，也可能要在多年之后才能实施协定。有关权威机构估计，没有3年左右的时间是谈不下来的。

三是认为成功的概率不太高。德国慕尼黑大学教授加布里埃尔·菲尔博梅伊表示，这个贸易协议达成的可能性是55:45，美国、德国和英国的领导人钟情于这个协议，但法国态度不明朗，涉及到细节问题时可能会出尔反尔。有专家指出，欧盟和美国此前进行的自由贸易协定谈判对象基本是小国，相互让步很少，欧美让步更不容易，双方都需要妥协。

2. 笔者认为2年内达成协议的可能性很大

最近3年，欧美与多个国家、地区、组织进行了自由贸易区的谈判，积累了丰富的谈判经验，建立了成功的谈判范式和标准。因此欧美自由贸易区2年内达成谈判协议，在时间上不仓促，因为双方已经很熟悉了，效率自然高。关于谈判中的一些难点、敏感问题，可以相互妥协、相互让步，以交换条件作为让步，这方面欧美谈判经验丰富。以配额、区域、时间限制等约束条件，灵活解决一些分歧比较大的难点问题，可能性比较大。因此，外界预期的谈判分歧点不会成为巨大的障碍，不会影响整体谈判协议的达成。

三、欧美自由贸易区将对全球经济和贸易产生深远影响

美国和欧盟两大地区的经济总量，几乎占据地球的半壁江山。目前，欧美正式启动了自由贸易区谈判，协议一旦达成，将对全球经济和贸易产生深远影响。

一是会为全球经济增长带来活力。数据显示，美国对欧洲的投资是对亚洲投资的3倍，而欧洲对美国的投资是对中国和印度投资总和的8倍。一旦谈判达成协议，美欧自贸区范围将覆盖全球经济产出规模的一半，成为全球规模最大的自由贸易区，为低迷的美欧经济注入新动力，对全球贸易和经济增长将产生积极影响。

二是将重塑国际贸易、经济格局。如果谈判达成协议，尤其是美欧自由贸易区与跨太平洋战略经济伙伴关系协定融合，世界经贸格局将发生转变。双边自贸协定具有排他性，对未参与协定的贸易伙伴具有歧视性。欧美相关标准成为国际标准，不利于其他地区尤其是发展中国家的贸易和经济增长。因此，欧洲和美国贸易占全球市场份额会快速提高，经济占全球比重会再次恢复性

上升。

三是将引领全球贸易新规则，WTO 的作用将大大削弱。美欧自贸谈判工作组明确指出，未来美欧自贸协定必须成为“21世纪自由贸易协定的标杆”，在各重点领域的标准必须高于双方目前正在谈判或已签署的其他自由贸易协定，具体包括全面消除商品贸易的关税和非关税壁垒、在政府采购领域给予对方企业全面国民待遇、全面消除服务贸易所面临的“边境后壁垒”等等。双边自贸协定尽管为世贸组织所认可，但其排他性、歧视性，与世贸组织的多边、开放和自由贸易精神相抵触，因此也有看法认为，美国搞 TPP 和欧美自由贸易区是抛开世界贸易组织，用多边主义替代贸易自由化，为未来全球贸易谈判提供新的指导性框架。显然，欧美自贸区将使现行的 WTO 多边自由贸易体制有被边缘化的可能，发展中国家将被动地接受美欧环境、知识产权、劳工、各领域技术标准等。

四是欧美将抱团夺回市场份额，国际市场竞争将更加激烈。欧美金融危机以来，经济恢复缓慢，经济全球化加速了全球经济中心从大西洋向太平洋的转移，正是这种危机使两个最大经济体相互抱团、相互需要。建立自由贸易区将促使欧美共同夺回正在日益失去的市场，稳固其在全球的领导地位，但这也预示着国际市场的竞争将更加激烈。

五是中国等新兴经济体将遭受一定程度的变相贸易保护主义，国际市场空间拓展将受到挤压。美欧在宣传跨大西洋自由贸易协定时直言不讳，称该协定将为全球大部分经济体制订贸易规则，也会给中国施加遵守这些规则的压力。《联合早报》发文认为，欧美自贸区与跨太平洋经济伙伴协定一样，都是针对中国和新兴经济体国家的，它们试图通过重新制订贸易规则抬高贸易门槛，将中国和新兴经济体国家拒之门外，这实质是一种变相的贸易保护主义政策。德意志银行发布研究报告称，TTIP（跨大西洋贸易和投资伙伴协定）谈判是美欧联手应对中国实力提升而采取的防御性策略。当然，中国等新兴经济体与欧美自由贸易区之间的产业结构、贸易结构不同质，在外贸结构上有很强的互补性，因此短期内对中国等新兴经济体的进出口影响有限。但长期看，中国外部市场的空间拓展受到挤压，自由贸易区谈判规则受到牵制，话语权将有所降低。

六是对推动自由贸易、恢复经济增长将具有一定积极意义。客观地说，美欧自贸区一旦成功，对新兴经济体也有积极的一面：在金融危机下贸易保护主义高涨的气氛中，美欧自贸区谈判对于推动自由贸易、恢复经济增长具有积极意义，对发展中国家有利。欧美自由贸易区谈判将对其他正在进行中的双边或多边自由贸易谈判产生示范效应或外在的压力，推动和加快其磋商进程。对于贸易保护主义问题，美国财政部官员表示，美国和欧洲都强调自由贸易，并致力于建立自由贸易区，美国国内主流看法尤其是大的制造业企业都是国际化的大公司，都支持贸易自由化，不主张贸易保护主义。

四、中国应积极应对欧美自由贸易区建设

面对美欧加速启动自由贸易区谈判，中国应加快自贸区建设，加快结构调整，适应美欧自贸区建设对全球经济和贸易产生的深远影响和新形势。

要加快实施自贸区战略。欧美自贸区谈判以及TPP谈判等，标志着全球经济进入分工和竞争并存的新时代。全球金融危机以来，由于虚拟经济泡沫破裂，服务业市场萎缩，美欧等认识到过

度发展虚拟经济的危害，转向注重发展实体经济，提出了制造业回归、再工业化等口号，并把发展贸易和自由贸易谈判建设作为战略调整的重要载体，原有的国际经济贸易分工格局结束，世界进入发达国家与发展中国家实体经济分工、竞争并存的时代，全球化和区域经济一体化成为不可逆转的大趋势。为此，中国应加快自贸区建设。

应尽快适应国际贸易新规则和旧规则并存现状，全面提高贸易标准。应该说，欧美建立自由贸易区，在某种意义上是富人规则——高标准、统一监管标准的自由贸易区。但中国等新兴市场经济体和广大发展中国家，在目前阶段仍然难以达到欧美国家的标准。因此，在贸易格局上会出现高标准的自由贸易区和相对低标准的自由贸易区，两种标准并存的自由贸易区将会持续一段时间。2001 年以来的多哈回合谈判不成功也表明，美欧提高自由贸易区标准，对中国等新兴市场经济体来说，短期内很难提高贸易标准，需要比较长的时间过程才能适应。因此，在推动地区经济一体化以及区域经济整合的问题上，中美之间存在分歧。中国主张以“东盟 +3”（中国、日本及韩国）为主渠道，而美国则力推 TPP，建立高质量的自贸区。中欧之间也会存在分歧。由于欧盟的高标准，中国与其启动自贸协定谈判的条件也不成熟。显然，不断提高贸易标准是中国不能回避和拖延的选择。

巩固和扩大与新兴经济体和发展中国家市场的经济和贸易合作。欧美实行新的高标准贸易准则，对新兴市场经济体国家的贸易会产生一定影响。欧美需要新兴市场经济体国家的中低端制造业产品。但随着时间的延长，尤其是欧美制造业回归以及制造业数字化，绿色低碳、低排放技术革命后，中国等新兴市场经济体在欧美市场的贸易份额可能会下降。而新兴市场经济体之间和发展中国家之间的贸易市场会得到发展，因此中国应更大力度发展新兴经济体之间，以及与发展中国家之间的贸易和合作。

加快与美欧的贸易和投资合作，间接获取美欧自贸区利益。以中美双向投资为例，美国是世界第一投资大国，中国是世界利用外资大国，近几年双方虽加快了投资的步伐，但双向投资规模很小，这与中美两国在世界经济中的“排名前两位的经济体和两个最大的贸易国”的地位很不相符。美国在中国的直接投资存量约700亿美元，仅占中国对外直接投资的2.6%，相当于美国当年吸收外资的0.7%。中国对美国的直接投资存量不足100亿美元，甚至远远低于一些小型的经济体对美国的投资，在投向美国的2.3万亿美元的直接投资中只有1%来自中国。

中国与美欧要素资源禀赋以及产业层次不同，经济具有极强的互补性，当前双向投资规模偏小也正说明中美和中欧双向投资空间广阔。中国企业应该在结构调整中找到利益共同点，发挥各自优势，挖掘经济合作潜力，通过对美欧直接投资获得美欧自贸区资源和市场。

加快与周边发达国家之间的双边合作。妥善处理双方的分歧和纠纷，避免经济问题政治化和矛盾激化，积极推动中韩、中澳、中加、中日韩等自贸区谈判，争取尽快取得积极进展，有效应对欧美自贸区和美国重返亚太的TPP战略。

应加快结构调整，提高国际竞争力。总体来说，欧美自由贸易区建设和美国主导的TPP建设，反映了中国国内产业结构的不适应。美国、欧盟是中国主要经贸伙伴，如果不能较好地应对美国、欧盟发起的自由贸易区建设的谈判攻势，中国将在未来的欧、美合作甚至国际经济贸易竞争中处于不利地位。

因此，最好的办法是在巩固和扩大发展中国家市场的同时，对国内贸易企业进行分工，出口欧美自由贸易区市场的企业，加快贸易结构调整，加快经济发展方式转变，提升产业标准，适应发达国家贸易规则调整，积极应对挑战。英国《金融时报》评论指出，“不应将欧盟与美国启动自贸谈判视作威胁”。我们应将欧美规则的调整作为压力、动力和机遇，在新一轮贸易调整中及早谋划、应变，以保持中国贸易可持续发展。

Profound Impact of US-EU FTA Negotiations Started Quickly

Chen Bingcai　Tian Qing

Abstract: February 2013, the United States and the European Union officially launched FTA negotiations. Content of the talks, the negotiations can be difficult and whether the expected completion, causing widespread concern in the international community. This paper analyzes the US-EU FTA negotiations in the background, made huge economic interests are the United States and Europe to establish a bilateral FTA economic base; resolve the current economic and financial crisis is the need; impasse in the Doha Round negotiations is to get rid of a strategic choice; is the world's trade and economic cooperation under the competition pressure strategic needs, but also the EU strategic adjustment results. FTA talks introduced the five main elements and processes arrangements, analysis of the world economy and trade, discussed the negotiations on subsidies and agricultural and food issues; standard disparities; 's two largest economies of the regulations and standards system unification of the three major difficulties and the possibility of an agreement on free trade zone in Europe and America since the results of several major elements of the negotiations were predicted to accelerate implementation of the proposed China FTA strategy, and actively respond to the United States and Europe since the free trade area of the proposal.

Keywords: US-EU FTA Negotiations Background Content Difficulties Suggestions

政府采购篇

从 GPA 发展走势论军事采购转型创新

祝尔坚*

摘　要： WTO《政府采购协议》(The Government Procurement Agreement，GPA) 是 WTO 框架下的多边协议之一，目的在于为政府采购制定更为透明的制度，以保证采购活动更加公平、公正和充分竞争。新版 GPA 文本在继承旧文本关于政府采购职能内涵的基础上，更加准确、完整、精炼地表达了 GPA 的职能和要求，使其成为国际经贸和国家经济发展的应用工具。GPA 对于均衡国际经济关系和促进发展的积极作用，主要体现在对成员方采购行为的有效约束和政策扶持上。研究 GPA 与中国建设发展关系，充分利用好国际资源，不仅是国家经济发展的战略问题，也是国防安全战略的重大举措。而军事采购更需要进行规则和职能的转型创新。

关键词： GPA (2012 版) 军事采购　发展研究

* 祝尔坚，解放军后勤学院学术研究部后勤理论研究室研究员、博士生导师，长期从事军事后勤理论研究。

WTO《政府采购协议》（以下简称 GPA）是 WTO 框架下一个重要的多边协议性组织，其前身是 1979 年 4 月关贸总协定（GATT）东京回合谈判成果的《政府采购守则》。提出《政府采购守则》的目的在于推进并制定全球政府采购更为透明和公平的法律规章及惯例，以保证参加方不歧视外国产品和供应商，以及促进政府采购市场开放和具有更多的国际竞争。经过 1987 年 2 月对《政府采购守则》的修订和关贸总协定（GATT）转变为世界贸易组织（WTO）时首次形成协议文本（GPA1994 版，1996 年生效），GPA 就建立一个有效的政府采购多边权利与义务框架、促进公共贸易的进一步自由化和改善世界贸易行为、增加贸易透明度和考虑发展中国家需要等作出了一揽子规定。根据 1994 版协议规定，参加方在协议生效后 3 年内，继续就协议文本和扩大出价开展新一轮谈判。经过近 15 年的谈判和协商，在 2011 年 12 月的 WTO 部长级会议上通过了 GPA 新文本，各方终于就新一轮出价达成一致。2012 年 3 月，WTO 政府采购委员会召开会议，颁发了 GPA 新文本和各方新一轮出价，标志着 GPA 日趋成熟。新文本在内容上充分反映全球经济、社会管理和科技进步对政府采购的影响作用，更加全面地完善了 GPA 的功能作用，它不仅是 GPA 参加方必须严格遵循的行为准则，而且影响并牵引着全球政府采购的发展走势。

一、新版 GPA 职能架构和发展走势

新版 GPA 文本在序言中开宗明义地对协议框架下的政府采

购职能进行规划和定位，且在“适用范围”① 上比旧文本有了更详尽的约定，明确：“就本协议而言，被涵盖采购是指为了政府目的而进行的以下采购，”包括货物、服务或者它们的任意组合，以及购买租赁和租约、超过列明门槛价的采购和由采购实体进行的采购等，同时对一些特定范围的采购进行了排除。适用范围作为政府采购的定义，约定凡为了政府目的和公共事业的采购都是政府采购行为，同时对于涉及国家安全或有关公共道德、秩序、人类和动植物生命健康、知识产权保护、残疾人和慈善事业以及出价清单中用备注予以排除的项目均予以例外。新版文本在继承旧文本关于政府采购职能内涵的基础上，更加准确、完整、精炼地表达了 GPA 职能的基本架构。

（一）坚持政府采购公平、竞争、非歧视原则

新版 GPA 文本强调政府采购在国际经济环境中的公平、竞争和非歧视，以及通过制度对经济运行发挥多边体制的功能作用。新版文本序言指出：“认识到需要就政府采购建立一个有效的多边框架，以期实现国际贸易进一步自由化和扩大、改善国际贸易行为框架；认识到有关政府采购措施的制定、采纳和应用，不应用于对本国供应商、货物或服务的保护，或者对外国供应商、货物或服务造成歧视；认识到政府采购制度的完整性和可预见性，对公共资源管理的效率和效力，对参加方经济运行和发挥多边体制功能都是必不可少的。”GPA 以这一制度为基点，再加上监控相关条约实施和争端解决机制，构成其三项制度核心，从而有效规范政府采购行为和运行。

---

① 见 2012 年版 WTO《政府采购协议》第 2 条“适用范围”的“协议的适用”。

（二）体现政府采购的政策性要求

新版GPA文本通过充分考虑不同发展阶段政府采购运行的实际，为发展中国家加入政府采购协议提供了可以协商的进入门槛和开放运行的过渡期，表现出对开放政府采购市场的实事求是的态度。文本序言指出："认识到本协议的程序性承诺，应当在适应每一方特殊情况方面有充分的灵活性；认识到应当考虑发展中国家特别是最不发达国家，在发展、财政和贸易方面的需要，"只要存在发展阶段的特殊情况，加入GPA在市场开放政策尺度上包括对外开放的门槛价和开放的过渡期等可以有一定的弹性，这就为GPA吸纳更多成员特别是扶持发展中国家创造了灵活的准入条件，为推进政府采购制度扩大了适用范围。

（三）适应经济社会发展关于建设廉洁政府的需要

新版GPA文本首次把GPA的职能从经济领域扩展到社会管理领域。文本序言指出："认识到政府采购透明性措施的重要性，以透明和公正方式实施政府采购的重要性，按照《联合国反腐败》等可适用的国际文件避免利益冲突和腐败行为的重要性。"事实上，由于权力寻租行为和采购人与采购代理人的信息不对称，政府采购市场一直存在着滋生腐败的温床，加强好采购行为中的廉洁自律，不仅是提高财政经费和公共资金使用效益的需要，而且是建设廉洁政府的需要。政府采购行为的透明、阳光以及采购过程的信息公开是保证采购结果公正合理和行为规范的有效手段。

（四）鼓励政府采购的电子手段应用

新版GPA文本通过引入电子商务工具方法，来改进政府采购活动的效率和效果。文本序言指出："认识到对本协议涵盖的采购，使用和鼓励使用电子手段的重要性。"在文本第 4 条"一般原则"中有专门的"电子手段的使用"规定，特别是在文本第 14 条"电子反拍"[①] 中规定了采购实体意图使用电子反拍的具体规定。在信息化环境下，将电子手段应用于政府采购的全过程，可以最大范围地送达采购招标信息，最为透明地解决采购信息不对称，最有效地实现对采购行为的制约和监督，最显著地提高采购经费的使用效益。

（五）以 GPA 职能定位看发展走势和功能作用

基于 GPA 在经济、社会领域的职能定位，可以把政府采购归纳为在三个层次发挥功能作用：一是规范政府采购行为，使政府财政经费效益最大化；二是发挥政府采购集中购买对经济的调节作用，实现对产业和经济的政策功能；三是通过政府采购的规模购买行为，影响国际产业链的订单、价格、营销、储备、服务和物流，以提高对国际资源的获取效力。由于中国政府采购制度起步于 2003 年，至今只有 10 年时间，其功能作用主要表现为第一层次的规范行为和提高资金效益，同时涉及第二层次有关内容。美欧发达国家早已解决规范采购问题，特别是美国政府采购制度已有 300 年历史，其采购更加注重第二、第三层次上功能的发挥。例如，美国加入 GPA 出价清单附件 1 的中央政府实体部分，列出了能源部、能源管理委员会等机构。在附件 1 备注 5 中注明，能源部采购中凡"任何用于支持核材料或技术的保卫的货

① 2012 年版 WTO《政府采购协议》第 1 条"定义"（f）款指出：电子反拍（electronic auction），是指一种通过电子手段展示投标供应商的最新报价或可量化非价格评标因素折算的价值或两者兼有，从而产生投标排序或重新排序的替代过程。

物或服务，若能源部依据《原子能法案》而进行的采购”或“与战略石油储备相关的任何石油采购”予以例外。虽然这是对加入协议部分范围的排除，但折射出其政府采购落实国家经济、社会政策功能和参与战略资源控制功能作用是十分明确的。再如，日本加入 GPA 出价清单附件 3 的其他实体部分，列出了日本石油、天然气和金属矿物资源机构、日本水资源机构等；在附件 4 的货物清单中明确，“本协议适用于附件 1 到附件 3 中的实体采购所有货物”，并在具体货物清单中按《联邦产品与服务代码》（FSC）列有 94 种非金属天然材料和 99 种混杂物，即一些重要战略资源，如石油、天然气、木材和金属矿原材料均可包含其中。可见，日本十分重视利用政府采购为其获取资源和国家发展战略服务。GPA 已越来越成为国际经济政策和国家发展战略的工具。

二、GPA 在均衡国际经济利益和促进发展上的作用分析

经济全球化条件下，为获取资源和商贸利益、加快生产要素流动、推动经济快速发展，世界各国都将加入世界性经济组织作为发展经济的重要选择。WTO 作为国际经济“联合国”，主导着国际经济秩序，其协议及相关经济环境对国际经济及国家发展模式有着极大的影响。GPA 经过 17 年的运行，目前已有 43 个成员，协议规则也日趋成熟，美欧等经济大国主导着 GPA 的规则和运行，其行为影响着 GPA 功能作用的稳定性。

（一）国际经济关系中的利益博弈始终影响 GPA 运行秩序

从现实情况看，GPA 协议框架与实际政府采购环境之间仍然具有一定距离，即使在缔约国之间也仍然存在协议约定与实际运行的差异之处。发达国家与发展中国家之间，围绕国际贸易利益，就 GPA 的运行秩序和各自的发展机遇，形成了国际经济贸易的一对基本矛盾。国际经济关系中利益是永恒的，关键是看谁能利用制度为本国拓展利益，这是国际经济竞争的残酷现实与永恒真理，GPA 参加方之间的关系也不例外。加入 GPA 的谈判和进入 GPA 的运行仍然存在利益博弈。

（二）GPA 的制度约束性具有规范成员方贸易行为的作用

联合国发布的《2013 年世界经济形势与展望》显示，世界经济增长在 2012 年已经大幅下滑，预期未来两年仍将继续疲弱。全球经济 2013 年的增长率为 2.4%，预期 2014 年为 3.2%，两者远比半年前的联合国预测数字低。这种增长步伐远不足以消除许多国家正在面临的持续就业危机。依照现行政策和增长趋势，欧洲和美国至少还需要 5 年时间才能弥补 2008—2009 年大衰退失去的工作。大多数发达经济体特别是欧洲经济体，都陷入高失业率、金融部门脆弱、重大主权债务风险、财政紧缩政策和低增长率的恶性循环，若干欧洲经济体和整个欧元区都已陷入衰退。欧洲、日本和美国的经济难题通过减少对发展中国家出口的需求和资本流动及商品价格大幅起伏而蔓延到发展中国家。[①] 在经济紧缩情况下，贸易保护主义抬头，必然冲击国际经济的正常秩序，

① http://www.docin.com 2013 年世界经济形势与展望，《联合国：全球经济处于再次跌入衰退的高风险》。

使困难的经济环境雪上加霜。WTO 前总干事帕斯卡尔·拉米（Pascal Lamy）指出，在经济高度全球化、产业链全球分布的时代，继续采取贸易保护主义政策既不能保护本国经济，又有损于贸易伙伴利益。拉米说，目前世界经济领域已发生根本变化，全球化生产要素在世界范围内配置，产业链全球分布。在此背景下，一个经济体往往只承担产业链中某一环节，要完成产品增值，往往需要先进口再出口。因此，“如果一国打击进口，实际上也将伤害出口”，保护政策不能增加内需，更不能促进就业。为防止贸易保护主义行为，世贸组织通过贸易政策审议机制收集和监督成员贸易政策动向。[①] 受贸易保护主义影响干扰，不少对外依存度高的国家经济普遍发生困难，“而 GPA 就是这种例外之一”，“GPA 成员方并不受其影响”。[②] 这显示了 GPA 组织和制度对参加方贸易行为的稳定器作用。

（三）贸易保护主义时有抬头，影响 GPA 规则执行的稳定性

2008 年以来席卷全球的经济危机，使得 GPA 的作用凸显。有研究数据表明，2008 年全球各国政府用于基础建设项目的支出占到世界 GDP 的 2.2%，而 2009 年则上升为 2.9%。由于各国均有大笔的财政支出，政府采购市场无论从其重要性还是规模而言，都更为突出。但各国经济刺激计划中往往都含有购买国货的条款，政府采购市场在变得更加诱人的同时也更封闭，外国企业只有在极少的特殊情况下才有机会分得一杯羹。历史的经验证明，只要出现经济危机，贸易保护主义就会抬头，GPA 制度规则

---

① http://news.xinhuanet.com/forture/ 访世贸组织总干事拉米：中国入世十年世界贸易巨变。

② 中国政法大学法治政府研究院郝倩：“GPA 与中国效应”，《中国政府采购报》2012 年 2 月 3 日。

的稳定性有时也会受到严峻的挑战。

三、加入 GPA 有利于中国国防建设发展

按照政府采购概念定义，军事采购属于政府采购的组成部分，除与国家安全和军事秘密相关的内容外，政府采购的法律原则、政策功能和运行方法均适用于军事采购。在军事采购中，凡涉及到武器装备、国防工程、军事服务和国防军工等的采购可以依据 GPA 例外条款予以保护（排除），因此开放军事采购主要指国防和军队有关部门的非敏感物资（货物）采购。

（一）中国加入 GPA 有利于军事采购事业发展

军事采购的本质是满足国防和军队建设以及军事行动供应保障任务，其行为属性属于公共采购行为范畴，因此在总体服从政府采购制度框架的前提下，有自己特有的运行规则和特点规律。无论是 GPA 还是各国法律法规，都为军事采购提供了专门的适用规则，掌握了解这些规则规律，中国军事采购走向世界将获得基本参照和政策依据。GPA 作为国际经济制度和政府管理制度进步的产物，隐含着许多管钱、管物的规律遵循，其规则的规范性和架构的合理性有利于中国军事采购制度建设和运行管理。

（二）中国加入 GPA 有利于借鉴外军采购的通行做法和有益经验

发达国家建立军事采购制度大都先于 GPA，由于有较为完善的制度体系，加之加入 GPA 后的实践磨合，目前发达国家的军事采购制度相对比较成熟。其通行做法：一是管理体制高度集

中；二是法律法规分层适用；三是运行机制简洁高效。第二次世界大战后，美军采购体制的变化始终围绕适应联合作战要求，实现采购主体一体化，主管采购工作的是国防部部长助理级的高级官员，对全军物资及装备采购实行统一管理。英军采购工作的最高管理部门是国防部国防装备与支援部，专职负责集中领导和管理军事采购工作，各军种参谋部只是作为“第二用户”，负责装备使用保障的需求管理。德国由总理领导军事采购总计划，向议会提出军事采购经费预算，实施从经费源头的集中统管。法国、日本、韩国等也都由国防部下属的一个部门负责军事采购工作。英军认为，采用国防部集中统一管理，对提高采购效益，杜绝各军种分散采购管理带来的资源浪费、效率低下等弊端，起到了很好的作用。从外军情况看，大都由国防部统一领导采购工作，按项目分类实行权限审批管理和按专业实施采购，联邦或地区法院以及国防部合同调节申诉委员会依法处理申诉案件，形成了计划、管理、采购、监督相互独立、相互制约的高效运行机制。

（三）中国加入 GPA 有利于提高国防战略资源能力

从战略层面看，资源作为经济运行的基础原材料、产能和运力，是产业发展、社会进步的基本物质条件和物资流通工具，具有为产品生产、流通、消费、服务提供保障和提高社会文明程度的重要功能。对一国经济发展而言，资源总是稀缺的，经济全球化的资源国际流动以及 WTO 和 GPA 制度下的交易门槛的相对统一，促进了资源的全球配置，利用好国际资源不仅是国家的经济发展战略问题，也是国家的国防安全战略问题。理论上认为，国际产业链是一个围绕用户需求，在全球范围内实现货物生产从营销网络、产品设计、订单处理、仓储运输、批发零售以及后续服务的全程运营链条。资源依据用途，按照产业链运营走向，形成了一个个相对固定的资源流动管道。管道内的资源流动将按照价格和价格走势以及资源之间的依存关系选择最终用户。把握产业链和利用好价格杠杆，可以事半功倍地提高国家资源控制力。[①]中国作为一个发展中大国，发展和安全问题都要求国家和军队不断提高资源获取能力，GPA 的国际采购是实现资源控制力的有效途径。在经济全球化条件下，面对国际资源激烈竞争，我军必须树立战略资源获取意识，关注国际战略资源市场格局，在经济建设和军事保障对外依存度加大的情况下，按照资源全球化的战争构建要求，利用好国际规则，包括加入 GPA 给我们带来的发展机遇，让 GPA 为中国经济、社会和国防建设带来更大的红利。

四、适应 GPA 发展要求的军事采购转型创新

按照 GPA 规则和发展走势，军事采购必须面向国际国内两个市场，进行思想理念、目标要求、功能作用和制度方法的调整和创新，扩大国际市场物资资源获取范围和数量，提高采购质量和稀缺资源掌控能力。从有效维护国防安全和实现有效供给的任务要求出发，在巩固已有运行秩序和管理成果的基础上，军事采购要统筹利用好国际国内市场资源，建立与国家政府采购制度相衔接、与国际采购规则相适应的制度体系。通过深化采购制度改革、加强资源获取能力，加快采购职能和管理模式的转型创新，提高军事采购对国防和军队建设的保障作用。

---

① 祝尔坚、吴玉生：“通过掌握产业链提升军队后勤资源控制力”，《军事经济研究》2010 年第 4 期，第 28 页。

（一）由单一采购向采购保障一体化转型

军事采购要加强遂行军事行动的采购与保障一体化的能力建设，按照物资供应链保障要求，实现采购职能由目前着重于采购获取物资向采购获取、中转供应、全程服务一体化的物资保障职能转型。军事采购工作既要面向市场筹措物资，提高军费使用效益，更要面向部队服务基层，为战斗力生成提供有效供给。建立并完善以国民经济体系为基础、国家政策为支撑，军队主导、企业参与的军民融合物资采购供应保障体系。

（二）由立足国内向适应国际采购规则转型

随着中国加入 GPA 步伐的加快，军事采购要面向国际市场，逐步开放非敏感货物的国际采购品目。通过加大与 GPA 成员方军事采购部门的交流，学习国际先进的军事采购管理经验和运行办法，尽快实现由立足国内向适应国际采购规则的制度转型，提高非敏感货物采购透明度，提高国际采购与物流的运行效率，提高电子商务运用能力，完善采购投诉处理机制，实现国际经济环境下的规范、有序运行，推动军事采购保障质的提升。

（三）由依托市场向统筹资源获取能力转型

对一国经济发展和国防建设而言，资源总是稀缺的。很多资源如石油、煤炭、矿石、信息、专利技术等既是国家发展战略资源，又是国防建设应用资源。中国作为一个发展中大国，发展问题和安全问题都要求国家和军队不断提高资源获取能力。战略物资作为重要的经济资源，是国防和军队建设的物质基础，可通过集中采购规模优势，影响市场价格走势和促进产业发展，不断提高军队获取物资资源的统筹能力。

To Transfer the Rule and Responsibility of Military Procurement based on the GPA New Development

Zhu Erjian

Abstract: "The Government Procurement Agreement" (GPA) is one of the Plurilateral agreements under the framework of the WTO, aiming to develop a more transparent government procurement system so that to ensure the fairness, impartiality and full competitive during the procurement activities. The new GPA report, as one of the application tools for world trade and national economic development, is describing the GPA's functions and requirements more accurately and completely, meanwhile the connotation of government procurement function in old text also being well retained. Currently GPA is playing a very positive role of balancing the international economic relationships as well as improving its further development which mainly being reflected in the policy support and valid restriction to the member countries during the procurement activities. Nowadays, the research on the development relations between GPA and China construction and how to make full use of the international resources is not only to be a strategic issue for national economic development, but also a significant measure for national security strategy. From the writer's opinion, it is necessary to transfer the rule and responsibility of Military procurement.

Keywords: GPA New Version (2012) Military Procurement Development Research

开拓国际政府采购市场的政策建议

吕汉阳*

摘　要：政府采购国际市场规模巨大，为我国企业“走出去”和参与国际竞争提供了空间，也是今后我国出口需要促进的重要增长领域。本文分析了国际政府采购市场的规模和企业参与的障碍，借鉴了中国台湾地区、韩国开拓国际政府采购市场的有益经验，并以美国和欧盟为例分析了我国进入国际政府采购市场的可行性，最后提出了我国开拓国际政府采购市场的政策建议。

关键词：政府采购　国际市场　出口促进

一、国际政府采购市场巨大、潜力可观

随着全球经济和贸易的快速发展，政府采购在一国和全球经济中的地位愈加重要。根据经济合作与发展组织（OECD）在

* 吕汉阳，国家信息中心助理研究员、博士后。

2002 年所做的一项研究，1998 年 OECD 国家政府采购额为其 GDP 的 19.96%，而非 OECD 国家的政府采购额为其 GDP 的 14.48%。这一比例通常不会有大的波动，2008 年 OECD 国家的 GDP 总量为 40 万亿美元，而其政府采购总额约为 8 万亿美元；非 OECD 国家的 GDP 总量约为 20 万亿美元，其政府采购总额约为 3 万亿美元。因此，当前世界政府采购市场总额约为 11 万亿美元，相当于世界 GDP 的 18% 左右。从国别来看，欧盟公布其 27 个成员国 2010 年政府采购总额为 24070 亿欧元，占 GDP 比重约为 19.7%。美国 2007 年联邦政府采购总额为 9590 亿美元，地方政府采购总额（门槛金额以上）为 5390 亿美元，规模巨大。

政府采购是国际贸易总额中不可或缺的一个组成部分，并且越来越受到各国政府的关注。据有关统计显示，政府采购总额一般占 GDP 的比例为 10%—15%；而据世界银行统计资料显示，现在世界贸易总额占 GDP 的比重为 30%—40%。如果将各国出口额去掉，则一国的政府采购总额占本国进口额比例将在 30%—40% 之间。可见，政府采购在国际贸易中的地位之重要。因此，各国政府均对政府采购市场给予相当的关注，并就政府采购问题多次召开国际性会议专门讨论，形成了世界贸易组织（WTO）《政府采购协议》（GPA）等国际协定。《政府采购协议》作为世界贸易组织（WTO）的一个子协议，是第一个国际性的政府采购贸易的权利与义务框架，目前共有 43 个缔约方，主要包括美国、欧盟及其成员国、加拿大、英国、瑞士、挪威、日本、韩国、新加坡、中国香港和以色列等，我国目前正在进行加入 GPA 谈判。现有 GPA 缔约方在 2007 年从海外采购产品和服务为 3800 亿—5700 亿美元。

根据商务部发布的数据显示，2010 年我国进出口总额达到 2.97 万亿美元，约占当年全球贸易总量的 10%。相比我国在全球商业贸易领域份额和优势，我国在全球政府采购贸易中份额很小。以对美国出口为例，2008 年我对美商业出口约占美总进口的 16%，而同期我对美政府采购出口仅占其政府采购总进口的 5%。加入 GPA 后，随着国外法律法规壁垒的消除和减少，辅之以有效的促进措施，我国政府采购贸易的增长潜力巨大。

二、我国企业开拓国际政府采购市场面临的障碍

政府采购贸易较一般商业贸易具有规模大、渠道稳定、付款准时的特点，但也存在歧视性壁垒多、准入门槛高、政治因素干扰大的因素。由于企业对国外政府采购政策了解和评估不足，缺乏适时的政府支持，加之复杂的申请程序和多变的政治因素，常常使企业措手不及，在投标和执行合同中困难重重，中海外集团波兰高速路项目惨败和最近的华为集团无法投标澳宽带网项目就是最好的例子。

政府采购具有天然的采购本地或本国商品和服务的倾向。事实上，大多数国家并没有明文规定优先采购本国货物和服务的规定，但出于多方面的原因，采购实体仍然会主动更多地从本国或本地采购。如韩国调达厅受 GPA 约束的采购中仅有约 1% 授予外国供应商，日本的这一数字约为 6%。即使在一体化程度极高、几乎没有任何政策壁垒的欧盟内部，政府采购中直接跨国采购比例也仅为 1.6% 左右（按合同数量）。因此，影响国际招投标的并不仅仅是政策因素，还有其他各个方面的条件。

根据欧盟的评估报告，从供应商的角度看，阻碍跨国投标的主要因素依次为：缺乏经验、语言不通、当地投标商的竞争、法

律上的准入限制、更高的投标和执行成本、国际投标需要更多资源投入、对形式要求的不熟悉、汇率波动风险、远距离执行合同的更高成本、与本国不同的技术规格要求、税收和社保政策不同。其中许多障碍并非采购人员故意设置，而是政府采购甚至私人采购中自然存在的。因此，即使加入 GPA，企业仍然需要克服这些障碍才能赢得国际公共合同。

对中国企业来说，目前我国尚未加入 GPA，因此面临的最大障碍是一些国家在法律上限制非 GPA 缔约方企业参与其政府采购招标。但是，也有相当一部分国家并没有这样的限制，对这一部分政府采购市场的开拓在没有加入 GPA 的情况下也是可以努力争取的。而在加入 GPA 之后，也不能以为各缔约方的政府采购市场就是唾手可得的，而仍然需要我国政府和企业共同努力去争取。

三、GPA 缔约方开拓国际政府采购市场的经验——基于中国台湾、韩国的分析

（一）中国台湾地区的经验

中国台湾地区于 2009 年正式加入 GPA。其加入 GPA 的重要目的之一就是利用 GPA 打开其他国家的政府采购市场，凭借台湾企业在 IT 产业、机械、工程服务等领域的国际竞争力，在国际政府采购市场中占据更大份额。台湾当局也认识到企业在开拓政府采购市场时面临各种政策和技术上的困难，因此采取了多种措施来协助岛内企业。

1. 制定“GPA 专案”协助企业开拓市场

一是通过举办业界座谈会等方式，广泛征集各界意见，筛选

可参与 GPA 政府采购的、具有竞争力的产业;

二是通过开设政府采购专班，讲授投标技巧、外国法规、国际契约及财务规划介绍等课程，培养台湾企业承接 GPA 政府采购的能力;

三是建立供台商运用的各种资料库，如设置“WTO GPA 政府采购商机网”，设置有关国际金融、保险、法律（仲裁）等方面的专业顾问资料库，研制“GPA 投标标准作业程序（SOP)”，汇整各国政府采购的网址，印制成册，免费分送厂商参考并举办说明会，以强化厂商投标能力，提升投标效率;

四是邀请 GPA 缔约方政府采购主管人员和有投标或中标经验的企业举办说明会和研讨会，介绍各国的采购法规及实务、分享竞标的经验，以帮助台湾企业扩大参与政府采购市场机会;

五是搜集 GPA 政府采购中标厂商的信息，评估选定合适的岛外中标厂商，协调相关协会整合会员厂商，举办统包分标或征选货物供应商的商机洽谈会。

2. 制定区域发展计划

台湾相关部门根据优势产业，制定了有针对性的市场拓展计划，将政府采购出口市场划分为三个区域:

一是美洲地区（美国和加拿大)，大力推销 IT 产品及其他一般货物;

二是亚洲地区（日本、韩国、新加坡、中国香港)，大力推销工程建筑、IT 产品及成套设备;

三是欧洲地区（欧盟 27 国、欧盟委员会、挪威、瑞士)，大力推销 IT 产品及成套设备。

通过搜集政府采购招标信息，直接帮助对市场有兴趣的企业寻找商机。其中，对有竞争力的企业，实施专项辅导，协助其顺利取得政府采购合同，对有一定竞争力的企业，则协助其成为国外政府采购供应商或中标方的下游供应商；邀请目标地区政府供应商赴台开办政府采购专案洽谈会，向岛内有意进军 GPA 政府采购市场的企业分享投标注意事项及成为其下游供应商的采购洽谈。

表 1：2009 年台湾地区 GPA 专案执行情况

工作项目	目标量	达成量	备注
1. 办理政府采购专班			
政府采购专班	2 班	2 班	已完成。
2. 建置全球政府采购商机网			
（1）搜集政府采购商机	350 则	2186 则	已完成，达标率为 625%。
（2）建置专家顾问库	100 位	102 位	已完成。
（3）编印教战手册	1 册	1 册	已完成，印制 2000 册免费分送厂商及公协会参用。
（4）办理教战手册说明会	4 场	5 场	已完成，分别于台北、新竹、台中、台南、高雄办理计 5 场。
3. 办理多元倡导活动			
（1）外国政府采购座谈会	4 场	4 场	已完成，邀请欧盟、德、英、法、韩国人士办理座谈会计 4 场。
（2）分类商机研讨会	6 场	15 场	已完成，共计 820 人参加。
4. 洽邀国外政府标案得标商来台采购及寻找合作厂商			
国外政府采购得标商采购洽谈会	10 家	10 家	已完成，计安排国内 162 位厂商与得标商进行一对一洽谈，我商已获得 5078 万美元采购分包商机。

资料来源：台湾“经济部国际贸易局”，《2009 年度〈新郑和计划—争取全球政府采购商机（GPA 项目）〉期末报告》，2009 年 11 月 30 日。

（二）韩国经验

韩国经过多年的谈判，最终在1996年加入GPA。1997年1月1日，GPA正式对韩国生效。韩国加入GPA后，制定了一系列政策，支持其企业拓展海外政府采购市场，在海外公共承包工程中收获颇丰。2008年，韩国整体海外工程承包额约为476亿美元，其中61.6%（约291.9亿美元）为政府采购招标项目。作为GPA缔约方，韩国非常重视开拓国际政府采购市场，具体通过以下措施强力推动其企业"走出去"，获取政府采购订单。

1. 强化金融支持

一是韩国出口保险公社设立"海外政府采购一揽子出口保险"，以确保海外公共承包工程获得金融支持，即出口信保公社可向承包工程企业提供出口担保保险（合同履行担保）、出口信用保险（周转资金贷款担保）和中长期出口保险（货款未收回风险担保）；二是考虑货款结算安全性，韩国对于国家信用度4级以上76个国家的政府订单合同金额实行履行担保支持，并减免10%—15%的保险费；三是生产周转资金贷款担保将依据项目情况和供货商实力，在可预测限度内给予最高2倍的担保额度；四是进出口银行通过特殊信用贷款项目，对信用度偏低的企业提供生产资金贷款和履行担保。

2. 加大对海外经济刺激项目投标支持

一是通过举办经济刺激计划说明会和项目招标恳谈会，全力开拓可进军领域和途径；二是韩国贸易协会（KOTRA）组成联合财团，为大型项目的共同承包提供财金保障；三是加强海外市场营销和售后服务，即支持企业参加政府采购展会，搭建中标企业间的沟通渠道，并每年定期派遣海外市场开拓团和举行项目承包洽谈会；四是将海外共同物流中心由2009年的21个增加至

2013年的28个，旨在进一步对当地法人的企业发挥窗口机能作用；五是通过间接采购，开拓物品和服务业市场，美国联邦政府采购对残疾人联盟产品实行优先购买制度，韩拟对享受优先购买权的团体加强合作交流，从中获得曲线采购的机会。

3. 提高企业对海外采购市场的认识和参与积极性

一是加强政府采购统计管理系统，对年度各国和各领域的国际投标规模以及订单情况进行分析整理；二是挖掘进入海外政府采购市场的优势产品和项目，政府予以积极的市场宣传；三是扩大政府采购市场参与范围，实施海外政府物流批发商注册咨询体制，对具备投标资质的物流批发商提供支持；四是完善扶植体系，各政府部门组成海外政府采购市场协议会，专门负责审评扶持政策进展效果和加强与金融机构合作，为企业切实解决“走出去”难题；五是具体细化KOTRA的海外政府采购市场支持业务，KOTRA增设“政府采购事业组”并大幅增加其资金预算。同时，KOTRA的海外贸易馆将设立政府采购市场支援中心，加强项目投标信息搜集和对当地中标企业支持力度。

四、我国企业进入国际政府采购市场可行性分析——基于美国、欧盟的分析

（一）美国

1. 采购需求分析

美国目前在GPA项下开放了79个联邦政府机构（占联邦政府机构的绝大多数）、37个州（所有经济大州均在其中），涵盖几乎所有货物和服务（仅有少数服务部门例外，如为国防目的采购的少数产品）。美国政府采购的规模巨大，2004财政年度联邦

政府采购总额为3013亿美元，2005年为5125亿美元，2006年为5397亿美元，2007年为9590亿美元。若加上地方政府的采购，政府采购规模每年约为2万亿美元，对GPA缔约方开放的采购大致占70%—80%，开放程度为所有GPA缔约方中最高的。

加入GPA，意味着相互开放市场，但开放本国市场并没有使美国丧失在政府采购方面的主导权。相反，通过协定打开别国市场的同时，美国还通过了《购买美国货法案》等规定，使得本国企业特别是中小企业在政府采购中具有相当的竞争优势。政府采购中超过九成市场份额由本国企业获得，并没有对国内产业产生大的冲击。

2. 我国产品进入美国政府采购市场的可行性

目前我国不是GPA缔约方，美国政府采购市场对我国不开放。根据美国联邦采购数据库的统计，目前我国在美国政府采购中占据约3000万美元左右的市场，这其中主要是来自于美国驻华机构。实际上，我国对美国的出口超出美国的官方统计。据估算，如果将组装到成品中的零部件和原材料涵盖在内的话，我国产品在美国政府采购市场中约为100亿美元。美国在调查中发现，很多公司实际上采购的是中国产品，因为作为世界工厂，中国产品在制造成本、商品质量方面具有明显优势。但由于GPA的法律障碍，进口商往往将产品运至第三国，对产品重新组装，以满足原产地的要求，然后再转口美国。这都表明我国的产品具有竞争力。

如能加入GPA，扫除我国企业进入美国市场的障碍，则有助于扩大我国的出口。2008年，我国对美国出口约3777亿美元，约占美国总进口的16%。我国产品物美价廉，竞争力强，如果我国产品能占到美国联邦政府采购数量的5%，对美出口即可增加475亿美元；如果占每个州政府采购数量的百分比多5个百分点，这一金额就可达到950亿美元。而且，考虑到目前GPA协定中主要成员为发达国家，在商业采购领域内与我国激烈竞争的印度、巴西、越南等国家尚无加入GPA的意愿，我国加入后将是第一个进入到美国政府采购市场的发展中大国，有助于发挥比较优势，抢占先机。

此外，如果我国能加入GPA协定，也有助于我国吸引美国的直接投资。目前，美国内推动中国加入GPA协定的企业主要有两类：一类企业是想进入到中国的政府采购市场；另一类企业是美国政府采购的供货商或提供商，希望能将中国作为其采购物品的来源地。此类企业曾经向美国联邦政府提出将中国豁免于《购买美国货法案》之外，但未获批准。对这些企业而言，如果中国成为协定会员，则可能将生产基地转移到中国，从而促进我国吸引外资，创造就业。

（二）欧盟

1. 采购需求分析

欧盟作为整体，其整个内部的协调和统计是相对困难的。从欧盟总部的统计数据可以看到，2008年欧盟政府采购的总额在11000亿美元。而最新的数据显示，2009年全年的政府采购也达到了9800亿美元左右，这主要是因为2009年欧盟各参加方都面临了巨大的财政压力，都在紧缩银根，所以出现了下降，但是从以往的数据来看，欧盟整体的政府采购一直都是呈现增长趋势的。

欧盟对轻工业产品的政府采购量也相对较大，但是有一点值得注意，欧盟各参加方相互之间的采购较为频繁，针对欧盟外的政府采购相对较少。这也是欧盟这一特殊组织对我们提出的挑战。我们必须充分了解欧盟内部的运作，以及意识到在与欧盟处理商业关系时必须将欧盟视为整体，同时对欧盟参加方之间的商业往来要给予更多关注。从数据中可以看出，欧盟轻工业产品的采购量是很大的，但是，也必须充分了解欧盟的政府采购是最为特殊的。欧盟成员国相互之间的政府采购几乎占据了各国国外供应商的90%以上，这对于我国企业来说是很不利的。欧盟内部相互之间的政府采购比外界预计的要多很多。

2. 我国产品进入对方市场的可行性

从整体来说，我国企业进入欧盟政府采购的可能性是很大的，同时机遇也是不错的。首先，对欧盟来讲，虽然经历此次金融危机，很多成员国都面临巨大的财政压力，但是为了缓解危机的冲击，政府财政支出是非常重要的手段，同时也更加注重价格优势，这正是我国产品的最大竞争优势。

其次，我国产品一直在欧洲有很好的声誉，这对于我国企业进入欧盟政府采购市场打下了良好的基础。从目前我国对欧盟的出口数据可以看到，2008 年，我国对欧盟的出口总额达到了7800 亿美元，其中，我国轻工业产品的出口总额达到了 1000 亿美元以上，这充分说明了我国产品在欧洲市场上的竞争力，同时也从一个侧面反映了我国产品在欧盟市场上的认知度。

第三，我国与欧盟之间的贸易往来一直呈现增长的态势。我国与欧盟之间的贸易往来越来越频繁，一方面，我国希望摆脱对某一国家和地区的依赖，另一方面，欧盟对华的政策还是相对宽松的，尤其是在高科技产品和武器的出口上，所以我国有必要积极争取与欧盟之间的政府采购谈判，作为让步的条件，我方可以要求欧盟开放某些高科技产品的出口。在本文的研究中，轻工业作为我国很重要的支柱产业，在与欧盟的贸易往来中一直都处于较优势的地位，所以我国可以在政府采购中做出让步。

中国的风扇、空调、冰箱、缝纫机、自动打字机、文字处理机、电容器、洗衣机、轴承、纺织产品、钢铁产品、橡胶、有色金属、水泥熟料、云母粉、砂布、陶餐具、陶制厨房器具、玻璃纤维（包括玻璃棉）梳条、粗纱、纱线及短切纤维、初级药品等产品能够进入欧盟的政府采购市场。

五、我国支持国际政府采购市场开拓的政策建议

很多国家都制定了有针对性的政府采购贸易促进机制，帮助企业更好参与国外政府采购市场竞争。政府采购贸易与一般商业贸易在产品上差别不大，且更为集中，我国应有能力对此有所作为，在政府采购出口上做好工作，出台政府采购出口促进措施。借鉴韩国等其他 GPA 缔约方的有益经验，结合我国自身国情特点，我们建议可以从以下几个方面来推动我国企业开拓国际政府采购市场。

（一）加强对政府采购贸易的研究和开放工作

一是深入研究多边贸易体制中的政府采购规则：一是 GPA 规则，提升我国参与国际规则制定的能力；二是我国要加快加入 GPA 谈判进程，尽快融入国际政府采购贸易体系，从市场准入上为我国企业争取制度保障；三是深入研究世界主要政府市场的法律法规和具体采购政策，为我国政府采购贸易促进工作做好智力储备；四是加强对我国主要贸易伙伴政府采购市场的统计研究，分析我国政府采购贸易结构，并研究促进政策提供数据支持。

（二）研究制定并出台促进企业参与国际政府采购市场的一揽子出口促进政策

一是将促进我国企业参与国际政府采购市场政策与促进我国

企业国际化的整体战略相结合，出台相应政策鼓励我国企业在各主要 GPA 缔约方注册分公司，尽可能规避歧视外国企业的政策风险；二是设立促进我国企业参与国际政府采购市场专项基金，对积极参与国际政府采购市场的企业进行相关补贴；三是出台进出口银行和进出口保险公司对于参与国际政府采购市场企业的特殊金融和保险政策，如贴息贷款、信用授权等措施；四是出台鼓励企业参与国际政府采购市场的税收政策，如提高出口退税税率等措施。

（三）成立或指定专门机构支持企业开拓国际政府采购市场

一是建立健全覆盖采购信息、法律法规和研究报告等内容的国际政府采购市场数据库，并建立相关网站，为我国企业参与国际政府采购市场提供信息保障；二是建立健全具有国际视野的政府采购人才培养体系，为我国企业参与国际政府采购市场提供人才保障；三是建立健全以企业需求为导向的政府采购培训机制，全面提高我国企业参与国际政府采购市场能力；四是开展论坛、展会等多种形式的各国政府采购市场推介活动，切实加强我国企业与各国政府采购主管部门的互动；五是完善与我国驻外商务机构合作机制，搭建多部门密切合作的促进企业参与国际政府采购市场的平台。

Policy Recommendations on Exploring the International Government Procurement Market

Lü HanYang

Abstract: The size of Government Procurement market is rather large and this provides a good chance for Chinese companies in international competition. Government Procurement market has become the important increasing field of export promotion. This article firstly analysis the size of Government Procurement market and the handicap of Chinese companies faced. Secondly it studies the experience of Chinese Taipei and South Korea opening up the international Government Procurement market. Finally the article analysis the feasibility of Chinese companies access to Government Procurement market and provides the suggestion for opening up Government Procurement market.

Keywords: Government Procurement International Market Export Promotion

科技政策篇

科技进步对经济社会的影响研究

刘绿茵*

摘　要：世界各国不断推进科技进步和创新。本文在综述世界主要国家和地区最新颁布的科技计划和创新调查的基础上，研究这些国家和地区未来一段时期内科技进步和创新的主要做法和优先领域，总结近期尤其是2013年国际科技进步促进经济社会发展的特点，分析这些优先领域的发展对中国科技进步战略选择的启示，并提出促进中国科技进步的政策。

关键词：科技进步　经济发展　社会发展　影响

科技进步已成为推动引领经济社会创新发展、持续发展的主导力量。科技创新能够带来产业升级，产业升级能创造出大量新经济增长点和新就业机会。各国为保持其科技与经济的领先地位，抓住新科技革命和产业发展的新机遇，从战略高度谋划未来。选择重点领域，增加创新投入，提升自主创新能力，以抢占

* 刘绿茵，国家信息中心副研究员、情报学博士，国家科技中长期规划成员。

未来科技和产业制高点。“未来技术”的争夺战正在全球打响。

一、主要国家和地区科技进步的方向与重点领域

世界经济发展面临着诸多挑战，如金融危机、全球经济发展停滞、低碳经济、社会老龄化问题、新兴产业的不断涌现等，使各国迫切地意识到寻求经济发展新的驱动力的重要性，进而积极布局科技进步的重点方向和领域。

（一）美国

创新与科技进步一直是美国经济增长的关键推动力，也是保障美国未来全球竞争力和经济社会发展领先地位的关键。2013年，制造业仍旧是美国主要的创新领域，大数据成为新的关注领域。

1. 制造业是美国繁荣和创新发展的源泉

为了改造和复兴制造业，美国 2011 年 6 月发起了先进制造伙伴计划（AMP）和推进材料基因组等计划（MGI），目的是协调先进制造计划的部门关系，以促进不断增长的私人部门伙伴计划与制造商、大学、地方政府及其他制造业相关组织的对接，保持先进材料及高端制造业领域领先地位。

美国政府对制造业的创新非常重视。2009 年制定和实施的制造业振兴计划，对包括汽车产业在内的关键制造企业进行扶持和资助；美国小企业管理局和商务部经济发展局从 2010 年下半年开始，分别在全国各地创建了 70 多个“区域创新集群”，为技术成果产业化及产业技术升级创造更加实用的环境；2013 年初，奥

巴马在其国情咨文中提出创建15个全国性制造业中心（目前已经确立了3个），以创新为核心，发展先进制造业引领未来制造业发展方向，创造新的经济增长点，美国制造业已经踏上创新与发展相融合之路。

2. 大数据成为新的关注领域

美国政府认为掌握了大数据技术就能实现经济增长、教育、医疗健康、清洁能源、增强竞争力、应对重大挑战和激励创新等领域的国家目标。大数据技术已成为关乎美国政府重大创新计划成功与否的关键技术。

2013年4月初，美国国家卫生研究所（NIH）在2014财年的预算中计划至少拨款4000万美元来启动一项“大数据向知识转化”计划。该计划的内容包括：（1）从政策、资源和标准等方面拓展庞大而复杂的生物医学数据集的利用与共享（这些数据来自于各种设备，如基因测序仪、高分辨率医用成像设备、电子医疗记录仪和能监视病人的手机应用程序等）；（2）开发和推广新的分析方法和软件；（3）加强数据科学家、计算机工程师和生物信息学家的培训；（4）设立精英中心（Centers of Excellence）以期开发能解决生物医学数据分析、计算生物学和医学信息学（Medical Informatics）等学科中重大问题的通用方法。

同时，美国政府不仅仅关注大数据技术本身，更注重大数据的应用。2013年4月颁布的为期10年、耗资数十亿美元的人脑研究计划（Brain Research through Advancing Innovative Neurotechnologies Initiative，BRAIN）中指出，由于人脑的信息量极其庞大，该计划必须要借助大数据方面技术的突破才能取得成功。大数据技术与应用将成为美国未来一段时间内创新的重点。

（二）欧盟

欧盟委员会于2011年11月30日公布了“地平线2020”科研规划提案，以此进一步整合欧盟各国的科研资源，提高创新效率，促进科技创新，推动经济增长和就业增加。

1. 近期举措与重点领域

为了顺利实施“地平线2020”科研规划，欧盟委会员近期宣布了一揽子措施，计划未来7年欧盟、产业界及成员国将共同投入220亿欧元，为大型、长期、高风险的科研与创新行动计划提供重要资助，以维持欧盟在一些战略性、全球竞争性技术行业的领先地位。因为这些行业目前提供了400多万个优质就业岗位，并将有助于欧盟实现2020年制造业占GDP比重达到20%的目标。这些合作是执行欧洲创新型联盟政策、欧洲工业政策和欧洲关键使能技术战略的重要要素，将为气候、能源、数字议程、交通、健康及其他欧盟政策的实施贡献力量。调动的220亿欧元资金，主要用来支持创新药物、燃料电池与氢、生物基础产业、未来工厂、节能建筑、绿色汽车、未来互联网等重要领域的创新。

2. 创新的组织模式

欧盟在第七研发框架计划（2007—2013年）中首次引入了欧盟层面的公私合作机制，主要执行形式之一就是设立“联合技术计划”（JTI）。欧盟委员会指出，对于欧洲和国际性的行业，只要投资规模超出单个成员国的能力，最有效的方式就是在欧盟层面建立伙伴关系。公私合作可为实现欧盟下一期科研与创新计划“地平线2020”计划（2014—2020年）的目标提供强有力的必要工具。因为：（1）公私合作能促进长期性、战略性的科研与创新，减少不确定性；（2）人力、财力和基础设施资源的共享使科研与创新投资更加有效；（3）有助于形成跨学科方法，促进知识和专业技能的高效共享；（4）有助于促进创新技术更快走向市场，如通过企业间的合作与信息共享，加快学习过程；（5）科研与创新活动可形成规模以应对挑战。这种组织模式对欧洲的科技创新意义重大，值得我国借鉴。

（三）日本

2013年6月7日，日本内阁会议通过了《科学技术创新综合战略》。作为创新领域的基本方针，该战略视科技创新为日本经济再生的引擎，明确了未来日本社会经济发展的应有面貌和科技创新应攻克的主要难题。根据该战略，日本政府将强化综合科学技术会议的指挥部作用。

1. 综合战略的基本思想

日本科学技术创新综合战略遵循了以下三个基本思想：首先，它勾画了包括科学技术创新政策全部内容在内的长远愿景以及为实现该愿景而制定的近期行动计划；其次，它全面涵盖旨在解决重点课题的科学技术创新政策，表明了政策的基本方向；第三，作为创新领域的基本方针，它重视产、官、学的作用，在强调产官学联手分工合作的同时，明确各省厅职责，配套相关预算、税收等方面的制度和政策。

2. 创新的战略视角

战略描绘了至2030年日本将实现如下的社会经济状态：经济实力维持世界前列，实现可持续发展；社会安全、生活富足安心，每一位国民可切身感受；在老龄化、保护全球环境等课题上与国际社会共同面对，同时开拓未知领域，为人类作贡献。

为在2030年实现上述目标，大力推动经济发展，综合战略指出应站在“智能化”、“系统化”、“全球化”的战略视角上推动科学技术创新。以“全球化”的视野，通过在各领域应用信息技术实现“智能化”、“系统化”解决经济社会发展中出现的问题，在方便国民生活的同时，提高研究开发，人才培养，设计、生产、流通、消费等经济活动各阶段的效率。

（四）英国

为提升本国科技创新能力，加快推进英国成为世界科技创新的领导者，英国政府于 2011 年底发布了《促进增长的创新与研究战略》报告，对科技创新进行了全面部署，将目前具备明显优势且有发展前景的四大关键技术领域列为重点支持对象。

一是生命科学。当前，英国生物技术和制药产业的研发投资占所有企业研发投资的近 1/3。尤其是在分层医学（Stratified Medicine）、遗传和细胞疗法的基础上对人类的靶向治疗等领域处于世界领先水平。为确保该领域的全球领先地位，英国技术战略委员会（The UK Technology Strategy Board，TSB）将通过分层医学创新平台投资 7500 万英镑用于帕金森病、糖尿病和心脏病等疾病治疗的研究；英国研究医学委员会（The UK Medical Research Council，MRC）将在 4 年内投资 1.3 亿英镑用于干细胞和细胞疗法的研究；TSB 和 MRC 还将在未来 3 年内投资 1.8 亿英镑作为生物医学催化基金。

二是高附加值制造业。汽车、航天航空、电子等领域在英国制造业方面的优势成为英国科技创新应用的重要方向。英国工程和自然科学研究委员会（The Engineering and Physical Sciences Research Council，EPSRC）与 TSB 分别投入了 5800 万和 5000 万英镑用于高附加值制造业的研发。同时，为加强空间技术领域的实力，英国政府另将投入 2100 万英镑用于遥感服务、雷达技术、小卫星平台研发，以创建一个低成本运作的小型雷达卫星。此外，TSB 将在未来 6 年内为高附加值制造业技术与创新中心投资 1.4 亿英镑。

三是纳米技术。英国拥有世界一流的纳米技术研究，现约有 200 家企业正在从事纳米技术和复合材料方面的研发工作。英国研究理事会（Research Councils UK，UKRC）在纳米技术领域的研发投入已超过 2 亿英镑，TSB 也投入了 3000 万英镑用于纳米技术应用领域的研究。其中，作为纳米技术重要的研究领域之一，石墨烯的发展日益受到关注，并可能替代硅，为半导体产业带来革命性的变化。为在该领域抓住发展先机，英国将投资 4500 万英镑在曼彻斯特大学建设一家国家级的研究所，并投资 1000 万英镑用于建立和发展石墨烯技术中心。

四是信息技术。重点涵盖系统和软件工程、3G 移动产品和服务、智能系统、高性能计算机、数字技术等领域。未来 10 年，信息技术创新和应用仍将是全球经济发展的重要引擎。EPSRC 已在网络和分散系统领域投入 3200 万英镑的研发费用，TSB 也在信息技术领域投入了 3000 万英镑的项目费用。2012 年初，数字经济技术与创新中心（Connected Digital Economy Catapult）启动运行，重点为本国数字媒体、数字服务等数字产业提供技术开发、测试和应用，并推进媒体和创意产业等领域技术转移和产业化。

此外，英国政府还十分重视创意产业、新兴技术的发展。英国创意产业在所有产业部门中发展最快，每年创造的收入超过 700 亿英镑，提供了大量的就业岗位。在新兴技术方面，英国政府初步确定今后重点发展四项新兴技术，分别是合成生物、高效节能计算、能量收集和石墨烯。

（五）印度

作为新兴国家，印度在摆脱金融危机负面影响、寻找增长新动力的过程中，将科技创新摆到了前所未有的重要位置——成立国家创新委员会，从国家层面强化科技创新战略规划，并将2010—2020年定为印度的“创新十年”。《2013年科学、技术和创新政策》（STI政策框架）在此背景下诞生，描绘了一条依靠创新驱动发展的路线图，此次印度国家科技战略制定的思路也做了重大调整，从单纯关注科研能力走向注重创新的多元价值实现。

STI政策框架提出将优先关注农业、通信、能源、水管理、健康、制药、材料、环境、气候多样和变化等领域，依靠重大战略任务，提升研发强度，刺激高科技产品出口和创新产业发展。其中，对重点领域的支持和投资，将覆盖基础研究、技术开发、成果转化、产业化等创新链各环节。

印度不断摸索创新创业的方式方法。STI政策框架表示，将在全社会范围内大力支持创新创业活动，手段包括设立“风险创意基金”、探索“小创意、小资金”机制、加强创业孵化服务、鼓励商业模式创新等。对于创新创业的风险，设计由公共部门牵头、私营部门参与的防范机制，不断探索新的金融投资补偿方法，推行创新产品首购首用政策，实施发明者和投资者共享知识产权的法律框架，从供给和需求两端来抵御创新创业的失败风险。

（六）俄罗斯

2013年3月29日，俄罗斯经济发展部制定了《2013—2020年俄罗斯国家经济发展与创新型经济计划》，其中，“推动创新”

子计划为俄罗斯未来8年的创新转型之路指明了方向。

1. 计划目标

未来8年，俄罗斯推动创新的主要目标是提高经济活动的创新积极性。具体目标包括：到2020年，从事技术创新的机构比例由2012年的9.2%提高至25%；在促进科技型小企业发展基金会支持下新成立的创新型小企业数量由2012年的490家提升至850家；联邦政府创新活动扶持计划扶持的联邦主体总数达到15个；以电子化方式提交的知识产权注册申请量的比重由2012年的3%提升至75%；联邦政府2012年后新扶持的、且在2020年前技术出口总量能够翻番的技术创新集群数量达到7个。

2. 优先发展方向

结合《俄罗斯联邦2020年社会经济发展战略》和《俄罗斯联邦2020年创新发展战略》，未来8年俄罗斯推动创新的优先发展方向包括：提高国家创新政策执行部门的协调能力；加强政府、企业、科教部门间的相互联系，为实现突破性创新奠定强有力的科技基础；提高现有创新企业的创新积极性，逐步增加创新型企业数量，鼓励国有企业和自然垄断型企业进一步开展创新活动，消除影响创新活动开展的政策障碍，形成政企合作机制；从根本上提高创新基础设施的利用效率，保证科研成果商业化和新技术的应用；实施区域创新发展政策，形成区域创新生产集群，在俄罗斯全境建立一系列高技术产业集群。

（七）韩国

2013年7月，韩国政府发布《第三期科学技术基本计划》，计划未来5年投入830亿美元支持科技发展，力争到2017年实现人均国民收入3万美元，并创造64万个新的就业岗位。

韩国政府发布的《第三期科学技术基本计划（2013—

2017)》是未来5年韩国科技领域最高级别的国家计划，它将以“以创造性的科学技术为钥匙，开启充满希望的新时代”为发展蓝图，系统推进国家科技创新。

该计划的核心目标是：使研发对经济增长的贡献率由1981—2010年的35.4%提高至2013—2017年的40%；创造64万个新的就业岗位；到2017年，科技创新综合指数（COSTII指数）排名由2012年的第9位上升至第7位。计划提出了提高科学技术水平的五大战略，强调其将继续追求经济增长，提高人民生活质量，促进研发成果技术转移和商业化，推动就业创造。

韩国新一期科学技术基本计划提出，将在五大领域推进120项国家战略技术（含30项重点技术）的开发。五大领域包括：融合信息技术并创造新产业；扩充未来增长动力；营造清洁舒适的环境；开创健康长寿时代；构建安全无忧的社会。

二、2013年全球科技进步的发展特点

当前，全球竞争正从经济竞争、产业竞争前移到科技进步和创新能力的竞争，科技创新已经成为决定国家和区域兴衰的战略焦点。2013年是新世纪第二个10年中重要的时间点，各国、各地区纷纷制定科技计划，对未来7到8年的科技创新进行全面部署，呈现出对未来创新技术的争夺、对创新创业的大力支持、对包容性创新的关注等特点。

（一）对未来创新技术的争夺

对未来创新技术的争夺是保证国家和地区的科技创新处于全

球领导地位的关键。科技创新的新突破，能催生新兴产业，形成新的经济增长点，从而推动新一轮产业革命。催生的新兴产业成为下一轮经济增长的根本动力，将在今后一段时期有力推动经济社会持续发展和产业结构优化升级，是具有全局性、长远性、导向性和动态性特征的国家战略重点。

对未来创新技术的发现可以从《2012 年度创新报告》一探究竟。此报告由全球知名智能信息服务提供商——汤森路透集团（Thomson Reuters）于 2013 年 3 月发布，展示了 12 个关键技术领域的发明专利数量和 3 个主要地区（亚太、欧洲和北美）的顶级创新者情况。报告显示，全球创新活动呈现上升趋势，高新技术领域依然是创新的主要领域，12 个关键技术领域中有 8 个属于高新技术领域——计算机及外围设备、电信、汽车、半导体、制药、医疗器械、航空航天、生物技术，这 8 个高新技术领域的创新是各国、各地区争夺的焦点，北美、欧盟、亚太地区都对这 8 个领域的创新做了部署。

（二）对创新创业的大力支持

各国、各地区需要更多更好的科研和创新投资，以支撑产业竞争力，实现科研和创新体系升级，激发经济活力。各国、各地区将创新与创业、商业环境和就业市场等更为广泛的改革措施相结合，尤其注重促进科研成果商业化。

如欧盟积极投资未来，为欧洲科研人员和企业家创造最佳的创新环境。“创新型联盟”居“欧洲 2020 战略”七大旗舰计划之首，旨在深化创新型联盟，为高增长创新型企业创造更好的环境。欧盟成员国还日益重视营造有利于创新的商业环境，最广为采用的措施是对研发投资给予财政激励，并向希望从研发、技术和创新服务提供者那里购买服务的企业发放创新券。欧盟依然专注于中高研发强度部门，欧洲企业一半的研发资金投入到这些部门。进一步来看，在产业部门为知识密集型且具有国际竞争力的欧盟成员国中，政府采取了保护研发投资的策略，维持了私营部门的投资水平。目前，公私合作和企业国际化已经成为许多欧盟成员国强有力的创新集群政策的核心。

英国建立技术创新中心大力推动科技成果转化。由英国政府下设的技术战略委员会至今共建设了多个技术创新中心，涉及先进制造、卫星应用、细胞疗法、近海可再生能源、未来城市、交通系统和联通数字经济等 7 个关键领域。将在 2015—2016 年投资建设两个新的技术创新中心，分别关注能源系统领域和分层医学诊断领域。这些技术创新中心有力地推动了科技成果转化，为英国在全球中的科技领先地位提供了积极的支持。

（三）对包容性创新的关注

针对全球资源枯竭和环境恶化，以及老年社会的到来，面向新能源、民生、健康、环境等领域的包容性创新为各国、各地区广泛关注。未来科技进步的价值将更多体现在对社会整体福利的提升方面，能够最大程度地解决人类基本需求，提升人们的生活水平。科技进步将是未来 10 年多方面提高人们生活品质的催化剂，主要涵盖了健康质量、环境质量、能源安全和教育机会等方面。科技进步惠及广大民众，体现了以人为本的包容性创新的新定位。

如印度《2013 年科学、技术和创新政策》从单纯关注科研能力走向注重创新的多元价值实现。它明确提出了“包容性创新”的概念，即科研不光要抢占科学高峰，同时还要促进经济增长和社会民生，努力解决印度面临的紧迫挑战，包括能源和粮食安全、全民医保、环境和卫生设施、就业等问题，实现快速、可持续和包容性增长。

三、中国科技进步促进经济社会发展的政策建议

中国正致力于以科技创新转变经济发展方式，要借鉴世界主要国家和地区对科技发展的经验，加强对未来科技发展的深入思考和系统部署。

（一）充分发挥政府的导向作用

从主要国家和地区有关科技进步促进经济社会发展的领域布局看，未来一段时期，能源、信息、环境、人口健康、重大公共工程等领域对科技进步的需求将持续增长，优先产业将向全球化、绿色化、智能化方向发展。这些优先产业涉及面广、投入大，不是若干企业或企业联盟的力量所能及的，需要充分发挥政府的导向作用，做创新战略的规划设计者、重大任务的直接投资者、科研活动的首席协调者、知识产权的规则制定者，力求调动方方面面的资源力量，建立良好的科技成果转化机制，广泛培育创新源泉。

政府的导向作用可以概括为三个方面。第一，政府通过“规则”、“规范”、“组织”等制度要素的结构化，建立与完善科技创新的制度体系，营造一个尊重知识产权和鼓励创新的社会制度环境。第二，政府对科技创新活动进行直接或间接的金融支持，实行“政策性金融”，支持创新活动。直接金融配置，即政府优先解决市场资源配置机制不能有效解决的基础科研和公益科技为主的投入问题，以及为赶超战略所需的重点倾斜投入特别是战略

性重点和大项目支持问题；间接金融配置则是指财政资金与市场基础性作用结合起来支持科技成果转化。第三，政府需要扮演科技金融网络链接机制的“桥”的角色，即通过政府的科技创新服务平台，如孵化园、科技金融服务中心等促进科技型企业与科研院所、金融机构等进行链接。

（二）建立更加符合规律的科研管理模式

科技创新活动具有多元化、非线性、系统性的特征，一般的项目管理方式不能很好适应其发展需求，应当建立偏重绩效、富有弹性、宽容失败的科研管理模式。对科学研究的衡量标准更多放在实际绩效而不是流程规范上。

建立符合规律的科研管理模式可考虑两个方面的问题：一是科研管理理顺的问题，即按照科技创新活动规律优化管理职能配置，解决制约科技创新活动交叉协同、跨越发展的体制机制问题；二是解决“官”、“产”、“学”、“研”各创新要素的科研管理协同问题，促进各创新要素的融合与一体化发展。

（三）重视包容性创新

重视包容性创新，着力突破事关国计民生的关键核心技术，大幅度增强产业核心竞争力，促进经济发展方式加快转变。不断降低产品和服务成本，不断创造更多更好的就业和创业机会，不断提高人民生活质量和健康水平，实现广大群众安居乐业、富裕幸福。

包容性创新不仅使大量低收入群体成为了创新的受益者，也创造了新的消费市场和带动新的就业。对发展中国家而言，增加、培训更多的高技能人才和管理者，不比培养、引进更多理论科学家的重要性低。本土研发人员往往能做出与本土市场需求相契合的研发设计，如低成本的医学扫描仪器、智能手机、新能源汽车等，也将在其他新兴市场国家受到欢迎。

（四）充分运用市场需求创新创业

在创新创业中，人才投入是赢得未来的战略性投入。要高度重视对人才发展的优先投入，对创新创业人才给予更有力的经费支持。同时，探索建立多元化的人才发展投入机制。要鼓励采用新模式培养创新创业人才，制定出台鼓励科研院所的科技人才到企业兼职、兼薪的相关政策，加大对创新创业人才的培养力度；要完善创新创业人才激励政策，对高水平创新团队给予长期稳定支持，推行股权、期权等中长期激励办法，重点向创新创业人才倾斜。

我国有较完善的科技创新体系和制造业体系，更有规模巨大、快速增长的国内市场，这是创新创业的基础保障。在此过程中，应建立健全优先使用自主创新成果的政策机制，高度重视通过市场需求牵引，促进本土企业创新发展。

The Research on the Compact of Science and Technology Progress for Economic and Society Development

Liu Lüyin

Abstract: The innovation & progress of science and technology（STP）are promoted continually. Combining with the plans of science and technology and innovation survey of major countries and regions in the world, this paper discusses the priority areas of science and technology in future. Then summarize recent STP characteristics especially in 2013, Finally put forward some policy suggestions to promote STP for economic and social development in China.

Keywords: Science and Technology Progress　Economic and Society Development　Impact

美欧科技发展新趋势与政策取向

崔长彬*

摘　要：从2013年美国科技发展情况来看，最具颠覆性的是其3D打印技术的新发展，最值得关注的是其积极为大数据应用创造环境。欧盟在纳米技术、通信技术、前沿医学和新材料领域取得了重大突破。美欧两国将在跨大西洋的海洋、航海及北极科研，交通技术科研，卫生健康科研和材料科学4个领域进行科研合作。面对当前国际科技发展的新趋势，我国应快速推进3D打印技术发展，积极推动数据公开，支持信息技术企业做强，并做好前沿技术与亟需技术的协调推进工作。

关键词：美国　欧盟　科技趋势　启示

一、美国科技发展趋势与政策

（一）2013年重要科技成果

1. 基础研究

揭开盲鼹鼠不患癌症的秘密。生物学家发现盲鼹鼠的体细胞

* 崔长彬，中国国际经济交流中心博士后。

可制造一种糖，充盈在细胞外基质里，把细胞隔开使其不能聚集生成肿瘤，这项新发现对人类防止和治疗癌症可能具有非常重要的潜在意义。发明单细胞分辨率脑功能成像新技术。利用最先进的光片显微技术实现了对斑马鱼胚胎全脑约80%区域神经元的功能成像，同时记录的活动神经元超过8万个，分辨率达到单细胞水平。这是迄今为止实现的分辨率最高、同时记录神经元数最多的脑功能成像。使研究人员可以更加清楚地了解脑的不同区域如何协同工作。发现石墨烯优越的润滑和保护性能。科学家发现在钢材的接触表面吸附上一层石墨烯将大幅减小其摩擦系数和磨损率，并能有效防止其生锈。如石墨烯润滑剂广泛替代油质润滑剂和固体润滑剂，每年仅节能一项就能为美国挽回24.6亿度电能的损失。

2. 前沿医学

发明可置入脑中的无线传感器。该传感器可直接植入大型动物的脑部，并可将记录到的脑信号通过无线技术传输到体外监控设备。动物可以在较大范围内自由活动，实验成功记录了它们与周围环境发生相互作用的数据。此外，这种传感器还可以进行无线充电，实现长期记录。目前的结果显示该传感器在一年时间内都可以保持稳定的信号传输。该技术可以改进现有脑功能研究的方法和手段，还可能用于神经系统受损患者意志控制功能的补偿，以及神经疾病患者的临床诊断监控。新超声波治疗技术可有效治愈静脉曲张性溃疡，有望为慢性创伤治疗开辟新途径。若该项技术的有效性与安全性得到验证，今后可能会用于糖尿病、压迫性溃疡等慢性创面的治疗。成功利用诱导多能干细胞制造血管。这种新方法成功将诱导多能干细胞转化为血管，并在实验动物中长时间存活工作。该方法被认为是利用再生医学技术解决血管疾病问题的一项里程碑式成果。

3. 清洁能源

设计出新型无线充电电动公交车。该公交车可在停靠站的过程中实现无线充电，这一举措将电动公交车的效率提高了 90%。

4. 3D 打印

3D 打印头骨。康州功能材料公司的 3D 打印头骨植入物得到 FDA 批准并首次成功应用于手术，将一名病人 75% 的头骨替换为这种打印出来的移植组织。该公司已开始准备向 FDA 提交其他部位打印骨头的申请，每一种骨骼替代物都有着 5 千万到 1 亿美元的巨大市场价值。该技术的市场化将大大影响整形行业的所有领域。

5. 小结

美国认为对科技和研发投资的目的应该是繁荣中产阶级和推动经济增长，这应该成为科技预算的出发点和立足点。以此为依据，美国近些年的科技政策顺应了世界科技发展潮流，并保持了一贯性和持续性，这在以上所列之 2013 年其所取得的重要科技上得到基本体现，即致力于基础研究以扩展人类知识边缘；打造一个自主的、使用清洁能源的未来；不断在前沿医学上取得突破，以更低的成本改善全体美国人的健康状况。

此外，解决日益增长的全球气候变化挑战、管理环境资源的竞争性需求和加强国家和国土安全也是美国科技政策的重点支持领域。但就 2013 年来看，最具颠覆性的依然是其 3D 打印技术的新发展。美国的 3D 打印技术不只在工业应用中如火如荼，在其他领域的应用也逐渐深化遍及。打印的商品从速度、精度到便利性都相对完美，达到了可用水平。除头骨外，打印的人的耳朵也已用于临床治疗。此外，3D 打印技术的应用也给装备修理带来了翻天覆地的革新。在战时，装备维修人员只需利用 3D 打印成形设备和集约化的丝材、粉材，即可对零件的受损部位进行快速再制造，在短时间内完成对装备的修复，大大提高战斗力。而从使用对象看，既有家庭用3D打印机，也有大小不同的3D打印店和3D打印工厂，为用户提供打印服务。

（二）2013年重要科技举措

1. 基础研究

公布北极研究5年计划（2013—2017年）。该计划确定了未来5年北极研究路线图，以评估北极地区对于气候变化的弹性和脆弱性。有7个重点领域：海冰和海洋生态系统，陆冰及生态系统，表面热、能量和质量平衡研究，观测系统，区域性气候模型，可持续社区的适应手段及人类健康。

2. 高端制造

碳纤维技术装置落成暨清洁能源制造计划启动。为响应奥巴马政府振兴制造业的倡议，能源部投资3500万美元设立120米融纺纤维生产线，这将极大提高美国在碳纤维材料领域的研发能力，为科研人员和制造商研究开发价格更低、性能更优的碳纤维材料和工艺提供有力支撑，保持其在该技术领域的引领地位。

3. 建筑节能

能源部投入900万美元支持6个研发项目，旨在解决暖通空调的增效和降耗问题、集中研发经济性好的建筑物围护材料，以减少居民能源支出。①

4. 清洁能源

关键材料创新中心成立。该中心5年内将获得1.2亿美元的创新经费，主要用于开展稀土及其他关键材料在清洁能源组件、

---

① 研究表明，美国普通家庭每年的能源账单为2000美元左右，但其中只有58%发挥了效益，此研究成果将使千家万户受益。

产品中的作用以及加工工艺研究与开发活动，解决稀土的进口依赖。该中心的成立也标志着能源部规划的5个能源创新中心全部就位。[①] “工作场所充电计划”启动。为助力电动汽车普及，鼓励企业在工作场所建设电动汽车充电设施，政府为企业提供技术支持和交流平台。当前已经有数量较多的汽车、能源和高技术大企业和协会参加该计划。强化“能源创新计划”。能源部决定扩大“下一个能源创新者计划”[②] 的实施范围。任何创立不超过5年、员工少于50人且融资额不足500万美元的美国企业均可提出申请。获得批准的企业有机会以1000美元的成本获得最多3项国家实验室技术专利成果的使用权。

5. 数据公开

扩大公共资助研究成果的开放获取。白宫科技政策办公室要求年度研发开支在1亿美元以上联邦机构要制定计划推动联邦政府资助的研究成果更多地实现开放获取，以长期保存公共资助直接产生的未分类研究成果，便于公众查询、检索和分析，从而实现研究资金的影响和作用最大化的目的。开放联邦政府数据。为改进政府效率和推动经济增长，奥巴马签署行政命令，同时总统管理与预算办公室、科技政策办公室发布数据开放政策，要求除适当保护隐私、机密和安全外，联邦政府产生和储存的数据应以机器可读的格式向公众公开。此举将使企业家和研究者等相对容易得到海量的、之前难以获得和难以处理的信息，这有利于创新产品和服务、创建企业和创造工作岗位。

---

① 其他4个中心为：日光转化燃料能源创新中心、核反应堆建模与仿真能源创新中心、建筑能效系统设计能源创新中心、电池与能源贮存创新中心。

② 该计划由能源部于2011年启动，支持符合条件的初创企业获取美能源部下属国家实验室的技术专利成果，进行商业化应用。

6. 信息技术

支持无线频谱共享使用和技术创新。为保持无线通信产业的领先地位、提升产业活力，奥巴马政府确立了“挖掘无线频谱潜力、扩大频谱资源供给和提升使用效率”的重点战略。一方面，政府各机构会同相关方面清查和评估政府占用频谱资源的使用状况，清理移交空闲频谱资源，同时确立新的共享机制，推动重要频谱段向商业服务提供商的分时分区开放共享；另一方面，加大投入，支持实现频谱共享和高效利用的新技术和新产品研发。

7. 小结

2013 年，美国的重要科技举措基本围绕本财年研发预算展开，但值得注意的是美国的数据公开和信息技术创新，即以上 5、6 点，其实质是在为大数据应用创造环境：

首先，大量数据的可获得是大数据价值实现和最大化的前提。事实上，2009 年奥巴马入主白宫后做的第一件事就是要求联邦政府各部门通过“一站式”政府数据下载网站（www.data.gov）向社会公开各类非保密的数据库。2010 年，美国国会又通过更新法案，进一步提高了数据采集精度和上报频度。截至目前，该网站上有超过 40 万种各类原始数据文件，涵盖了农业、气象、金融、就业、人口等近 50 个门类，汇集了数千个应用程序和软件工具。加之当前的两项数据公开计划，奥巴马政府实现了对大数据应用环境的持续推动。

其次，信息技术巨头为大数据应用落地提供技术支撑。拥有一批掌握大数据核心技术的信息技术龙头企业，是美国大数据应用快速落地的关键原因之一。如谷歌、EMC、惠普、IBM、微软、甲骨文、亚马逊、脸谱等企业很早就通过收购或自主研发等方式布局大数据发展，成为大数据技术的主要推动者，并快速推出大数据相关的产品和服务，为各领域、各行业应用大数据提供工具和解决方案。因此，无论是政府将空闲频谱资源与商业服务提供商共享，还是直接支持频谱利用的新技术和新产品，都是加速推动大数据快速发展的动力。

（三）2014 财年研发预算分析

2013 年 4 月 10 日，美国总统奥巴马向国会提交了 2014 财年预算。由于经济不景气，同时受 2011 年预算控制法案支出上限的限制，研发预算对一些领域的经费支出进行了战略削减以帮助政府减少赤字，但即便如此，该预算依然增加了对国家具有重大回报潜力的科学与工程研究的投入。

总的来说，美联邦 2014 年的科技研发预算为 1428 亿美元，按现值计算，比 2012 年多 19 亿美元，增长 1.3%。分类别来看，基础研究和应用研究 681 亿美元，比 2012 年增长 48 亿美元和 7.5%；非国防研发支出 696 亿美元，比 2012 年增加 9.2%。这些增加被国防研发预算抵消部分：国防部和能源部共减少研发支出 40 亿美元，比 2012 年减少 5.2%。首当其冲的是国防部那些已经成熟并正在过渡到生产阶段的武器系统发展项目。跨机构的国家纳米技术计划的预算将削减 9%。环保署的研发投入将下降 1.4%。

总体来看，美国 2014 年的科技预算反映出如下政策特征：

首先，维持世界科技领先地位。美国继续加大对其未来有竞争力有关键影响的“三大科研机构”——国家科学基金会（NSF）、能源部科学办公室（DOEOS）和国家标准技术研究院（NIST）的投入，提供总量为 135 亿美元的研发经费，比 2012 年增长了 8%。[①] 第二，打造制造业“磁石”，增加就业岗位。预算为高端制造业研发投入 29 亿美元，包括继续支持创新的制造工

① 美国政府从 2006 年开始大幅增加三大科学机构的预算。

艺、先进工业材料和机器人。这其中包括投入10亿美元建立由15个制造业创新研究机构组成的国家制造业创新网络。第三，发展先进清洁能源。向能源部高级项目研究署投入3.79亿美元用于资助新能源研发；向能源效率和可再生能源办公室投资28亿美元用于清洁汽车技术；利用石油和天然气开发的收入建立能源安全信托基金，2014财年投入2亿美元，未来10年共计投入20亿美元支持各种具有成本效益的能源技术研究。第四，积极储备未来创新人才。2014财年美对科学、技术、工程和数学（STEM）教育的投入将提高6.7%，达到31亿美元。联邦各部的相关教育计划将进行重组，交由国家科学基金会、教育部和史密森学会管理，以保证该领域的投资更有效率。2014年美国部分部门研发投资预算如表1所示。

表1　2014财年美国部分部门研发投资预算情况

部门	金额（美元）	比2012年同期增长（%）
国家卫生研究所（NIH）	313亿	1.5%
能源部（DOE R&D）	127亿	18%
国家航空航天局（NASA）	116亿	2.6%
国家科学基金会（NSF）	76亿	8.4%
全球变化研究计划（GCRP）	27亿	6.0%
国土安全部（DHS）	14亿	186%
地质调查局（DS）	12亿	9%
国家标准技术研究所（NIST）	7.54亿	21.0%
国家海洋和大气治理署（NOAA）	7.33亿	28%
国防部（DOD）	683亿	-6.3%
环境保护署（EPA）	5.6亿	-1.4%
国家纳米技术项目（NNI）	17亿	-9%

资料来源：The FY 2014 Science and Technology R&D Budget，OSTP。

二、欧盟科技发展趋势与政策

(一) 2013年欧盟重要科技成果

1. 纳米技术

(1) 自旋转移纳米振荡器。欧盟科技人员发明了被称为“自旋转移纳米振荡器”的微波发生装置，具有体积小、高协调性和宽温度情况下正常运行的特点，在雷达侦查、广播电视、卫星通讯，当然还包括微波炉领域，具有广阔的革命性应用前景。它成功地提高了自旋转移纳米振荡器的转换效率和功率输出。

(2) 可抵御医院“超级细菌”的纺织物。利用目前最先进的纳米材料技术，成功研制出可有效抵御医院“超级细菌”的纺织物。这种纺织物将几种自然界广泛存在无毒副作用的纳米粒子喷涂在纺织物表面，纳米涂层与纺织物形成有机的整体，适用于任何自然和人工纺织物。临床实验表明，包括“超级细菌”在内的杀菌效果达到99.99%，防菌纺织物浸洗70次以后的杀菌效果仍然可达到90%以上，可应用于从医用床单到医生外衣、医用床垫、绷带、医用内饰和地毯等系列产品。

2. 通信技术

科学家利用可见光和红外线，类似于电视机遥控开关技术，可以在10米范围内将带宽提升到280Mbps，而且数据信号可以在多种装置中双向传输，在一定意义上创造了一个小型光线与红外线互联网。此外，研发团队在世界上首次利用节能发光二极管(LED)的光线传送数据信号，某种程度上可进一步增加宽带速度。

3. 前沿医学

(1) 1医治老年退化性骨骼疾病取得进展。基于结合生物聚合物支架与纳米粒子技术，仿制骨头和软骨的细胞外基质取得成功。研制的生物支架和纳米粒子材料，完全可以满足造骨细胞和软骨细胞的生物化学及化学特性需求。研发团队开发的生物活性及生物仿生材料，结合水凝胶技术，可以采用微创手术或直接向骨质受损区域直接注射的方式，操作方法简便易行，而患者几乎无治疗痛苦感。

（2）基因疗法“纤毛”修复技术获得突破。研发团队借助模型和新开发的网格综合分析方法，在实验鼠味觉修复技术的应用中获得成功。研发团队开发出一种可影响感染基因工作版本细胞的病毒，对遭到“纤毛”基因突变出生的天生丧失味觉的啮齿目动物，向其鼻腔连续注射三天后使其完全恢复味觉。

（3）遗传性视网膜疾病基因疗法获得重大技术突破。发现了视网膜光受体基因疗法的有效载体平台，有助于开展积极的致盲光受体基因治疗。这项研究可显著放缓光受体的退化变性和修复视网膜功能。

4. 新材料

创新型超级表面涂料技术获得重大突破。该材料适合应用于或作为各种物质材料的表面涂层，可制作成具有抗微生物、选择吸收、阻燃性、耐极热极冷性、电传导和隔离绝缘等专门特性复合材料，可广泛应用于纸浆与造纸、纤维纺纱、纤维素薄膜和过滤隔膜等先进制造行业。

（二）2013 年欧盟重要科技举措

1. 未来新兴技术旗舰计划

欧盟委员会 1 月 28 日宣布石墨烯和人脑神经化学工程两大研究被列入欧盟的被称为“科学 X 因素”的“未来新兴技术旗舰计划”，每项计划将在未来 10 年内分别获得 10 亿欧元的经费，是欧盟有史以来最大的研究资助类项目。2013 年出资 5400 万欧元。每项研究计划将至少涉及 15 个欧盟成员国和将近 200 个研究机构。

2. 通信技术

欧盟将提供5000 万欧元资金用于5G 技术的研发，目的是重塑欧洲在移动通信市场的领先地位，提高产业竞争力，使欧洲成为5G 产业的先行者，为欧洲的研发创新和创造就业奠定基础。

3. 清洁能源

（1）海上风力发电项目。欧洲9 家顶尖的新能源技术企业和科研机构正式组成“SUPRA POWER”研发团队，启动海上超导体风力发电涡轮机研发项目。其科研目标是实现海上风力发电涡轮机的更大功率、安全可靠、更轻质和更紧凑。预计通过减少风力发电机的原材料和尺寸，仅在涡轮机的制造环节就可降低至少30% 以上的生产成本。

（2）绿色创新研发项目。2013 年 5 月 17 日，作为欧盟绿色创新行动计划的重要组成部分，欧盟绿色创新研发项目的招标活动开始实施，3150 万欧元的公共财政研发资金主要来自欧盟竞争力与创新框架计划，规定必须由 1 家或多家创新型中小企业参与或主导研发项目。其资助的五大绿色创新领域为：各种物质材料的循环再利用、水资源的有效利用与污水处理、可持续的建筑材料、节能增效的绿色创新活动、食品与饮料加工行业废弃物的利用及技术的推广应用。

4. 数据公开

在新一轮研究与创新计划“地平线 2020”中，欧盟规定，所有由欧盟财政资金支持的研究与创新项目所产生的研究成果必须公开发表，并且要能被大众所“公开获取”。目前，欧盟国家50% 的研究成果实现了免费公开获取，公开获取率达到历史新高，在生物医学、生物技术、数学、统计等基础科技领域，自由获取率更高。这有助于提高科研效率和促进公共部门和私有企业的创新，有利于推动欧洲的研发创新，促进知识经济的发展。

（三）欧盟科技发展的政策取向

欧洲是工业革命的发源地和近代工业的摇篮，其科技曾领先世界。但两次世界大战后，欧洲科技和经济都出现衰落，而美国却在同一时期实现快速发展，逐步确立了领先地位。为了弥补与美国甚至日本的科技差距，欧盟试图发展成为世界上最具竞争力和活力的知识经济社会，确定了以科技为先导促进经济发展的战略方针。从 1984—1987 年第一研发框架计划的 32.7 亿欧元开始，到 2007—2013 年的第七研发框架计划的 760 亿欧元，其研发经费不断增加，仅 2013 年一年的研发经费就达到了 136 亿欧元。这些经费的投入使得欧盟在纳米技术、通信技术、前沿医学和新材料领域取得了重大突破。此外，在清洁能源、基础研究和电子技术领域也取得了诸多新进展。从本年度欧盟采取的重要科技举措看，大规模投资也是主要集中于以上领域，预期欧盟将继续在这些领域实现快速进步。

欧盟取得重要成果和继续追加研发投资的领域，与美国重点支持的领域基本重合，表明欧盟在不断向美国看齐，也代表了当今世界科技潮流的趋势。

三、美国与欧盟科技合作的重点

从 2013 年 2 月欧盟美国科技与创新合作联合指导委员会会议讨论的主要议题来看，美国和欧盟将在如下领域开展合作：一是跨大西洋的海洋、航海及北极科研合作。这包括海洋与沿海区域的可持续治理；扩大双方联合开发海洋观测的潜力；联合绘制世界海床与海洋生物分布图；北极科研活动的相互协调等。二是交通技术科研合作。包括高速交通基础设施技术的联合研发；道路交通安全及有效管理；货物运输最佳化技术的联合研究；后勤支援保障技术的联合开发等。三是卫生健康科研合作。包括联合研制预防和治疗重大疾病的新药及医疗技术，如艾滋病、癌症、疟疾和肺结核等；相互协调，联合提升世界发展中区域的医学水平与科技能力等。四是材料科学科研合作。包括关键原材料替代技术的联合研发；新兴先进材料前沿技术的联合研究；计算机模拟技术的联合研制；在材料科学领域加强同日本的科技合作等。

四、启示

（一）快速推进3D打印技术发展

3D打印技术是被美国等发达国家寄予厚望的颠覆性技术，该技术与互联网技术的结合很有可能开启个性化商品制作的新时代。包括美国在内的世界主要经济体都在不遗余力地推进该技术的进一步发展并将其快速应用于商业开发，以占领市场。我国在这一领域起步较晚，发展相对缓慢，因此更应大力推进3D打印技术的快速进步及商业应用和军事应用，以避免在科技主流领域的竞争中落后。

（二）积极推动数据公开，支持信息技术企业做强

2012年3月29日，奥巴马政府宣布启动“大数据研究和发展计划”，同时组建“大数据高级指导小组”，宣布将启动2亿美元

的投资计划，提高从大量数据中访问、组织、收集发现信息的工具和技术水平。这使得美国成为全球首个将大数据从商业行为上升到国家意志和国家战略的国家，成为全球大数据领域的先行者。

大数据在美国之所以能被迅速、广泛应用，与美国高度重视大数据价值、积极推动数据开放和拥有一批掌握核心技术的信息技术企业分不开。可以注意到，无论是美国还是欧盟，都在积极开放政府数据和科研数据，同时受益于大型信息技术企业的推动，已经快速成长并引导新的市场趋势，为各界应用大数据提供了丰富的创新工具。我国商业数据已经实现一定程度的积累，政府和科研数据虽然积累相对较长时间，但若以机器可读的格式公开，既需做大量工作，也会面临诸多阻力。此外，我国的信息技术企业整体实力较弱，在大数据的推广、相关商品和服务的开发上力有不逮，需要政府进行科学合理的支持，以适应大数据时代的新竞争。

（三）前沿技术与亟需技术协调推进

从美欧的技术推进重点来看，3D 打印技术、大数据、纳米材料、前沿医学、清洁能源等成为当前世界科技发展的重点和潮流，这些技术所带动的产品和服务具有广阔的市场空间，决定着未来国际经济竞争的发展态势。因此，我国也应大力推进前沿技术的研发和成果转化，以在新一轮竞争中站稳阵脚。同时，由于我国的科技和生产水平与美欧存在较大差距，与我国生产水平相适应的亟需技术虽然可能不是美欧主要的关注领域，但符合我国实际，对我国经济增长具有显著推动作用。所以，应协调推进前沿技术和当前亟需技术的发展，既要保证在国际前沿技术竞争中不掉队，也要脚踏实地，促进当前亟需技术的发展，扎实前进。

Technology Development Trend and Policy Orientation of the United States and the European Union: 2013—2014

Cui Changbin

Abstract: From the perspective of the development of American science and technology in 2013, the most disruptive technology is the new development of 3D printing, and the most notable is its positive action to create environment for big data applications. The European Union achieved a major breakthrough in nanometer technology, communication technology, cutting-edge medicine and new materials field. The U. S. and Europe will begin research collaboration in 4 areas, including ocean and sailing research across the Atlantic ocean and arctic scientific research; transportation technology research; health science and material science. Facing the current the international new trend of science and technology, China should promote the development of 3D printing quickly, actively open public data, support enterprise of information technology, and do a good job in coordinating the development of cutting-edge technologies and technologies in urgent need.

Keywords: America European Union Trend of Science and Technology Enlightenment

功能材料新格局

王硕博[*]

摘　要： 本世纪以来，材料发展出现了新格局。纳米材料与器件、信息功能材料与器件、高新能源转换与储能材料、生物医用与仿生材料、环境友好材料、重大工程及装备用关键材料、基础材料高性能化与绿色制备技术、材料设计与先进制备技术将成为材料科学与工程学科领域研究与发展的主导方向。目前，光电信息材料、功能陶瓷材料、生物医用材料、超导材料、功能高分子材料、先进复合材料、智能材料以及生态环境材料等功能材料是世界各国战略高技术竞争的重点与核心。

关键词： 战略高技术　功能材料　新格局

材料是工业之母，新材料是现代工业战略要地。功能材料是新材料领域的主流与核心，在全球新材料研究领域中，功能材料约占85%。功能材料及其应用技术正面临新的突破。发展功能材料及技术正在成为美国等发达国家强化其优势的重要手段。

* 王硕博，中国地质大学材料专业。

一、重点领域与发展方向

功能材料是指那些具有优良的电学、磁学、光学、热学、声学、力学、化学、生物医学功能，特殊的物理、化学、生物学效应，能完成功能相互转化，主要用来制造各种功能元器件而被广泛应用于各类高科技领域的高新技术材料。这是因为：第一，功能材料涉及信息技术、生物工程技术、能源技术、纳米技术、环保技术、空间技术、计算机技术、海洋工程技术等现代高新技术及其产业；第二，功能材料种类丰富、应用广泛，在美国等发达国家已形成一个规模宏大的高技术产业群，在全球经济中具有极为重要的战略意义；第三，功能材料不仅对高新技术的发展起着重要的推动和支撑作用，还对相关传统产业的改造和升级，实现跨越式发展起着重要的促进作用。因此，世界各国均十分重视功能材料的研发与应用，它已成为世界各国新材料研究发展的热点和重点，也是世界各国高技术发展中战略竞争的热点。

（一）电子信息材料的方向

在信息革命中，电子信息材料是材料科学与当今信息时代重要的交叉学科之一，与当今世界迅速发展的信息技术密切相关，又有着极其广阔的发展前景，是在微电子、光电子技术等领域中所用的材料，主要是微电子材料；光电子材料，电子陶瓷材料，磁性材料；光纤通信材料，存储材料；压电晶体与薄膜材料，绿色电池材料等。柔性晶体管、光子晶体、SiC、GaN、ZnSe 等宽带半导体材料为代表的第三代半导体材料、有机显示材料以及各种纳米电子材料等是电子信息材料领域的研究热点和技术前沿。

（二）超导材料的功能与方向

超导材料可分为高温超导体材料和低温超导材料。高温超导体都具有相当高的上临界场［Hc2（4K）>50T］，能够用来产生20T以上的强磁场，这正好克服了常规低温超导材料的不足之处。正因为这些由本征特性Tc、Hc2所带来的在经济和技术上的巨大潜在能力，吸引了大量的科学工作者采用最先进的技术装备，对高Tc超导机制、材料的物理特性、化学性质、合成工艺及显微组织进行了广泛而深入的研究。高温氧化物超导体是非常复杂的多元体系，在研究过程中遇到了涉及多种领域的重要问题，这些领域包括凝聚态物理、晶体化学、工艺技术及微结构分析等。一些材料科学研究领域最新的技术和手段，如非晶技术、纳米粉技术、磁光技术、隧道显微技术及场离子显微技术等都被用来研究高温超导体，其中许多研究工作都涉及了材料科学的前沿问题。高温超导材料的研究工作已在单晶、薄膜、体材料、线材和应用等方面取得了重要进展，应用前景令人兴奋！

如今，实用超导材料已实现了产业化、规模化，在核磁共振人体成像（NMRI）、超导磁体及大型加速器磁体等多个领域获得了应用；SQUID作为超导体弱电应用的典范已在微弱电磁信号测量方面起到了重要作用，由于常规低温超导体的临界温度太低，必须在昂贵复杂的液氦（4.2K）系统中使用，因而严重地限制了低温超导应用的发展。高温氧化物超导体的出现，突破了温度壁垒，把超导应用温度从液氦（4.2K）提高到液氮（77K）温区。同液氦相比，液氮是一种非常经济的冷媒，并且具有较高的热容量，给工程应用带来了极大的方便，具有重要的战略价值和丰厚的经济收益。

（三）生物医用材料的应用及方向

生物医用材料如今已进入一个快速发展的新阶段，应用前景非常广阔，市场销售额正以每年20%的速度递增，预计10年内，生物医用材料所占的份额将赶上药物市场，成为一个新兴产业。主要领域和方向有：生物活性陶瓷已成为医用生物陶瓷的主要方向；生物降解高分子材料是医用高分子材料的重要方向；医用复合生物材料的研究重点是强韧化生物复合材料和功能性生物复合材料，带有治疗功能的HA生物复合材料的研究也十分活跃。

（四）能源材料的研究重点

太阳能电池材料是新能源材料研究开发的重点，IBM公司研制的多层复合太阳能电池，转换率高达45%。美国能源部在氢能研究的全部经费中，大约有50%用于储氢技术。固体氧化物燃料电池的研究十分活跃，关键是电池材料，如固体电解质薄膜和电池阴极材料，还有质子交换膜型燃料电池用的有机质子交换膜等，都是目前研究的重点。

（五）生态环境材料研究方向

生态环境材料是20世纪90年代在全球高技术新材料研究中形成的一个新领域，其研究开发在日、美、德等发达国家十分活跃，主要研究领域及方向是：直接面临的与环境问题相关的材料技术，如生物可降解材料技术，二氧化碳气体的固化技术，一氧化硫、二氧化硫等催化转化技术，废物的再资源化技术，环境污染修复技术，材料制备加工中的洁净技术以及节省资源、节省能源的技术；开发能使经济可持续发展的环境协调性材料，如仿生材料、环境保护材料、氟里昂及石棉等有害物质的替代材料、绿色新材料等；材料的环境协调性评价。

（六）智能材料的突破点

智能材料是继天然材料、合成高分子材料、人工设计材料之后的第四代材料，是现代高技术新材料发展的重要方向之一，将支撑未来高技术的发展，使传统意义下的功能材料和结构材料之间的界线逐渐消失，实现结构功能化、功能多样化。科学家预言，智能材料的研制和大规模应用将导致材料科学发展的重大革命。国外在智能材料的研发方面取得很多技术突破，如英国宇航公司在导线传感器，用于测试飞机蒙皮上的应变与温度情况；英国开发出一种快速反应形状记忆合金，寿命期具有百万次循环，且输出功率高，以它做制动器时，反应时间仅为10 分钟；在压电材料、磁致伸缩材料、导电高分子材料、电流变液和磁流变液等智能材料驱动组件材料在航空上的应用都取得大量创新成果。

二、我国功能材料的需求大市场广

我国作为一个 13 亿人口的大国，为全面建成小康社会，实现中华民族伟大复兴的中国梦，正在实施“两个一百年的奋斗目标”，正在跨越“中等收入国家的陷阱”。

（一）我国对功能材料的需求

我国基本国情，加之特种功能材料在经济社会发展中的重要作用和地位，决定了我国对功能材料的需求将是巨大的。功能材料不仅是发展我国信息技术、生物技术、能源技术等高技术领域和国防建设的重要基础材料，而且是改造与提升我国基础工业和传统产业的基础，直接关系到我国资源、环境及社会的可持续发展，直接关系到我国生态文明建设和美丽中国建设。功能材料一直被发达国家垄断，我国现代化建设用关键特种功能材料是不可能依靠进口来解决的，必须要走自主创新、自力更生的道路。如通信、航空、航天、导弹、热核聚变、激光武器、激光雷达、新型战斗机、主战坦克以及军用高能量密度组件等，都需要特种功能材料的支撑。

（二）材料历史的启迪

事实上，在人类社会的发展过程中，材料的发展水平始终是时代进步和社会文明的标志。人类和材料的关系不仅广泛密切，而且非常重要。人类文明的发展史就是一部如何更好地利用材料和创造材料的历史。25000 年前人类开始学会使用各种用途的锋利石片，10000 年前人类第一次有意识地创造了自然界没有的新材料——陶器，这一创造新材料的举动标志着人类社会步入了文明时代。

继陶器时代之后，由于人类生活方式的变化和战争等方面的原因，人们发明了青铜冶炼技术。后来，罗马人发明了水泥，腓尼基人发明了玻璃，这些传统材料至今仍然被现代社会大量使用。当然，这些材料本身总是日新月异地变化着，在高新技术的推动和社会经济发展的要求下，其性能不断提高，从而使其满足了不同层次的社会需求。近代的两次工业革命都与材料的发展密切相关，第一次工业革命是由于钢铁材料的大规模发展，人们制造出无数的纺织机和蒸汽机，给社会创造了巨大的财富。随着社会经济的发展，又促使钢铁工业迅速发展，人们对钢铁材料的使用性能提出了更高的要求，从而带动了金属材料学科（即金相学）的迅速发展。第二次工业革命以能源（石油）的开发和应用为突破口，汽车、飞机及其他工业得到了快速发展。新材料的开发和应用，如高性能合金钢和高性能铝合金等，是这次工业革命的基础。制造工业，尤其是汽车工业的发展，使合金钢的优异性能完美地展现出来；航空工业的发展，促进了铝合金、钛合金、镍基高温合金以及耐高温结构陶瓷的研究与开发。

伴随石油、天然气的广泛应用，高分子材料得到了迅速发展，从而带动了高分子学科的建立和发展。在材料科学与工程学科领域中，高分子材料学科与金属材料学科、无机非金属材料学科并列成为材料学科的重要分支。第一座合成高分子（酚醛树脂）工厂是1907年问世的，经过20多年的发展，于20世纪30年代形成了高分子材料学科。此后，高分子材料工业迅速发展，聚氯乙烯、尼龙、聚乙烯、聚丙稀、聚酯、聚甲醛等聚合物及改性材料层出不穷。高分子材料发展至今，已经渗透到人类社会生活的方方面面。进入21世纪以后，新时期国民经济可持续发展对高分子材料的发展提出了更高的要求，如高分子材料合成的新方法、高分子催化体系、绿色高分子合成化学、生物活性高分子材料的制备和功能化等，这些都促进了高分子材料学科的快速发展。

（三）能源材料的特殊需求

能源材料是发展能源技术、提高能源生产和利用效率的关键因素，我国目前是世界上能源消费增长最快的国家，同时也是能源紧缺的国家之一，对新型能源材料有迫切的需求。发展电动汽车、使用清洁能源、节约石油资源等政策措施使得新型能源转换及储能材料的需求不断增加。随着电子信息技术的迅猛发展，我国便携式电器，如手提电话、笔记本计算机用户每年均以超过20%的速度增加，形成了一个对小型高能量密度电池的巨大社会需求。

（四）其他材料的需求

随着移动通信等新一代电子信息技术的迅速崛起，作为一大批基础电子元器件技术核心的信息功能陶瓷日益成为我国发展相关高技术的需求重点，对信息通讯产业发展具有举足轻重的作用。我国是一个稀土大国，其工业储量占世界总储量的70%以上，发展稀土功能材料在我国有着独特的资源优势。例如，稀土永磁材料全世界的年平均增长率为23%，而我国高达60%。稀土在发光、催化等领域的应用也具有广阔的市场需求。我国西部还拥有一些储量丰富的资源，如稀土、钨、钛、钼、钽、铌、钒、锂等，有的工业储量甚至占世界总储量的一半以上，这些资源均是特种功能材料的重要原材料。研究开发与上述元素相关的特种功能材料，拓宽其应用领域，取得自主知识产权，将大幅度地提高我国相关特种功能材料及制品的全球市场竞争力，这对实现西部资源的高附加值利用，将西部的资源优势转化为技术优势和经济优势具有重要意义，将有力地支持国家的西部大开发。随着我国人民生活质量的进一步改善和提高，我国潜在的生物医用材料市场将很快转化为充满勃勃生机的现实市场，从而创造出巨大的社会经济效益，成为国民经济的一个支柱产业。

三、我国发展功能材料的若干思考

当今，全球各国功能材料的研究极为活跃，充满了机遇和挑战，新技术、新专利层出不穷。当前，我国在生态功能材料、生物功能材料、功能陶瓷材料等20个方面，涉及环境、能源、光、磁、电、热、力、声、化学、生化、纳米等功能材料及其制备加工与分析检测评价技术等，可确立为中国功能材料科技的发展新方向。

（一）发展成就

我国非常重视功能材料的发展。比如，在国家攻关、“863”、“973”、国家自然科学基金、国防等计划中，功能材料都占有很大比例。并将特种功能材料列为“国防尖端”材料。这些科技行动的实施，使我国在功能材料领域取得了丰硕的成果。在“863”计划支持下，开辟了超导材料、平板显示材料、稀土功能材料、生物医用材料、储氢等新能源材料、金刚石薄膜、高性能固体推进剂材料、红外隐身材料、材料设计与性能预测等功能材料新领域，取得了一批接近或达到全球先进水平的研究成果，在全球占有了一席之地。例如，镍氢电池、锂离子电池的主要性能指标和生产工艺技术均达到了国外的先进水平，推动了镍氢电池的产业化；功能陶瓷材料的研究开发取得了显著进展，以片式电子组件为目标，我国在高性能瓷料的研究上取得了突破，并在低烧瓷料和贱金属电极上形成了自己的特色并实现了产业化，使片式电容材料及其组件进入到世界先进行列；高档钕铁硼产品的研究开发和产业化取得显著进展，在某些成分配方和相关技术上取得了自主知识产权；功能材料还在“两弹一星”、“四大装备四颗星”等国防工程中作出了举足轻重的贡献。

（二）面临的挑战和机遇

如今，发达国家企图通过以知识产权的形式在特种功能材料领域形成技术垄断，并试图占领中国的广阔市场，这种态势已引起我国的高度重视。我国在新型稀土永磁、生物医用、生态环境材料、催化材料与技术等领域加强了专利保护。但是，我们应该看到，我国功能材料的创新性研究不够，申报的专利数，尤其是具有原创性的全球专利数与我国的地位远不相称。我国功能材料在系统集成方面也存在不足，有待改进和发展。本世纪以来，材料发展出现了新格局。纳米材料与器件、信息功能材料与器件、高新能源转换与储能材料、生物医用与仿生材料、环境友好材料、重大工程及装备用关键材料、基础材料高性能化与绿色制备技术、材料设计与先进制备技术将成为材料科学与工程学科领域研究与发展的主导方向。目前，光电信息材料、功能陶瓷材料、生物医用材料、超导材料、功能高分子材料、先进复合材料、智能材料以及生态环境材料等功能材料是世界各国战略高技术竞争的重点与核心。面对材料科学发展的这种新格局，我国制订了中长期发展规划。今后我国材料科学领域的发展将立足于国家重大需求，充分发挥市场对材料资源的配置优势，自主创新，提高核心竞争力和增强材料科学领域持续创新能力将成为战略重点。

（三）信息革命的推进

在经济全球化、市场化、金融化和信息化的融合进程中。这场始于20世纪中叶的信息革命，是人类科学技术上的一次重大飞跃，它对人类社会产生的深远影响，甚至超过了19世纪的工业革命，对功能材料发展的推进也是如此。

信息时代的快速发展和信息产业的巨大增长，给材料学科带来了史无前例的推动和促进作用。大规模集成电路的发展，使单晶硅材料及其制备加工技术迅速发展；在微电子和光电子学领域，化合物半导体材料迅速崛起，并发挥出越来越重要的作用。近年来，在以 Si、GaAs 为代表的第一、二代半导体材料迅速发展的同时，以 SiC、GaN 为代表的宽禁带半导体材料也蓬勃兴起，成为第三代半导体材料。在信息社会中，信息记录和存储是极其重要的，从壁画、竹简到纸张和印刷术的发明，再到信息时代能够记录大量信息的磁存储介质材料和光存储介质材料，信息记录材料的每一次变革不但促进了人类信息记录技术的进步，而且促进了人类社会的发展。

在学科发展上，功能材料属于材料科学与工程学科，是伴随着社会发展对材料研究的需要而形成和发展的。作为人类赖以生存和发展的物质基础，尽管材料的使用几乎和人类社会的形成一样古老，但材料科学与工程学科作为一个独立的学科，却只有约50 年的短暂历史。在仅仅 50 年的发展过程中，功能材料充分显示了其在现代科学技术发展和人类社会进步中所处的重要地位和经济价值。

（四）材料科技人才是关键

材料科学的发展，对材料类人才的素质结构、能力结构和知识结构提出了更高的要求，功能材料人才是主流与核心。在传统经济模式下，我国材料类人才基本上是按二级、三级专业领域来培养的，专业面太窄的缺点产生了一定的负面效应。其突出表现为材料研究与材料生产脱节，一方面具有明显的材料工程领域人才优势的材料生产企业的自主开发研究能力不强，产品的技术含量不高，市场竞争力不足；另一方面具有材料科学人才优势的科研院所和大专院校出了成果却难以转化为生产力。十八届三中全会的改革创新力度空前，我国各类企业正在进行大规模重组，产业结构、产品结构、工艺技术和装备水平正在发生重大变革与调整，企业发展越来越依靠自主创新能力，越来越需要全球竞争能力。面对这种形势，市场经济条件下的材料生产企业对人才的素质结构、能力结构和知识结构的要求也越来越高，企业需要的是既有较深的理论基础，能进行材料的深入研究与创新，又具有丰富的工程知识，能将成果尽快转化为生产力从而创造效益的材料科学与工程相结合的全球化、工程化和创新创业型人才。这一人才需求的变化对从事材料类人才培养的高校也提出了严峻的挑战。

伴随科学技术的发展，材料正朝着微型化、功能化、智能化的方向发展。现在颇为流行的纳米材料、环境材料、电子材料、信息材料，大部分都是材料的物理性能在各特殊领域的应用。比如纳米材料，可以说就是纳米尺度下的材料物理学。材料物理专业所研究的磁学及光学性质在信息材料领域有着巨大的应用空间，是现代半导体、微电子、光电子产业发展的理论及应用基础。因此，随着材料产业以及信息产业在新世纪的飞速发展，功能材料专业也必将迎来自己的辉煌。从功能材料名称就可以清楚地看出其内容以材料学、物理学两方面为重点，突出功能设计，这与3D打印技术相匹配。物理学中的力、热、光、声均在此专业有广泛应用，当然侧重点还与将来个人的研究方向有关。比如，对于研究特殊功能的信息材料磁存储技术的，铁磁学是中心课程，但是力学、电学、热学多少也要有所涉及。大数据、云计算、智能制造、原子物理、固体物理、晶体学、X光技术、电子显微分析等课程也是比较重要的知识，是功能材料创新的基础和前提。

四、主要研究方法

功能材料研究的终极目标是材料的（使用）功能，其方法论都围绕着一个目的，就是追求材料的高性能化，并生产出满足应用所需的综合性能的功能材料。

（一）研究路线分类

对功能材料认识和需求的深入，其方法论可分为四个层次：第一，试差法，俗称炒菜法，即重点研究功能材料的组成和制备/加工过程（包括成分、工艺）与性能的关系，多退少补，主要是根据实践经验通过大量的试验得到所需的性能。试差法遵循的是组成和制备/加工与性能关系的路线。这一方法虽然科学性较差，但因其简便易行，至今仍在广泛使用。第二，剪裁法。随着功能材料研究的发展和深入，人们认识到试差法忽略了功能材料的结构对性能的影响。不同的组成和制备/加工过程导致了不同的结构，使功能材料具备了不同的性能。从而形成了以结构与性能关系为研究主线的剪裁法。剪裁法根据结构与性能关系进行研究，对结构进行“剪裁”，从而得到所需的性能。随着功能材料结构的研究方法和表征的技术手段日益丰富和成熟，裁剪法得到了越来越多的应用。第三，设计/计算功能材料科学。上述两个层次的研究方法均需要进行大量的试验工作，且缺少前瞻性。随着计算机技术的飞速发展，智能制造、3D 打印技术开始运用，对功能材料的固有性质、组成与结构、制备与加工以及使用性能进行综合研究，其目的在于使人们能主动地对功能材料进行结构与功能的优化与控制，以便按需要制备新功能材料，即通过理论与计算预报新功能材料的组成、结构与性能，或通过理论设计来“订做”具有特定性能的新功能材料。这种研究方法的特点是：具有前瞻性和创新性，可减少或替代试验工作。在计算科学高度发达的今天，功能材料设计为越来越多的研究者所采用。第四，工业化研究。上述三个层次的研究是工业化研究的基础。功能材料科学与工程学科研究的终极目标是追求功能材料的高性能化，并生产出满足应用所需综合性能的功能材料。商品化的功能材料需要经过一定经济合理的工艺流程才能制成。因此，功能材料的工业化研究是功能材料科学与工程学科研究的关键环节，它是一项系统工程，主要研究的内容是如何将实验室的研究成果应用到大规模工业化生产当中，从而实现高性能功能材料的商品化。

（二）功能性质分类

功能材料的方法论可分为理论方法与试验方法。理论方法是基于功能材料最基本的结构单元，通过建立数理模型，并从中计算出结构单元的结构常数、功能材料性质及功能材料性能的变化规律，以达到功能材料设计和对功能材料性能进行预测的目的。随着计算机技术的飞速发展，计算机模拟作为辅助工具极大地促进了理论方法的发展。试验方法是根据一定的模型（多数情况下是已有的模型），对功能材料的结构、性质及运动规律进行预判，通过试验手段进行实际测定，并通过测定的数据肯定或否定模型的适用性。目前，试验方法仍是功能材料科学与工程学科的主要研究方法。

（三）经典的方法论

一些经典的方法论也被逐步引入功能材料科学与工程学科的

研究领域，如系统论、控制论与信息论。系统论方法是用系统论的观点来认识和处理问题的方法。对功能材料进行研究时，必须将整个功能材料体系视作一个完整的系统，孤立地考虑某一层次的结构、某一层次的运动将无法得到功能材料体系整体的运动规律。由于功能材料体系的复杂性和多层次性，往往不能明确了解体系的精确结构，无法从原子、分子的层次对运动规律进行描述。

在这种情况下，通常借助以下两种控制论方法进行研究。一是唯象模拟（或模型）方法。针对宏观现象建立模型，通过动态模型，研究系统的行为（规律、特性），进行分析与综合，得到体系的运动规律性。二是“黑箱”方法，即把系统当作一个“黑箱”，通过对“黑箱”的输入—输出关系的研究，导出系统的运动规律，描述为系统的动力学模型。量子力学方法的思考也肯引入，研究功能材料的延伸性能，催生新一代功能材料。

New Pattern of Functional Materials

Wang Shuobo

Abstract: In this century, materials development formed new pattern. Nano-materials and devices, information functional materials and devices, high energy conversion and energy storage materials, biomedical and biomimetic materials, environment-friendly materials, critical materials of major projects and equipment, basic materials and high performance green preparation techniques, materials, design and Preparation of advanced technology will become the leading direction in the field of materials science and engineering research and development. Currently, photoelectric information materials, functional ceramic materials, biomedical materials, superconducting materials, functional polymer materials, advanced composites, smart materials and eco-materials and other functional materials is the world competing priorities and strategic high-tech core.

Keywords: Strategic High-tech　Functional Materials　New Pattern

网络安全篇

信息消费时代的国家信息安全

王晶*

摘　要： 信息消费时代，以新一代信息技术为背景和支撑的信息消费产业，有可能超越房地产，成为中国最大经济支柱产业。新一代信息技术发展浪潮中，物联网、移动互联网、大数据等层出不穷的技术、智能终端、行业应用与商业模式，在推动经济发展、带给人们便利生活的同时，也“无限延伸”了信息安全的管理边界，增加了信息安全的复杂度。新形势下有必要从新一代信息技术发展的视角重新审视信息消费时代的国家信息安全。这其中，最大的挑战来自两个方面：一是新技术应用背景下，行业应用与商业模式创新带来的“大数据”信息安全隐患；二是无论是国有企业还是民营企业都要面对的“无边界”的企业信息安全管理。信息消费时代的国家信息安全、人才安全、自主核心技术发展、高科技创新型实业的发展与国家政府力量的引入，需引起足够重视。

关键词： 信息消费　国家信息安全　自主核心技术

* 王晶，新大陆科技集团总裁。

以全球金融危机和第三次工业革命的兴起为背景，在过去5年间，以物联网、移动互联网、大数据、云计算、智慧城市为代表的新一代信息技术迅猛发展，网络社交、跨平台移动即时通讯、电子商务、互联网金融等的变革创新的海量应用，开始迅速、深刻地改变经济运行轨迹与人们生活、生产方式。在中国，围绕新一代信息技术的行业应用与商业模式创新不断取得突破，新型智能终端得到普及应用，信息消费是呈爆炸式增长态势，显现出对内需的强力拉动作用，成为国家经济发展重要的新引擎。据统计，2013年上半年，我国信息消费规模已经达到了2.03万亿。但与信息消费大国美国相比较，中国人均年信息消费额（大概192美元）仅为美国（3400美元）的1/18，发展潜力与空间巨大。2013年8月，国务院印发了《关于促进信息消费扩大内需的若干意见》，从国家层面推动信息消费持续增长。

但与此同时，病毒泛滥、黑客猖獗、信息泄密等信息安全问题也不断发酵。发达国家在过去十多年里凭借信息技术领域的技术优势，在全球范围开展了情报收集、核心系统渗透，已经开始严重威胁我国信息技术领域的国家安全。根据外交部发布的数据，2012年我国被境外控制的计算机主机达1420余万台，涉及经济、交通、能源等领域。2013年6月，前美国中情局职员斯诺登所曝光的美国政府“棱镜门”事件，把信息技术领域的国家安全问题实实在在地摆在了公众视野之下。而2010年美国和以色列策划的“震网”病毒成功入侵伊朗核电站网络并破坏大量伊朗离心机攻击事件，更给世界各国在国家信息安全上敲响了警钟。

在大力推动信息消费增长的背景下，国家对信息消费领域的安全问题给予了高度重视。2013年7月，李克强总理主持召开国务院常务会议，明确提出构建安全可信的信息消费环境。8月，国家发改委下发《关于组织实施2013年国家信息安全专项有关事项的通知》文件，重点加强针对金融、云计算与大数据、信息系统保密管理、工业控制等领域面临的信息安全专项工作。

当前，国际上的信息安全问题呈现日益尖锐化的趋势。2012年底，德国启动国家网络安全战略，出台《联邦数据保护法》。美国于2011年发布了《网络空间国际战略报告》之后，又在2013年大规模扩编其网络安全部队。俄罗斯建立“联邦信息资源防止网络攻击系统”。英国、法国、韩国等多个国家也在积级组建网络部队。面对日益严峻和复杂多变的国际信息安全形势，有必要进一步从国家安全的高度审视信息消费领域的相关信息安全问题。

一、信息消费时代的国家信息安全现状

党的十八大报告提出“推动信息化与工业化深度融合”，明确要用新一代的信息技术，提升传统产业的科技水平，培育发展新兴战略型产业，深入到经济和社会生活的城市管理、教育、医疗、文化产业等方面，通过信息消费带动经济的发展。可以预见，在中国以互联网、物联网、移动互联网、大数据、数字城市为代表的新一代信息技术，将通过与国计民生传统产业日益紧密的融合，对社会运行方式与人们生活生产方式产生越来越大的影响，成为中国经济的长效可持续发展的重要生产力引擎。

但与新技术、新应用与新商业模式的日新月异相伴而行的是，信息安全管理的难度与复杂度也同步大大增加。新兴技术浪潮下，“任何人（Whoever）在任何地方（wherever）任何时间（whenever）以任何方式（whatever）可以与任何人（whomever）进行各种信息交换”的信息消费模式，前所未有地扩大和延伸了信息安全的管理范畴：从人们触手可及接入移动互联网的智能终

端，到全面接入互联网的企业信息系统，到涉及国家战略基础设施的智能化计算机系统与物联网终端网络，再到以大数据智能处理为依托、涉及国计民生行业的各类海量专业、公共“数据云”的安全，信息安全从未像今天这样，涉及国计民生的方方面面，与人们的生活息息相关。因此，重新从新一代信息技术发展的视角分析与理解信息消费时代的国家信息安全，显得尤为重要。

（一）创新行业应用与商业模式的“大数据”信息安全隐患

第三次工业革命与国内信息化、工业化“两化融合”趋势背景下，新兴物联网与移动互联网行业应用与商业模式创新，在短短几年间在各行各业得到迅速应用。这其中就包括传统行业（重要基础设施）的计算机系统信息化与管理控制智能化（如智能电网应用），以及在政府创新社会管理背景下新兴领域的行业应用与商业模式（如食品安全领域的智能溯源应用、金融电子化领域的移动电子支付商业模式，以及数字城市的各类应用）。可以说，新一代信息技术的应用与商业模式已经覆盖众多涉及国家安全的战略领域。

这些应用与商业模式创新多采用新一代信息技术，如二维码、RFID（无限射频）、传感技术、卫星定位等来进行数据采集，通过整合移动智能终端、无线通信网络、互联网等有效“通道”资源汇集海量数据，依托系统端的云计算、大数据智能处理提供服务。由于发展速度迅猛，在过去的几年间，以大数据为实质的各行各业、各种类型的公共云、行业云、专业云在很短的时间内呈几何级数增长。“掌握了数据，才能掌握世界”的大数据时代迅速来临。

然而，与物联网、移动互联网、云计算、大数据、数字城市的迅猛发展形成鲜明对比的是大数据、云信息安全领域发展严重滞后。

一方面，由于中国在新一代信息技术领域自主核心技术缺乏，无论在新兴行业应用的基础数据采集端的基础技术与智能终端，还是在大数据端的云计算中心、智能处理设备，都过多依赖国外进口特别是美国公司的软硬件设备。据统计，在能源、交通、金融、通讯等重要敏感行业设备市场，外资企业的市场占有率超过70%。这不仅会使中国新一代信息技术前沿产业的发展陷入受制于人、“越投入越没有主动权”的发展陷阱，更为重要的是，给我国相关战略领域的国家信息主权与信息安全埋下了巨大的隐患：表面上看，这些进口产品为我国信息技术的跳跃式发展提供了资源支撑，解决了我国在信息化推进过程中的迫切问题，但是在关键系统以及核心领域中使用的外国产品，却更像是深埋在我国信息化系统中的“遥控炸弹”。2012年底，中兴、华为两大国内企业在美国遭遇的“信息安全门”，在反映出美国对新一代信息技术领域信息安全高度重视的同时，也从侧面反衬出我国在国家信息主权重视程度上的薄弱和不足。

另一方面，大数据信息安全作为国家信息安全领域的新生事物，国家信息安全的宏观战略、法律制度、组织体系与审查原则等管理机制还未能及时进行有针对性的匹配调整。尽管国家在2013年“国家信息安全专项”中已经开始重点布局金融、云计算与大数据、信息系统保密管理、工业控制等领域的信息安全产品产业化与信息系统安全可控试点示范，但无论是大数据内容，还是大数据空间（大数据处理过程、处理成果）都缺乏行之有效的、有针对性的安全管理机制，我国的大数据信息安全状况令人担忧。以银行系统的电子交易平台、网上银行为例，2011年、2012年多家银行客户信息泄露事件，反映出我国金融体系大数据信息安全的现状。有必要从国家金融体系安全的高度，来规划下一代金融信息安全管理体系，规范新时期金融电子化领域的网银安全、软硬件安全审查以及大数据安全管理。

（二）“无边界”的企业信息安全体系挑战

信息消费时代的到来，使得企业运营对网络环境的依存度不断提升。无论是主导信息消费环境基础设施建设的移动、电信、联通等国有企业，还是在信息消费产业市场中创新应用与商业模式的民营企业，以企业内部网络（OA办公自动化）、内部管理信息化（ERP系统）、对外信息交互能力（客户与供应商交互）为代表的信息化水平，已经成为企业竞争力的重要象征。而各种移动互联网、物联网移动智能终端的出现，以及即时通信软件（IM）、社交网站等席卷一般消费者的科技应用，更是在不经意间“无限扩张”了企业的信息安全边界。越来越多企业采用远程会议系统；企业内部信息化系统开始向更多移动智能终端授权开放；二维码、RFID（无线射频）、GPS（全球定位系统）、电子支付等数据采集技术和云计算技术的广泛应用，使得ERP系统开始越过传统企业的“边界”；迅速发展的新型智能终端设备、智能可穿戴设备，使得突破企业安全体系、随时随地传送机密信息变得轻而易举……企业管理者在享受高效便捷的企业运作和层出不穷的新兴商业机会的同时，一个“无边界”的信息安全管理也同时提出了更大的挑战，不夸张地说，电影《007》、《碟中谍》的信息安全窃密情节已经成为现实生活的一部分。

与信息消费时代企业信息化剧烈变迁形成巨大反差的是，我国企业信息安全投入的低水平。我国有1300万家企业，其中多数已全面接入互联网。目前国内企业信息安全投入仅占IT整体投入比重的1%—2%之间，而欧美国家这一比例普遍达到8%—12%。

占企业总数20%的国有企业，过去的10年在企业的信息化系统建设上取得了巨大的进步。但与华为和中兴等中国企业被美国拒之门外的情形形成鲜明对比的是，美国IT企业的“八大金刚”（思科、IBM、谷歌、高通、英特尔、苹果、甲骨文、微软）在中国国有企业信息化系统中却几乎占据了绝对的市场份额。而这些公司的产品都被用在了中国国家关键信息基础设施的建设上。从移动智能终端到服务器，从办公软件到操作系统，从搜索引擎到无线通信技术，美国“八大金刚”几乎渗透到了中国国计民生行业信息化的每一个环节：政府、海关、邮政、金融、铁路、民航、医疗、军警……据美国“棱镜门”事件当事人披露的消息，美国众多科技企业均与美国国家安全机构关系密切。以我国国有企业几乎100%使用美国微软操作系统和办公软件为例，微软在发现电脑病毒和安全漏洞时，最先知会美国情报机关，然后才向外发布修复消息。美国情报机关则借这个网络安全“脆弱”时机，大肆侵入其他国家的电脑信息系统。根据斯诺登泄露的情报，2013年1月，NSA（美国国家安全局）短短一天之内就入侵了美国情报机构的重要目标——清华大学至少63台计算机和服务器。我国国有企业信息安全的挑战和巨大隐患由此可见一斑。从这个角度，中国的信息安全在以思科为代表的美国“八大金刚”面前形同虚设，并非危言耸听。

以新一代信息技术的创新驱动为特征，众多民营企业开始作为信息消费领域的创新主体，成为推动移动互联网、物联网、云计算、大数据、数字城市等快速发展的重要力量，在以新一代信息技术的国家间竞争为背景的信息消费浪潮中扮演与担当越来越重要的角色。然而与这一上升趋势不相匹配的是，占中国企业总数80%的中国民营企业在信息安全管理水平上捉襟见肘的现状。民营企业的信息安全管理多建立在企业自身的生存发展需要上，普遍存在市场意识、创新意识强，但产权品牌与风险意识薄弱。对客户与利润的追逐和对企业信息安全认识不足，使得企业信息安全管理往往停留在“靠突发安全事件驱动”的较低水平。

以支撑信息消费环境的互联网行业发展为例，作为少数几个与全球同步发展的IT信息产业领域之一，民营企业在过去10年源源不断的技术、应用与商业模式创新，为行业发展注入了强劲的发展动力与活力，并因此成为中国互联网产业发展的主角。但是随着行业竞争的日益激烈，在争取用户数量的博弈过程中，重视用户体验、忽视信息安全成为了各大互联网平台的通病。这在客观上使互联网平台成为信息安全领域最主要的信息泄露“通道”。近年来我国频繁发生的重大公众信息网络泄露事件，从一个侧面反映出我国信息消费环境中的信息安全现状，亟待引入国家间竞争背景下的国家信息安全视角，构建信息消费时代的行业与企业信息安全体系。

二、信息消费时代国家信息安全的思考

信息消费时代的国家信息安全，本质上是中国与发达国家在信息消费领域“生存权”与“发展权”的角力与竞争。要想在信息消费时代的国家信息安全乃至国家信息战争上握有主动权，做强中国的信息消费产业、构建强有力的国家信息安全机制是不二选择。而在这其中，人才安全、自主核心技术、高科技创新型实业与政府主导是重中之重。

（一）人才安全：信息消费时代国家信息安全的基石

当前，科技创新发展对国家、社会、产业的变化影响超过以

往任何时候。从个人计算机、移动手机到风靡世界的移动智能手机 iphone 与智能终端 ipad，从电子邮件、手机短信到触手可及的"即时通"工具 QQ、MSN、Skype 等，从互联网、移动互联网到物联网，再到以云计算和大数据为背景的智能城市建设……在短短 10 年时间里，新一代信息技术源源不断的创新迅速催生了信息消费时代的来临。

而所有这些创新的落脚点最终还是在人的要素上：信息消费产业发展中层出不穷的技术、应用与商业模式，需要一流的技术、工程和应用人才来承载。涉及各行各业产业链各个环节的信息安全，需要大量的信息安全应用人才。而面对复杂的国际竞争形势、面对日新月异的产业发展环境的国家信息安全，更是需要一大批全球视野、高素质、能主动适应新产业技术趋势的复合型领军人才和具备高对抗能力的顶尖计算机攻防专业技术人才。信息消费时代的国家信息安全，首当其冲的是"人才安全"的竞争。

据报道，我国自改革开放以来，人才"赤字"超过了 150 万，我国流失的顶尖人才数量居世界首位，其中科学和工程领域的滞留率平均达 87%。在世界高科技产业中心硅谷，软件公司的技术主管和实验室主任中有 35% 是华人。与之形成鲜明对比的是，在世界知识产权组织发布的 2012 年全球创新指数中，中国仅排在全球 141 个国家中的第 34 位。而在信息安全产业领域，在美国把网络空间提升到与陆、海、空、天同样的战略高度加以重视的背景下，由于中国信息安全产业发展的滞后，我国高水平信息安全攻防人员出现大量流失的情况，而与之相伴而行的是过去 10 年我国与美国的信息攻防领域差距不断拉大的严峻现实。

信息消费时代的"人才安全"问题需引起高度重视。在信息消费清晰的国家发展战略下，在以知识创新为主导的经济模式下，改善我国人才发展的环境，为人才创造公平的成长、发展机遇与实现梦想的事业空间，是我国摆脱“人才流失地”变为“人才洼地”、“人才热土”的关键所在。

（二）自主核心技术：实现国家信息主权的战略制高点

一个国家特别是大国要维护国家信息主权与信息安全，最关键的就是掌握关键领域的自主核心技术。众所周知，从个人计算机时代的Intel中央处理器（CPU）、微软操作系统，到互联网时代思科的网络路由器、IBM/oracle（甲骨文）数据库软件，再到移动互联网时代的苹果iphone/ipad移动智能终端、IBM的智能城市解决方案，美国始终掌握着关键技术领域的自主核心技术，在过去20年的时间掌控了国家信息主权的绝对制高点与话语权的同时，也引领世界科技浪潮的发展方向。而Intel/微软等美国IT企业在其核心技术产品上留有美国情报部门的“后门”，早已是信息安全领域公开的“秘密”，也成为各国在谋求自身国家信息主权上的重大掣肘。

过去的10年，我国围绕新一代信息技术自主核心技术的突破付出了巨大努力：数字多媒体芯片“星光中国芯工程”、北斗卫星导航系统、第三代移动通信TD-SCDMA标准等，都是我国依靠国家力量实现自主核心技术产业化突破的成功案例，也奠定了中国信息消费产业发展的重要基石。可以很清晰地看到，无论是从新一代信息技术与信息消费国家竞争力发展的角度，还是中国谋求自身国家信息主权与国家信息安全领域国际话语权的角度，前沿领域自主核心技术的发展，都已经成为国家间谋求信息消费领域“生存权”与“发展权”的战略制高点。也只有这样，中国才有可能在信息消费时代握有生存与发展的主动权，避免前沿新兴领域变成发达国家“获利场”、IT产业再次沦为“IT民工”，“越投入越没有主动权”的发展陷阱。因此，从国家层面、举国家之力，重点发展信息消费时代新一代信息技术领域的关键自主核心技术，已成为当务之急。

信息消费时代“掌握了数据，才能掌握世界”。随着大数据、智能化的普及，国家信息主权的重心开始更多地体现在“数据主权”上。仍在发酵的美国“棱镜门”事件中，美国通过先进的技术手段，大肆窃取、监控其他国家的海量信息数据为其国家安全服务，已经清晰地揭示了这一变化趋势。在新兴物联网、移动互联网、大数据信息浪潮中，以二维码、RFID、传感、卫星导航定位等为代表的“数据入口”技术，成为各国竞相争夺的核心技术“战略制高点”，应纳入国家自主核心技术发展的战略层面加以高度重视。

以二维码技术为例。2007 年后物联网与移动互联网浪潮逐步兴起，二维码开始作为关键的感知识别技术和不可替代的 o2o 入口载体技术崭露头角。2008 年金融危机后，以 honeywell 和 motorola 为首的国际巨头在很短的时间内，迅速并购了全球前五大二维码核心技术企业的四家（美国 symbol、HHP、Metrologic、intemec）。并针对中国正在兴起的二维码技术企业，开始了有步骤、有计划的并购与知识产权“围剿”打击。值得注意的是，中国的新大陆科技集团凭借民营高科技企业的一己之力突破重围，推出全球首颗物联网应用二维码解码芯片，填补了中国该技术的空白，占据了中国在关键“数据入口”自主核心技术的一个重要制高点。

（三）高科技创新型实业：信息消费时代国家信息安全的动力引擎

信息消费时代是在第三次工业革命浪潮中，与物联网、移动互联网、大数据等新一代信息技术的发展相伴而生的。它“以信息产品和信息服务为消费对象”的“高科技”属性与“创新”

属性，注定了高科技创新型实业的发展将作为其中最重要的组成，发挥举足轻重的作用。

与历史上的其他发展时期相同，安全问题始终是国家经济增长、商业发展与安居乐业的现实基础。而信息消费领域在基础关键环节过多依赖发达国家（特别是美国）高新技术产品的现实，已经构成了对国家信息安全的重大隐患。根据最新的新闻报道，中国首批计划出口北约国家土耳其的红旗—9 导弹的关键控制器件却产自日本。中国自主新一代信息技术与产业化的发展，已经成为减少乃至最终摆脱对发达国家高新技术产品的依赖、保障国家信息安全的关键所在。

因此，在国家大力推进信息消费产业发展的背景下，无论从产业的长远可持续健康发展考虑，还是立足国家信息安全的自主可控，重新审视中国自主高科技创新型产业的发展，从国家战略层面确立高科技创新型实业的产业发展路线，以国家力量给予长线、切实可行与到位的重视和扶植，刻不容缓。

三、加强信息消费时代国家信息安全的建议

（一）自主核心技术发展

重点推进关键“入口”信息技术领域与数据安全技术领域的自主核心技术产业化，强化“大数据”的安全可控手段。

（二）大数据与企业信息安全

设立涉及国家信息主权的大数据分级管理制度，高敏感等级信息坚决推进自主高科技创新产品的替代策略。加强企业信息安全领域的国家、行业标准工作，并针对重点行业、企业对象、领

域，从国家层面强化企业级信息安全管理。

（三）高科技创新型实业发展

通过推进“新型研发组织”发展，打通科技进步到科技创新的“通道”，实现高科技成果与高科技创新实业的产业对接，完善高科技实业发展的“输血”机制。

针对关键技术的产业化，建立市场化定向扶植机制，打通产业链产业化关键环节，完善高科技实业发展的“生长”机制。

重视并发挥高科技民营实业的创新能力，给予骨干民营高科技实业与国有企业对等的对接国家科研资源与产业化资源的重点支持。

（四）保障国家信息安全的信息消费产业

发展是硬道理，在大力推进信息消费产业发展的同时，在国家层面实现信息消费领域信息安全、产业发展、政府采购导向三者的高效联动，实现产业发展与国家信息主权保障的良性互动，推动长效健康发展。

National Information Security In Information Consumption Time

Wang Jing

Abstract: Boosted by vigorous development of new generation Information Techs, such as IOT, Mobile internet and Big data technology, Information consumption industry has been turning out to be one of the largest pillar industries of China over the past few years. However, the boundary of information security has been reset by emerging new technologies, applications and business models. Governments and enterprises have to face the information security challenges from numerous "big data" clouds which has grown exponentially and covered most of strategic industries of China like energy, finance, telecoms, etc. in past few years, as well as the "borderless" enterprise security of information. In the era of information consumption, more attention should be paid to national information security, especially on talent safety, independent core-tech, high-tech industry development, as well as the the strength of government guidance.

Keywords: Information Consumption　Nation Security of Information　Independent Core-tech.

美国网络安全人才培养和开发经验及对我国的启示

张　瑾*

摘　要： 网络安全问题是当今世界各国都在关注的重大问题，不管是遭受攻击，还是意图攻击他人，都凸显了网络安全中存在的巨大风险。随着对网络安全精英人才需求的日益增长，美国通过制定网络安全人才培养战略，完善网络安全人才正规教育体系，政府、学术界、军方和私企合作培养网络安全人才，充分发挥网络安全专家的作用，组建和扩建网络部队等措施，培养新一代的网络安全专业人才。其中的一些经验和做法，对我国网络安全人才培养和开发带来很多启示。

关键词： 美国网络安全人才　人才培养　人才开发

目前除经济复苏外，美国政府最关心的就是网络安全问题。从2009年至2012年，美国本土遭受的网络攻击案件增加了

* 张瑾，中国国际经济交流中心经济研究部管理学博士、副教授，主要从事宏观人才政策、人力资源管理方面的研究。

93%，国土安全部设立的网络安全部门也随之壮大3倍。2013年6月5日，美国前情报机构技术人员爱德华·斯诺登披露了美国国家安全局“棱镜”秘密项目，让世界震惊。不管是遭受攻击还是意图攻击他人，都凸显了网络安全中存在的巨大风险。由于网络安全的科技含量极高，是人类智慧的高端较量，因此网络安全的关键是人才的较量，是掌握尖端技术的专业人才的大比拼。目前美国的产业界、学术界和政府部门对网络安全精英人才的需求日益增长，波士顿Burning Glass International公司于2013年8月的报告称，2007年至2012年5年间，市场对网络安全专业人才的需求增长了73%，对所有计算机相关岗位的需求增长了20%，而整个就业市场的需求只增长了6%。美国政府与大学、私企合作来培养新一代的网络专业人才，以应对不断发展的网络威胁，其中的一些经验和做法值得我国借鉴。

一、美国网络安全人才培养和开发经验

（一）制定网络安全人才培养战略

1.《国家网络安全综合计划》

2008年1月8日，布什以第54号国家安全总统令和第23号国土安全总统令的形式签署《国家网络安全综合计划》。[①] 2010年3月2日，奥巴马政府对《国家网络安全综合计划》（CNCI）的部分内容进行解密。CNCI包括了许多互助性的提议，进而保护美国的网络空间安全。该计划共列出了12项提议，其中第8

① 美国解密《国家网络安全综合计划》部分提议，http：//labs. chinamobile. com/groups/10311_ 33055。

项提议就是加强网络教育及培训。尽管美国政府在新科技上投入数以亿计的资金以确保美国政府在网络空间的安全，但只有拥有正确的知识、技巧及能力的人来运用这些科技才是成功的关键。为了使美国联邦政府、私营行业拥有足够的网络安全专家来落实《国家网络安全综合计划》，必须充分形成联邦网络安全职业制度。为了使现有的网络安全培训和人员发展计划具有行动的统一性，为了继续保持美国的科技优势和未来的网络安全，美国必须培养精通科技和网络的人才，并为未来的员工提供有效的人才输送通道，这就需要制定网络安全教育国家战略，以迎接这一挑战。

2.《国家网络安全教育战略计划》

为了落实《国家网络安全综合计划》中对加强网络教育与培训的规划，制定《国家网络安全教育战略计划》。美国在网络安全人才培养方面坚持两个理念：一是将提升网络空间能力的核心要素由技术转向人，强调人才是保障网络安全的关键；二是将衡量网络人才的标准由文凭转向能力，注重选拔人才的专业素质，而不与其学历或毕业院校挂钩。基于上述理念，2010 年 4 月，美国启动“国家网络空间安全教育计划”（National Initiative of Cyber security Education，NICE），期望通过国家整体布局和行动，在信息安全常识普及、正规学历教育、职业化培训和认证三个方面开展系统化、规范化的强化工作，来全面提高美国的网络安全能力。2011 年 8 月，美国国家标准技术研究院发布了《NICE 战略计划》，将网络人才界定为：信息技术安全系统设计人员、网络技术支持人员、网络管理和保障人员、识别网络威胁人员、分析网络威胁人员、处理网络威胁事件人员、网络情报收集人员 7 个类型。依据这一标准，将遴选网络人才对象扩展至具有法学、心理学、教育学、情报学、政治学等学科背景的求职者。

3.《NICE 网络空间安全人才队伍框架》

由于美国没有对网络空间安全工作有统一的定义，各部门在职业、职称和职位描述等方面存在很大差异，从而没有一个共同的语言来讨论和理解网络空间安全专业人员的工作和技能要求，这给国家制定信息安全技能要求、确定技能缺口和差距，以及人才队伍培养造成障碍。因此，迫切需要为网络空间安全工作及工作人员建立并推行一套通用的词汇、分类法及其他数据标准，这是关系到 NICE 计划成功与否的核心工作。为此，2011 年 9 月美国公布了《NICE 网络空间安全人才队伍框架》。该《框架》给出了网络空间安全工作的七大类专业领域[①]及其通用词汇，并对每种职位的任务，以及所需的“知识、技能、能力”（KSAs）进行了详细的描述，这对开展网络空间安全专业学历教育、职业培训和专业化人才队伍建设有重要的影响和指导作用。制定《NICE 网络空间安全人才队伍框架》的最终目的，就是要确保它能够成为美国创建和持续拥有一支世界一流的网络空间安全人才队伍的坚实基础。

（二）完善网络安全人才正规教育体系

1. 针对大学的“信息安全奖学金计划”

根据美国《国防授权法案》，制定了“信息安全奖学金计划”。2009 年之前，美军主要依托国防部信息安全保障奖学金计划，将全国 50 所军地高校纳入“高水平信息安全教育中心”培训项目，资助信息安全专业的本科生与研究生，并在其毕业后安排至国防部门工作。从 2001 年到 2008 年，1001 名学生受到信息

① 七大专业领域分别为：安全提供、运营与维护、保护与防御、调查、作战与搜集、分析、支持。

安全奖学金资助，其中93%的学生最终到网络安全部门就职。这一培养模式虽取得一定成效，但培养规模仍受到限制，有限的资助规模难以满足美军对网络人才日益迫切的需求。为此，美国国防部一方面扩大奖学金资助范围，另一方面，又从2012年4月起联合国家安全局和国土安全部成立“卓越学术研究中心”，将全国145所高校纳入资助培养计划，大幅提升网络人才培养规模。

2. 针对中学的“信息网络安全学位计划”

美国最近提出网络安全“生态系统”概念，认为网络人才培养不能局限于以“常春藤”联盟为核心的高等院校，还应积极向中小学拓展。以得克萨斯州的阿拉莫学院培训项目为例，2012年就招收了220名高二学生和168名高三学生参加了“信息网络安全学位计划”。参加该项目的学生有机会参观洛克希德·马丁、波音、美国电话电报等公司的一些国防项目。这一举措提升了中学生对于网络安全的认知，为美军选拔网络人才打下了坚实基础。

3. 针对小学的“网络安全课程计划”

美国国土安全部认为，网络安全是应由全社会共担的责任，网络安全人才培养应从娃娃抓起。因此，国土安全部与《今日美国》报（USA Today）合作推出了以小学为对象的“网络安全课程计划”（Cybersecurity Lesson Plans），将网络安全教育纳入小学和中学课程，其内容是强化在家庭和教室里防止网络犯罪的重要性。[①] 在学生低年级时就为其引入电脑和互联网课程，这使更多学生在从小学到高中的过程中选择网络安全和STEM[②] 相关的

① 张保明：美国全方位搜罗网络安全人才，中国经济新闻网 2012-09-11，http：//www.cet.com.cn/wzsy/gysd/612699.shtml。

② STEM是科学、技术、工程、数学的首字母大写。

课程，增加网络和STEM在高等教育机构中的规模和学生的兴趣，从而确保广阔的“环境”来为美国网络安全人才提供“途径”。

（三）政府、学术界、军方和私企合作培养网络安全人才

1. 优厚条件招聘网络安全专业人才

美国国土安全部通过“网络安全人才计划”（Cybersecurity Workforce Initiative）招聘一大批网络安全专业人才，其中包括计算机工程师、科学家、分析师和IT专家。其为完成招聘任务，设立了十分有竞争力的奖学金、助学金和在职培训计划来吸引人才。2012年6月，美国国土安全部与海军研究生院合作为该部雇员提供了可获得“网络系统和运行”专业理科硕士学位的远程教育机会。

2. 网络安全精英人才培养计划

2012年8月，国土安全部与加州州立大学圣何塞分校合作举办有100名大学生参加的网络精英夏令营。营员们参加了培训班和演习，内容涉及网络入侵侦测、司法取证等专业课程，教员都是来自政府部门和产业界的顶级专家、大学教师和富有实践经验的安全专家。夏令营在结业时举行了“夺旗比赛”，营员们应用新学到的知识与来自黑客的真实攻击进行实战。网络精英夏令营是“美国网络挑战”（U. S. Cyber Challenge）计划的组成部分，该项计划是国土安全部与学术界和私企的合作伙伴共同发现和培养网络安全精英人才的计划。

2004年开始，美国国土安全部还与美国国安局（NSA）的“信息保障司”（IAD）合作实施了“国家学术精英中心”计划。为提高信息安全的教育、培训和宣教水平，IAD已与美国政府有关部门、学术界和产业界一起合作实施了“国家IA教育培训计划”（NIETP）。NIETP是美国与国家安全系统有关的教育培训工作的主管单位，其实施的各项计划确保了美国信息系统安全专业人才具有最高的素质。这些计划正在取得显著的效果。自2008年以来，美国国土安全部国家网络安全司的工作人员已增加了6倍以上。到2012年10月，美国国土安全部的网络专业人员增加到400人。2013年国土安全部网络领域的预算增长74%。

3. 短期项目有助联邦政府借力黑客界

美国防部推出网络快速追踪计划，以签订商业合同的方式，让网络攻防技能出色的小企业和个人参与其短期项目，从而将民间网络黑客力量纳入其网络人才队伍。2011年，美国国防部高级研究计划局（DARPA）开始了“Cyber Fast Track”计划，该计划旨在为小公司和个体建立小型、短期的合约来发展美国国防部高级研究计划局任务所需的网络技能等。该项目的目的是为战略任务和长远的战略问题寻求解决方案，例如，减少在网络空间中的攻击面和漏洞，以给对手造成更大的恢复成本。“Cyber Fast Track”计划目前已成功缩短了黑客界与联邦政府之间的差距。类似短期而灵活的计划具有潜在的巨大收益，而且不需要奖学金计划所需的巨大资金投入和时间支出。

4. 军地联合营造竞争与对抗氛围

近年来，军方联合地方部门举办了众多网络攻防竞赛与对抗演习，通过实战化竞争来甄选、培养、锻炼未来的网络安全精英。这些网络对抗主要有3种方式：一是国防部直接组织的网络公开赛，如美国防部网络犯罪中心举办的数字取证挑战赛，这一全球性的网络安全赛事吸引了来自世界各地的参赛队伍；二是军工企业出资赞助的高校网络联赛，如由波音等军工企业赞助的高校网络防御竞赛；三是美军直接组织的网络演习，如美国防部和国土安全部组织的“网络风暴”演习、太平洋司令部举办的“网络勇气”对抗演习及空军组织的“侵略者”网络空间一体化对抗演习等。

美国网络挑战赛由多种类型组成，针对不同技术等级的学生，在不同的比赛场地举行，包括“安全寻宝游戏”、“网络探险”、“网络新兵训练营”、“网络爱国者”竞赛、全国大学生网络防御竞赛（NCCDC）、国防部网络犯罪中心的数字取证竞赛等。通过举办不同层面的对抗演习，美军既锻炼了现有网络人才队伍，又可在全球范围内发掘网络精英作为人才储备，还检验了自身网络安全的实战效能，可谓“一举三得”。

5. 培养法律人才，起诉实施网络攻击的外国政府

美国政府在 2013 年的首要工作之一，是在增强网络安全方面的信息共享、保护个人隐私和制定网络安全标准框架方面，展开工作。这项任务需要得到各方的参与与合作，从联邦政府到州和地方政府，从情报部门、企业和公司到社区，各方合力，才能完成。面对网络攻击，奥巴马政府的应对之道还包括：通过正常途径的抗议、驱逐外交人员、施加旅行和签证限制，以及向世界贸易组织起诉等办法。2012 年，美国司法部建立了一个项目，培训 100 名检察官以便起诉支持网络攻击的外国政府。与此同时，美国政府将在未来采取行动，争取使美国第一部关于军队如何防卫或反击重大网络攻击的法律得以通过。

（四）充分发挥网络安全专家的作用

1. 网络安全专家担任人才培养计划主管

2012 年 6 月 6 日，美国国土安全部与大学和私企合作，启动一项旨在培养新一代网络专业人才的计划。这项计划的任务是：制定人才培养战略，提升国土安全部对网络竞赛和大学计划的参与程度；加强公司合作伙伴关系；通过跨部门合作组建一支能在联邦政府所有机构工作的网络安全队伍。主管该计划的是国土安

全部顾问委员会的 Jeff Moss 和 Alan Paller。他们都是国际互联网界的大腕级人物。前者曾是美国鼎鼎大名的黑客、“黑帽大会”（Black Hat）的创始人。2009 年他被奥巴马聘请为国土安全委员会成员，自 2011 年 4 月起被任命为“互联网名称与数字地址分配机构”（ICANN）的安全总监。ICANN 是负有域名系统管理、IP 地址分配、协议参数配置，以及主服务器系统管理等职能的要害机构。后者则是著名的 SANS 学院的研究院长，该学院是培养网络安全专家的高等学府，它的十几万名毕业生是目前在 60 多个国家担任网络安全要职的专家，2007 年这位毕业于 MIT 的专家被评选为 IT 产业百名最重要的人物之一。

2. 建立网络安全专家储备库

美国网络安全专家认定，一旦黑客或者国际反美技术力量在美国最依赖的金融、电力、饮用水、运输等网络上得手，美国面临的损失将是灾难性的，其对国家的威胁程度会远超“9·11”事件这样的恐怖袭击。美国在加强网络安全上的呼声日益高涨。“9·11”事件之后美国成立的国土安全部，一直面临如何吸引并留住顶级网络安全人才的问题。

美国国土安全部考虑建立一个计算机安全专家的“网络储备库”，以应对可能出现的严重网络攻击。这一想法源自国土安全部的一个特别行动小组，其职责是解决网络安全问题中一直存在的“薄弱环节”，即如何留住优秀的网络安全专家，因为很多人为了更好的工作机会和待遇而选择从政府跳槽去私人企业。美国国土安全部希望一年内建立起一个储备库，首批成员将锁定目前供职于私人企业的退休公职人员，未来该储备库还将寻找政府部门以外的网络安全专家。

（五）为避免泄密裁90%行政人员

前中央情报局雇员、国家安全局防务承包商博斯公司雇员斯诺登揭露包括“棱镜”项目在内的美国政府多个秘密情报监视项目，美国政府对斯诺登提起指控，并采取措施防止今后再度发生泄密事件。2013年8月，美国国家安全局局长亚历山大将军宣布，为了防止再次泄密，人工机构管理系统将由机器取代。目前国安局行政系统有近千名管理人员，国安局将会缩减90%的行政管理系统人数，以防止出现“新斯诺登”。此外，新推出的规则要求，在处理机密信息时，员工间要相互监督。

（六）组建和扩建网络部队

美国军方一直在积极为网络战争做各种准备，2009年6月，美国国防部下令组建网络司令部，美军战略司令部负责制订网络战作战理念和计划，这标志着美国打算将军事霸权从陆地、海洋、天空和太空向号称“第五领域”的网络空间延伸。[①] 目前，美国陆、海、空三军都有网络部队，从公开数据估计，包括海陆空，网络部队总人数约为5.3万—5.8万人。作为全球最早将网络用于实战的国家，美国打造网络部队的历史，远远早于互联网在全球普及的年代。1991年的第一次海湾战争、1999年的科索沃战争、2003年的伊拉克战争，美军都广泛地使用网络战手段，2006年和2008年先后举行了两次代号为“网络风暴”的大规模网络战演习。2013年3月美国网络战司令部司令亚历山大在国会宣布，将新增40支网络部队，这40支部队中有13支确定是用

---

① 宗和文，美国“网络部队”揭秘，《深圳商报》，2009.7.5，http：//www.gmw.cn/01wzb/2009-07/09/content_946276.htm。

来进攻的部队，而此前美国官方和军方论及网络政策时，基本都是宣称要保护美国免遭外国黑客攻击，而不是主动去攻击谁。[①]

二、对我国网络安全人才培养和开发的启示

（一）制定网络空间安全人才规划

国家制定《互联网空间安全人才战略规划》，明确战略目标和战术目标，增强公众网络行为风险意识，扩大支持国家网络安全人才储备，开发和培养一支国际顶尖网络安全工作队伍，建立安全的数字化中国；启动《国家网络空间安全教育计划》，通过国家整体布局和行动，在信息安全常识普及、正规学历教育、职业化培训和认证等三个方面开展系统化、规范化的强化工作，全面提高我国信息安全能力；制定《网络空间安全人才队伍框架》，统一规范网络空间安全人才专业范畴、职业路径，及其岗位能力和资格认证等。

（二）为网络安全人才制定职业发展路径

1. 网络安全专业人才职业发展渠道

目前政府雇员在网络安全领域并没有正式的职业发展渠道。很大比例的网络安全任务一直被外包给私营部门，网络安全精英人才在组织中并不被重视。政府应为网络安全专业人才制定职业发展路径和进程，建议人事部考虑建立新的网络安全职业系列、等级标准和晋升途径。

---

① 美国宣布新增网络部队并可进攻公开寻求互联网霸权，2013－03－15，来源：中国广播网，http：//china. cnr. cn/guantianxia/201303/t20130315_ 512158144. shtml。

2. 网络高层领导人职业发展途径

为网络高层领导制定正式的职业发展途径，不仅关注技术能力，也注重于复杂网络问题的组织管理和决策制定。这种高级领导人的职业路径也应该需要跨组织或“联合”的培训和发展过程，因为网络高层决策者应具备政府安全部门、私营部门和其他网络相关组织的多部门工作经验。

（三）推动产学研相结合培养模式

以企业需求为导向，大力推动产、学、研相结合的培养模式。借助企业中国家级和部级重点实验室、国家级科研项目等科研平台，使优秀学生能够直接参与各类科研项目；让本科生和研究生进入实习实训基地，为培养动手能力强的一流网络安全人才提供良好条件；将教学任务融入到科研工作之中，以科研项目的形式建设网络安全本科教育专业实验室。在网络安全实践过程中培养技术人才，培养学生具有较强综合业务素质、创新与实践能力、法律意识、奉献精神、社会适应能力，形成能够满足各方面需求的网络安全人才就业体系。

（四）形成完整的网络信息安全人才培育体系

建立并完善以高等学历教育为主，以中等职业教育、业余培训、职业培训和各种认证培训为辅的网络安全人才培养体系。加强信息安全学科建设的重要性是保障人才培养的第一步，应该把信息安全学科提升为一级学科。政府在认证培训方面加强立法，立法内容应涉及认证培训的教学体系和内容，培训时间和考试管理办法，明确规定从事网络信息安全岗位与所持证书的要求等。

（五）加大网络信息安全人才培养项目投入

1. 加强和改善 STEM（Science，Technology，Engineering，Mathematics）教育和网络相关能力

STEM 教育是支持我国在网络领域和诸多领域竞争优势的一个关键组成部分。开展更广泛的教育活动来加强和改善 STEM 教育和网络相关能力（如法律、政策和情报分析），建议政府应该把网络安全人才培养和开发当作国家优先发展项目，纳入到国家的“竞争战略”中。通过国家战略的宣传活动来强调网络和 STEM 教育的重要性，建议行政部门、教育部加大对 STEM 教育投入力度。

2. 推动各种网络安全人才计划

从 2010 年开始，教育部启动了“卓越工程师教育培养计划”，旨在造就一大批创新能力强、适应经济社会发展需要的高质量的各类型工程技术人才。应继续加大在这方面人才计划的投入力度和支持范围。

3. 扩大奖学金资助范围

建议人事部和教育部考虑网络安全人才需求的快速增长态势，建立或推进网络安全人才奖学金计划。推动“信息安全保障奖学金计划”，选拔优秀网络安全人才纳入资助培养计划，资助信息安全专业本科生与研究生，并在其毕业后安排至关键岗位工作。

4. 网络安全教育从娃娃抓起

建立网络安全“生态系统”概念，网络安全进入中小学教学课程，积极向中小学拓展信息网络安全教育，提升中学生对于网络安全的认知，为选拔网络人才打下坚实基础。

5. 营造竞争与对抗氛围

政府联合地方部门或企业，举办网络攻防竞赛与对抗演习，

通过实战化竞争来甄选、培养、锻炼未来的网络安全精英。通过直接组织网络公开赛、企业出资赞助高校网络联赛、军方直接组织网络演习等方式甄选和储备优秀网络人才。

（六）提升应对网络战的能力

中国作为一个大国，为保障国家安全，应提高应对网络战的能力。第一，加快网络空间作战技术手段建设，加快发展网络战装备。第二，建立专门培养应对网络战人才的部门，任务包括试验各种现有网络武器的效果，制定使用网络武器的详细条例，培训出一支过硬的网上防御和攻击队伍。网络战人才队伍由网络防御力量和网络攻击力量组成，通过两种力量的攻防对抗演练，找到系统的缺陷及改进方法，在提高系统防御能力的同时积累对敌信息系统攻击的方法、手段和经验。第三，进行实战化网络战演习。借鉴美国“网络风暴”演习的经验做法，常态化组织国家级、地方级、行业级联合网络防御演习，全面检验国家、行业网络战联合防御整体筹划能力和实战能力。

U. S. Experience in Cyber Security Personnel Training and Its Inspiration on China

Zhang Jin

Abstract: Nowadays, cyber security has become a major concern for many countries around the world. Whether to attack others or being attacked, the huge risks associated with cyber security is rather worrying. With the growing demand for cyber security experts, the U. S. has recently launched a series of measures to meet this new challenge. Firstly, it has designed strategies for cyber security personnel training. Secondly, it has tried to improve existing education system for fostering cyber security professionals and promoting cooperation among government, academia, military and private companies. Last but not least, it has given the role of cyber security experts' role into full play, established and expanded cyber army to train the new generation of cyber security experts. Some of the measures and experience described above will inspire China greatly in terms of cyber personnel training and development.

Keywords: U. S. Cyber Security Talents Personnel Training Personnel Development

我国网络空间安全面临的挑战和政策思考①

吕 欣 吕汉阳 杨月圆*

摘 要：随着信息通信技术的广泛应用和普及，网络安全威胁成为各个国家面临的全球性挑战。美国“棱镜”事件的披露加剧了对网络空间国家间对抗和博弈的广泛讨论，维护网络空间安全成为各个国家内政外交都难以回避的重要话题。本研究报告研究分析了近期中国网络空间面临的威胁和挑战的现状和发展趋势，综述了我国近一年相关部门在维护网络空间秩序和安全方面的主要工作和举措。从战略、管理和技术措施等角度提出了加强我国网络空间治理的几点政策思考。

关键词：网络空间 信息安全 治理

---

① 本研究报告系国家社科基金重大项目（NO. 11&ZD061）的阶段性研究成果。

* 吕欣，国家信息中心博士后科研工作站处长、副研究员；吕汉阳，国家信息中心助理研究员、博士后；杨月圆，国家信息中心博士后工作站科研秘书。

一、中国网络空间安全面临的威胁与挑战

（一）国家级网络空间对抗和博弈加剧

一是美国对他国开展大规模的网络监控活动。2013 年 3 月，美国高官直接指责“中国是网络威胁的来源”，指出中国黑客对美国的网络攻击和网络间谍活动已经成为美国政府“对华关切和磋商的一个关键点”。在美国旧金山举办的 RSA2013 大会上，直接以中国 APT 攻击为主题的报告就多达 6 个。但早在 2011 年 5 月奥巴马就已签发行政令，允许美军将计算机代码植入他国网络，以备战时激活代码，传播病毒，控制他国网络。2013 年初美国的 2194 台服务器控制了中国 129 万台主机，2013 年 6 月曝光的“棱镜”计划对包括中国在内的全球通信系统和互联网进行全面的实时监控，随后美国“外交政策”网站披露美国已经利用互联网攻击中国长达 15 年之久。

二是 ATP 攻击严重威胁国家工业控制系统安全。APT（Advanced Persistent Threat 高级持续性威胁）攻击具有极强的潜伏性和持续性，往往采用最先进的攻击手段和社会工程学方法，本质是针对特定目标的精准攻击。这一特定目标可以是 2010 年“震网”针对的核设施，也可以是国家的其他关键基础设施，如金融、能源、社会、国防等。2013 年 4 月 Verizon 发布的《2013 年数据破坏调查报告》分析了全球 47000 多起数据破坏事件和 4400 万份数据失窃记录，指出有 19% 的数据破坏行为是国家级别的行为。CNCERT 发布的《2012 年我国互联网网络安全态势综述》显示，利用“火焰”病毒等实施的 APT 攻击活动频现，2012 年我国境内至少有 4.1 万余台主机感染了具有 APT 特征的木马程

序。而相对地，我国信息安全防御能力不足，欧洲 SDA 智库于 2012 年对 23 个信息化程度较高的国家进行了网络安全防御水平评级，中国排在第 16 位。

（二）网络虚假信息传播形势不容乐观

一是网络谣言严重扰乱社会秩序和舆论环境。近期国家有关部门查处了多起重大网络虚假信息案件，包括国家食品药品监督管理总局曝光了 20 多家发布虚假药品信息的违法网站，并将其移送有关部门进行查处；新疆公安机关查处一批利用互联网造谣破坏民族团结的案件。恶意虚假信息中网络谣言类恶意虚假信息对社会造成极为严重的危害，带来的后果包括诋毁党政机关形象、破坏公共机构的公信力、散布谣言造成民众恐慌等。

二是网络虚假信息辨识难度增加。互联网信息呈爆炸式增长，全球互联网信息量一天约 800EB，一分钟传送 639TB，据推测，到 2015 年要花 5 年时间才能看完网上一秒内上传的视频。微博、微信等网络媒介兴起后，人人都是信息源，信息量更大，内容更繁杂，辨识网络信息真假的难度更高。据相关数据显示，2012 年 3 月至 10 月，互联网信息内容主管部门累计查处的各类假冒身份的微博客账号就达 6000 多个。2013 年 1—8 月公安部网络违法犯罪举报中心月均受理举报 3000 多条，到 9 月份飙升至 5800 多条。近期，在上海、浙江、江苏、北京等地又接连破获了多起网络诈骗、网络传销类犯罪。

三是“守门人”缺位，难以阻止虚假信息扩散。“守门人理论”（库尔特·卢因，《群体生活的渠道》）认为媒体在传送信息过程中有重大的过滤功能，从政治、经济、文化、审美及自身利益价值等出发，对新闻信息进行层层把关、筛选与编码，从而决定最终面向受众的新闻信息内容，并通过发出的新闻信息影响受众。互联网上，除了信息发布者不经查证即引用、明知谣言却转载等制造虚假信息的行为外，网络媒介编辑因追求时效性导致的审查不力、把关不严也在无形中成为网络虚假信息扩散的推手。

（三）大数据深入应用给公共、个人数据保护带来新挑战

一是公共网络环境安全问题威胁数据安全。由于大数据应用一般是基于互联网的服务模式，网络安全将成为挑战。用于集中处理数据的云计算平台等将会成为网络攻击的集中目标，造成企业秘密、个人隐私，以及经过精细化提炼的知识情报的大规模泄露，这将如同核电站的核泄漏一样，产生难以预估的经济损失。Gartner 公司副总裁彼得·福斯特布鲁克指出，“大数据时代信息泄露的代价异常高昂”。2012 年中国有 84.8% 的网民遇到过网络信息安全事件，涉及直接经济损失就高达 194 亿元，这一数据对于当前已经步入大数据时代的互联网，可以说是指数级增长的。

二是大数据财富化特征导致人为的、内部的数据流失风险加剧。目前全球互联网数据总量已经达到 ZB 级别（1ZB 等于 1 万亿 GB），并以每两年翻一番的速度增长。移动互联网的发展使得用户与互联网之间实现了无间断连接，用户上传的各种格式的数据为大数据分析提供了充足的资源，但用户数据大集中将带来更大的风险。2013 年 8 月，公安部打掉非法倒卖公民个人信息的犯罪团伙 468 个，查获被盗取的各类公民个人信息 7 亿余条。有专家指出，个人信息泄露事件中有七成是掌握信息的机构内部人员作案，倒卖个人信息成本低、获利快、权益人很难知情，因而这类犯罪蔓延迅速，甚至发展成全国性的个人信息黑市交易犯罪网。

三是数据管理权限不清带来的责任归属不清。大数据促进了信息数据的跨境流动、跨域流动，形成密切关联的复杂关系。由于大数据涉及更多的隐含价值和敏感内容，因而数据存储与传输的合法性成为关键问题。云计算专家李志霄博士说：“数据安全三分靠技术，七分靠管理。”大数据应用资源获取便捷，运作成本少，因此商业化门槛低，很容易造成鱼龙混杂的局面，这其中谁有数据采集权，谁负有数据管理责任，谁应对数据泄露负责等问题，都是大数据发展面临的挑战。

（四）移动互联网成为信息安全重灾区

一是移动互联网风险遍布产业链的各个环节。截至 2013 年 6 月，中国 78.5% 的网民在使用移动互联网，规模达 4.64 亿，但移动互联网安全防护技术和能力薄弱。网秦“云安全”监测平台于 2013 上半年查杀到手机恶意软件 5 万多款，同比增长 189%。截至 2013 年 7 月，CNCERT 共掌握移动互联网恶意程序 23 万多个，主要造成用户资费被消耗、隐私被窃取等后果。近期有机构通过测试发现，移动互联网的漏洞不仅来自上游的操作系统和 APP 应用软件，还可能存在于下游的芯片驱动程序。恶意网页会利用移动设备芯片中的驱动漏洞，对通讯录、邮件、短信和通话记录等个人信息进行获取并传到服务器上。

二是移动应用成为网络犯罪的温床。移动即时通讯软件、移动支付软件等正在集成越来越多的功能，但安全防护的缺失使得用户的人身权利和财产权益很容易受到侵害。以微信为例，截至 2013 年 7 月腾讯微信用户超过 4 亿，占移动互联网用户的 86%。移动用户通过微信即时分享文字、语音、图片、位置等个人信息，等于将自己暴露在风险之下，近期北京市海淀区人民检察院就查获了两起由微信“摇一摇”引发的强奸案。目前手机网民中

17%在使用手机在线支付，而移动支付安全涉及到终端接入安全、数据传输和存储安全等多方面技术要求，给信息安全保障提出新的需求。

三是移动互联网犯罪溯源难。网络犯罪给网络治理带来了巨大的成本，美国战略与国际研究中心和网络安全厂商迈克菲联合发布报告称，网络犯罪活动给全球造成的经济损失每年高达5000亿美元。移动互联网黑色产业链利益巨大，加之近两年黑客的趋利性特征更加明显，多家安全机构的报告发现网络犯罪正转向移动平台领域。但现有的传统互联网领域的监管平台难以适用移动互联网，法规标准缺失、技术手段落后，因此一旦发生信息安全事件，溯源、取证异常困难，给国家信息安全监管工作带来严峻挑战。

二、2013年中国网络空间治理的政策努力

2013年是中国规范网络空间秩序的重要一年，为此，国务院、最高法院等有关部门出台和修改了有关政策，开展了专项行动，对利用网络传播虚假恐怖信息进行了治理，取得了明显效果。同时，我国在信息安全研究和国际交流方面取得了重要进展。

（一）国务院修改了《信息网络传播权保护条例》

《国务院关于修改〈信息网络传播权保护条例〉的决定》已经于2013年1月16日国务院第231次常务会议通过，自2013年3月1日起施行。国务院决定对《信息网络传播权保护条例》作如下修改：将第十八条、第十九条中的“并可处以10万元以下

的罚款”修改为：“非法经营额5万元以上的，可处非法经营额1倍以上5倍以下的罚款；没有非法经营额或者非法经营额5万元以下的，根据情节轻重，可处25万元以下的罚款。”《信息网络传播权保护条例》根据本决定作相应修改，重新公布。

（二）国家互联网信息办公室发出《积极传播正能量坚守“七条底线”的倡议书》

2013年8月10日，国家互联网信息办公室举办“网络名人社会责任论坛”，会议就承担社会责任、传播正能量、共守“七条底线”达成共识。“七条底线”是：法律法规底线、社会主义制度底线、国家利益底线、公民合法权益底线、社会公共秩序底线、道德风尚底线和信息真实性底线。

（三）最高法院出台《最高人民法院关于审理编造、故意传播虚假恐怖信息刑事案件适用法律若干问题的解释》

2013年9月29日，最高法院出台上述司法解释，进一步明确有关编造、故意传播虚假恐怖信息刑事案件的量刑标准，规范执法行为，提高司法效率，遏制编造、故意传播虚假恐怖信息犯罪。该《解释》重点规定了六个方面的主要内容：1. 明确界定编造、故意传播虚假恐怖信息罪的认定标准。2. 明确规定严重扰乱社会秩序的六种情形应当追究刑事责任。3. 明确规定了应当酌情从重处罚的五种情形。4. 依法对五种情形加重处罚。5. 对于编造、传播虚假恐怖信息同时构成数罪的择一重处。6. 明确界定了“虚假恐怖信息”的范围。

（四）国家有关部门开展专项活动治理网络环境

1. 国家互联网信息办开展规范互联网新闻信息传播秩序专项

行动。从2013年5月9日起，国家互联网信息办在全国范围内开展为期两个月的规范互联网新闻信息传播秩序专项行动。这次专项行动，针对当前网站登载新闻存在的突出问题，重点整治新闻来源标注不规范、编发虚假失实报道、恶意篡改新闻标题、冒用新闻机构名义编发新闻等违规行为。

2. 国家互联网信息办联合多部门净化暑期网络环境。国家互联网信息办联合全国“扫黄打非”办、工业和信息化部、公安部、文化部、国家新闻出版广电总局、国家工商总局、共青团中央、全国妇联等部门，已作出全面工作部署，对网上淫秽色情及低俗信息进行集中清理，坚决打击利用互联网传播淫秽色情及低俗信息行为，为广大青少年营造良好的暑期网络环境。

3. 国家互联网信息办、教育部、共青团中央、全国妇联等四部门开展绿色网络行动。同年9月23日，国家互联网信息办公室召开视频会议，部署开展绿色网络行动。绿色网络行动是国家互联网信息办、教育部、共青团中央、全国妇联等四部门，组织百家网站联合开展的“绿色网络　助飞梦想”——网络关爱青少年系列行动之一。开展绿色网络行动，旨在巩固和扩大净化暑期网络环境专项行动成果，加大网上不良信息清理力度，使网上环境进一步净化、网上面貌进一步改观，为青少年提供绿色健康、积极向上的网络空间，维护青少年合法权益，促进青少年健康成长。行动对象主要为各类网站、手机软件运营商、移动客户端软件运营商，重点清理淫秽色情和低俗信息，渲染凶杀、暴力、恐怖的信息，侵犯青少年个人隐私的信息，对青少年进行网络攻击、谩骂、诽谤等“网络欺凌”信息，炫富比阔、追求刺激、盲目追星等宣扬腐朽落后价值观的信息等五类不良信息。

（五）组织实施2013年国家下一代互联网信息安全专项

针对金融、云计算与大数据、信息系统保密管理、工业控制等领域面临的信息安全实际需要，国家发展改革委组织实施2013年国家信息安全专项。专项重点支持金融信息安全领域内的金融领域智能入侵检测产品、云计算与大数据信息安全领域的高性能异常流量检测和产品、信息安全分级保护领域的网络保密检查和失泄密核查取证产品等。

(六) 积极参加网络安全国际合作

2013年，中国积极举办和参加了多场网络空间相关议题的国际合作对话交流活动。

1. 成功举办中日“网络空间的新国际秩序”研讨会。2013年2月27日，中国现代国际关系研究院和日本国际社会经济研究所联合主办的“网络空间的新国际秩序”研讨会在东京举行。中日两国共20名专家学者出席了研讨会，就网络安全和如何建立网络空间的国际秩序深入交换了意见。中国现代国际关系研究院自2000年就开始与国际社会经济研究所合作，双方存在合作的基础和空间，至今已进行了12次对话。日本国际社会经济研究所顾问相泽正俊指出，防范网络攻击不能靠一个国家，而要形成全球框架，因此需要在网络空间建立国际秩序。但目前，网络空间的秩序主要是由美国制定的，而日本和中国作为世界经济大国，应共同探讨建设相关国际秩序的问题。中国现代国际关系研究院信息与社会发展研究所所长张力介绍了中国的网络空间安全形势与政策努力。他指出，《2011年中国互联网网络安全态势报告》显示，中国境内约890万台主机受控，其中880万台由来自美国的9500个IP地址控制。在网络攻击中，对金融、银行和工业系统的攻击上升最快。目前，中国政府针对云计算、智慧城市、物联网等均出台了发展规划。2013 年 1 月 14 日，中国警方又针对出售、非法提供和获取公民个人信息的违法犯罪活动予以打击。此次研讨会也是中国现代国际关系研究院和日本国际社会经济研究所 2012 年度合作项目的总结大会。

2. 成功举办第六届中美互联网论坛。2013 年 4 月 9 日下午，第六届中美互联网论坛在北京开幕。此次论坛以“对话、沟通、理解”为主题，来自中国和美国政府有关部门、学术机构和知名互联网企业代表，围绕隐私保护与数据安全、移动互联网、互联网治理、网络文化等议题进行深入探讨交流。国务院新闻办公室、国家互联网信息办公室副主任钱小芊在论坛开幕式上作了题为《加强对话增进互信 共同应对网络安全挑战》的主旨演讲。美国国务院副国务卿罗伯特·霍马茨、美国驻华大使骆家辉、微软公司 CEO 资深顾问克瑞格·蒙迪就互联网治理、信息自由流动、知识产权保护等方面分别发表了意见。罗伯特·霍马茨积极评价了中国在互联网许多领域取得的发展成就，表示美中两国在互联网发展和治理方面的合作有巨大潜力，双方需要的是合作而不是对抗，美方将继续加强与中国在互联网领域的合作，包括积极开展多形式、多层次、可持续对话，增加交流的频度和深度。希望两国在互利共赢基础上，采取建设性措施，共同解决互联网发展面临的一些问题。并且，此次中美双方参会人数均超过了往届。

3. 成功举办“第二届中美信息安全技术标准圆桌研讨会”。2013 年 4 月 16 日，全国信息安全标准化技术委员会（TC260）和美国信息技术产业理事会（ITI）联合主办了“第二届中美信息安全技术标准圆桌研讨会”。来自中美两国 20 多家机构单位共 50 多名专家、学者参加了此次研讨。全国信息安全标准化技术委员会副主任委员、工信部信息安全协调司赵泽良司长出席了研讨会。研讨会上，来自工信部电子工业标准化研究院、四川大学、美国信息产业理事会、国际云安全联盟等单位和机构的专家学者，围绕“政府及重要信息系统云计算安全保障框架及管理实践”和“技术标准对保障云计算安全的作用”两个主要议题，就政府部门云计算服务安全管理、美国 Fedramp（Federal Risk and Authorization Management Program）项目和云计算安全国际标准化等内容进行了深入的交流和讨论。本次研讨会促进了中美云计算安全管理和标准化工作的交流，对加强中美云计算标准化工作合作、强化云计算服务安全管理、保障和促进云计算服务应用等方面具有积极意义。

4. 成功举办中美网络安全工作组首次会议。2013 年 7 月 8 日，中美双方官员在华盛顿就网络安全开始为期 4 天的会议。这是中美网络安全工作组设立后的首次会议，会议的目的是为了提出中美关切的问题并在网络安全方面建立起合作关系。

5. 成功举办第五届中英互联网圆桌会议。2013 年 9 月 9 日，第五届中英互联网圆桌会议在英国伦敦举行。国家互联网信息办公室主任鲁炜出席并发表了题为《网络空间的自由与秩序》的主旨演讲。鲁炜在演讲中指出，中英在互联网方面可以优势互补，资源共享，发展共赢。

6. 成功举办首届东盟地区论坛框架下的网络安全研讨会。2013 年 9 月 11 日，中方首次举办东盟地区论坛框架下的网络安全研讨会，从法律和文化的视角探讨加强网络安全的措施，来自东盟十国、中国、日本、韩国、俄罗斯、印度、巴基斯坦、美国、加拿大、澳大利亚、新西兰和欧盟等东盟地区论坛成员的政府官员和专家学者出席此次会议。中国外交部部长助理郑泽光出席会议并表示，中国愿与国际社会通过东盟地区论坛等多边机制拓展交流与合作，共同推动网络空间国际规则的制定和实施。

三、我国网络空间治理的有关政策思考

（一）要站在实现中华民族伟大复兴的高度思考网络空间战略

互联网深刻影响着国家政治、经济和社会的发展和走向，全球市场环境正发生深刻变革，中国经济发展模式也正由出口导向型转向更多依靠内需拉动。为此，中国正在积极推动信息消费与两化融合，以此拉动国内有效需求，推动产业结构和社会经济转型升级，建立更加安全、高效的信息通信网络基础设施变得尤为重要。因此，必须站在实现中华民族伟大复兴的高度，思考国家利益全局，统筹国家优势资源，设计和构建国家层面的网络空间战略。

（二）网络空间治理要调动全社会的积极性和主动性

网络空间治理既要依靠政府的科学决策，也要依靠全社会和全体网民的努力，这就需要调动全社会的积极性和主动性，来共同维护网络空间的安全和发展。政府部门要依法治网，创造良好的政策环境；行业协会要促进自律，维护行业健康发展；互联网企业要公平正当竞争，为社会提供健康、创新的产品；主流媒体应当利用向网络平台的自然延伸，发布权威、公正的信息，传递正能量。广大网民要珍惜声誉、爱护家园，做守法崇德的网民，共同创建网络空间良好秩序。

（三）健全网络空间治理的法制环境

要坚持“依法治网”的原则，综合运用行政管理、行业自

律、社会监督和技术措施等多种手段，借鉴其他国家和地区管理互联网的经验和教训，按“在发展中加强治理，在治理中推进发展”的原则，对互联网依法实施有效治理，兴利抑弊，推进互联网应用健康稳定开展，从而促进经济发展和社会和谐发展。

（四）在大数据背景下制定网络空间治理策略

网络空间安全和治理正迎来大数据时代的新机遇和新挑战，呈现出国际交织、广泛渗透、复杂传导的新趋势。在网络空间，大数据更容易成为黑客攻击的目标，是隐私泄露的高危阵地。制定网络空间的治理策略，在事件预警、安全防护、应急处置和灾难恢复等各个环节都要充分考虑大数据应用的特殊性，加大对大数据企业的规范力度，加快技术标准体系建设步伐，培养大数据信息安全人才，研发大数据风险防范技术，以保障大数据时代的信息安全。

Challenges and Policy Considerations on Cyberspace Security of China

Lü Xing　Lü Hanyang　Yang Yueyuan

Abstract: The problem of network security threat has become a global challenge along with the widespread use and the popularization of information and communication technologies. The disclosure of PRISM has intensified the discussion of confrontation between countries in cyberspace. Tc safeguard the security of cyberspace has become inevitable topic for every country in the world. In this report, we have analyzed the threats and challenges in Chinese cyberspace and summarized our major work in cyberspace security. Apart from that, we also recommend to strengthen management of cyberspace from different views such as strategic, management and technical measures and policy-thinking were also put forward.

Keywords: Cyberspace Information Security Governance

军事调整篇

美国全球军事战略调整及对世界的影响

任海平*

摘　要：奥巴马政府上台后，因应全球形势发生的新的重大变化，对美全球军事战略进行了广泛而深入的全面调整，美国军事战略开始进入冷战后的第二轮大调整时期。2012年初，美国政府公布了新军事战略报告，标志着美国军事战略调整的基本思路已经形成。美国在继续保持全球军事绝对优势的同时，将把战略重心转向亚太地区。在重新认识战略环境、着力应对全新领域出现的多元化威胁的情况下，美国提出了放弃同时打赢“两场战争”的设想，推出“1+”新设想，缩减规模，提高质量，打造新型美军，并针对新的环境和假想敌，提出“空海一体战”作战思想。美全球军事战略的重大调整必将对世界的政治、经济和安全格局产生全面和深刻的影响。

关键词：美国　军事　战略

* 任海平，中国国际经济交流中心战略研究部副研究员。

近10多年来，在两场战争的拖累和经济危机的打击下，美国军事战略开始进入冷战后的第二轮大调整时期，也进入了一个新的力量积蓄期。2012年初，美国政府公布了题为《维持美国的全球领导地位：21世纪国防的首要任务》的新军事战略报告。美国总统奥巴马表示，下一步美军将把重心转向亚太地区，美国军费在可预见的未来仍将居世界首位，要高于从军费开支第二名到第十名国家的军费总和。这份报告标志着美国军事战略冷战后第二轮大调整的基本思路已经形成，它在明确宣告将继续确保美国“军事超强”地位的同时，对亚太地区尤其是中国的挑战加以重点防范。

一、美国新一轮全球军事战略调整的基本构想

2012年1月5日，奥巴马在五角大楼与国防部长和参谋长联席会议主席一道举行记者招待会，公布了题为《维持美国的全球领导地位：21世纪国防的首要任务》的新军事战略报告。奥巴马在讲话中表示，美军在经历10年战争后正处于“一个过渡时期”，虽然美军将继续为维护全球安全作贡献，但有必要对其关注重点进行再平衡，下一步将把重心转向亚太地区。他强调，虽然美国面临削减国防预算的压力，美军规模将会缩减，“但世界必须知道，美国将维持其武装部队的军事超强优势，美军将保持灵活性，准备应对各种紧急事态和威胁”。奥巴马还表示，美国军费在可预见的未来仍将居世界首位，要高于从军费开支第二名到第十名国家的军费总和。

此次美国推出新的军事战略，是奥巴马政府调整军事战略一系列动作中的重要一步，目的是为处于战略调整期的美军提供全

面的指导。美国军事战略报告是指导美军建设和战略力量部署的指针性文件，通常情况下两年修订并发布一次，这次发布距上次的时间长达七年之久，可见美国对新战略报告进行了深入的思考与研究。与上次相比，新的军事战略报告明确了美军未来的使命和任务，在战略环境、战略重点、战略合作、战争设想、军队建设等方面也都发生了新的变化。这份报告标志着美国军事战略冷战后第二轮大调整的基本思路已经形成。该指南在对全球安全形势进行综合评估的基础上，提出了打赢一场局部战争并同时威慑阻止另一场战争的新战略，明确了美国武装力量的“十大使命”，提出了打造符合 2020 年标准的联合部队的设想。随着奥巴马连任总统，美国新一轮军事战略调整在此基础上正不断得到进一步的深化和加强，并加快了实施步伐。

（一）重新认识战略环境，着力应对全新领域出现的多元化威胁

美国新军事战略报告对未来的战略环境和所受到的威胁等方面都有了新的认识。报告指出，美国面临的威胁是多方面的，其战略视野应当更加开阔，打击恐怖主义仍然是美国当前的重要任务，但视野将不再局限于反恐怖主义领域，而应面对世界出现的各种挑战，特别是一些新出现的领域。美国提出了其面临的主要安全威胁为：极端主义暴力活动，大规模杀伤性武器扩散，全球多极化趋势对美国造成冲击，“失败国家”造成的全球性问题等。新军事战略报告多次强调太空、海洋、网络空间等“全球公地”问题，并特别指出，在未来的一个时期，所有国家的安全和繁荣都依赖于海洋、太空和网络的稳定发展。美国的长远战略利益是“确保全球公共区域……海上、空中及太空共有区域……以及全球关联区域内的进入和自由调动”。同时，报告明确表示，为了应对任何国家破坏和使用全球公共区域的权利或威胁美国盟国安全的行为，美国将显示其决心并投入人力、物力。这表明“全球公地”正成为美国维持其既有优势、谋求未来霸权的新领域。美国战略视野拓展到“全球公地”的主要原因在于一些地区新兴大国的崛起、拥有核武器国家的增加、全球经济格局变化以及对自然资源的激烈争夺。依据美国的观点，美军在“全球公地”的自由行动越来越受到国家和非国家行为主体的挑战，美国在“全球公地”的战略利益受到越来越大的威胁。正是基于这样的考虑，美国提出，今后军队的新使命和新任务：一是要确保美军在“全球公地”自由进入和调动，这是美国国家安全的核心要素，也是美军的永久性使命；二是要继续保持核威慑和常规力量的绝对优势，要具有击败侵略的战略能力，要大力发展太空、网络空间等领域的威慑手段，以适应这些领域出现的挑战和威胁。美国将采取稳健、务实的防务政策，运用政治、经济、外交、军事等多种手段保护国家利益与安全，加强国防部与联邦政府其他部门、非政府组织以及盟国的广泛联合，将常规作战行动与民事行动相结合，以人道主义援助、战后重建、保护当地民众安全、医疗服务和自然灾害救援等手段，通过“软实力”效应实现国家安全战略目标。

美军根据新的战略调整，明确了所谓“十大使命”，即 1. 反恐和非常规战争。继续打击“基地”组织，防止阿富汗重新沦为恐怖主义天堂，对其他恐怖组织（如真主党）加强警戒。2. 防范和阻止侵略。美军必须具备应付并赢得一场大规模局部战争，阻慑另一场战争发生，并能在短期内占领和有效管理一定面积的领土。3. 在反介入/区域拒止环境下投送兵力，确保在此环境下的军事干涉能力。4. 反大规模杀伤性武器。5. 在网络与空间形成有效战斗力。加强投资和国内外伙伴合作网络和空间军事行动。6. 保持安全和有效的核威慑。降低核武器在美军作战中的作用，并依据实况进一步削减核武库。7. 国土安全防御，并在人为和自然灾害后提供民事支援。8. 在海外保留稳定作用的军事存在。但在预算资源削减的现实情况下，调整兵力部署并降低军事行动频率。9. 安全维和使命。10. 人道主义行动。在这里，美军将“反介入”列为重点，有所指地涉及一些国家的“反介入”能力。报告称，在面临“反介入挑战”的地区，敌手会利用各种非对称手段限制美军行动，其中包括电子网络战、弹道与巡航导弹、先进的防空系统和布雷等。

（二）放弃同时打赢“两场战争”设想，推出“1＋”新设想

美国奉行“同时打赢两场战争”的战略原则已长达50多年。1961年，时任美国总统的肯尼迪将原来的“大打、打核战争”的战争原则改为“同时打赢两场半战争”，即同时在欧洲和亚洲各打赢一场大规模战争、并在非洲或其他地方打一场小规模战争。这是“两场战争”战略的肇始。在此后50多年里，随着国际局势的变化，也因应美国自身的国力军力兴衰，要求美军同时打赢的战争数量先后调整为尼克松—里根时期的一场半、老布什时期的两场半、克林顿—小布什时期的两场，但是其实质并未发生变化。美军一直按着同时打赢两场左右战争的原则来指导各方面的军事准备，包括军事学说、编制、装备、部署等。具体地说，50多年来战略原则的共同点是：美军一直为多场战争进行准备；一直认为战争形态是大规模战争；一直强调战争的目标为“打赢”。这种局面一直延续到了2011年。

美国新军事战略的出台，一改这个传统的战略设想，放弃了“同时打赢两场战争”战略，转而追求只具备打赢一场战争的能力。首先，美国不再准备同时发动多场战争，而仅仅要求具备打

赢一场常规战争的能力。也就是说，像小布什政府那样同时打阿富汗战争和伊拉克战争将不符合新的军事战略。其次，如今的美军不仅为大规模战争做准备，也为应对突发的战争和冲突做了准备。如2011年的利比亚战争，从事件突发到美国参与出兵仅仅一个月时间。再次，美军参战也不一定是为了“打赢”。战争的目标同样可以是“破坏”或“威慑”。如美军航母编队在印度洋游弋，其目标就是对伊朗实施威慑，而不一定意味着大规模战争。

美国“1+”的新军事战略设想也是近年来美国战争实践经验与教训的总结。现实中，冷战后美军虽然从未同时进行真正意义上的“两场战争”，但出现了伊拉克战场与阿富汗战场同时存在的情况。这两个战场很快就使美军疲于奔命、底气不足，特别是为美国带来了沉重的财政负担，以致于在利比亚战争中主动退出指挥和作战，只承担后勤补给等辅助作战任务。鉴于此，美国在新军事战略中推出了这个“一战一威慑”战略，即美国将参加并打赢第一场战争，同时将长时间扰乱第二个攻击者的行动，从而为结束第一场战争赢得足够的时间，然后再集结兵力进行第二场战争。美军认为，这种军事战略的调整不但不会危及美国的战略利益，反而能削减数千亿美元的军费开支。

（三）缩减规模，提高质量，打造“小、快、灵”的新型美军

美国力求在资源有限的情况下，保持对新军事战略实施的持续投资，在总体缩减军队规模的基调下尽量确保关键领域和重点地区的投入，最大程度地为美军的战略转型提供经费支持。美国参众两院批准的2013财年国防预算法案，军费预算总计约6330亿美元，其中5280亿美元用于采购武器、更新装备、支付工资等日常支出，880亿美元用于阿富汗战争，另外170亿美元用于

核武项目。从军费使用的方向看，总体上有保有压，降规模不降战斗力，而对亚太等重点地区的投入则明显加强。根据新的国防预算，美军将裁撤地面作战部队近 10 万人，现役陆军人数将从 2010 年的 57 万人削减到 49 万人，海军陆战队从 20.2 万人削减到 18.2 万人。此外，美国海军将让 7 艘老旧的巡洋舰提早退役；空军方面也将裁撤 6 个战斗机战术中队和 1 个训练中队，一些老旧运输机也将退役。但同时，11 个航母战斗群、轰炸机集群、两栖作战舰编队等核心作战能力均不受预算削减的影响；无人机和特种部队还得到加强，其中无人机巡逻编组将从 61 个增加到 65 个，必要时甚至将增至 84 组，特种部队将在未来的 4 年内从 6.37 万人增至 7 万人。新型轰炸机、新一代核潜艇等重要项目也未受经费削减的影响。同时，美军重点加强了亚太地区兵力部署。在作战部队面临大规模裁撤的背景下，亚太地区的规模不降反升。

美军为加强质量建设，进一步突出了重点。要求部队具备在多维作战空间内的核心军事能力，主要包括多维条件下的力量投送以及多维条件下的区域进入、补给保障能力等。为实现这一目标，陆军将进行适应性强的网络化编组，以执行全频谱作战任务；海军将形成规模可调整的任务型作战单元，能够担负多样化任务；空军要保持远程投送的能力。美军特别强调面临网络空间和太空等新领域的威胁，要加快新型军事力量建设的步伐。在太空方面，提出要发展反卫星、定向能和动能武器。在网络空间方面，提出要重点提升网络战部队的“攻防兼备”能力，网络部队要确保军事网络的安全，具备探测、威慑、拒止和多层防御功能。此前美军已组建了网络作战司令部，今后还要继续加大在这方面的投入，研制新型的网络战“兵器”，提高网络战的手段，使美军在这一领域始终掌握主动权。为遏制所谓“反介入”威胁，未来美军在武器装备上的重点将放在提升投射能力方面。具体包括投资研发新型远程轰炸机，提升续航能力，以加大攻击范围；改装“弗吉尼亚”级攻击核潜艇，以装载更多巡航导弹，执行战役乃至战略任务；提升海军和空军的雷达系统，并加强海、空军的协同作战；改善空—空和空—地导弹性能；淘汰 C－130“大力神”运输机，发展 C－27J 中运量新型运输机，以完成快速投射。

未来的美军将是一支小型、轻型的，高科技武装下的，具备快速反应能力的新型军队，其特征可归纳为“小”、“快”、“灵”。“小”指的是整体规模缩减。未来 10 年内，美国可能将削减 5000 亿—1 万亿美元的国防开支。据此，美军将进行较大规模的裁军，裁撤人员可能达到现有数量的 1/10。特别是陆军和海军陆战队将首当其冲：预计在 5 年之内，美军将裁撤陆军 2.7 万人和海军陆战队 2 万人。也有美国官员透露，未来 10 年，美国将削减 10%—15% 的陆军和海军陆战队规模，约合 7 万—12 万人。此外，美国驻欧洲的军力将被大量裁撤。美国目前在欧洲部署兵力 8 万多人，未来美驻欧部队的主力将编成两个快速反应纵队，每个编队的兵力约为 3000 至 4000 名，这两个快速纵队将是裁军后的精兵。从长远来看，美军总兵力可能将降至 100 万人左右。正如《维持美国全球领导地位》报告中所言，未来的美军将是“小而精、机动灵活”的军队。“快”指的是美国今后的军事反应速度将进一步加快。无论是利比亚战争的纯军事准备，还是针对伊朗的航母编队调动，其反应速度都仅仅是几天时间。今后，这一速度将进一步加快。其战略目标是美国将具备在几天乃至几小时内到达全球任何一个角落的能力，在瞬息万变的当代国际环境中追求“一剑封喉”。“灵”指的是美军的作战形态将更加“轻巧”。例如，未来美军不再将以追求地面占领作为主要作战构想，军事威慑的作用将进一步凸显，美国的军事反应将更加灵活和多样化。美军未来将更加致力于网络战、弹道导弹防御和核威慑力量的建设。在打击恐怖主义问题上，其将避免“大炮打蚊子”式的消耗战，而是更多采取小规模行动和精准打击。美军小分队深入巴基斯坦境内，击毙“基地”组织头目本·拉登就是这种“灵巧作战”的典型战例。此外，美军将逐渐停止 F-22 等高端机型的采购，而着力发展 F-35 等多功能战机和远距离无人机，这也是美军“轻型化”在装备方面的体现。

（四）针对新的环境和假想敌，提出“空海一体战”作战思想

美军为实现新的军事战略，有针对性地提出了“空海一体战”设想。这是依据战场环境变化和更好维护其自身利益提出的新作战样式。“空海一体战”具有明显的亚洲色彩，正如美军太平洋总部司令威拉德海军上将所说，美国正在发展应对亚太地区新形势的“空海一体战”。“空海一体战”和“空地一体战”有很大不同。“空地一体战”的主要设想是在欧洲大陆战场上空军与陆军联合实施的作战行动。而“空海一体战”则是美国为干预亚太地区事务，实现其战略目标进行的一种战场设计，这种设计具有明显的远程性、积极性、主动性和进攻性；其运用的力量也有很大区别，主要是运用空中、太空、海上和海军陆战队。同时，“空海一体战”战场空间也进一步拓展，主要是在空中、海上、太空和网络空间进行全面交战。从更广泛的包含军事和政治的大战略层面出发，“空海一体战”还是一个依赖亚太地区盟友、共同对付潜在敌人的联合作战计划。为检验“空海一体战”的效果，美国近年来不断在亚太地区举行大规模军事演习。

（五）加强国际和地区军事合作，依托军事联盟巩固军事霸权

美国新军事战略更加强调国际和地区的安全合作，将“加强国际和地区安全”列为今后军事战略的重点。报告指出，美国在必要时可以单独行事，但未来的希望在于联盟，打赢下一场战争的立足点是联盟。基于这种认识，美国提出北约仍是美国最基本的盟友，但要加强与非盟、东盟及其他组织合作，使美军能够在全球范围内部署兵力，并能使用外国的基地、港口和机场。

美国如此重视国际和地区军事合作：一是因为爆发局部战争和武装冲突的因素非常复杂，单靠一个国家难以解决众多事务，加之美国的军费压缩，使美国不得不通过与其他国家的军事合作分担安全责任；二是通过广泛的军事合作，美国既可帮助对象国维护自身和区域安全，又可通过合作实现美国全球范围内的军事存在，可谓一举两得。与以前所不同的是，美国在重视与传统国家关系的同时，提出要把非洲、东南亚、南亚各国拉入自己的军事体系，成为其军事合作的新伙伴。

美国强调军事合作的重大变化，反映了奥巴马政府的安全战略思想和外交思路。一方面，美国将既有的军事安全机制更加“完善”。美国一面扩大北约，一面使北约在其防区外行动，使北约几乎成了为美国霸权服务的工具。另一方面，美国利用其他安全机制为其霸权服务。美国新军事战略报告提出，要提高一些经济共同体的军事能力。言外之意，美国要利用除北约外的一些国际组织为其霸权服务，如美国加大对东盟和“海湾合作组织”防务问题的参与力度就值得关注。而从冷战后至今，美国不断打着维护“人权”的旗号，借联合国的名义组织多国部队干预某些国家的内部事务，如出兵波黑、空袭南联盟、打击利比亚等，这种

“模式”也极可能成为一种“国际惯例”模式。

与盟国打造一体化的军事合作一直是美国军事战略的重要基石。当前，美日同盟正从侧重分工转为大力深化两军“联合力量”和“互操作性”，通过共享情报、共谋规划、联合训练、共用基地、共建导弹防御系统等多种方式，推动美日军事一体化。美国还大力推动盟国之间的合作。例如，在美大力推动下，日韩两国达成《军事情报综合保护协定》；美、日、韩三国还宣布成立了旨在应对朝鲜“入侵”的三方安全磋商机构。近几年来，美国越来越重视与亚太地区的军事合作，亚太地区已成为世界军演密度最大、大规模演习次数最多的地区。通过各种军事演习，一方面，“拉帮结派”，构建美国亚太军事防卫网络；另一方面，继续维护美国在亚太的权势，成为亚太地区纠纷的“仲裁人”，“离岸平衡手”。特别值得重视的是，2013 年，美国开始在非洲 35 个国家部署军队，以“应对当地极端组织日益增长的威胁”。目前，美军已在非洲建立起一个由 10 余个小型空军基地组成的情报网和快速反应基地，以便实现监视恐怖组织、打击海盗以及保障能源供应线畅通等更为深远的战略目标。

（六）军事战略重心东移，进一步加强在亚太地区的军事部署

美国新的军事战略报告明确指出，美军在保持全球属性的同时要关注重点地区，“必须恢复亚太地区的平衡”。亚太地区成为美国今后战略考虑的重中之重。2012 年，奥巴马同国防部长和参谋长联席会议主席宣布将裁军 50 万，并将大幅削减全球范围内的军事存在，但唯独却要加强在亚太地区的军事存在，并进一步提升海空军作战能力。奥巴马声称“美国军方将会重组，并且集中于更广泛的挑战，尤其是针对亚太地区”。美国国防部长指出，

亚太与中东地区是美国国家安全最大的“威胁”来源，美军必须在当地保持足够的军力。“为达成重心移转亚太的目标，美军将维持现有的轰炸机队，包括11艘舰艇与10组机队的航空母舰战斗群、大型两栖登陆船队。亚洲驻地部队和陆战队人数都将维持现状。”美国海军作战部长则宣布，美国未来10—15年将把海军1/3的战舰转移至西太平洋。这意味着，美国海军总共285艘战舰中的将近100艘将转移到该地区。他声称，“我们将把最精锐的部队放在西太平洋”。近年来，美海军陆战队已进驻澳大利亚的达尔文港；在菲律宾，双方达成协议，菲律宾授权美军重新使用苏比克海空军事基地。在日本，美军不顾当地居民反对，在冲绳部署了“鱼鹰”运输机。种种迹象表明，美国正在加紧军事力量的部署，将其“重返亚太”战略具体化、机制化。

从当前美在亚洲太平洋地区的驻军数量看，已远超对欧洲大西洋的军力部署。当前美在亚太地区保持着15万的驻军。在东北亚地区，美保持着10万驻军，在日本的驻军5万多人，在韩国的驻军2.85万人。而在冷战结束以来美在欧洲、大西洋的驻军都一直维持在10万人的规模。美国在关岛建成了全球最大的军事基地，并在亚太地区部署了最大规模的海上力量和最先进的作战飞机，同时强调建立五大基地群（东北亚、东南亚、关岛、澳新和夏威夷）。美已将其部署在太平洋和大西洋共五支舰队中的三支调集到太平洋地区，且已将其总共11艘航母中的6艘调集到以关岛为中心的亚太地区。美最先进的“弗吉尼亚”级和“俄亥俄”级战略核潜艇以及B1、B2战略轰炸机和F-22隐形战机的部署都以亚太为主要目标。美国近年来还在考虑构建亚洲导弹防御系统，提高空中打击能力，配合美国的战略重心东移。

美国近年来不断加强亚太地区双边军事同盟体系，提升和加强与日韩的军事联盟关系，建立美、日、韩三国军事合作机制。

同时，建立和强化新型军事关系，提升、加强与印度、澳大利亚、东南亚国家的军事合作，构建多边军事联盟体系。美国还第一次以发表正式军事战略的方式，确认了所谓美军未来将集中对付的两大军事“假想敌”——中国和伊朗。新军事战略报告特别指称，中国军力崛起将影响区域安全与经济发展，美国将加强与盟国合作，继续在东亚投入资源，确保区域稳定安全。“长期而言，中国成为区域强权，将多方面潜在影响美国经济与国家安全。”针对新的“假想敌”中国，美国展开了多方面的军事外交活动。最突出的就是高调介入南海及钓鱼岛问题，以及对台军售。美军新的“空海一体战”理论的“假想敌”指向中国，也毋庸置疑。

综合起来看，美国此次军事战略调整的基本原则，重在把握以下三个“平衡”：一是寻求国防投入减少和维持美国绝对军事优势之间的平衡。即要通过调整结构，节省开支，重点提升关键能力，确保美军在世界上的绝对优势地位。二是把握应对当前威胁和未来挑战之间的平衡。即要在打赢当前战争，应对地区威胁的同时，防范潜在对手的挑战。三是使盟友和美国所承担的义务更趋平衡。即要求盟国承担更多的义务，以减轻美在防务开支方面的巨大压力。

总的来看，当今的美国全球军事战略呈现出“依托两约、立足两洲、控制海洋、挤压俄国、遏制中国、独霸世界”的明显特点。“两约”是美国军事主导世界的基础，即《北大西洋公约》和《美日安全保障条约》；“两洲”指欧洲和亚洲；控制海洋则是美国在重视太平洋和大西洋的同时，又将势力延伸至印度洋，海洋在其全球军事战略中的地位日益增加。为维护其唯一超级大国地位，美国对任何可能威胁自己的对手都不放过。对军事大国俄罗斯，美国采取挤压政策；对高速发展的中国，美国采取经济上交往，政治上演变，军事上遏制的战略。在美国继续承担北约“集体防御”义务的同时，要求欧洲盟国分摊更多的安全责任。在亚太地区，美国进一步巩固与加强已有军事同盟关系，增加新的合作伙伴，军事上继续保持对朝鲜的威慑，保持美军事介入亚太地区的能力。同时，美国不放弃在中东地区的驻军和军事优势，重心仍将是打击极端主义与保护以色列等盟友，防止伊朗获得核武器。在非洲和拉美地区保持最低程度军事存在，强调合作伙伴关系。在全球范围，反大规模杀伤性武器扩散。

二、美国全球军事战略调整的产生背景与战略意图

奥巴马政府上台后积极进行的美国全球军事战略调整，特别是高调打出“重返亚洲”的旗号，积极实施新的“亚太再平衡战略”，可谓是冷战后美国全球战略最大规模的实质性调整。总的来看，美国新一轮军事战略调整的产生背景主要是全球战略中心东移，美国作为全球霸权国家自然要关注并跟进；亚太地区新兴大国特别是中国的崛起必然对美形成挑战，作为全球霸权国家自然要关注并反制；而美国国内经济危机要找出路，亚太地区则是首选，作为全球霸权国家自然要“搭顺风车”，积极渗透。美国新一轮军事战略调整的主要意图则在于遏制新兴大国、主导亚太这个新的战略重心区，并从经济上捞取更大好处，从而继续全球称霸。

全球政治经济军事重心向亚太地区的转移是导致美国军事战略调整的根本原因。在国际金融危机爆发两年后，亚太地区的经济规模首次超越北美和欧盟，位列三大经济圈首位。亚太地区既

汇聚了中、俄、印、日和东盟等全球重要战略力量，其实力变化和战略选择牵动着全球格局的调整，又是全球最有经济潜力的地区，势必成为21世纪全球经济增长引擎。亚太地区还是全球军备竞赛最为激烈、安全形势最为严峻的地区之一，而中国又被视为美“最大潜在对手”。这些均被视为对美国国家安全和利益的最严重的威胁。美能否在亚太维持主导，将直接决定其全球地位。这决定了美国战略重心东移是着眼于全球地缘格局和美国战略全局的综合性部署。

亚太新兴大国的崛起及对美霸权地位的挑战是美国战略调整的主要原因。近年来，亚太地区实力和国际地位的整体上升，特别是中、俄、印度等新兴大国的崛起，对美国“单级世界”的全球战略造成了强烈的冲击，使美国感到其在这个地区乃至全球的“领导”地位受到了挑战。亚太地区有全球8个有核国家中的5个，世界前6大防务预算国中的3个，特别是中国的迅速崛起正在前所未有地改变着地区力量的界定和分布。奥巴马在发表美国新军事战略报告时，明确把中国与伊朗一起列为它的主要军事“假想敌”。

“主导亚太、遏制挑战、重振美国、维持霸权”是美国战略调整的基本意图。奥巴马上台以来，美国强化与盟国的关系，调整在亚太的军事部署，插手南海纠纷，参与东亚峰会等一系列举动，其主要目的就是为了控制亚太事务的主导权。应对新兴大国的崛起，特别是遏制中国的崛起是美国战略调整的深层意图。亚洲之所以将成为世界政治、经济乃至文化的中心，主要是因为有中国、印度这样的大国以及一些正在崛起的中等大国，这里也包括半个身子在亚洲的俄罗斯的复兴。美国担心这些新兴大国主要是中、俄、印的崛起可能挑战美国在该地区乃至全球的领导地位。从近年来美国的实际表现以及趋势看，为对付中国，美国不断地挑起各种地缘政治矛盾，在中国周边制造日益强大的战略压力。

“重返亚太”是美国为了维持其全球“领导地位”而进行的重大调整，有其内在的客观必然性。虽然美国战略调整目标明确，决心坚定，但其国内外存在和面临的各种困难和挑战，特别是国内经济状况的压力，与中东、俄罗斯、亚太等地区和国家复杂的外交关系，使其战略实施面临诸多牵制，并非能一蹴而就，如其所愿。

三、美国新一轮全球战略调整对世界与中国的影响

奥巴马政府上任以来，因应全球形势发生的新的重大变化，对美全球军事战略进行了广泛而深入的重大调整，将美全球战略重心由欧洲大西洋向亚洲太平洋倾斜，其幅度之大堪称冷战结束以来美历届政府之最，成为美与欧亚关系史上的一个重要里程碑，也必将对世界、对亚太地区的政治、经济和安全格局产生全面和深刻的影响。

总的看，美国新一轮战略调整加快了全球权力中心向亚太的转移，加剧了亚太及全球形势的复杂化，打乱了亚太地区和国家稳定正常的发展进程，特别是一些新兴大国将受到美国更多的打压与遏制；亚太成为美国战略主攻方向，该地区各国将面临新的外交挑战、政治选择和国内经济、社会政策调整，以及军事力量建设的重新考虑；一些新兴大国在该区域的主导地位将受到美国的挑战。

全球格局开始发生重大变化，权力争夺中心转向亚太地区。

奥巴马政府将美全球战略重心由欧洲大西洋向亚洲太平洋更多倾斜，导致全球格局发生重大变化，全球政治权力争斗中心、经济竞争中心和军事争夺中心都开始加快转向亚太地区。同时，亚太首次成为美全球战略的主攻方向，发展面临更多变数。美国作为一个超级大国，将亚太地区作为全球战略的主攻方向并全方位投入资源，势必极大地影响这一地区的权力结构，从而使有关国家都不得不根据环境的改变而调整其对外和周边政策，也势必对亚太方兴未艾的地区合作带来诸多影响。特别是大国关系的不确定性增加，解决地区热点问题难度加大。如朝鲜半岛危机反复出现，台湾问题未能最终解决，南海争端大有复杂化趋势等等，每一个热点问题都可能爆发一场地区性的武装冲突。美国的介入使得原本已经难以解决的问题更加复杂化。对于中国来说，周边环境则更趋复杂，周边关系面临日益增多的变数，周边的安全压力不断增大。中美关系的发展也面临一系列干扰，中国的和平崛起面临多方面的严峻挑战。

U. S. Global Military Strategy Adjustment and Influence on the World

Ren Haiping

Abstract: The Obama administration, in response to the world situation has undergone major new changes in the U. S. global military strategy carried out extensive and in-depth comprehensive adjustment, the U. S. military strategy after the Cold War began to enter the second round of a major adjustment period. In early 2012, the U. S. government announced a new military strategy report, marking the U. S. military strategy to adjust the basic idea has been formed. United States continues to maintain global military absolute advantages, the next step will shift the focus of the Asia-Pacific region strategy. Rediscovering the strategic environment, efforts to deal with the new threat of a diversified field of the case, the United States proposed to give up simultaneously fight "two wars" scenario, the introduction of "1 +" new ideas, downsizing, improve quality, create a new U. S. military, and for the new environment and imaginary, that "air Sea Battle" operational thinking. America's global military strategy of the world's major adjustment will certainly political, economic and security patterns produce a comprehensive and profound impact.

Keywords: U. S. Military Strategy

我国当代国防建设与经济增长关系

齐维梁　祝尔坚*

摘　要：近年来，随着经济全球化的日益加深和国际战略格局的加速演变，我国的安全面临着越来越严峻的威胁，包括霸权主义遏制、周边地区安全隐患以及近来南海问题日趋复杂等各种政治、经济问题。国防建设是一个国家安全稳定的前提保证，因此如何加强国防建设成为一个重要的研究热点。本文选取金砖国家和美国的历史数据，基于现代的研究方法，使用平滑转换自回归（STAR）模型对各国进行了实证的研究。最终结合格兰杰因果关系的检验结果以及不同STAR模型的建立，对我国国防支出与经济增长的关系进行了分析，而且以实证结合历史的双重角度对比了我国与美国、金砖国家的国防建设的差异。研究发现，我国国防支出形成机制缺乏灵活性、国防建设滞后于经济政治发展等几个问题。结合发现的问题，笔者给

* 齐维梁，上海社会科学院部门经济研究所硕士研究生；祝尔坚，解放军后勤学院学术研究部后勤理论研究室博士生导师。

出了合理的建议：建立与经济增长同步的国防支出形成机制；构架军民结合的经济科技体系；适当增加国防支出规模、增强国防建设力度。

关键词：国防建设　经济增长　STAR 模型

引　言

近几年来，随着经济全球化的日益加深和国际战略格局的加速演变，我国的安全面临着越来越严峻的威胁：一是国际霸权主义势力把中国定位为正在崛起的新对手，并在政治经济等各方面加以遏制；二是我国周边地区出现了许多安全隐患，以及近来东海、南海问题日趋复杂，已经演变成为主权、资源和通道争端合一的复杂安全问题；三是虽然两岸关系趋好，但“台独”分裂势力依然存在，对国家主权以及领土安全造成现实紧迫的威胁；四是随着我国参与国际政治、经济、科技发展事务程度不断加深，还面临信息安全、金融风险、贸易和能源安全等多方面的隐忧。考虑到这些安全威胁，我们应该研究如何在协调经济发展的前提下加强国防建设以保障国家安全并推进社会发展。

国防建设是一个国家的安全稳定的前提保证，一个国家到底要保持多大规模的国防开支水平，需要考虑国家所面对的国防安全需求以及国防资源的合理配置，从而兼顾到财政资源效益的最大化以及足够稳定的国防建设。在不同的时期国内外学者都进行了深入的研究，并对其中关系进行阐释，形成了主要三类研究模型。(1) 凯恩斯模型：该模型通过考察供给方和需求方的增长公式，引入生产能力利用率的概念，阐明了增长和资本的形成取决于总需求，强调了政府开支对经济增长率的影响是通过影响总需求实现的。(2) 外部性模型：Feder-Ram 模型是 Biswas 和 Ram 采用菲德尔·莱姆关于出口对经济增长的两部门框架发展形成的，该模型根据通过测算代表非国防部门和国防部门的要素生产率差额和代表外部性的参数，显示国防部门的规模经济效应和外部性。(3) 公共产品模型：该模型讨论了提供国防所需要的要素支付问题，在宏观经济的框架内，对国防开支作为公共产品的机会成本与其收益进行比较，进而研究了国防支出作为公共支出的预算平衡问题。

国内学者用不同方法进行了研究：李双杰、陈渤（2002）利用一个三部门的菲德尔·莱姆模型，分别是私人部门、非国防公共部门和国防部门，对 1980 至 2000 年的中国国防支出与经济增长的关系做实证分析，得到非国防公共部门的支出对非公共部门的产出有微弱的消极影响，但是适度增加国防支出对当时阶段经济增长具有促进作用的结论。刘涛雄、胡鞍钢（2005）采用两部门外部性模型，将中国国防开支对经济增长的影响分解为规模效应和外部性两部分，得出规模效应为正，外部性效应为负的结论。这一结论说明了中国国防开支规模相对于经济总量处于十分克制的状态，因“挤出”效应导致经济增长率下降的现象基本不存在；两部门之间联系疏远，国防部门的投资对民用部门几乎没有正向带动作用，因而需进一步加强国防部门和市场经济的联系。罗伟（2007）运用计量经济学的格兰杰因果关系检验法和协整分析方法，对 1952 至 2004 年的数据进行实证分析，结论为经济增长是国防支出的单方向格兰杰原因，得到其动态协整关系，并建议建立国防支出以经济增长为基础的稳定增长机制。朱殿骅（2011）通过两部门菲德尔·莱姆模型和 Hansen 的门槛回归模型分析，得出我国国防支出与经济增长之间存在门槛效应，认为不超过门槛值的范围内，我国可以适当提高国防负担，同时加强军民融合从而促进经济的增长。

观察以前的论文可以发现一个特点，大多数观点建立在国防支出与经济增长具有线性关系的前提之上，经过对这个问题的深入研究以及实证的计量分析，本文笔者认识到这个关系很可能具有非线性特征。因为一个国家时间跨度会非常大，不同的时期会有不相同的因素影响经济增长和国防开支，例如，国内外政治形势的不同，经济发展阶段、发展状况的不同，国家战略的改变等因素都会导致国防开支的机制发生变化。针对这种经济行为的表现，本文采用平滑转换自回归（STAR）模型对其进行分析。STAR 模型可以在不同机制之间平滑地进行转化，可以更为有效地模拟现实经济行为的转换机制以及其转换速度。本文将金砖国家以及美国作为研究对象国，因为金砖国家近年来是发展迅速的发展中国家，采用发展势态相似的发展中国家作对照对研究我国国防开支与经济增长之间的关系更有实际意义；美国作为世界发达国家的代表，是当今世界经济总量第一的国家，鉴于美国在世界格局中的地位，将其作为研究对象进行比较分析对我国有可借鉴的现实意义；另外美国的霸权主义行为对中国的崛起不断遏制，我们应积极研究其国防建设与经济发展的互动关系，达到“知己知彼”，为我国的国防建设与发展提出有价值的建议。

二、平滑转换自回归（STAR）模型

（一）STAR 模型理论概述

Timo Terasvirta（1988）等发展了能够体现机制连续型变换

的平滑转换自回归模型，两个极端机制之间的转换是逐渐发生的，不同于 TAR 模型那样产生不连续的转换。STAR 模型形式如下：

$$y_t = \Phi'_1 x_t + (\Phi_2 - \Phi_1)' x_t G(s_t;\gamma,c) + \varepsilon_t \tag{1}$$

其中 i＝1，2；$x_t = (1, y_{t-1}, \cdots, y_{t-p})'$为需要考察的自变量，$\Phi_i = (\phi_{i,0}, \phi_{i,1}, \cdots, \phi_{i,p})'$为自变量的系数，自变量并非一定是因变量的滞后量，也可以包含其他外生变量，假定ε_t为到时间$t-1$的数据信息所决定的鞅差分序列。转换函数$G(s_t, \gamma, c)$是反映不同机制转换过程的函数。$G(s_t, \gamma, c)$是在0到1上取值的连续函数，该函数最常用的形式为对数函数和指数函数。转换变量s_t可以是一个滞后的内生变量（$s_t = y_{t-d}$），也可以是一个外生变量（$s_t = z_t$），或者是线性时间趋势（$s_t = t$）。在 *STAR* 模型中，函数$G(s_t, \gamma, c)$对应的两个极端值0和1可以理解为一个机制转换模型中的两个极端机制，并且在该模型中，时间序列从一个机制到另一个机制的转变是平稳的。G 函数最常用的有两种，即对数函数和指数函数，转换函数为对数函数的 STAR 模型称为逻辑斯蒂平滑转换自回归（LSTAR）模型，转换函数为指数函数的 STAR 模型称为指数平滑转换自回归（ESTAR）模型。在 LSTAR 模型中，转换函数形式为

$$G(s_t, \gamma, c) = \frac{1}{1 + \exp\{-\gamma(s_t - c)\}} \tag{2}$$

在 ESTAR 模型中，转换函数的形式为

$$G(s_t, \gamma, c) = 1 - \exp\{\gamma(s_t - c)^2\} \tag{3}$$

s_t是转换变量，c 是门限值，表示两个机制的转折点；γ 是转换函数的斜率，反映了一个机制转换至另一个机制的速度并决定了转换的平滑度。

（二）STAR 模型类型的选择

只有线性模型不能反映实际数据生成过程的真实变动规律时，才有理由选择非线性模型拟合数据的生成过程，因此，首要问题是确定数据是否有充分的非线性特征。Terasvirta（1994）提出使用转换函数的泰勒级数展开式带入式（1）模型，借助于构造的辅助回归方程解决此问题，该方法可以在判断非线性的同时，决定时间序列适合于 LSTAR 模型还是 ESTAR 模型。STAR 具体建模过程如下：

第一，确定模型的线性部分。假设真实数据生成过程的线性部分可以表示为：

$$y_t = \beta_0 + \sum_{i=1}^{p} \beta_i y_{t-i} + \varepsilon_t = \beta_0 + \beta' w_t + \omega_t \tag{4}$$

其中 $\beta = (\beta_1, \cdots, \beta_p)', w_t = (y_{t-1}, \cdots, y_{t-p})'$，并且 ω_t 为白噪声残差序列，自回归部分的阶数 p 根据 AIC 准则确定。

第二，构建如下辅助回归：

$$\omega_t = \beta_0 + \beta' w_t + \delta'_1 w_t s_t + \delta'_2 w_t s_t^2 + \delta'_3 w_t s_t^3 + u_t \tag{5}$$

s_t 为解释变量或者外生变量中选择的转换变量。对辅助回归的线性检验为 $H_0: \delta_1 = \delta_2 = \delta_3 = 0$，零假设可以采用 Terasvirta 提出的 LM 检验方法，相应于 H_0 假设得到 LM 统计量。当不止一个变量拒绝线性假设时，选择最小 p 值作为设定转换变量的标准。

第三，模型拒绝线性假设以后，使用如下检验确定选择 LSTAR 或者 ESTAR 模型。

$$H_{01}: \quad \delta_3 = 0 \tag{6}$$

$$H_{02}: \quad \delta_2 = 0 \mid \delta_3 = 0 \tag{7}$$

$$H_{03}: \quad \delta_1 = 0 \mid \delta_2 = \delta_3 = 0 \tag{8}$$

如果拒绝 H_{01} 假设，则选择 LSTAR 模型；如果接受 H_{01} 但是

拒绝 H_{02}，则选择 ESTAR 模型；如果接受 H_{01} 和 H_{02}，但是拒绝 H_{03}，则选择 LSTAR 模型。

三、对金砖国家和美国的实证比较分析

此处利用上面所述的 STAR 模型研究金砖国家有以及美国各国的国防支出机制。本模型可以体现国家发展中受到不同因素影响下的机制间的变换以及转化，通过对所选取的各个国家进行实证的最终结果对各国不同的机制以及发展过程进行对比分析，以得到研究所需的结论。

（一）线性方程的建立

1. 数据来源和处理

本文研究过程中采用两个经济指标：国内生产总值与国防支出。中国 GDP 时间序列来自《新中国 60 年统计资料汇编》和历年《中国统计年鉴》，国防开支数据根据官方数据以及《中国国防经济学：2005》进行整理。美国 GDP 时间序列源于美国国防部官方数据，中美均选用 1952 年至 2010 年序列。俄罗斯数据为 1960 年至 1991 年苏联的数据以及 1991 年后至 2010 年俄罗斯的数据。巴西、印度的两个变量的时间序列均来自于各年的斯德哥尔摩国际和平研究所编撰的《SIPRI 年鉴》，时间跨度为 1960 年至 2010 年。其中所有国家国内生产总值、国防支出数据均已按物价指数折算成 2010 年不变美元价格。

表1　各国国防支出与国内生产总值时间序列（单位：百万美元）

年份	中国		美国		印度		巴西		俄罗斯	
	国防支出	国内生产总值	国防支出	国内生产总值	国防支出	国内生产总值	国防支出	国内生产总值	国防支出	国内生产总值
1952	848	9952	46089	349159	–	–	–	–	–	–
1953	1105	12076	52802	371845	–	–	–	–	–	–
1954	852	12587	49266	376076	–	–	–	–	–	–
1955	953	13345	42729	395639	–	–	–	–	–	–
1956	897	15070	42523	425230	–	–	–	–	–	–
1957	808	15656	45430	449802	–	–	–	–	–	–
1958	733	19137	46815	458971	–	–	–	–	–	–
1959	850	21097	49015	490150	–	–	–	–	–	–
1960	850	21362	48130	517527	4542	141966	5166	322887	34008	250256
1961	733	17877	49601	527670	4853	147077	5465	341615	36211	277292
1962	835	16828	52345	568967	5659	152961	6431	357330	41368	312967
1963	974	18064	53400	600000	6265	164893	6117	382344	42269	352959
1964	1068	21318	54757	644200	5925	179569	10786	414868	44509	389066
1965	1272	25135	50620	684054	7100	197246	10514	438101	54570	427001
1966	1481	27370	58111	754688	6564	205136	9357	467892	55754	461161
1967	1217	26004	71417	811557	6523	217445	7009	500645	66452	502665
1968	1379	25261	81926	871553	8544	224838	7682	548707	69503	552932
1969	1850	28413	82497	948241	7497	234281	9092	604127	70197	610414
1970	2129	33013	81692	1008543	7502	242012	9363	668769	72309	665351
1971	2484	35540	78872	1080438	8459	248789	10936	729067	75877	731886
1972	2336	36911	79174	1181701	9024	257840	11696	835429	78156	791237
1973	2131	39911	76681	1322086	7913	263760	13896	992571	88641	827324
1974	1955	40907	79347	1442673	7414	247147	14112	1176000	98324	884765
1975	2088	43964	86509	1572891	8344	252849	14064	1278545	103163	948798
1976	1971	43127	89619	1723442	9800	288236	16800	1400000	108406	987738

续表

年份	中国		美国		印度		巴西		俄罗斯	
	国防支出	国内生产总值	国防支出	国内生产总值	国防支出	国内生产总值	国防支出	国内生产总值	国防支出	国内生产总值
1977	2185	46984	97241	1984510	9520	297501	15888	1444364	116316	1009402
1978	2460	53486	104495	2223298	9898	319291	15454	1404945	119080	1123873
1979	3264	59556	116342	2529174	10254	292961	14352	1435200	122694	1139628
1980	2841	66701	133995	2734592	10094	315438	15704	1208000	138852	1229109
1981	2462	71786	157513	3088490	10280	321251	17482	1344800	186671	1302821
1982	2585	78100	185309	3251035	11299	342396	23566	1472900	196822	1354933
1983	2597	87425	209903	3441033	11672	353709	17035	1419600	197239	1403711
1984	2650	105568	227413	3854458	12278	361121	19256	1604633	201452	1445822
1985	2808	131813	252748	4143410	13031	383250	20056	1823309	236472	1480522
1986	2943	150142	273375	4409274	14842	401133	23026	1918800	248007	1521977
1987	3073	176598	281999	4622934	16802	430819	20322	1847418	246910	1544197
1988	3196	220389	290361	5006224	16705	477287	19902	1809273	246911	1562728
1989	3686	249073	303559	5420696	17842	540668	20764	1730333	207019	1568326
1990	4256	274557	299331	5756365	17575	549220	16543	787762	159734	1552323
1991	4842	318552	273292	5941130	16410	547001	14078	703900	114656	1508632
1992	5539	395644	298350	6215625	15683	560108	11083	738867	64464	1172073
1993	6242	515848	291086	6615591	17713	610794	15228	801474	56948	1074491
1994	8073	708141	281642	7041050	17792	635430	18130	906500	55499	940661
1995	9334	888916	272066	7353135	18326	678742	20384	1072842	32867	746977
1996	10555	1045079	265753	7592943	18658	717617	18956	1115059	29026	707951
1997	11911	1156446	270505	8197121	20654	764964	18826	1176625	32205	715667
1998	13702	1234386	268207	8651839	21549	769609	20236	1190353	20551	622758
1999	15779	1314904	274785	9159500	25043	807840	20730	1219412	21289	626147
2000	17701	1450920	294394	9813133	25841	833582	22455	1247500	29014	784162
2001	21139	1601419	304759	10158633	26741	891368	26005	1300250	32204	785463

续表

年份	中国		美国		印度		巴西		俄罗斯	
	国防支出	国内生产总值	国防支出	国内生产总值	国防支出	国内生产总值	国防支出	国内生产总值	国防支出	国内生产总值
2002	25034	1762971	348482	10249471	26658	919243	26477	1393526	35780	813182
2003	27967	1997664	404778	10939946	27253	973323	21101	1406733	38064	885209
2004	32250	2336938	455847	11396175	31657	1130609	21917	1461133	39599	1042079
2005	36280	2687423	495326	12383150	33690	1203216	23677	1578467	43190	1167297
2006	43674	3097479	521840	13046000	33962	1358482	24772	1651467	47264	1312889
2007	52111	3618827	551286	13782150	34374	1494524	27067	1804467	51275	1465000
2008	61240	4405783	616097	14327837	38987	1499503	29125	1941667	56892	1625486
2009	70729	4997263	661049	14277516	45903	1582865	31244	1952750	59565	1385233
2010	75880	5881184	688279	14675458	46086	1706892	34384	2149000	58644	1503692

2. 单位根检验

在建立线性模型之前，首先对三个变量进行稳定性检验，将时间序列进行对数化，选取较为普遍使用的 ADF 方法进行检验。检验结果如下

表 2　各国变量时间序列的 ADF 单位根检验

	中国		美国		俄罗斯		印度		巴西	
	t-Statistic	P-value	t-Statistic	P-value	t-Statistic	P-value	t-Statistic	P-value	t-Statistic	P-value
Gdp	2.003	0.999	2.958	0.152	-1.430	0.138	-2.071	0.544	-2.454	0.134
d(Gdp)	-4.103	0.002	-4.814	0.001	3.493	0.001	-6.359	0.000	-4.554	0.000
Defence	2.594	1.000	2.824	0.998	3.809	0.011	-2.577	0.292	-2.644	0.102

续表

	中国		美国		俄罗斯		印度		巴西	
	t-Statistic	P-value	t-Statistic	P-value	t-Statistic	P-value	t-Statistic	P-value	t-Statistic	P-value
d（Defence）	-6.403	0.000	-6.472	0.000	-4.614	0.002	-5.563	0.000	-6.227	0.000

注：Gdp 与 Defence 为原时间序列，d（Gdp）与 d（Defence）为一阶差分时间序列。

单位根检验原假设为所检验序列具有单位根，检验结果显示，在0.01 显著性水平下，中国、美国、印度、巴西的 GDP 和国防支出原序列皆具有单位根，进行一阶差分后均能通过检验显示出平稳特征；俄罗斯 GDP 原序列平稳，国防开支序列一阶单整，双变量条件下不同阶单整，于是不具备协整前提。

3. 格兰杰因果检验及协整检验

格兰杰因果检验法的思想是，变量 X 的滞后值加入以 Y 为被解释变量的方程中，如果 X 滞后值对现期的 Y 预测有帮助，在统计上 X 对 Y 的相关系数显著，就说 X 格兰杰引起了 Y，即 X 是 Y 的格兰杰原因。下面对各个国家数据进行格兰杰因果检验。检验结果如下：

表 3　各国变量间格兰杰因果检验结果

	中国		美国		俄罗斯		印度		巴西	
	F-statistic	P-value	F-statistic	P-value	F-statistic	P-value	F-statistic	P-value	F-statistic	P-value
HH_0	1.3916	0.2464	5.5882	0.0058	1.5924	0.2340	4.7029	0.0368	1.8312	0.1519
HH_1	4.3805	0.0026	39.099	1E-11	0.0798	0.9236	2.0147	0.1643	1.4997	0.2301

注：其中 HH_0 为检验的原假设“X 不能格兰杰引起 Y”，HH_1 为“Y 不能格兰杰引起 X”。

本文选取 GDP 序列作为 Y 序列，国防支出作为 X 序列。检验结果通过 F 统计量显示，P 值为检验接受原假设的概率。检验结果显示，中国 GDP 是国防支出单方向的格兰杰原因，而国防支出并非 GDP 的格兰杰原因，也就是说从统计意义上来看，国防支出对于 GDP 不具有显著性的解释作用，从某种程度上说明我国国防支出对经济增长不具有积极的作用。美国则具有两个方向的格兰杰因果关系，说明了美国国防支出与经济增长具有互相的影响；印度只有一个方向的格兰杰原因，即国防支出是 GDP 的格兰杰原因；俄罗斯、巴西则显示为两个方向均无格兰杰因果关系。

表4　各国变量间协整关系检验结果

	中国		美国		印度		巴西	
	P (None)	P (One)	P (None)	P (One)	P (None)	P (One)	P (None)	P (One)
迹检验	0.0004	0.5314	0.0000	0.4111	0.0015	0.0343	0.1291	0.1425
最大特征根	0.0002	0.5314	0.0000	0.4111	0.0096	0.0343	0.1823	0.1425

注：本表仅给出了原假设为没有协整关系及最多只有一个协整关系的结果，具体结果见分析。

协整关系检验采用迹检验（Trace Statistic）和最大特征根检定（Max-Eigen Statistic）。表中 P（None）为假设没有协整关系的统计量的 P 值，P（One）为假设最多只有一个协整关系的统计量的 P 值。迹检验和最大特征根检验结果显示，在 0.05 显著性水平下，中国的两个变量组合具有一个协整关系；印度具有两个协整关系；美国具有一个协整关系；巴西不具有协整关系。

4. 线性模型的确立

根据上述协整检验的结果，建立中国、美国、印度几个国家的线性模型。根据检验确立的标准化的协整关系构建线性方程，观察 D. W 值发现方程具有较强的自相关性。于是引入变量的滞后期对数据做自回归模型，滞后期的选择根据赤池信息准则（AIC）和施瓦茨信息准则（SC）来确定，经过调整得到各国的线性方程。

中国的线性模型为：

$$X_t = -0.085748 + 0.379264Y_t - 0.304927Y_{t-1} + 0.907549X_{t-1} + 0.011931X_{t-2} \quad (9)$$

印度的线性模型为：

$$Y_t = 0.098829 + 0.287210X_t - 0.039323X_{t-1} + 0.803164Y_{t-1} \quad (10)$$

美国的线性模型为：

$$X_t = 0.118025 + 1.319110Y_t - 1.050732Y_{t-1} + 1.263046X_{t-1} - 0.625274X_{t-2} \quad (11)$$

（二）非线性检验及 STAR 模型的建立

1. 非线性检验

根据三个线性回归构建各自的辅助回归，形式如下：

$$\omega_t = \beta_0 + \beta' w_t + \delta'_1 w_t s_t + \delta'_2 w_t s_t^2 + \delta'_3 w_t s_t^3 + u_t \quad (12)$$

s_t 为解释变量或者外生变量中选择的转换变量，将三个方程中自变量分别作为转换变量依次代入各自对应的辅助回归进行检验。对辅助回归的线性检验为 H_0: $\delta_1 = \delta_2 = \delta_3 = 0$，零假设可以采用 Terasvirta 提出的 LM 检验方法，相应于 H_0 假设得到 LM 统计量。当不止一个变量拒绝线性假设时，选择最小 p 值作为设定转换变量的标准。不同方程中不同自变量作为转换变量代入辅助回归，得到 F 统计量以及 LM 统计量，检验结果由 P 值显示。

表 5 各国辅助回归非线性性质的检验结果

	中国				美国	
	x（−1）	x（−2）	y	y（−1）	x（−1）	x（−2）
P（F 统计量）	0.0116	0.0005	0.8327	0.6378	0.9644	0.8841
P（LM 统计量）	0.0106	0.0000	0.8102	0.6014	0.9589	0.8216

	美国		印度		
	y	y（−1）	x	x（−1）	y（−1）
P（F 统计量）	0.1722	0.0456	0.0000	0.0010	0.1539
P（LM 统计量）	0.1677	0.0392	0.0000	0.0009	0.1266

结果显示各个国家均有变量拒绝零假设，由此可以断定三个国家的方程应为非线性模型。选取检验结果 p 值小的变量作为转换变量，则中国转换变量为 x_{t-2}；美国转换变量为 y_{t-1}；印度转换变量为 x_t。

2. STAR 模型的选择与建立

如上所述，模型拒绝线性假设，否定了以前部分学者建立线性模型进行国防支出与经济增长间的关系的研究，下面进一步深入研究它们的非线性关系。将得到的各转换变量分别代入辅助回归，检验单个非线性变量系数的零假设，根据文章第二部分（6）、（7）、（8）式进行检验确定各国非线性模型选择 LSTAR 或者 ESTAR 模型。

检验结果为中国的辅助回归接受 H_{01} 和 H_{02}，但是拒绝 H_{01}，选择 LSTAR 模型；美国拒绝 H_{01} 假设，选择 LSTAR 模型；印度接受 H_{01} 但是拒绝 H_{02}，选择 ESTAR 模型。确定各 STAR 模型形式后，使用 R 软件建立各国的 STAR 模型，R 软件利用二维格点搜索法在时间序列的差分形式中估计模型的初值，进而构建不同机制并进行测试，最终得到拟合最好的的 STAR 模型。在 R 软件最终估计结果中根据变量系数的显著性调整之后结果如下：

中国为 LSTAR 模型，转换变量 s_t 为 x_{t-2}；门限值 c = 2.16289；转换函数的斜率 γ 为 10.00。AIC：-6.4041，SC：-5.9740，Adjusted R2：0.9968，ARCH - LM TEST test statistic：5.0023，p - Value（Chi^2）：0.7573；Fstatistic：0.6964，p - Value（F）：0.6925。非线性方程拟合程度高，不存在条件异方差。

$$x_t = (-0.91584 + 0.60631x_{t-1} + 0.31090x_{t-2} + 0.10919y_t - 0.56611y_{t-1}) + \frac{1}{1+\exp\{-10.0(x_{t-2}-2.16289)\}}(0.52433 + 0.172945x_{t-1} - 0.26616x_{t-2} - 0.66007y_t + 0.51424y_{t-1})$$

我国的 LSTAR 模型，两个机制非对称性很强，不同的时期里形成机制差异较大，在一定程度上印证了国防支出形成机制较长的时间段里受到我国政治、经济形势变化的影响。我国 STAR 模型门限值 c = 2.16289，观察其形成的模型散点图可以发现在门限值附近完成机制的平滑转换，依据分割的两个时间段仅仅形成两个不对称的机制，转换函数斜率 γ 为 10，显示出我国国防开支应对形势的变化不够灵活，反应不够迅速。另一方面，从得到的实证方程来看，我国在国民生产总值序列中以 1974 年为界限分为两个国防支出形成的阶段，1974 年前国民生产总值的滞后期系数显著性较低，1974 年后其系数显著性较高，这说明我国在后期阶段国防支出与经济增长的互动有所增强。

美国为 LSTAR 模型，转换变量 s_t 为 y_{t-1}。门限值 c = 5.63387，转换函数的斜率 γ 为 82.2316。AIC：-5.7257，SC：-5.3308，Adjusted R2：0.9883，ARCH - LM TEST test statistic：

43.7659, p - Value(Chi^2): 0.1590, F statistic: 21.1875, p - Value (F): 0.1247。非线性方程拟合程度高，不存在 ARCH 效应。

$$x_t = (-1.61765 + 1.23084x_{t-1} - 0.58713x_{t-2} + 3.40894y_t - 2.83857y_{t-1}) + \frac{1}{1+\exp\{-82.2316(y_{t-1}-5.63387)\}}(1.65488 + 0.14870x_{t-1} - 3.15607y_t + 2.68750y_{t-1})$$

美国模型转换变量为滞后一期的国民生产总值序列，门限值 $c=5.63387$，观察其国防支出时间序列，在这两个门限值上下的时间段较为分散，较为分散的不同的时间段会有不同的机制，其不同机制转换函数的斜率 γ 分别为 82.2316，分散的时间分布结合快速的转换速度意味着，美国可以根据不同的情形迅速调整其国防支出。

印度为 ESTAR 模型，变量 s_t 为 x_t；门限值 $c=4.08849$；转换函数的斜率 γ 为 16.3945。AIC: -7.9956, SC: -7.5690, Adjusted R2: 0.9969, ARCH - LM TEST test statistic: 5.5799, p - Value (Chi^2): 0.6942, F statistic: 0.8506, p - Value (F): 0.5702。非线性方程拟合程度高，不存在条件异方差。

$$y_t = (1.60226 + 0.14381y_{t-1} + 0.47372x_t + 0.30128x_{t-1}) + \{1 - \exp[-16.3945(x_t - 4.08849)^2]\}(-1.55387 + 0.72358y_{t-1} - 0.26914x_t - 0.33277x_{t-1})$$

印度非线性模型中不同的机制对称性较强，与中国相比，印度国防支出形成机制稳定性有优势。但同时印度模型转换函数斜率较低，说明其国防机制反应速度较慢。实践中，印度政治体制决定了政治稳定性较差，导致在国防建设的决策反应迟缓；另外，印度国防工业建设落后于中国，其技术自主性较差，大量高科技武器装备需要进口，浪费了部分财政资源，制约了国家综合竞争力。

俄罗斯在格兰杰因果关系检验中显示两个方向均不存在关系，说明苏联及解体后独立出的俄罗斯经济增长与国防建设互动关系脱节，相互联系疏远，恰好印证其国防建设的历史：苏联在战时进入军事经济状态，在战后其军事化经济的结构与体制不但继续保持下来，而且更加发展并趋于固定化。苏联全面扩充军备，大力发展军事化经济，同美国加紧全球争夺，对苏联经济的消极影响越来越显现出来。其结果是造成国民经济部门间的不平衡发展，最终经济增长放慢，并逐渐趋向停滞与崩溃。对于苏联的教训，我国应引以为戒。

巴西在协整检验中不能通过，说明其国防支出与经济增长不具有协整关系，即其国防支出形成机制与经济发展关系较为疏远。但是从其国防建设角度看，有值得借鉴之处：巴西注重国防经济与民用经济的协调发展，把国防产业作为国家的战略支柱产业，通过国防产业的发展带动其他产业的发展，其经济飞速发展，并一举成为现在全球第八大经济体。

四、结论及政策建议

由实证建模可以发现，所研究国家的国防开支与经济增长具有非线性的关系。本部分以前述的实证结果结合历史角度对比了我国与其他四国的国防建设的差异。研究发现我国国防支出形成机制缺乏灵活性、国防建设滞后于经济政治发展等几个问题。结合发现的问题，笔者给出了合理的建议：建立与经济增长同步的国防支出形成机制；构架军民结合的经济科技体系；适当增加国防支出规模、增强国防建设力度。

（一）建立与经济增长同步的国防支出形成机制

我国的 LSTAR 模型，两个机制非对称性很强，不同的时期里形成机制差异较大，观察形成的模型散点图可以发现在门限值附近完成机制的平滑转换，依据分割的两个时间段仅仅形成两个不对称的机制，转换函数斜率 γ 为 10，显示出我国国防开支应对形势反应不够迅速。从历史角度来看，我国建国后发生重大事件，如 1950 年至 1953 年抗美援朝战争爆发，但国防经费占财政支出和国民生产总值比例均逐年下降，由 1949 年的 60%，1950 年的 45%，下降到 1956 年的 21. 8%；1960 年中苏关系破裂，国防经费由 8. 5 亿美元降至 7. 3 亿美元；1974 年我国人民海军对入侵中国南沙永乐岛海域的越南海军进行自卫反击，国防开支却由 21. 3 亿美元降至 19. 5 亿美元；近年来美国对我国进行遏制以及周边国家制造安全隐患，但是我国国防开支占国民生产总值比例一直低于两个百分点。结合这些历史事件看，我国国防建设在不同的事件发生时点上做出反应比较迟缓，印证了我国国防支出形成机制较长的时间段里与我国经济、政治形势变化的同步性低的问题。

与我国形成鲜明对比的是美国的状况。美国模型转换变量为滞后一期的国民生产总值序列，门限值 c = 5. 63387，观察其国防支出时间序列，在这两个门限值上下的时间段较为分散，较为分散的不同的时间段会有不同的机制，其不同机制转换函数的斜率 γ 分别为 82. 2316，分散的时间分布结合快速的转换速度意味着，美国可以根据不同的情形迅速调整其国防支出。从历史角度来看，1941 年美国加入二战，战争状态下美国军费支出急剧膨胀，连续 3 年以翻番的速度增加军费；1951 年美军卷入朝鲜战争，美国军费又开始了大幅度增加，朝鲜停战协定签订后，美国开始削减军费开支；小布什政府上台实行先发制人的反恐战争，军费又开始大幅度上涨，国防科技工业等军事投入增加。这些例子显示美国在发生重大事件时其国防开支以及国防建设的迅捷性与同步性较高。

针对实证分析显示出的这个问题，建议我国建立稳定、反应敏捷的国防支出机制，使其能够与经济政治政策同步调整。建立这种成熟的机制，首先要考虑到国防建设的战略意义，在我国加入全球化的过程中，充分审视我国国防战略的重要性，把国家发展战略与国防建设密切联系起来；其次要注重国防支出与经济增长的动态联系，充分利用每一分国防资源，密切注视国家宏观经济形势，将经济的动态变化作为影响因子加入到形成机制之中；再次要增强形成机制的灵活性，要时刻关注国际政治、经济形势的变化，例如，非传统的安全威胁、债务危机等事件的发生，做好面对不同形势的准备，形成更为灵活的政策。

（二）构架军民结合的经济科技体系

本文第三部分对各国的数据进行了格兰杰因果检验，结果显示中国国防支出并非 GDP 的格兰杰原因，即国防支出对于 GDP 不具有显著性的解释作用，从某种程度上说明我国国防支出对经济增长不具有积极的作用。这个结论与罗伟（2007）所得到的结论是一致的。美国则具有两个方向的格兰杰因果关系，说明了美国国防支出与经济增长具有互相的影响。

因为美国国防建设、军事发展模式与我国是有所不同的：美国依靠军事建设，带动相关地区经济繁荣，为当地提供了大量的工作岗位；美国国防建设始终贯彻产学研相结合，其形成的技术很容易转化为民用、促进区域经济发展、以国防为导向的工业科技的发展，已经成为服务于美国经济发展的一条基本线，构成了美国高科技研究和制造业的核心，为其经济增长提供了辅助引擎。而我国国防建设、国防工业等与民间联系较为疏远，军事技术难以转化为民用。对此问题，本文提出以下建议。

构架“军民结合，寓军于民”的经济科技创新体系，具体措施有：重点体现国家工业政策和国家战略需求，动员国防研发基础，培育国内相关产业，以增强国防和经济的发展动力；增强军民两用技术投资，从商业的投资与合作中寻求军事利益，在部分高新产品最初设计中充分考虑军民两用技术的结合和升级，促进民用技术与军用技术的相互转化；加大军事的研发（R&D）投入，推进我国国防建设的信息化、高科技进程。

（三）提高国防支出规模、增强国防建设力度

从各国的国防支出数据来看，我国国防支出总量远低于美国。在1986年后的几十年里，我国国防支出占国内生产总值1.4%左右，这个比例在同样作为发展中国家的金砖国家中是最低的。在实证分析层面，朱殿骅（2011）等学者用门槛回归模型实证分析得到我国国防负担相对于门槛值而言比例偏低的结论。本文通过对历史数据的实证检验以及从国家战略层面分析建议：我国可以适当根据经济增长对国防支出进行增加，做到经济实力增长和不断深化国防建设协调发展。

由于我国多年来确立了以经济建设为中心的战略发展道路，我国国防负担整体较低，滞后于经济发展的速度。而如今世界政治形势风云变幻不容乐观，我国发展面临着很严峻的挑战，国防现代化建设将是我军未来相当长一段时间内的主要任务，以保证我国有足够的国防实力。信息化战争成为21世纪的主要战争形态。世界主要军事强国不断改革军事结构，创新军事理论，增加军事经费，发展新型力量。新军事变革对经费的需求是飞速增长

的，其顺利推进需要有国家经济的强力支撑。目前，世界主要国家的主体装备信息化程度已经取得突破性进展，而我国的防务装备有半数仍停留在半机械化的水平。因此，对于我国这样国防现代化程度仍比较低的国家来说，国防费用的增加是必须的。只有具有坚实的国防实力，才能抵御外来的国际形势的凶险冲击，才能保护内部经济具有一个安全稳定的发展环境，才能在世界的政治舞台上争取我国的话语权。

Study on The Relationship between Economic Growth and Defense Expenditure

Qi Weiliang　Zhu Erjian

Abstract: In recent years, with the economic globalization and the accelerated evolution of the international strategic situation, the security of our country is facing serious threat, including the hegemonism, safety hazards of the surrounding areas, and recently the South China Sea issue-which has become more and more complex. National defense construction is the foundation of a country's security and stability. Defense expenditure is an important part of fiscal expenditure. Relationship of defense spending and economic growth is the hot spot of defense economy's academic research. This paper selects the real data of BRICs and USA to make an empirical analysis and comparison under the structure of STAR model. Smooth Transition Autoregression, which is called STAR for short, is a nonlinear model that consists of different regimes. In the model, different regimes can transit to others smoothly through the transition function so that the model can describe the nonlinear movement more accurately. At last, after analysing relationship of defense expenditure and economic growth with the results of Granger Causality Test and differnt STAR models, the paper get the nonlinear relationship and advances some reasonable suggestions as follows: establish a flexible formation regime of denfense expenditure which is synchronous with economic growth; frame an economic and technological system that connect military department with civil department and increase defense expenditure to an appropriate scale.

Keywords: Defense Drive Economic Growth STAR Model

当前世界多国军费开支态势分析

王 蕾*

摘 要： 军费开支，是一个国家国防政策在经济上的体现，是商品社会中防务活动运行的经济支撑，研究世界各国军费增长态势是理论界研究的重点。金融危机爆发后，有分析人士预测，由于经济受到冲击，各国将不可避免地削减军费开支。然而美国的军费保持着世界第一的位置；俄罗斯军费连年上涨；日本的人均军费开支世界第一；印度不断增加军费开支；韩国军费开支远远超过朝鲜；越南2012年军费开支猛增。

关键词： 军费开支 金融危机 国防政策

根据瑞典斯德哥尔摩国际和平研究所（SIPRI）公布的数据，2009年，全球军费开支约为1.531万亿美元，与2008年相比增长了5.9%。2010年全球军费开支为1.6万亿美元，较2009年增加1.3%。2012年世界军费开支总计1.75万亿美元（约合人民币10.83万亿元），比2011年下降0.5%，这是自1998年以来世界军费开支首次下降。但是在此背景下，亚洲军费反而增长了

* 王蕾，解放军后勤学院教授。

4.94%，而2011年增长了2.44%。2012年亚洲军费总额达2874亿美元，不仅超过北约成员国军费总和，而且超过全欧军费总和。SIPRI认为，2008年全球经济危机爆发后，西方经济的持续不振会不可避免影响西方的军费开支，美国和欧洲预算大幅削减，是导致其2012年军费开支下降的主要原因。据统计，金融危机后的节支措施导致欧洲北约（NATO）成员国实际军费支出下降10%。SIPRI还指出，尽管美国、北约其他成员国、澳大利亚、加拿大和日本等国家的军费开支在缩减，但包括俄罗斯和中国等国家在内的世界其他国家的国防开支大幅度提升。此外，在北非和中东地区，由于叙利亚冲突，其军费在2012年分别上升了7.8%和8.4%。这在很大程度上抵消了这种缩减。这可能预示着“世界军费开支增长将从富有的西方国家转向新兴区域”。

但尽管有如此变化，多数军事专家仍认为，世界军事格局并未因此发生改变。主要原因：一是美国及其西方盟国军费开支的削减项目决定了其军事优势未变。由于美国及其盟国常年开展海外军事行动，这些国家军费中的训练及行动开支极大。而美国及其盟国军费的下降，主要源于美军近年来从阿富汗和伊拉克战场的撤退。二是对新兴国家军费的上升也应有清醒的认识。很多新兴国家原本军事力量十分弱小，其武器装备早已到了更新换代的时候，只是由于资金匮乏等原因才没能如愿。随着近些年很多发展中国家经济实力的上升，更新部分武器装备成为可能。这样的更新即使实现，与西方发达国家目前的现有水平相比也还有很大差距。更重要的是，大部分新兴国家自身国防工业水平都比较落后，武器装备严重依赖进口。而在其向西方发达国家进口武器的过程中，西方武器出口国往往不仅附加政治条件，而且价格极高，这就使得这些新兴国家更新武器装备的经济成本极高。在这种情况下，这些国家不得不提升自身军费，而收益最大的却是西方发达国家。三是某些国家的军费开支增长与地区动荡局势有关，这些国家的军事实力从中的受益度比较有限。《军费与武器生产计划》报告认为，在西亚和北非地区，由于叙利亚冲突，该地区的军费开支增长了8%。

因此，在欧洲，从2008年开始的财政危机引发的财政紧缩政策，已经迫使北约成员国军费削减了10%左右。Sam Perlo-Freeman称："所有的迹象表明全球军费在未来2—3年将继续下降。"总体来说，世界军费实际开支仍比冷战接近结束时的峰值要高。

各国军费开支重点是装备采购、新型作战空间和人员福利三大领域。西方债务危机将对世界主要国家军费开支和军队建设产生深远影响。一方面，美欧债务危机的负面效应不断扩散，削减军费预算成为主要国家解围脱困的"应急举措"。另一方面，军费预算削减势必推动主要国家调整军事战略和军队建设方针，进一步提升军事力量建设与运用的效益。

这里以世界上几个有代表性的国家和东南亚地区一些国家的相关情况来观察金融危机背景下世界军费增长走势。

一、美国

美国一直是全球军备增长的主导力量。金融危机给美国财政带来巨大挑战。美国国防预算1998—2012财年连续增长14年。据瑞典斯德哥尔摩国际和平研究所发布的报告，美国2010年军费开支继续排名世界首位，估算美国2010年军费开支为6980亿美元，占全球军费开支的43%，是中国的6倍还多。2012年美国军费开支为6820亿美元，占全球军费开支总额的39%，同比下降6%。也是自苏联解体20多年来，美国军费开支占比第一次低于世界军费开支的40%。主要原因包括：一是美国开始从阿富汗撤军，降低了战争费用；二是2011年预算控制法案导致国防预算削减。根据美国防部公布的报告，2013财年美国基础国防预算较2011与2012财年的水平均有所下降。美国国防部2013财年的基本预算为5254亿美元，比2011年提交的计划预算5707亿少了453亿美元，但仅比划拨的实际预算5310亿少了56亿美元。而从2014到2017财年，其预算不仅没有减少，还呈小幅增长趋势，分别为5336亿美元、5459亿美元、5559亿美元和5673亿美元；但与2011年提交的计划预算相比，分别少了528亿美元、523亿美元、547亿美元和543亿美元，因此，总共加起来减少了2594亿美元。实际上，2017财年比2012财年的实际预算增加了419亿美元，增加幅度为6.8%，基本可抵消通货膨胀因素，保持美国庞大军费不减。

在金融危机、总统大选以及政府财政赤字居高不下等多重压力的影响下，奥巴马政府于2011年签署了《预算控制法》，明确大幅下调国防预算的决心，并在今后几个财年加以落实。

纵观2013财年美国国防预算，其总体呈现出以下特点及趋势：

一是军职人员预算呈持续下降趋势。在2013财年国防预算中，军职人员经费预算为135亿美元，较上一财年减少4.7%。受新军事战略及经费削减的影响，美国防部计划自2013财年起，在未来5年内大幅削减人员规模，构建规模更小、编制更精，反应更快、装备更好的作战部队。

2013财年预算申请报告指出，未来5年将削减现役军人10.3万人。其中，陆军的削减幅度最大，削减7.2万人，人员规模控制在49万人；海军陆战队削减2万人，人员规模控制在

18.2 万人；海军削减 6200 人，人员规模控制在 31.95 万人；空军削减 4200 人，人员规模控制在 32.86 万人。

未来 5 年，将削减预备役 2.2 万人。其中，海军预备役将削减 9100 人，人员规模保持 5.71 万人；空军国民警卫队削减 7400 人，人员规模保持 17.07 万人；陆军国民警卫队削减 5000 人，人员控制在 55.82 万人；海军陆战队预备役人员未列入削减计划。

未来 5 年，陆军将削减 8 个基本作战训练中队；海军陆战队将削减 6 个旅级作战队和 4 个战术飞机编队；空军将削减 7 个战术飞机编队；海军将退役 7 艘巡洋舰及退役两艘两栖登陆舰。武装力量精简将节约近 500 亿美元开支。

二是装备采办预算重点领域突出。美军装备采办费主要由科研费和采购费两部分组成，2013 财年共申请 1682 亿美元。其中，采购费预算为 988 亿美元，较上一财年减少 5.5%；科研费预算为 694 亿美元，较上一财年降低 2.8%。科研费中的基础研究投入增长 5%，应用研究投入增长 4.4%。

为提高经费使用效益，提升作战能力，美军计划进一步优化采办支出结构，拟采取明确优先投资领域，将重点投资科学技术、特种作战部队采办项目、空军无人机系统项目、网络电磁空间项目、弹道导弹防御系统项目、空间领域项目等。同时中止或调整部分主要装备项目。

三是海外应急作战经费大幅度减少。随着伊拉克和阿富汗战事进入尾声，美军反恐作战已取得阶段性成果。未来海外应急作战需求将呈下降趋势。其中，美国国防部长办公厅和国防部业务局削减 107 亿美元；军事建筑调整削减 82 亿美元；差旅和印刷经费削减 5 亿美元；企业 IT 削减 41 亿美元；战略资源削减 22 亿美元；精明采购削减 53 亿美元；设施保障简化方面削减 53 亿美元。

目前，美国已经出台了新的防务战略指南，着眼国防预算大幅削减，重新调整防务战略重点，规划未来 10 年军队建设发展的方向。这在一定程度上体现了美政府提出的国防预算“瘦身”的要求，这是奥巴马政府为摆脱财政困境，提高国防经费使用效益以及争取总统大选所采取的综合措施之一。

二、俄罗斯

一直以来，俄罗斯都是尊崇以军强国的思想和传统。绝不容忍国家在军事上羸弱，重振俄军雄风几乎是每一个俄罗斯人的愿望。历史上俄罗斯虽曾为世界军事大国，但是由于苏联解体以来其自身政治、经济状况的影响，军费开支一落千丈，一直远远落后于美国、中国，甚至是在英、法等国之下。特别是金融危机对俄罗斯经济发展造成严重的打击，甚至有学者惊呼，俄经济“一夜跌回到 1998 年”。在危机前普京执政的 8 年中，俄经济实现了年增长率约 7% 的强劲发展。国家积累了大量外汇储备，提前偿还了债务。外来投资大幅增加，卢布兑美元汇率稳步升值，人民生活水平显著提升。随着近年来俄罗斯政治、经济形势的稳定和好转，其用于军事国防的费用在不断稳步增加。

俄罗斯军费连续 10 多年大幅增长，2000 年军费开支为 630 亿美元；2011 年军费开支为 641 亿美元；2012 年军费开支为 633 亿美元，占到了国内生产总值的 3%，联邦预算的 15%。2013 年军费开支将占到国内生产总值的 3.2%，联邦预算的 17%，也就是超过 2 万亿卢布（约 670 亿美元）。

按照俄财政部提交的 2011—2013 年俄罗斯军费开支，国防定购开支（俄国防部用于购买、维修和现代化改进武器与军事技术设备的费用，包括军事科技研发试验工作的费用）的预算草案，俄罗斯的军事预算正以创纪录的速度增长。2013年，俄罗斯国防定购的预算开支将首次高于拨给军队的维持费用，占国防预算开支总额的55%。

2011—2013年，俄政府用于发展军队的预算开支总额将呈不断增长之势，特别是2013年其占国防开支总额的比例将首次超过50%。在这期间，国防定购的预算开支将主要用于装备采购和军事科研和试验工作。其中，2011年用于装备采购的预算开支比2010年提高20%。此外，俄国防部用于购买新型装备费用的比例在逐年增加；军事科研设计与试验工作的开支总体比例虽在逐年减少，但总量仍在增加。俄副总理表示，科研设计与试验工作开支的减少是由于国防部放弃了一些没有前景的项目，节省下来的资金将拨给能保证提高国家国防能力的关键计划。

俄罗斯军费开支的增长主要是受长期装备重整项目的影响。装备重整项目旨在使俄罗斯现代化武器装备比例在2015年达到30%，2020年达到70%。预计到2015年，俄罗斯的军费开支在其国内生产总值中的占比将从2012年的4.4%上升为4.8%。俄罗斯计划在2020年底前将20万亿卢布（约合6110亿美元）用于国防开支，这样做的目的在于重振其衰退的武装力量，并在从苏联国家到其南部的广大地区重建政治影响力。

俄国家杜马国防事务委员会主席科莫耶多夫指出，未来俄罗斯军费预算优先解决军事领域的一些关键性问题。其中包括继续推进军事领域的改革，更新武器装备、军事专用设备，提高军人待遇水平，保障军人住房，同时也要提高退伍军人的养老金等问题。

三、英国

英国等北约国家也纷纷酝酿重新评估安全威胁，针对形势变化调整军事战略和军事力量建设模式。

根据瑞典斯德哥尔摩国际和平研究所的报告，2011 年英国军费支出为 627 亿美元，排在全球第四，占其国内生产总值（GDP）的比重是 2.6%。

近年来，英军在伊拉克和阿富汗战场上投入很大，占到军费开支的很大比例。本届联合政府于 2010 年上台之后，大幅削减财政开支，对军费的压缩力度也很大。不过，首相卡梅伦上台时曾表示，会在 2015 年实现军费的实际增长，逐步提升到占 GDP 的 3%，回到 2007 年的水平。英国将制定 2015—2016 年国防预算，预算比前一年增长 1%，而且之后的每年增长幅度不变。

国防大臣哈蒙德说，政府之所以可以开始实际性增加军费开支，是因为国防部经过两年多的努力，终于填补了前任工党政府执政期间留下的预算“黑洞”。英国国防部公布未来 10 年价值 1600 亿英镑的新型武器军购计划。这些武器军购将主要包括皇家海军和空军价值 360 亿英镑的新一代核动力潜艇，价值 170 亿英镑的新一代水面战舰和价值 190 亿英镑的新一代战机。军费开支将主要用于反恐和维和行动。

四、日本

尽管日本军费开支占 GDP 比例有所下降，但其绝对值依然比世界大多数国家要高很多，其军人人均军费居世界第一。2012年，日本防卫费预算为47138亿日元（约合538亿美元），比上年度的47752亿日元（544亿美元）减少614亿日元，下降1.3%。加上成本回收和重建经费1136亿日元，合计48274亿日元（550亿美元），比上年度增加522亿日元，同比增长1.1%。虽然日本防卫费预算比上一年度减少了7亿美元，但加上重建费用和成本回收的12亿美元，实际上增长1.1%。而且这些预算还不包括研制侦察卫星等航天技术开支，如研发4颗间谍卫星花费了20亿美元等。

日本政府于2013年1月29日在临时内阁会议上敲定了2013年度政府预算案。在2013年的国家预算中，防卫预算时隔11年出现增加。日本防卫大臣小野寺五典表示，在监视钓鱼岛方面将获得充足人员。此外，军费还将重点用于应对朝鲜导弹及研究、自卫队战机维护费用以及购买“鱼鹰”战机等。

日本防卫省力争到2015年底完善设于与那国岛的航空自卫队相关用地。不过当地居民对自卫队进驻一事存在意见分歧。日本陆上自卫队的扩编理由为应对福岛第一核电站事故。虽然2012年底制定的《新防卫计划大纲》规定了今后约10年内的裁员方针，但此次扩编力图在大纲的框架内进行。

五、印度

印度近10年的军费开支在世界一直排在前10名之列。经济危机爆发前，印度经济连续4年实现年增长9%的高速发展。金融危机造成印度经济增长速度放缓。作为世界上最大的军事装备进口国之一，也被国内的安全问题所困扰。为了推进印度军队现代化，并与中国抗衡，印度军费连续20年保持快速增长，2011年国防预算达1.64万亿卢比（362.8亿美元），其中陆军的拨款为6425亿卢比，海军1058.9亿卢比，空军1592.8亿卢比，国防研究与开发组织（DRDO）562.4亿卢比。根据斯德哥尔摩国际和平研究所的数据，印度2012年度的军费支出达到了378.6亿美元，占其国内生产总值的2.6%，占全世界军费总支出的2.8%。

在2013至2014年的新财年预算中，尽管面临经济形势不佳、政府必须收缩各项开支的情况，印度政府在军费上面并没有过多的削减，甚至还比上一财年增加了5%。2013年印度的军费开支将增加17%，达400亿美元。印度政府实施了一项庞大的项目，以升级该国老化的军事硬件装备，将下一财年的军费开支增加到1.93万亿卢比。有印度媒体称，实际支出的增长很有可能会达到14%。

由于基础工业薄弱，印度现代军工较为落后，军队所需的先进武器都需要进口，所以印度军费开支的很大一部分都用来购买国外武器装备。以2013财年印度的军费开支预算为例，总军费中拨出了将近40%的款项，作为专门购买国外先进武器装备的支出。除此之外，出于战略安全角度考虑，印度军队一直维持较大规模，根据有关部门的统计，截止到2012年，印度军队现役人数达到了将近145万人，另外还有220万预备役军人。这样一支庞大的军队的日常支出也占据了印度军费开支的很大一部分。目前，印度军方正购买一系列新装备，包括作战飞机、潜艇和火炮。例如印度与法国达索航空公司最后敲定关于126架“阵风”战斗机的购买合同，该交易估计价值为120亿美元。近年来，印度增加国防拨款表明，政府打算继续计划内的国防采办，从而实现印度北部边界更大的安全性和在印度洋上更强的存在状况。

俄专家预测，未来印很有可能跃居为俄第一大武器出口对象国。印近年来重视实行武器来源多元化，除俄以外，其从法国、德国、以色列、美国、英国采购武器的数量也不断攀升。印度在增加从国外进口武器的同时，也注重武器的自主研发和生产。

六、东南亚国家

虽然遭遇经济与金融的衰退，但全球军火贸易却仍然在加速增长，其中东南亚是增幅最为明显的地区之一。

（一）泰国

受危机影响，泰国经济增长速度明显放缓。2005—2006 年，泰国 GDP 年增长率为 5%—6%，2008 年下降到 2.6%，2009 年甚至出现 3% 的负增长。2010 财年其国防预算达 48.5 亿美元，排第 35 位。但泰国防预算却逆势上扬。由于泰国国内政局动荡，南部政府活动又呈现上升态势，发生多起恶性爆炸事件，泰柬对边境柏夏寺地区的领土争夺激烈，几次爆发武装冲突，致使泰国军费开支剧增。现在泰国是东南亚地区军费开支和增幅最大的国家之一。

（二）印度尼西亚

印尼经济属于外向型经济模式，受金融危机影响，其出口市场需求减少，经济增速下降。随着近年来面临日益严重的恐怖主义威胁，国防预算逐年增加。2010 财年国防预算达 406 亿印尼盾（约合 40.6 亿美元），比 2009 年增长 21%。

（三）越南

在经济危机影响下，越南遭受通货膨胀等问题的严峻挑战，但军事投入却不断加大，越南政府2012年度国防预算提高至22.7亿美元，较上一年增长约35%。在今后一段时期内，越南军事建设的一个主要方向将是强化其在南海地区的作战能力。需要特别指出的是，这一海域蕴藏着丰富的油气资源，而越南政府近些年来能够大幅度增加军事开支，在很大程度上得益于油气销售的大笔收入。与此同时，根据越南领导人制定的2020年前的国家发展战略，建设一支现代化的武装力量是其中的重要内容之一。目前，越南已成为俄第八大武器输出国，在俄武器出口总量中所占比重超过6%。而专家们认为，在今后几年中对越武器出口将大约占俄武器出口总额的9%，涉及的武器装备将主要包括苏-30系列多用途战斗机、海军装备、反舰导弹系统、防空系统和电子战装备等。

七、韩国

自21世纪以来，韩国就一直在增加国防预算，以打造一支能在朝鲜半岛外进行作战的现代化军队为目标。韩国针对朝鲜半岛局势的不确定性，持续提升军费开支，远远高于经济欠发达的朝鲜的军费开支。

在发生“天安”舰和延坪岛炮击事件后，韩国就宣告要大幅增加军费开支，提升防卫能力。2012年韩国防预算299亿美元，相比2011年增加6.6%。尽管当前和今后世界不会出现冷战时期那样的军备竞赛，但基于有些国家固有矛盾所演发的热点问题等传统安全挑战依然存在，有的甚至还在升温；全球核武器扩散和网络黑客攻击等非传统安全挑战日益加剧；特别是美国继续推行全球霸权政策，大力谋求战略军事力量绝对优势，对世界和平与稳定和各国的主权与安全仍然构成严重威胁，世界各国尤其是各大国军费增长的势头不会止息，甚至还将进一步发展。这是国际安全形势中的一个严重问题。

Current World Situation Analysis of Multinational Military Spending

Wang Lei

Abstract: The military expenditure is the economic reflection of one country's national defense policy and economic support of defense activity in a commodity society. The research of the military expenditure growth is important for military theorist. After the outbreak of the financial crisis, some analysts have predicted that because of the economic shocks, countries will inevitably cut military spending. U. S. military maintains the world's first location; Russian military rise year after year; Japan's per capita military spending in the world; India increasing military spending; South Korean military spending far more than North Korea; Vietnam 2012 military spending soared.

Keywords: Military Expenditure Economic Crisis National Defense Policy

从美国《2014财年国防预算申请》看美军未来发展

童　真*

摘　要： 自2008年金融危机爆发以来，美国始终未摆脱财政困境。为达到美国2011年《预算控制法案》的要求，并实现其2012年《防务战略指南》中“维护美国全球领导地位”的战略目标，2013年4月10日，美国总统奥巴马向国会提交了《2014财年国防预算申请》。这是美国在财政紧缩和国内政治压力的共同作用下，通过战略规划机制重新配置国防资源的重大举措。该“申请”以“2020年联合部队”建设蓝图为指向，提出优先发展太空、网空、特种作战、精确打击等核心作战力量，特别关注亚太和中东地区局势，通过建立“多层次”盟友关系强化军事同盟体系，为未来5年美国国防和军队建设“从战略到行动”拉开序幕。

关键词： 美国　国防　预算

* 童真，中国社会科学院经济学博士。

自 2008 年金融危机爆发以来，美始终未摆脱财政困境。美 2011 年《预算控制法案》要求，未来 5 年内削减 2590 亿美元，未来 10 年内削减约 4870 亿美元。随着美军逐步摆脱阿富汗、伊拉克两场战争，2012 财年美国防预算出现自 2001 年以来的首次下降，削减 380 亿美元，此后连续两年缩减。加之总统和国会就 2014 财年预算问题未达成一致，美启动“自动减赤”机制，2014 财年美国防部将进一步削减 520 亿美元，至 2021 年，年均削减约 500 亿美元。由于预算长期受限，为实现 2012 年《防务战略指南》中的“维护美国全球领导地位”的战略目标，2013 年 4 月 10 日，美国总统奥巴马向国会提交了总额为 5266 亿美元的《2014 财年国防预算申请》（未包括海外应急作战预算），强调在精简部队、压缩预算的同时，优先保障“亚太再平衡”战略预算和核心作战力量建设，优化资源配置，加速未来 5 年美军的建设与发展。

一、优先保障“亚太再平衡”战略预算

鉴于亚太地区战略价值日益凸显，自 2011 年 11 月以来，美综合运用政治、经济、外交和军事等手段，开始对该地区进行“再平衡”，以巩固和强化美在该地区的主导地位。在预算大幅削减的背景下，奥巴马政府优先保障“亚太再平衡”战略预算，增加对该地区的军力投入，计划在 2020 年前将 60% 的作战舰艇、空军海外作战力量、太空和网络空间作战力量部署至亚太地区，进一步强化其军事存在。具体如下：

一是加强关岛、珍珠港等军事基地建设，强化“第二、三岛链”军事部署。冷战期间，为应对苏联和朝鲜的军事威胁，美军

一直采取“前沿部署”战略，重兵部署以日、韩为中心的“第一岛链”。随着中国军力的提升，美在重点优化“第一岛链”的同时，开始强化“第二、三岛链”，使三线岛链兵力更加平衡。而关岛和珍珠港分别为“第二、三岛链”的枢纽，在兵力投送和地区支援方面具有重要战略意义。根据“申请”，美计划将关岛打造成一个联合战略中心，在环关岛地区修葺机场和军港，建设训练基地，增加实战化联合与合同训练密度；在澳大利亚军事基地建设一支更加灵活的海军陆战队；在未来5年，美将投入3亿美元，对珍珠港进行清淤，以便航母停泊。此外，美还继续加固扩建位于日、韩、关岛和夏威夷的基地设施；计划将约9000名海军陆战队员由日本冲绳迁至关岛、夏威夷；在塞班岛、提尼安岛整建机场跑道；在韩国、夏威夷、阿拉斯加预置重型地面装备。

二是应对“反进入/区域拒止”威胁，列装重点装备和弹药。2013年5月，美国防部“空海一体战办公室”正式发布了《‘空海一体战”：以军种协作方式应对“反进入/区域拒止”挑战》的报告（即“空海一体战”概念9.0版），全面系统阐述了“空海一体战”概念的理论发展和实施计划，利用“网络化、一体化纵深打击行动”，以实现破坏、摧毁和击败敌人“反进入/区域拒止”威胁。美军认为，新出现的“反进入/区域拒止”（A2/AD）威胁包括常规弹道导弹、先进的一体化空中与导弹防御系统、电子与网络战、潜艇、水面战斗舰艇以及隐形飞机。为应对8B－E5威胁，美计划在亚太地区增加最尖端的武器装备部署，以改进空空导弹性能，开发从潜艇进行常规快速打击的能力，升级战术飞机和舰艇上的雷达系统，列装联合攻击战斗机、“弗吉尼亚”级攻击型核潜艇和新型轰炸机等装备，加大弹药储备。具体而言，2014财年，美将投入20亿美元采购更为先进的E/A－

18G“咆哮者”电子战飞机，接替退役的 E/A－6B“徘徊者”电子战飞机；109 亿美元用于采购 8 艘新型舰艇；3.79 亿美元投入研发新型制导穿透炸弹；38 亿美元用于研发新型巡逻机，加强突防监视能力；2.239 亿美元用于维持和扩大水下优势，包括提升未来“弗吉尼亚”级潜艇上巡航导弹的性能，开发新型无人潜航器；投入 4.27 亿美元发展舰载无人机，提升空中侦察与作战优势；1.6 亿美元用于采购开发新型反水面目标武器；4.4 亿美元用于提升西太平洋机场的应急能力，如修理并加固疏散和应急通道，提升机场运转水平等。

三是打造“多层次”盟友关系，构建军事同盟体系。在当前国防预算大幅削减的背景下，美军更加重视提升与盟友及伙伴国的合作水平，着力构建灵活多样、梯次搭配的军事安全体系，谋求在更广阔的领域和更深层次开展合作，以提升盟友自身的防卫能力，同时达到分担成本、降低风险的目的。特别是加强与亚太地区盟友及伙伴国的安全合作关系。总体上，美巩固与日本、韩国、菲律宾及欧洲盟国的传统军事同盟体系；深化与新加坡、马来西亚、台湾、沙特等国家和地区的准军事同盟体系；拓展以印度、印尼、越南等国为主的新型安全伙伴关系。2013 年，美在筹集保障全球安全事件应急响应机制经费的同时，强调增加“国家伙伴关系项目”和“亚太地区中心”所需经费。8 月 25 日，美国防部长哈格尔宣称，其资金将比 4 年前增加 50%，用以支持东南亚军事援助，帮助该地区的军队进行训练。2014 财年，美计划拨款 9000 万美元用于东南亚地区的外国军事资助项目以及国际军事教育和训练项目。其中，外国军事资助项目主要是帮助其他国家购买美国的武器；军事教育和训练项目主要是承担与美军一起学习和训练的外国军官的相关费用。

二、重点发展核心作战力量建设

为确保在未来战争中的“全方位”竞争优势，美军在预算削减的重压之下，优先发展太空、网空、特种作战、导弹防御、核威慑等核心作战力量。

一是强化太空作战力量。伴随现代航天技术的快速发展，世界主要国家相继制定和完善了自身的太空战略，抢占太空领域制高点，这对美军在太空领域的优势地位构成了威胁。为应对该威胁，美国国防部不断加大在太空领域的投资并调整其投资结构。2014 财年，美将发展太空作战力量列为国防预算首位，预算拨款 101 亿美元，主要用于以下三方面投资：1. 改进太空防御。增加传感器和分析专家，提供态势感知和基础智能支持空间作战；加强和扩大太空保护项目；通过抗干扰技术和新的作战概念增强美国卫星的生存能力。2. 降低敌人太空作战能力。拒绝或降低潜在敌人获得信息的能力。3. 在太空环境遭到破坏的情况下进行作战。通过在其他领域的替代能力来降低美国太空资产受到的干扰；加强训练机会，为太空环境遭到破坏时作战做好战备。具体投入项目包括：投入 9.36 亿美元发展“天基红外系统”，提升战术预警能力；投入 4.03 亿美元发展空间防御项目，以增强空间环境感知和小型目标侦测能力、空间装备的环境适应力以及生存能力；投资开发新一代“全球定位系统”（GPS）的运行控制系统，进一步加强 GPS 的抗干扰能力；投入 0.13 亿美元发展空间测试试验项目；每年为联合导航作战中心投入 0.03 亿美元，提供战场评估和行动支撑；增加 0.15 亿美元用于分析军用 GPS 设备项目的成本和技术风险。此外，美军利用采办改革的优势，将节约的 4 亿美元通信费用用于太空保护；新的太空发射采办战略还将节约 9 亿美元，以实现整个太空和其他与太空相关的项目实施。

二是加强网络作战力量。目前，网络空间已成为除了陆、海、空、天以外的第五大领域，掌握网络空间控制权成为维护国家安全的重要保障。2010 年 7 月，美军推出《网络空间行动战略》，更加明确了“由守转攻”的网络战略意图。为确保拥有全球最强的网络作战力量，2014 财年，美国国防部进一步加强网络作战力量建设：1. 增加预算拨款。计划拨款 47 亿美元用于扩充网络空间作战力量，相比去年增加 8 亿美元，整个美国政府网络安全预算增至 130 亿美元。重点投入的项目和技术包括：网络空间司令部的“联合作战中心”建设；国家网络靶场的后续建设；用于保密网络漏洞自动探测和数据监控的技术项目；与防御性网络空间作战相关的信息保证和网络安全项目；网络空间作战相关科学与技术研究项目；空军“欺骗、降级、拒止、阻断、摧毁”网络攻击能力相关技术项目；海军“统一海上网络与企业服务”系统等。2. 扩大部队规模，优化部队结构。2013 年初，美军网络空间司令部已建立“国家任务部队”、“作战任务部队”和“网络保护部队”，明确了协助战区部队策划并执行全球网络攻击的任务。3 月，网络空间司令部宣布，计划将编制扩大至现有规模的 5 倍以上，同时组建担负网络进攻、防御和维护等各种职责的任务分队，包括跨军种和国防部的军事、文职人员。至 2016 财年，新的网络空间作战力量将由 40 个任务分队、25 个直接支援分队和 68 个保护分队构成。3. 秘密制定网络战规则，并由北约率先推出“塔林手册”，旨在为网络战制定国际法典。此外，美空军航天司令部副司令约翰·海登中将于 4 月宣布，美空军正式将 6 种网络工具定性为武器。

三是增强特种作战力量。“9·11”事件后，随着全球反恐行动的展开，对美军特种作战能力的要求与日俱增。部署在世界各地的美特种作战部队，在强化合作关系、提高伙伴国军事能力、打击叛乱及暴力极端主义、摧毁大规模杀伤性武器以及跨国犯罪网络等任务中发挥重要作用。美特种作战力量建设计划包括：1. 2014 财年，特种作战部队规模在 6.6 万人的基础上，再增加情报、航空、民事人员等，并保持良好的战备。2. 继续更换和升级武器装备，确保适合远程作战。特别是通过新的投资组合，提高武装运输机、直升机和侦察机的作战能力。3. 加强军事训练、信息作战、民事活动等方面的间接作战能力。随着全球恐怖主义的蔓延，美加强了对非洲和东南亚地区的关注，反恐战略重心从战争转向支持盟国和合作伙伴共同打击国际恐怖主义。对此，美派遣特种部队到菲律宾、哥伦比亚等国帮助其应对威胁，派遣特战队员到阿富汗帮助训练警察等。

四是提升导弹防御水平。2014 财年，美国防部将弹道导弹防御系统的研发与部署预算列为优先保障范围，计划拨款 91.62 亿美元，通过在美军、盟友及伙伴国进行部署，以保护美国土安全。由于预算整体削减，为在短期内快速提升美本土、前线基地、海外驻军以及盟国的导弹防御水平，美国防部对相关项目进行了调整：推迟了难以立刻成型的“标准-3”IIB 导弹项目，转而聚焦于陆基拦截大气层导弹杀伤性交通工具技术和“标准-3”的新型研发；终止了高成本、高风险的“精确跟踪空间系统”研发项目。其他重点研发项目包括：继续采购陆基拦截弹，为“陆基中段防御”（GMD）系统的运转、拦截可靠性测试、组件可靠性项目提供有力支撑；升级阿拉斯加格里利堡导弹发射场，抵御有限的洲际弹道导弹袭击；改装“宙斯盾”舰，提升弹道导弹防御能力，至 2018 财年，至少有 41 艘“宙斯盾”舰，同时为“宙斯盾”舰采购52枚“标准－3”1B导弹；部署第六个“末段高空区域防御”（THAAD）导弹发射连及34枚THAAD导弹；为以色列“铁穹”导弹防御系统提供必要支持，提升其对短程导弹和火箭弹的防御能力；采购56枚新型“导弹段增强”（MSE）拦截弹，增加导弹的灵活机动性和拦截杀伤力，提升防御水平；升级“爱国者”导弹的雷达数字处理器和增强型发射电子系统，改进连级指挥所（BCP）和战术控制系统（TCS），提升“爱国者－3”导弹的作战能力等。

三、维持在全球范围内的良好战备

当前，美军在全球范围内进行反恐、维稳和威慑行动，保持稳定的军事存在，通过双边和多边联合演训来加强与盟友及伙伴国的安全合作关系，通过提升合作伙伴应对危机的能力，进一步维持良好的战备，以维护美国的国家利益。在新的作战环境下，美军特别强调应具备有效应对多样化冲突、实现国家战略目标的能力。既要赢得反恐等低强度军事行动，又要保持传统领域的优势，将陆、海、空等传统作战能力，与太空、网络空间等新型作战能力有效整合，实现“跨域联合”的体系作战能力。2014财年，美军逐步摆脱大规模的反恐作战和维稳行动，计划在“后阿富汗时期”营造新的战备态势，预算拨款主要用于技术培训、保护部队、指挥和控制、情报、监视和侦察系统，使美军从遂行反恐作战向遂行多样化任务转型，以维持美军的全球优势地位。具体而言，美陆军将重点完成诸兵种合同作战的实战化训练，准备完成“决定性作战”；海军陆战队大跨步重组，重点把握大规模陆战和海上行动的关系；海军要加强舰船性能维护，满足形势任务对海军的部署需求；空军要着眼发展高端能力，应对对手先进的空军力量和系统。

四、打造“2020 年联合部队

随着美军逐步脱身阿富汗、伊拉克两场战争，未来美军所面临的不再是大规模地面作战，而是陆、海、空三军联合作战。特别是在预算削减的背景下，为应对未来“多方面”威胁，美国防部通过压缩部队规模、优化部队结构，力图打造一支可遂行多样化任务的“2020 年联合部队”。根据 2014 财年预算申请，计划大幅精简包括陆军和海军陆战队在内的地面作战力量，预算拨款更倾向于海、空军核心作战力量建设。

一是大幅压缩地面部队规模。未来，陆军作为战略地面力量的重要组成部分，主要担负“预防冲突、塑造环境和打赢战争”的使命任务。但在预算削减压力下，陆军开始在部队结构、武器现代化和战备方面进行调整。1. 持续削减预算。2014 财年，美陆军预算拨款 1296 亿美元，较 2013 财年下降 23 亿美元，并持续低于同年空军、海军预算。其中，566 亿美元用于军事人员；455 亿美元用于作战与维护；170 亿美元用于采办；[①] 80 亿美元用于研发、试验与评估；19 亿美元用于军事建筑；5.6 亿美元用于住房改善；0.3 亿美元用于周转与管理。根据该预算申请，军事人员薪水、住房补贴和生活补贴将分别上涨 1%、3.9% 和 3.4%。

① 具体包括：导弹采购费约 13.3 亿美元，较 2013 财年有所提升；坦克、装甲车、火炮采购费约 16 亿美元，较上一财年增加了 1 亿美元；弹药采购费约 15.4 亿美元，较 2013 财年削减 2 亿美元；飞机采购费约 50 亿美元，较上一财年减少 8.5 亿美元。

总体上，用于现役军人的预算拨款较2013财年小幅上升，非现役军人则有所下降。2. 大幅压缩部队规模。根据2014财年预算申请，美陆军将裁减8万名现役军人，以达到49万现役部队的规模，裁减8000名国民警卫队员和2万名文职人员。2013年6月25日，美陆军参谋长雷蒙德·奥迪尔诺宣布，陆军将在2017财年结束前，裁减10个旅战斗队。加之此前已启动裁减的2个旅战斗队，陆军旅战斗队数量将从45个减至33个，裁减员额占陆军现役兵力的14%。此外，美还计划减少海军陆战队约1.5万人，以达到18.2万人的部队规模。

二是小幅精简海军部队。随着“亚太再平衡”战略的推进，美海军作为重要作战力量，计划在2020年前，将60%的兵力部署至亚太地区。为应对在该地区可能出现的“反进入/区域拒止”威胁，美海军在总体预算削减、精简部队的同时，确保核心作战能力建设。1. 整体压缩预算。2014财年，美计划海军拨款1558亿美元，较2013财年下降了31亿美元。其中，军事人员费用454亿美元；480亿美元用于作战与维护，较2013财年减少3%，主要用于保障海军在中东和西太平洋地区的行动；434亿美元用于舰艇、飞机、武器以及其他装备的采办，如“联合攻击战斗机”、近海战斗舰、无人机以及P－8A侦察机等；研发费用160亿美元；用于军事建筑、住房改善与周转与管理的费用分别为5亿美元、18亿美元和7亿美元。2. 精简部队，减少舰艇数量。未来5年，美计划减少海军现役部队3400人，预备役部队2500人。武器装备方面，计划放慢舰艇的建设进度并加快现有舰艇的淘汰进程，从2013财年的283艘作战舰艇减少到2015财年的270艘。具体包括：提前退役7艘巡洋舰，其中6艘不具备弹道导弹防御能力，余下1艘虽然具备弹道导弹防御能力，但舰体需要修理且维修成本高；在年度防务计划内减少2艘濒海战斗舰和

8艘联合高速船，同时提前退役2艘小型两栖登陆舰，并以计划外舰艇取而代之。

三是重点发展空军作战力量。1. 基本保持现有部队规模。2014财年，美空军基本将部队规模保持在50.34万人，其中现役部队、国民警卫队和后备队分别为32.76万人、10.54万人和7.04万人，总体上较2013财年增加2400人。特别注重现役部队与预备役部队之间的一体化建设，以保证“总体部队”的规模和能力达到2012年《防务战略指南》的要求。2. 增加预算总额。2014财年，美空军预算申请1444亿美元，较2013财年增加46亿美元，上升3.3%。从预算结构看，军事人员、作战与维护、采办和科研经费所占比重较大，较2013财年分别增长0.77%、5.5%、1.48%和1.8%。3. 投资12个重点领域。2014财年，美空军主要围绕12大核心能力建设，加速推动新一代远程轰炸机、第五代战斗机、下一代空中加油机、天基系统和网路战等优先发展项目，重点提升空军制空、制天、制网电空间、全球精确打击、全球快速机动、全球一体化“情报、监视与侦察”（ISR）等核心作战能力。具体而言，2014财年，美空军计划用于作战支援的预算额度最大，共320亿美元，占空军总预算的29%。其中主要是增加对军人及其家庭医疗保障、教育等方面的支持；优化采办策略、审计工作、武器系统保障；完善基础设施建设，包括住房配套建设；开展节能建设等。用于全球快速机动能力建设费用为165亿美元，约占比重15%。主要为加快C－5、C－17和C－130等运输机现代化升级；推进KC－46A新一代空中加油机研发进程以替换KC－135空中加油机。用于全球精确打击能力建设费用为157亿美元，约占15%比重。主要改进F－15E作战飞机；改装F－16机体结构；采办19架F－35A战斗机，投资发展F－35配套武器系统；发展新一代远程打击轰炸机；采购配套空地弹药等。用于太空优势能力建设的预算为 101 亿美元，约占 9%。主要包括对现役 GPS 系统的现代化升级；研发第 7 颗和第 8 颗 GPSIII 卫星；继续推动“空间笆篱”项目研发等。用于空中优势能力建设预算为 86 亿美元，约占比重 7%。包括继续升级 F－22 战斗机，并加快 Block30/35 型的“增量”3.1 升级，以提高其对地攻击能力和电子战能力；加速推进 F－35 战斗机采办进程；升级现役 AIM－9X 导弹性能等。用于全球一体化 ISR 建设预算为 71 亿美元，约占比重 7%。主要包括完成 65 个由 MQ－IB“捕食者”和 MA－9A“死神”无人机组成的空中战斗巡逻队（CAP）的组件（现已完成 60 个 CAP）；研发 RQ－4“全球鹰”无人机地面站和通信系统；提高 U－2 高空侦察机的战备与维护能力；增加空军目标中心（AFTC）人员编制，支持战备规划；投资“网络中心协同瞄准”（NCCT）系统等。用于指挥控制能力建设预算为 57 亿美元，占比重 6%。主要投入到研发“联合战术无线电系统”（JTRS）波形；开发和采办新型任务计算机，以替换控制报告中心（CRC）现役计算机系统；运行“联合空中分层网”（JALN）；为支持核威慑行动，提供核指挥控制与通信能力。用于核威慑能力建设预算为 54 亿美元，占比重 5%，主要投入到发展洲际弹道导弹和重型轰炸机。用于人员搜救、特种作战和建立伙伴关系的预算分别为 17 亿美元、16 亿美元和 3 亿美元，共占比重 3% 左右。

综上所述，虽然美国总统奥巴马与国会就预算问题仍存在重大分歧，《2014 财年国防预算申请》的实施尚有阻力，但该申请提出的优先事项，明确反映了美军在未来 5 年的建设和发展方向。一方面，美军将继续推进“2020 年联合部队”建设规划。不可否认，在财政紧缩背景下，美军将大幅削减地面作战力量，减少军事训练和战备活动，推迟甚至取消一些技术研发和武器装备采购、升级计划，但这并没有改变美军的建军方向。美军通过优化部队结构，加强现役部队和预备役部队的一体化建设，集中投入发展核心作战能力，在有效配置国防资源的同时，加速推进了军队改革的进程，特别是陆军的转型，以实现打造一支“更加灵活、机动、精干”的未来联合部队。另一方面，美军事重心将持续转向亚太地区。美2011年发布的《国家军事战略》和2012年出台的《防务战略指南》中都明确提出，将军事战略重心向亚太地区转移。在2014财年预算申请中，美国加大对亚太地区军事存在的相关投入，重点发展海、空作战力量以应对所谓的“反进入/区域拒止”威胁，进一步推进“亚太再平衡”战略。例如，海军虽然减少了舰艇总数量，但却加强了航母、攻击型核潜艇和水面作战舰艇的作战力量；空中力量则更加注重电子战飞机、无人机的持续发展等。

Analysis on Future Development of the U. S. Army Based on Department of Defense (DoD) Budget for Fiscal Year (FY) 2014 Request

Tong Zheng

Abstract: The American government has been embarrassed by fiscal difficulties for years since the 2008 financial crisis. On April 10th, 2013, U. S. president Obama submitted Department of Defense Fiscal Year 2014 Budget Request to the Congress. This request tried to maintain the global leadership of the U. S., which was proposed in the new Defense Strategic Guidance, and fulfill the requirements of the Budget Control Act of 2011. Indeed, this request is a strategic measure to allocate defense resource again at dual pressures from fiscal stringency and domestic politics. Oriented by the blueprint of Joint Force 2020, the request proposed to prioritize the development of space, cyberspace, special operations, precision strike and other forces. Besides, the request focused on the situations of Asia-pacific area and Middle East area, and tried to strengthen the alliance system through constructing multi-level allies. The request will inevitably influence the defense and army building in following 5 years.

Keywords: the U. S. Defense Budget

人才政策篇

世界主要发达国家人才政策

张　瑾*

摘　要： 2012—2013年世界格局发生深刻变化，经济复苏缓慢，世界各国政府不断推出新的人才战略和人才政策，纷纷加大对科技和人才开发的投入，国际高端人才竞争和人才全球性流动日益加剧，人才政策创新成为充分挖掘人才资源潜力和促进经济复苏的关键。本文通过大量的资料收集和整理，对2012—2013年美国、日本、英国、德国、法国的人才政策进行梳理。

关键词： 发达国家　人才政策　人才战略

当前世界格局发生深刻变化，经济复苏缓慢，人才资源作为国家经济社会发展的第一资源，直接决定一个国家的综合国力和国际竞争力。世界各国政府不断推出新的人才战略和人才政策，纷纷加大对科技和人才开发的投入，培养、吸引和留住国际优秀人才，国际人才竞争和人才全球性流动日益加剧，不断形成世界人才新格局。本文通过大量的资料收集和整理，对2012—2013

* 张瑾，中国国际经济交流中心经济研究部管理学博士、副教授，主要从事宏观人才政策、人力资源管理方面的研究。

与世界主要发达国家的人才政策措施进行梳理。

一、美国2012—2013年人才政策

面对日益深化的全球化趋势和不断加剧的全球科技人才竞争的形势，为巩固美国科技人才资源优势，在人才竞争中占据优势，2013年奥巴马政府推出了《移民创新法案》改革，目前正在积极地推动过程中，这些有关国家未来科技人才发展规划的重要法案和政策，整体反映出美国政府人才战略以未来国家发展安全和竞争力为出发点的理念和强烈的忧患意识。美国政府希望通过法案和政策来构建一个人才友好型的环境，目的是根据国家和企业的需求，培养出优秀人才和让优秀的外国人才来美国学习，并留住高科技人才，以此提高美国的创新能力，促进经济复苏。美国的人才战略强调要将美国打造成为全球最具吸引力的国家，使得美国能够培养、吸纳并留住全球最优秀、最具发展潜力的学生、科学家和工程师，[①] 对国际优秀人才的吸引主要是通过签证和移民措施。

（一）《移民创新法案》改革

将世界上最聪明、最有才能的年轻人留在美国，是美国政治家们经常挂在嘴边的话，但绿卡和工作签证申请都比较困难，许多有意留在美国的外国学生毕业后，往往因为拿不到工作签证，不得不离开美国，回祖籍国创业，最后成为美国的产业竞争对

① William D. Eggers and John Hagel III, *Brawn from Brains*: *Talent*, *Policy and the Future of American Competitiveness*, Deloitte University Press, 2012.

手。在这个大背景下，2013 年 2 月 4 日，美国总统奥巴马正式启动《新移民法案》的审议，发起了新一轮人才攻势，国会参议院司法委员会 5 月 21 日晚投票通过了参议院跨党派小组提出的移民改革议案，从而为这项议案提交至参议院全院讨论扫清主要障碍。奥巴马力推新的移民改革法案，敦促参议院全院尽早对议案展开讨论并批准通过，这项移民改革议案将移民政策向外国理工科人才倾斜。奥巴马计划在 10 年内获得 70 万高素质人才，他呼吁要把那些有天赋、负责任的外国青年才俊留在美国，让他们充实美国的实验室，建立新的企业，而不是“让下一个英特尔或谷歌诞生在中国或印度”。如果最终通过《新移民法案》，对海外高端人才放开移民限制，实施绿卡大派送，美国就将在全世界范围内发起新的人才争夺战，中国和印度面临的挑战将尤为严峻。这两个新兴大国要想留住人才，须制定更加吸引人的政策，营造更加宽松的人才环境。

移民改革计划中引人注目的内容包括：将绿卡直接“钉”在科学、技术、工程、数学博士和硕士的学位证书上，但凡从美国合格大学获得上述理工科学位，并且在美国找到工作者，均可直接申请绿卡，而不必像现在这样要先过工作签证这一关；取消职业移民的配额国别限制；设立创业签证，鼓励外国人利用美国资金和市场设立企业，创造就业；设立在联邦安全和科技实验室工作的专门签证类别等。这些措施一旦综合实施，势必给外国理工科学生提供更容易留在美国、为美国服务的大环境。

（二）加大对 STEM[①] 领域的投入

政府继续强化 STEM 领域基础研究和应用研究，保证研发投

① STEM 是“科学、技术、工程、数学”4 个英文单词首字母的大写组合。

入占 GDP 的 3%，并保持研究人员在薪酬和工作条件方面的竞争，优先培养在自然科学与工程学方面的人才。2013 年政府为国家科学基金会拨款开展下列活动：[①]（1）STEM 领域研究和相关活动；（2）教育和人力资源管理；（3）主要研究设备和设施建设；（4）机构运营和奖励管理；（5）国家科学委员会办公室运营；（6）总监察办公室运营。

（三）为避免出现机密泄露，裁减 90%的行政人员

前中央情报局雇员、国家安全局防务承包商博斯公司雇员斯诺登揭露包括“棱镜”项目在内的美国政府多个秘密情报监视项目。这一丑闻使得美国政府对斯诺登提起指控，并采取措施防止今后再度发生泄密事件。2013 年 8 月，美国国家安全局局长亚历山大将军宣布，为了防止机密消息的再次泄露，人工机构管理系统将由机器取代，目前国安局行政系统有近千名管理人员，国安局将会缩减 90% 的行政管理系统人员，以防止出现“新斯诺登”。此外，新推出的规则要求，在处理机密信息时，员工间要相互监督。

二、日本人才政策

在这个人才资源竞争日益激烈的时代，随着日本老龄化不断加剧，日本对人才越来越重视，日本人口问题研究所的一项报告指出，日本现有人口 1.2 亿人，但该国人口已陷入长期性衰退，

① Stuart Anderson, Keeping Talent in America, National Foundation for American Policy, October 2011.

不是单靠生育能“自拔”的。该研究所的预测数据显示，到2048年，日本人口将减至9913万人；之后，还会快速减退，到2060年，日本将只有8674万人。日本人口逐年减少，人才不足问题已浮出水面，再不设法增加人口，经济能力必将削弱。政府希望通过扩大吸引高级人才来确保在人口减少的情况下经济也能持续发展。为了吸引优秀人才，日本推动引进移民的新法案。《经济增长战略》表明要以引进专业人才为重，并准备实施新的移民策略，外来专业人才家眷移民申请程序也将简化。

（一）放宽“高级人才”居留资格优惠待遇

日本政府在经济成长战略中提出，在2020年前使外国企业对日本的直接投资余额翻倍，达到35万亿日元（约合人民币2.1377亿元）的目标。对此，日本政府表示，在本国人口不断减少的情况下，日本社会要想持续发展，必须积极从外国吸引高级人才，为他们创造能够长期在日居住的环境，达到吸引外资企业以及提高日本研发能力的目的。日本舆论也认为，目前适用于人才积分制度的外国人平均年龄为34.5岁，大多处在生儿育女的中青年时期，自身工作繁忙、无暇育儿，允许父母一同来日有助于让优秀人才扎根日本。给予高级人才永久居留权不仅可以让他们省去更新、变更居留资格的麻烦，而且永久居留权是在日本拥有生活基础的证明，能够降低向银行贷款的难度。

因此，日本政府从2012年5月开始实施一项放宽居留资格的优惠措施，也就是“高级人才积分制度”。这个制度面向大学教授、技术人员、经营管理人员等年收入和技能达到一定水平的外国人。把他们的学历、实际业绩以及收入等情况换算成积分，积分达到70分以上的，就可以认定为高级人才，享受很多优惠待遇。比如说，可以把通常居留满10年才能获得的永居权的期限缩短到5年。在取得永居权之前，申请者可以享受快速办理入境、居留手续。此外，还可以享受其配偶在日本就职的待遇。按照此前的规定，如果没有专门的就业签证，即便是大学教授等高级人才的配偶也不可以在日本找工作。另外还体现在对高级人才其他家人的关照上，例如，按照以前制度的规定，外国人在获得永久居留权后，其父母将不再享受和其一同来日本的优待；而新的针对高级人才的永久居留权制度对这个优惠措施予以修订，高级人才的父母及佣人都可以随其一同来日。

（二）不断完善“高级人才积分制度”

“高级人才积分制度”还有很多需要完善的地方，例如，很多大学科研人员的收入相比企业管理人员要少，这样在评定积分的时候，大学研究人员的分数容易出现整体偏低的情况。对此，日本政府正准备对目前的积分制度进行局部调整，考虑放宽对于收入尚低的年轻研究人员的年收入限制，允许他们把论文等研究成果换算成积分。此外，经营管理人员、技术人员所持的工商管理硕士（MBA）学位也将能换算成积分，从而降低高级人才申请永久居留权的门槛。日本政府还计划在2013年对新的永久居留制度进行修订，在2014年的例行国会上提交与此相关的《出入境管理法》修正案。

（三）推出吸引人才的配套政策

日本政府引进人才的意愿不仅体现在制度上，还反映在行动上。比如，在外资企业多的东京城区，新规划的楼房一改日本人住惯的小型住宅，而以拥有大型客厅的公寓为主。这是当局在调查外资以及外国人居住喜好后所作出的建设决定。此外，日本政府也不再阻扰外资参与教育事业，接受更多外国人在日本兴建国际学校，以便让这座城市更加“国际化”。

三、英国人才政策

进入21世纪以来，英国把创新作为立国之策，将依靠低成本的竞争转变为依靠独特价值和创新能力的竞争，英国联合政府一直秉承着利用科技进步推动经济发展的思路，紧紧围绕促进经济发展这个目标制定相关人才政策。

（一）加强企业与高等教育和科研机构的创新活动合作

英国商业、创新与技能部继续实施《促进增长的创新与研究战略》，英国政府进一步鼓励企业和大学、研究机构之间积极开展合作创新，并完善知识产权保护制度。在2011—2015年期间，每年提供1.5亿英镑的高等教育创新基金，继续探索鼓励产学合作的新方式，如提出“创新券计划”（Innovation Vouchers Scheme），专门面向那些未与大学和研究机构合作的中小企业，使它们有机会免费获得大学或科研院所的学术支持；在当地大力培训高技能工人，确保雇主可以找到劳工以支持其业务的增长；设置新奖项激励创新。奖励和竞争是刺激创新的有效方法之一，英国政府设立奖励中心，以奖励科研水平和研究成果突出、为经济社会作出重大贡献的个人或集体。[①]

（二）大推举措吸引法国企业家及人才赴英发展

英国各界响应政府招商揽才的呼吁，推出许多举措大力网罗

① UK Border Agency, Home Office, http://www.ukba.homeoffice.gov.uk.

法国企业家及法国人才。目前法国本土经济形势令人悲观，据伊弗普民调所（IFOP）为全国中小企业总联合会（CGPME，雇主组织）和经纪事务所做的一项最新的民意调查，88%的中小企业老板对法国的经济担忧，其中大部分老板表示目前的税务压力迫使他们限制招工。2013 年 10 月 10 日，英国政府在巴黎举行了“红地毯日”，迎接向往“到外国避税”的法国新兴企业老板。该活动的主要目的是协助“出口法国企业家”，在已经跨出国门和意欲出国发展的企业家之间促进交流，并向有意前往英国发展的法国企业家提供咨询服务。

（三）签证新政策挽留国际人才

2013 年英国政府公布了包括访问类、杰出人才、工作类、定居和毕业生创业者在内的多个签证政策的调整措施，新政策在 2013 年 10 月生效。

1. 毕业生创业签证更容易转为技术工作人员签证。持有英国毕业生创业者签证的外籍人士，可以更容易地转为技术工作人员签证。他们可以找一份满足最低薪资要求的工作以转换签证，而雇主也不必完成“本地劳动力市场测试”。这是英国最新调整的签证政策，其目的还在于确保最优秀的国际人才留在英国工作。英国新推的签证措施，与之前实施的“T2 签证”和“毕业生创业者签证”关联密切。2013 年 4 月，英国终止国际学生毕业后工作签证的申请。但是，国际学生毕业后可通过两种途径申请在英国工作：第一种是申请 T2 签证，获得英国认证机构授予的学士及以上学位的应届毕业生，其雇主有英国边境管理署的认可，并且年薪达到 2 万英镑，即可获得此签证；第二种途径即“毕业生创业者”签证。由英国院校甄选推荐具备优秀创意和创业技能的学生参与此计划，2012 年颁发 1000 个此类签证。“毕业生创业者”签证转为技术工作人员签证没有明确的年薪要求。

2. 游客可以在英国旅游期间参加一些课程，包括休闲课程（如航海、骑马、英式厨艺等）和英语学习课程。这意味着来英国探亲访友或旅游的人士不必申请学生签证就可以进行短期学习，而英国大学和旅游业也将从中受益。

3. 扩大了杰出人才签证申请范围。该签证不仅面向在某些领域已被公认为领先人物的申请人，而且面向有潜力成为世界领先人才的艺术从业者。申请该类签证的艺术从业者必须得到英国艺术委员会（Arts Council）的认可。

4. 取消了年收入超过15.21万英镑的技术工作人员不得持有英方企业10%以上股份的要求。

（四）巨资支持科学家高科技研发

2013年7月英国大学与科学事务部宣布，英国政府将为“八项高科技”中的三项重点科技提供8500万英镑的资金，以利购买、扩充这些高科技所需的设备，帮助科学家们创造新的发现。这些通过英国工程和自然科学研究委员会（Engineering and Physical Sciences Research Council，简称EPSRC）发放的资金，将提供给全英国超过20所大学，赞助他们的机器人与自动化系统、先进材料、格网型（大型）能源储藏领域的相关研究。政府这笔投资费用由高等教育和企业机构等共同赞助，投资的设备包括帝国理工学院（Imperial College）的微型工程设施、用于手术和靶向治疗的微型机器人，以及布鲁内尔大学研发利用再造金属建造汽车的革新工程技术。

四、德国人才政策

在日趋激烈的全球人才资源竞争中，欧洲工业强国德国也面临严峻挑战。根据欧洲经济研究中心的预测，到2014年，德国因人口老龄化和经济结构转变造成的专业人才缺口将达到18万—48万人，据联邦就业局的估计，在2030年到来之前德国仍需要600万的劳动力。为此，德国不断调整其人才战略，更加重视对技术人才和创新人才的培养，制定了培养和吸引高科技人才的政策。

（一）校企合作共同培养专业技术人才

德国一向重视通过实践培养专业技术人才的教育方式，年轻人即使不上大学也可以成为掌握高级专业技能的人才。“双元制”是指职业学校和企业合作，共同培养专业技术人才的教育体系。目前，德国大约60%的青少年通过“双元制”模式接受职业教育培训。这种教育模式的优势在于，学生在校学习理论的同时，也在企业接受相应的技能培训，毕业就职时已具备相应的技术水平和职业素养。在“双元制”教育体系中，学生每周有固定的时间到企业参加技能培训，结业后参加德国工商协会组织的全国统一结业考试，证明其具备从事某个行业的能力。

随着全球化和经济结构转变趋势的日益加深，针对“双元制”职业教育中某些企业觉得负担过重、积极性不够，以及某些企业生产、经营范围过于专业，导致职业培训内容不够全面的缺陷，“双元制”培训模式随之作出调整，以适应新情况，如提高现有职业培训的标准，开发新的职业培训工种，设立跨企业的联合培训课程等。提出“三元系统”的改进方案，在原来企业、学校的基础上增加“行业”一元，即行业协会接管部分行业通行的基本课程，将其安排在行业协会的培训中心进行。这样可以更有效地利用企业外部的公共资源，减少企业开销，同时可以避免单纯企业内部培训带来的知识局限的弊端。

（二）人才培养和动员计划弥补人才缺口

创新是实现经济增长和社会富裕的发动机。对此有着清醒认识的德国政府在近两年相继推出“通过教育起飞”、“保证就业岗位、提高增长动力和国家现代化：德国就业和稳定一揽子计划”以及“工作移民对保证德国专业人才基础的贡献”三项人才培养和动员计划，进一步加大了对人才培养的投入，从而为国家的未来发展打下坚实基础，力图在全球人才、技术和市场领先地位的竞争中立于不败之地。具体措施包括：鼓励在职业教育中取得优秀成绩的学生继续攻读大学文凭，并向其提供晋级奖学金；向在校大学生和科研新生力量提供资金支持，做好高级人才储备；吸引年轻人选择数学、信息学、自然科学和技术类专业，弥补德国在这些领域的人才缺口；降低外国专业人才进入德国劳动市场的门槛等。

（三）三大措施吸引国外高端人才

1. 提高德国作为先进的科研基地的知名度和吸引力

具体包括：资助部分德国高校的科研活动，增强其国际知名度、科研新生力量培养能力和对国内外大学生及学者的吸引力；加强学术界与经济界的联系，不断开辟新研究领域；在资金管理和员工任用上赋予非高校研究机构更多自由空间等。

2. 加强国际交流，吸引外国学者到德国搞科研

目前，德国教育和研究部主要通过与基金会合作，向外国杰出科学家提供高额研究资助，吸引他们赴德从事科研活动。

3. “蓝卡”法案吸引海外高端人才

机械制造、信息技术、科学研究以及护理和照顾老人等是最缺乏劳动力的行业。为了填补这一劳动力市场的空白，2012 年 8 月 1 日起，德国正式开始实施“关于高素质人才引进条例”，即“蓝卡”法案，以此来吸引欧盟国家以外的高技术人才，为国外人才提供就业岗位的同时也解决了德国专业人才短缺的问题。通过这种蓝卡，欧盟以外的高技术人才可以更快地获得居留许可并在德国工作。普通工作者获取蓝卡的最低年收入由 6.6 万欧元下调至 4.64 万欧元，而对于从事专业劳动力严重缺乏的行业的业者则下调至 3.62 万欧元，其中包括自然科学、数学方面的专业人才以及工程师、医生和电脑程序员。这一政策施行 1 年后，2013 年 8 月，据德国内政部报告，蓝卡发放总数达 1 万张。蓝卡同样也吸引了在德国的大学完成学业选择留在德国工作和生活的人，因为持有蓝卡者中有 25% 的人是在开始授予蓝卡后从德国的大学毕业的或者完成了技术培训的人员。

五、法国人才政策

法国是拥有巴斯德研究院、欧洲癌症研究中心、居里实验室等诸多顶尖研究机构的传统科学大国，科技排名是世界第五位，在宇航、军工、医药、化学、能源等多个研究领域内都取得了很多卓越成就。但与英、美等吸引外国人才大国相比，法国无论在吸引人才的力度还是开放领域的广度上都处于落后地位，目前法

国政府已经意识到这个问题，正在逐步调整政策，积极采取措施以改变局面，促进青年人才国际流动，引进国外人才，扶持本国青年研究人员，增加青年研究岗位。

（一）推出促进青年人才国际流动政策

法国每年有 18 万青年人被派往海外参加法国或欧盟组织的培训、交流与实习活动，为促进青年人的职业发展、培养其竞争力，政府增加了青年人才的外派数量，并拓宽受益人群的范围。2013 年推出相关的具体措施包括：

1. 支持欧盟新的“伊拉斯谟留学生交流计划”（Erasmus-Plus），在法国的大力推动下，该项目 2014—2020 年期间的预算为 160 亿欧元，比上一期增加了 30%。法国政府计划从 2014 年起整合欧盟所有青年人才交流项目，并使受益人群数量翻番。原“Erasmus”项目在过去 25 年内已惠及来自 33 个国家的 220 万青年人，其中包括 45 万法国人。在新项目中，法国政府将更多地为普通家庭学生、技术与职业类学员、非正式教育活动参与者提供机会。

2. 加强现有交流促进机制，如法德青年办公室增加了投入，法国—魁北克青年办公室扩展了活动范围，法国青年志愿者的人数在未来 3 年内将增加 25%，并更多地面向职业类本科毕业生。

3. 建设地方层面的人才交流平台。2013—2015 年内将投入 200 万欧元支持“青年实验基金”，通过其常设委员会加强项目执行者、地方政府与社会团体及青年人间的沟通，提供透明度更高的交流机会。

（二）推出《优秀人才居留证》吸引国外高端人才

2012 年法国政府推出《优秀人才居留证》，继续深化选择性移民政策。研究员、高学历学生、企业投资人、艺术家和运动员将成为法国吸引职业人才的主要对象。这项政策不同于永久居留，其主要是为了促进法国和人才来源国的“双赢”，保证人才的流动性。受益人是有具体项目或规划的职业人，或到法国创业并带来至少两个以上就业机会的企业家。《优秀人才居留证》有效期3年，到期可延长。证件持有人的配偶和子女不受当地家庭团聚程序的限制，可以马上申请来法国居住、学习或工作。2012年底前，法国驻华使馆已向100多位中国人开放《优秀人才居留证》的申请，并逐步加大开放力度。

（三）实行“人才通行签证”强化选择性移民

法国政府坚信制定平衡的签证政策很有必要。一方面控制移民潮和确保治安很重要，另一方面国家对国际人才的吸引力也至关重要，这两方面是相辅相成的。为了兼顾这两种利害关系，政府推出新举措，对于法国需要的人才，简化签证手续，合理调整各项准入居留措施。据法国《欧洲时报》报道，2013年3月法国内政部和外交部宣布，法国将简化外国人才申请签证的手续，这种签证的正式名称叫“人才通行签证”（visas de circulation），有效期最短6个月，最长5年。人才通行签证持有者每6个月可在法国自由居住和通行90天，其间若返国，无需每次都重新申请一次签证。新措施主要锁定商人、大学教师、科学工作者、艺术家或经常到法国观光的游客，因为这些人愿意开创就业岗位，发展和促进贸易，参与科学研究或艺术创作，设立人才签证就是要简化他们的签证申请手续。

The Talent Policy of Major Developed Countries

Zhang Jing

Abstract: A number of countries have launched various strategies and policies attracting both domestic and international talent, and increased their investment on technology and talent development since 2012 – 2013. As can be seen, competing for global high-end talent has become more important than ever, which also facilitates global flow of talent. Innovation on talent policy has become the key to fully make the most of potential talent and promote economic recovery. Having conducted extensive literary research, this paper gives a good analysis on the talent policies launched by several industrialized countries during 2012 – 2013, such as the US, Japan, the UK, Germany and France.

Keywords: Developed Countries Talent Policy Talent Strategy

能源形势篇

全球能源市场版图新变化

刘向东*

摘　要： 近年来，由于世界经济结构调整、非常规能源和可再生能源及节能技术进步加快和应对气候变化压力加大等诸多因素，全球能源市场供需状况正在悄然改变，能源结构正进入清洁化重构的加速阶段。世界原油市场贸易渠道趋向多元化，国际油价逐渐出现下降迹象，天然气占一次能源消费比重出现上升，太阳能作为可再生能源的地位正得到强化，世界核电复兴进程并未因福岛事故而中断，连接亚洲能源需求的泛亚能源通道网正在形成之中。

关键词： 能源市场　国际油价　可再生能源　清洁化　运输通道

种种迹象表明，无论是被动地受经济结构调整影响，还是主动地从节能减排约束出发，世界各国能源政策导向均发生着显著变化，低碳清洁化成为能源可持续发展的重要方向之一。价格、技术和政策推动着燃料结构的变化。正如 BP 统计年鉴中所称，世界能源格局正在发生重大的转型：消费主体正由 OECD（经济

* 刘向东，中国国际经济交流中心副研究员。

合作与发展组织）国家转向发展中国家；低碳追求与技术进步共同加快能源结构多元化的转型。可见，全球能源版图正在改变，已进入清洁化重构的加速阶段。

一、世界能源市场已在悄然改变

受世界经济深度调整的影响，全球能源供需市场发生着较大改变。受益于美国页岩气开发和可再生能源的迅猛发展，非常规油气将越来越成为油气资源接替的重要组成部分，使得世界油气供应出现多极化。目前，美国已经凭借页岩气超过俄罗斯，成为世界上最大的天然气生产国，而且很快将凭借非常规石油成为第一大石油生产国。非常规油气资源的开发利用使世界能源供给正在改变过度依赖煤炭和石油的局面，且使能源进口国有了更多元的供应选择，而像俄罗斯和中东地区的石油、天然气输出国也要适应这种变化，更多关注亚洲经济的发展以及亚洲国家的能源需求。随着美国油气资源国内产量的提高，世界能源消费结构今后10—20年间或将发生重大变化，全球能源市场将很快会进入一个油气并重的时代。据BP预计，在2011—2030年间，化石燃料中天然气的增速最快（每年增长2.0%），其次是煤炭（每年增长1.2%）和石油（每年增长0.8%）。尤其是页岩气革命带来的非常规油气的增加将会加速。据BP预测，2011—2030年间页岩气供应将增长3倍，而致密油（tight oil）供应增长超过6倍，二者到2030年将合力占据全球能源供应增量的近1/5。

在能源市场的每个领域，新兴经济体均开始占据主导地位。以中国、印度、韩国等为代表的亚洲新兴市场国家正成为全球能源消费的重心，它们的能源政策对全球市场将发挥越来越大的影响。以中国为例，目前中国约进口全球15%的石油和20%的天然气，到2035年，中国80%的石油需求和40%的天然气需求需要进口。印度对能源需求的满足将依赖越来越多的能源进口。可见，消费主体正由OECD（经济合作与发展组织）国家转向发展中国家（见图1）。除了中国、印度、韩国等能源消费大国之外，越南、柬埔寨等经济相对欠发达国家的石油需求也在不断攀升。在过去10年中，非经合组织国家在全球能源产量增长中的比重为98%。2012年，尽管美国页岩油气产量大幅提高，而且中国煤炭产量增速放缓（3.5%），但非经合组织国家仍保持了上述份额。另据BP预测，到2030年，非经合组织的能源消费将比2011年增加61%，年均增长2.5%（每年人均增速为1.5%），届时将

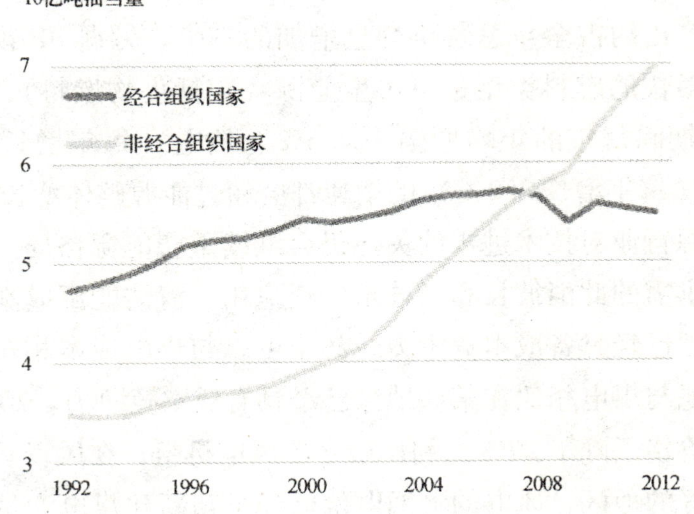

图1　一次能源需求

资料来源：2013年《BP世界能源统计年鉴》。

占全球能源消费的65%（2011年为53%）；而经合组织2030年的能源消费量仅比2011年增加6%（每年增长0.3%），而且人均能源消费将有所减少（2011—2030年期间平均每年降幅为0.2%）。

清洁能源在能源消费中的比重快速提升。未来可再生能源将在一次能源消费结构中占据重要的地位。2013年7月初，联合国环境规划署与21世纪可再生能源政策网络共同发布了《2013全球可再生能源现状报告》和《全球可再生能源投资趋势》两份报告。报告显示，可再生能源在亚洲、拉丁美洲、中东和非洲都在迅速发展：在中国，风能发电的增长量超过了煤炭发电，并第一次超过核能发电量；在欧盟，可再生能源在2012年装机容量增加量中占近70%；在德国，可再生能源已提供了电力消耗的22.9%，国家供暖的10.4%，以及总能源需求的12.6%；在美国，风能安装容量增加量超过了其他任何技术，所有可再生能源项目的产出约占全年总装机容量增加的一半。另据BP预计，未来增长最快的燃料类型是可再生能源（包括生物燃料），2011—2030年期间每年的年均增幅为7.6%。核电（每年增长2.6%）和水电（每年增长2.0%）的增速都会超过能源整体增长速度。

能源行业对技术进步的关注仍会继续重塑能源格局。随着不同能源供需的此消彼长和新技术广泛应用，清洁能源成本正在逐渐下降，已经具备成本竞争力，甚至可以与火电成本相竞争。譬如，风电与煤电相比在某些地区已经具有成本竞争力。2008年以来风机价格下降了29%。利用最好的风电机组，在风资源和上网条件较好的地区，风电的上网电价已经可与新建煤电竞争，相当于气价为6美元/MMBTU的天然气发电价格。在没有补贴的情况下，澳大利亚风电也已经可以和新建煤电厂在度电成本上竞争。与此同时，全球能源效率仍将持续提高，这将可能弥补可再生能源成本上的劣势，使得使用可再生能源具有更好的经济意义。

二、世界原油贸易渠道趋向多元化

国际原油贸易模式正趋向多元化。全球对石油的消费仍呈现增长趋势，但国际原油贸易体系正遭受新的挑战。国际能源署（IEA）2013 年 10 月发布的月度原油报告称，预计 2013 年全球原油日需求量将增加 100 万桶，2014 年原油日需求量增幅在 110 万桶左右。石油虽然 2012 年仍是全球主导性燃料，但其市场份额已经长达 13 年连续出现下滑，在全球一次能源消费中的份额（33.1%）也跌至历年来的最低水平。受北美原油产量大幅提高等因素推动，非欧佩克国家的原油供应量出现强劲增长。近年来，非经合组织国家炼油能力的大规模增长将加速全球炼油行业与石油贸易模式的重建。在美国原油产品出口压力下，欧洲炼油厂需要面对来自亚洲与中东新炼油厂的巨大挑战。

中东地区石油生产国可能陷入新的困境。受益于资源蕴藏丰富的天然优势以及开采技术的发展进步，美洲地区将逐渐成为世界油气生产的另一个中心，这可能对输出石油的海湾国家带来挑战。过去几十年，中东处于世界能源版图的中心，现在这种情况正在发生改变。虽然中东石油未来仍将占有一席之地，但其对世界的影响力会明显下降。当前，由于美国国内石油产量的提升，海湾国家的石油出口不得不面临新的转型，由过去重点对美国、欧盟和日本等发达国家出口，转向对中国、印度、韩国等亚洲新兴市场出口。近些年来，海湾国家对新兴市场的出口量大幅增加，目前已接近对发达国家出口量的两倍。随着美国石油自给能力的进一步增强，沙特阿拉伯等传统石油输出国还正面临国内预算平衡的挑战。如果国际油价长期低于80美元/桶，这些石油输出国财政可能会陷入困境。

美国石油产量提高改变着全球原油贸易投资格局。在新兴市场国家对原油和天然气的进口依赖程度越来越高时，世界最大能源消费国美国却正在朝着相反的方向发展。国际能源署在2013年度中期石油市场报告中表示，美国石油产量未来5年大幅增长对于世界石油市场的冲击相当于中国过去15年来崛起对全球经济造成的影响。由于页岩气的开采技术被用于“致密油”的开发，美国致密油产量得以持续提高。据2013年《BP世界能源统计年鉴》资料显示，2012年，由于致密油等非常规油气产量的增长，美国石油和天然气产量获得全球最高增幅，其中石油供应量增长创美国历史新高。意料之中的是，致密油仍然是供应增长的生力军，2012年仅美国北达科他州和得克萨斯州（美国拥有高产致密油储量最多的两个州）的产量增加近80万桶/天。2013年至今，供应继续加速增长，美国的石油产量增长130万桶/天以上。

美国石油产量的持续提高不仅改变美国过去严重依赖进口石油的局面，在不远将来还可能向亚洲出口部分原油，而且将迫使全球石油公司重新调整投资战略，并永远改变全球石油运输、储存与精炼的方式。2011年，美国政府和能源部发布了《能源安全未来蓝图》，强调要将扩大本土油气资源开发、推广节能减排、削减能源消费、加快发展清洁能源作为确保美国未来能源供应的重要手段。正是得益于水力压裂技术的使用，美国目前的石油产量较2008年已经增加了25%，25年以后有可能再度触及800万桶的水平，这也导致美国石油商业库存增加，原油进口量大幅下降（见图2）。从中长期看，IEA在其《2012年世界能源展望》报告中预测，到2020年左右美国将超过沙特阿拉伯成为世界最大的石油生产国，2030年前后北美地区有望成为石油净出口地区。另据美国 EIA 预测，到 2020 年美国将成为天然气净出口国，到 2030 年左右将成为石油净出口国，届时美国将几近成为能源自给自足的国家。美国能源自给率的大幅度提高可能引发地缘政治变化，进而改变未来全球能源安全政策。

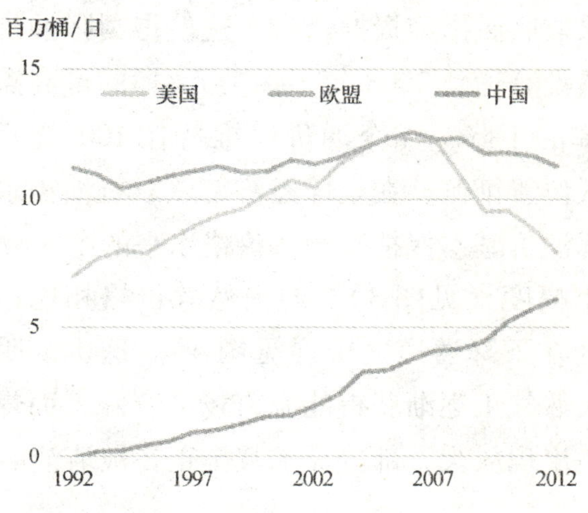

图 2　石油消费大国净进口走势

资料来源：2013 年《BP 世界能源统计年鉴》。

三、国际原油价格持续遭受多重挑战

随着页岩油气、油砂油等非常规化石能源资源开发的加速，南北美洲国家在世界能源供应中的地位将逐渐上升，世界能源供应渠道将呈现更加多元化的局面。显然，世界能源供应的多元化应该有助于稳定国际油气价格。近年来美国原油产量激增已经成为阻碍国际油价上涨的主要因素。除了美元走势外，无论是日本福岛核危机还是利比亚冲突都不太可能扰乱全球原油供应的长期格局，而宏观经济复苏缓慢、替代能源价格相对走低和价格形成中心转移等因素却可能对国际原油价格产生较大冲击。

国际金融危机以来，全球经济复苏缓慢削减了油价持续上涨的动力，促使油价平稳波动。2008 年国际金融危机带来的第二次世界大战以来最严重的全球经济衰退，至今已有 5 年之久。在起初几年各国采取刺激措施提振经济，这使得国际油价保持在较高位置，但仍然没有达到 2008 年 142 美元/桶的最高点。受制于原油需求增长率的下降，如今油价仅维持在 100 美元/桶的水平，并在相对较低位置徘徊。在全球经济疲软、石油需求增长迟缓的背景下，国际油价基本保持平稳，价格水平的绝对波动也是 1978 年以来的最小幅度（见图 3）。与天然气价格相比，国际煤炭和原油价格均处在下降通道之中（见图 4）。这也说明，作为优质清洁能源的天然气正逐渐获得能源市场的青睐，而煤炭和原油的需求增长开始出现放缓，部分需求甚至正在被清洁能源所替代。

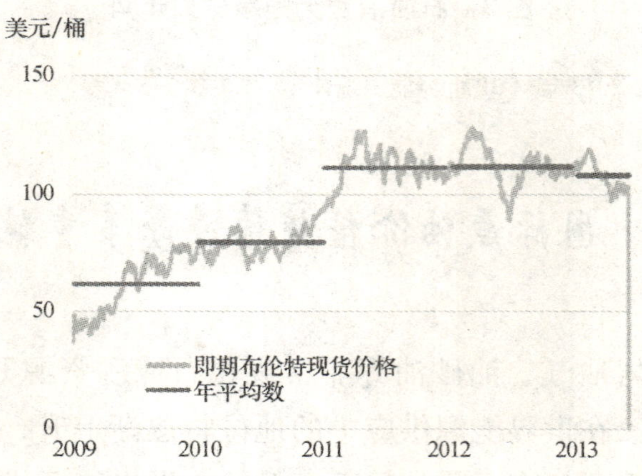

图 3　布伦特（Brent）现货价格走势

资料来源：BP 和 Platts。

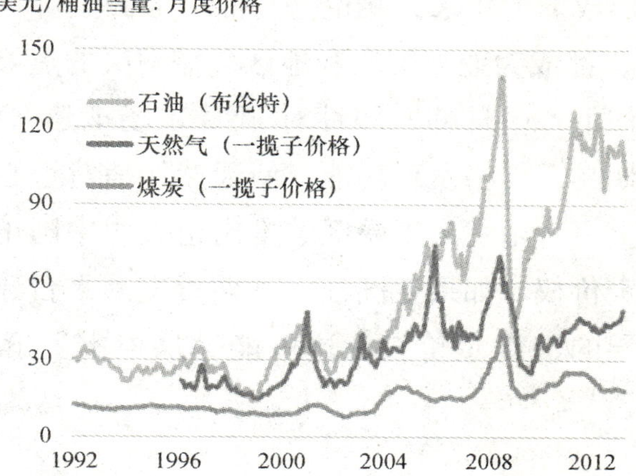

图4　扣除通胀因素后的能源价格

资料来源：2013 年《BP 世界能源统计年鉴》。

以页岩气、页岩油等为代表的非常规能源开发，促使可替代能源价格也处于相对低位。由于美国大规模开发页岩气资源，美国能获得相对低廉的天然气供应，进而减少对石油资源的消费。普华永道则预计，2035 年美国页岩油日产量有望达到 1400 万桶，占全球原油供应的 12%，可能导致油价下跌 40%。与此同时，天然气作为一种清洁燃料，能有效替代石油，利于应对环境污染和气候变化，这在一定程度上会冲击国际油价上扬态势。此外，过去几年，可再生能源已经获得持续强劲的增长。技术进步将继续提升可再生能源及其他替代能源的经济性，降低其生产成本，提高其竞争力，以达到更大的产业规模。譬如，相比于过去，目前太阳能光伏技术成本已经大幅下降。换句话说，光伏发电相对于传统能源的竞争力也的确得到了提升。

考虑到长期受制于高价进口油气资源的影响，亚洲主要进口国正在寻求新的能源定价机制，致使区域内的油气现期货交易平台正在亚洲形成。近年来，无论是石油“亚洲溢价”还是天然气“亚洲溢价”，都成为亚洲国家和地区急需解决的重要问题。在多方的积极运作下，中日韩三国针对LNG市场拟建立亚洲LNG交易中心，以期具有价格发现功能，使天然气消费重心具有更大的议价能力。上海自由贸易试验区的推出也表明中国正在积极寻求国际油价的定价权。如果亚洲油气现期货交易平台建立，将可能冲击美欧主导的油气定价权，这可能会从根本上解决“亚洲溢价”的问题。

四、天然气正确立在清洁能源中的主导地位

受温室气体排放的硬约束，世界各国都在寻求清洁能源利用。在发达国家，化石能源的利用呈下降趋势，而清洁能源则处在快速增长阶段。相比以煤和石油作为燃料的发电站，以天然气为燃料的火力发电站排放温室气体较少。为减少污染和二氧化碳排放，很多城市规划使用液化天然气汽车，而城市燃气使用也逐渐普及到每个家庭。可以预见，未来天然气将在清洁能源中占据主导地位。

可以预计，未来全世界的天然气需求量将继续有所增加。据BP统计，2012年全球天然气消费增长2.2%（820亿立方米），增速虽低于过去10年的平均水平（2.7%），但仍然超过了2011年的增幅。非常规天然气的规模开采将推动天然气在能源结构占比的提升，如美国页岩气的活跃开采使天然气能够以适度价格得到快速采用，全球页岩气产量增加也使国际能源需求平衡正发生变化（见图5）。据BP分析，国际液化天然气在贸易中所占份额

提高，到2030年，液化天然气产量每年增长4.3%，消费量将占到全球天然气消费量的15.5%。随着一批大型项目于2014年起开始投入运营，澳大利亚的液化天然气供应量将增加150亿立方英尺/日，到2018年超过卡塔尔成为最大的天然气供应国，非洲可能将在2028年开始超过中东，成为最大的液化天然气净出口地区。BP还预计，到2030年，地区间管道天然气贸易每年增长3.0%，与天然气贸易相同，在消费中所占比重也将水涨船高。

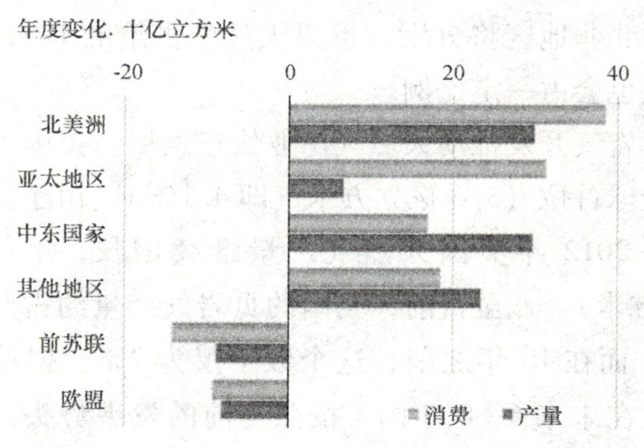

图5　2012年全球天然气市场供需增长

资料来源：2013年《BP世界能源统计年鉴》。

另据国际能源署推测，到2035年，全球以页岩气为主的非常规天然气产量可达到1.6万亿立方米，占同期天然气供应增量的近2/3，非常规天然气在天然气总产量中的份额将从目前的14%上升至2035年的32%。美国能源情报署（EIA）报告称，美国可开采的页岩气达862万亿立方英尺，储藏量仅次于中国，居世界第二位。EIA认为，美国国内天然气年需求量之中页岩气所占比例将由2009年的14%提高至2035年的46%，预计其进口比列将由11%降至1%。未来美国很可能向日韩等亚洲盟国出口天然气，甚至也有可能向非自由贸易协定国家开放天然气出口，譬如中国。值得注意的是，即使美国液化天然气（LNG）可以出口到中国，但其价格也可能并不具备优势，因为如果按照4美元/MMBtu（百万英热单位）的美国气价计算，加上15%的溢价、3美元的液化费用、3美元的航运费用、0.65美元的再气化费用，估计到达中国的价格也在11.25美元/MMBtu，并不比当前从中东地区进口的LNG价格低多少。在天然气来源中，北美、俄罗斯、中东和北非地区将分别占世界天然气供给的1/4，西欧、拉美、东南亚也会占一定比例。

美国页岩气开发推动天然气产业快速发展。美国天然气消费量增长居全球首位（316亿立方米，即4.1%）。由于页岩气的爆发性增长，2012年美国天然气产量继续增长，增幅为4.7%（329亿立方米）。截至目前，美国的页岩气产量约占其天然气产量的35%，而在10年之前，这个数字仅为2%。据波士顿咨询集团估计，在未来6—8年内，按照当前的发展势头，美页岩气产量所占天然气产量的比重将达到45%。页岩气大规模开发导致天然气价格从2006年的14美元/MMBtu下跌至2012年不足2美元/MMBtu。页岩气的规模化生产也令美国对进口石油依赖下降，使得美国乃至全球煤炭的价格优势逐渐丧失。

中国正在引领全球未来的天然气需求增长。2013年初华北地区严重的雾霾现象迫使中国更多地减少煤炭消费和石油消费，而天然气则被视为可靠的替代清洁燃料之一。2013年10月，通用电气（GE）公司发布白皮书《中国的天然气时代：能源发展的创新与变革》，提出天然气将是中国满足日益增长的能源需求和解决迫切环境挑战的最佳选择。中国政府制定的《大气污染防治行动计划》提出，加快推进能源结构调整，增加清洁能源供应，以确保到2017年全国煤炭占能源消费总量比重降低到65%以下。根据GE的测算，如果天然气在一次能源消费总量中所占的比例从2012年的4%增长到2025年的8%，由此导致的煤炭消费减少可以在13年内节约5万亿元人民币的环境成本，这意味着平均每年节约3800亿元，约占年度GDP的0.5%。

五、太阳能的可再生能源地位正得到强化

尽管未来较长时间内化石能源在全球能源消费结构中仍占据主导地位，但世界各国对可再生能源的追求从未停止过。根据BP的统计，无论是全球范围内，还是经合组织国家和非经合组织国家，可再生能源在能源消费结构中的比重都在持续上升过程中，尤其是2007年以来可再生能源所占能源结构中的比重呈现指数式攀升势头（见图6）。

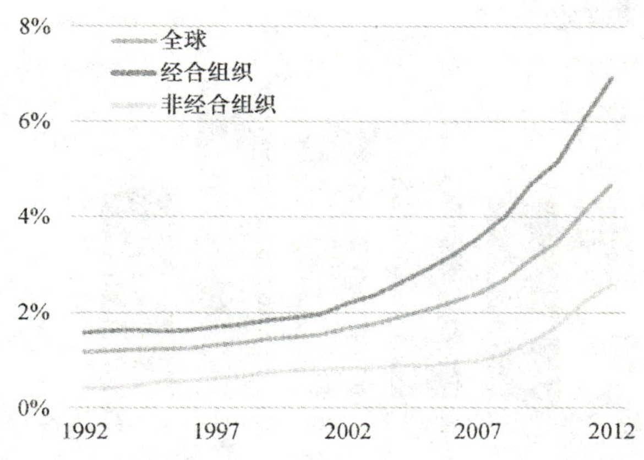

图6　可再生能源在发电能源结构中的份额

资料来源：2013年《BP世界能源统计年鉴》。

相比于风能和地热能，太阳能并不会遭遇到来自社会方面的阻力，在能源来源中的比重将会逐步提升，其作为可再生能源的主导地位也会得到强化。实践证明，利用太阳能资源的分布式光伏发电在欧美很多国家已经占据重要的市场地位。譬如，德国2012 年的太阳能发电量就已经占据全国总消耗电量的 10%。2011 年福岛核事故发生后，日本开始加速发展可替代核电的能源，2012 年共投资 163 亿美元，比 2011 年增长 75%，位列全球第四，其中几乎所有的清洁能源投资均涌向太阳能领域。此外，在新兴市场国家，清洁能源市场投资中太阳能占据主导地位。譬如，2012 年中国以高达 651 亿美元的清洁能源总投资排名世界第一，比 2011 年增长 20%，增长主要来自太阳能领域。由于技术进步和规模生产，光伏发电的成本竞争力大幅提高。自 2008 年以来，全球太阳能光伏晶硅电池组件的价格整体下降了 80%，其中仅 2012 年就下降了 20%。由此可见，太阳能在可再生能源中的地位越来越突出，对电力增长的贡献也越来越大（见图 7）。

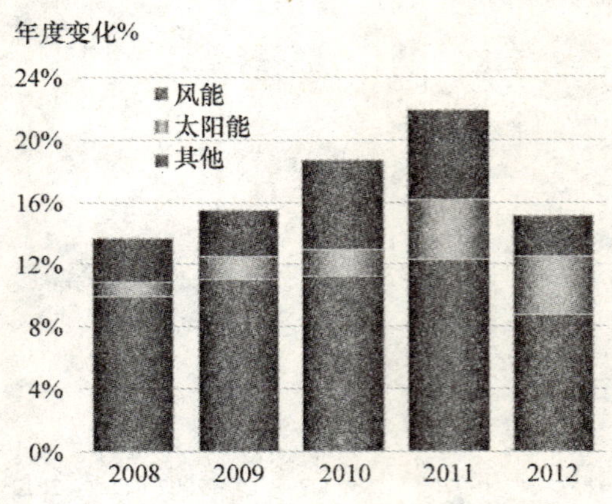

图 7 可再生能源对电力增长的贡献

资料来源：2013 年《BP 世界能源统计年鉴》。

六、世界核电市场仍处在良性复苏的路上

日本福岛核事故对全球核电市场带来较大影响。据 BP 统计，2012 年核电只占全球能源需求的 4.5%，该份额是 1984 年以来的最低值。世界多个国家对核电发展进行反思，德国、意大利等纷纷表示要放弃核电市场。日本受核泄漏事故影响关停了大部分核电站，这使得全球核电产量近两年出现小幅度下滑（见图 7）。尽管其他国家也都推迟或重审了本国的核电计划，但只有德国宣布了在 2022 年前关闭所有核电站，终止核电发展。实际上，与化石能源相比，核电在全球能源市场中的份额并不大，部分国家放弃核电并不意味着全球核电发展就进入了寒冬。

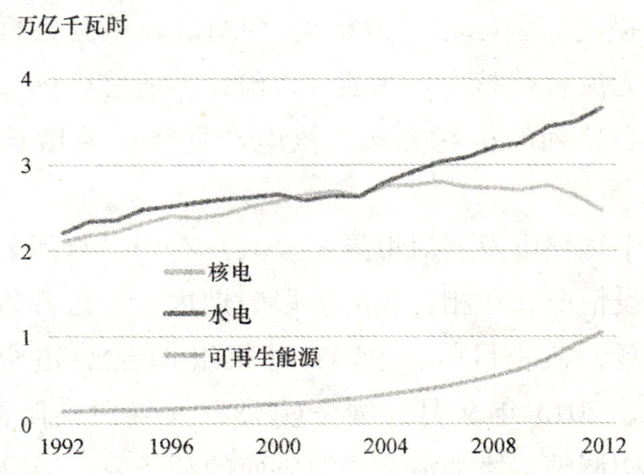

图 8　清洁能源发电增长情况

资料来源：2013 年《BP 世界能源统计年鉴》。

目前看来，全球核电发展仍在持续，并未受福岛核事故影响而夭折。核能与其他能源形式相比，在减少二氧化碳、提高能效方面拥有其独特优势，未来核能还会在能源结构中占有一席之地，但核能行业仍要开展合作，使核能相比于其他能源更具经济性。理论上讲，提高安全标准和加强安全设计，并不一定带来核电成本的上升。现实中，第三代非能动型压水堆技术（比如美国西屋 AP1000 技术）就可以同时达到经济性和安全性双重高要求，因为其采用非能源安全系统、“减法”设计和模块化建造，不仅提高了安全性，而且降低了成本，缩短了建设周期。

福岛事故发生两年后，全球核电复苏信号明显，复苏的速度超出了预期。美国、俄罗斯、中国、印度等国并没有退出核电市场，反而均明确表示要坚定地继续发展核电。目前，越来越多的国家仍计划发展核电，一些国家核准开工了新的项目，一些国家准备启动新的项目招标。可以预计，核电在世界能源格局中的地位将进一步提高。国际原子能机构（IAEA）认为，页岩气和新能源发电都无法替代核电。另据 BP 预计，随着中国、印度和俄罗斯推出雄心勃勃的扩建方案，核电产量将迅速增长（每年增长 7.9%）。

当前，中国核电发展对世界核复兴具有引导作用。根据当前和规划的建设情况，在相当长的一段时期内，中国都将是全球最大的核电市场。截止目前，中国在建机组 31 台，占全球在建机组超过 40%。2013 年 9 月，国务院公布大气污染防治新方案，部署能源结构调整、增加清洁能源供应的新任务。2012 年国务院制定了核电安全规划并优化了中长期发展规划，提出采用全球最高安全标准建设核电站的原则和到 2020 年装机 5800 万千瓦、在建 3000 万千瓦的目标。

七、亚洲能源大通道建设备受关注

当世界能源消费重心向亚洲转移时，构建稳定安全的能源大通道成为亚洲能源版图重构的关键环节。无论是联系中东至亚洲的海上丝绸之路，还是建立多条连接俄罗斯、中亚、南亚、东南亚至东亚的能源“高速公路”，对亚洲各国而言都既是机遇也是挑战。譬如，海上丝绸之路需要突破马六甲海峡困局，如果美国不继续在中东地区发挥重要的稳定作用，那么维护相应地区的安全稳定将成为一个重要挑战。中国能否承担美国战略转移后留下的维护通道安全的责任呢？

目前，中国与中东以油气为主的贸易圈正在形成，跨越整个亚洲的能源高速路也在酝酿之中，以中国为代表的亚洲能源大通道正在建构中。中国正在积极通过能源外交的带动，建设多条国际性、开放型能源经济走廊，包括“新丝绸之路”的建设。从周边经略的能源通道看，中国规划布局的东北（中俄原油管道）、西北（中哈原油管道和中哈天然气管道）、西南陆上（中缅油气管道）、西南陆海联运（喀什—瓜达尔港的中巴经济走廊）和海上五大油气战略通道已全部进入具体实施阶段，最终目的是形成大范围、多连通的亚洲区域性的油气运输网络，解决泛亚洲范围内能源供需分布不平衡和受制于海上能源通道安全威胁的问题。

除了以铁路和管道为重点的油气通道建设外，亚洲还在积极筹建电网、建设能源“高速公路”，以便通过长距离的高效输送通道使能源在整个亚洲区域内完成跨国界配置。其主要通过创建亚洲能源电网——“亚洲超级电网”来完成跨国能源交易和互联，从而保持亚洲能源供需平衡，提高能源利用效率，同时推动可再生能源的大规模利用。构建全亚洲区域电网尚在构想之中，其最早由日本设想，提出以蒙古的可再生能源电力为基础，建设一个连接蒙古、日本、俄罗斯、中国和韩国的泛亚洲跨国电网，将蒙古的可再生能源电力通过超高压直流电缆输送到亚洲的用电大国。尽管建设日本提议的“亚洲超级电网”将是一项极具挑战性的工作，但值得一试。同时，出于对保障区域内集体能源安全的考虑，建设亚洲电力高速路的提议现已被亚洲多数国家接受。如果这个覆盖亚洲大多数国家的电力网络最终实现，那么既能平衡泛亚洲区域内的电力供需平衡，也能在一定程度上突破风电、光伏发电应用的瓶颈，推动可再生能源在大范围内应用。

New Change in the Global Energy Market

Liu Xiangdong

Abstract: In recent years, with the adjustment of the global economic structure, the progress in technologies for unconventional resources, renewable energy and energy conservation, and the pressure on adapting to climate changes, the global energy market is undergoing profound changes, and energy structure is at the stage in which clean energy is rapidly increasing its share. The crude oil trade in global energy market has been diversified, and the price of crude oil has gradually gone down in the past year, while the proportion of natural gas to primary energy consumption going up. The role of solar power has been strengthened as a renewable energy, and nuclear renaissance is still on its road even after Fukushima accident. Meanwhile, a Pan Asian network of energy transportation corridor is coming into being.

Keywords: Energy Market　International Oil Price　Renewable Energy　Energy Cleaning　Transportation Eorridor

美国页岩气革命的影响及启示

肖　英*

摘　要：本文介绍了美国页岩气开发的历史、现状及趋势，分析了页岩气革命带来的重大影响。得益于页岩气大规模开发，美国增加了天然气产量，降低了价格，能源结构进一步优化；提高了能源安全；减弱了油气价格联动机制；增加了交通运输方面的石油替代；促进了天然气发电应用；提高了化工业竞争力；促进了经济及就业；减少了温室气体排放等。全球LNG贸易流向及贸易价格因此发生变化，地缘政治格局有所调整，俄罗斯在欧洲天然气市场定价权和市场份额受到冲击，亚太地区天然气供应呈现多元格局，油气地缘竞争更加扑朔迷离。最后，文章在总结美国页岩气革命成功经验的基础上，提出了我国加大开发页岩气的几点建议。

关键词：美国　页岩气　影响

页岩气是指赋存于富有机质泥页岩及其夹层中，以吸附或游离状态存在的非常规天然气，成分以甲烷为主，是一种清洁、高

* 肖英，国家石油储备中心副研究员、博士后。

效的能源资源。据美国能源部对 42 个国家的评估，全球页岩油气资源非常丰富，已勘测到的“技术上可以被开采”的页岩气资源规模约为 7795 万亿立方英尺，页岩油资源规模约 3350 亿桶，分别相当于全球天然气和原油总量的 32% 和 10%。历史上，页岩气的开发和生产一直存在经济性问题。近年来，由于水平钻探和压裂技术的成功，美国页岩气实现了大规模商业化生产，不仅对提高该国能源安全、降低对外依存度、缓解天然气供应不足起到了积极作用，而且掀起一场席卷全球的能源革命，深刻地影响着全球能源与地缘政治格局。

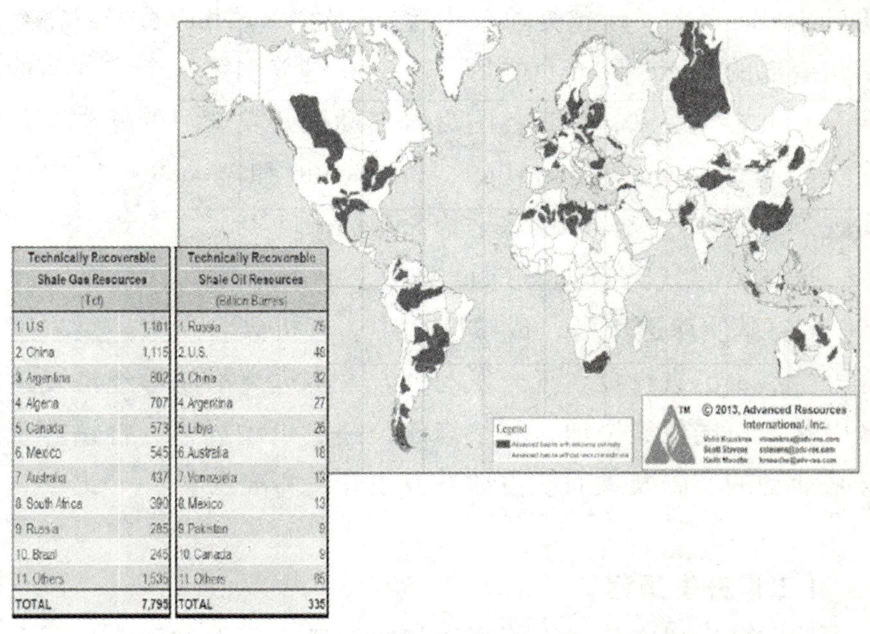

Technically Recoverable Shale Gas Resources (Tcf)	
1. U.S	1,161
2. China	1,115
3. Argentina	802
4. Algeria	707
5. Canada	573
6. Mexico	545
7. Australia	437
8. South Africa	390
9. Russia	285
10. Brazil	245
11. Others	1,535
TOTAL	7,795

Technically Recoverable Shale Oil Resources (Billion Barrels)	
1. Russia	75
2. U.S.	48
3. China	32
4. Argentina	27
5. Libya	26
6. Australia	18
7. Venezuela	13
8. Mexico	13
9. Pakistan	9
10. Canada	9
11. Others	65
TOTAL	335

图 1　42 个国家页岩气和页岩油储量评估

一、美国页岩气开发现状及趋势

（一）资源情况

根据美国能源信息署（EIA）统计，美国本土48个州页岩气资源技术可开发量超过1161万亿立方英尺。目前，美国已经发现21个页岩气区块，重点页岩区块包括得克萨斯州Fort Worth盆地的Barnett页岩、阿肯色州Arkoma盆地的Fayetteville页岩、俄克拉荷马州中南部的Woodford、North Louisiana Salt盆地的Haynesville页岩、跨越美国东北六个州的Marcellus页岩、得克萨斯州南部的Eagle Ford页岩等。Barnett是美国第一个实现商业性开发的页岩气层系，也是各国页岩气勘探开发学习的样本。其他区块如Marcellus、Fayetteville、Haynesville和Woodford等现在也实现了商业性开采，产量水平约850亿—1130亿立方米/年。

美国页岩气具有埋藏深度适中、单层厚度大、总厚度超过500米、基质渗透率高、成熟度适中、有机碳含量大、页岩脆性好等特点，已进行页岩气开发的页岩大多远离沿海等经济发达地区以及人口居住集中地，利于修建公路、机动运输、打钻等系列开采活动的实施及大面积占地，方便开发商准入。

（二）开发历程

美国是世界上最早进行页岩气资源勘探开发的国家，开采历史可以追溯到1821年。从发展历程来看，页岩气的成功开发是政策支持、技术进步、需求推动等多种因素合力作用的结果。

20世纪70年代，石油禁运和石油危机使美国政府及相关机构加快了油气资源的勘探开发进程，投入了大量资金用于非常规

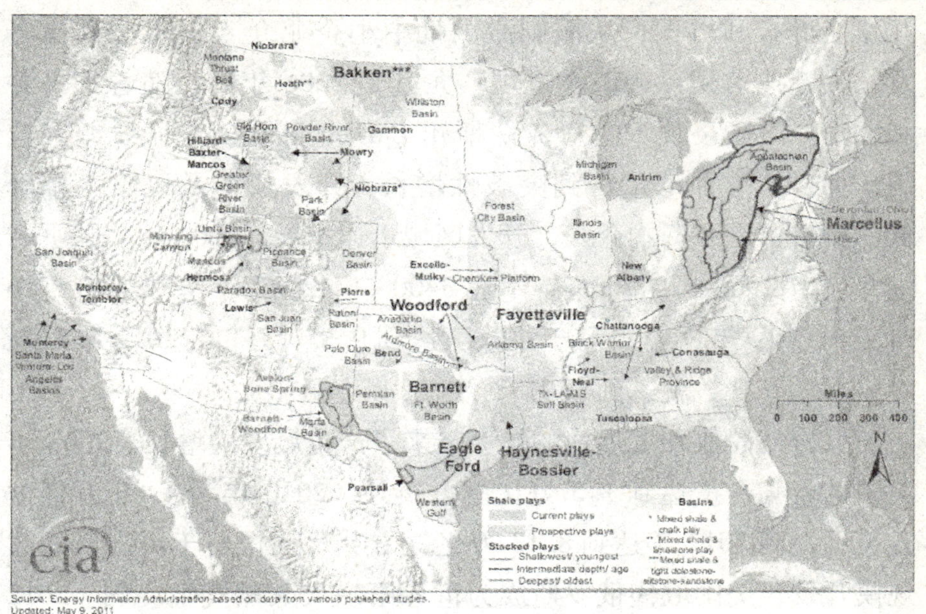

Source: Energy Information Administration based on data from various published studies.
Updated: May 9, 2011

图2　美国主要页岩气区块

油气的地质和地球化学探索研究和试验。1980 年美国天然气研究所开始对东部页岩气进行系统研究，并在后期认识到页岩气的吸附作用机理，使页岩气产量得到大幅提高。1981 年 Mitchell 能源公司完成了第一口页岩气取芯评价井，并大胆地对 Barnett 页岩段进行了氮气泡沫压裂改造，最终发现了 Barnett 页岩气田。1997 年后，随着压裂增产技术的成熟，页岩气井完井成本大幅度降低，促进产量快速上升。1999 年美国页岩气产量达 108 亿立方米，是 1979 年的 7 倍。但是，由于当时国际天然气价格不高，许多地区的页岩气开发尚不具备市场竞争性，页岩气开发热潮仍未到来。2002 年后，在全球经济复苏带来对能源资源需求大幅上升的情况下，国际油价大幅上涨推动天然气价格走高，加之受中东地区动乱与美元贬值等因素的影响，美国天然气平均井口价开始急速上升。国际及美国本土天然气价格的大幅上升使得页岩气开发变得有利可图，从而刺激大批中小企业介入页岩气勘探开发，关键技术获得突破性进展。尤其是2006年后，随着水平井和水力分段压裂技术在得克萨斯州 Barnett 区块实现系统综合应用，页岩气单井产量得到突破性增长，开发成本及风险大幅降低，吸引了更多资本介入，开发区域迅速扩展。2004年美国页岩气井仅有2900口，2005年不过3400口，2007年暴增至4.1726口．到2009年页岩气生产井数已达到9.859万口，2011年仅新建页岩油气井数就达到1.0173万口。

页岩气商业开发规模的扩大带来了产量爆发式增长。2007年美国页岩气产量达到1.5万亿立方英尺，2010年为4.86万亿立方英尺，到2012年达到8.13万亿立方英尺。得益于页岩气的大规模开发，美国取代俄罗斯成为世界第一大天然气生产国。2012年美国天然气销售量达到7160亿立方米，比2006年增加30%。美国甚至预测，页岩气将取代煤炭而成为仅次于石油的美国第二大能源资源，改变美国能源生产格局。

二、美国页岩气革命的影响

美国掀起的这场页岩气革命正在改变和推动美国能源业的重组，使其在进入21世纪的第二个十年内，在全球能源格局上占尽先机，不仅大大增强了在能源外交和应对气候变化等方面的主导权，也对全球天然气市场、能源供应格局以及地缘政治产生了重要影响，如中东地区大量原计划出口美国的天然气被迫转向欧洲和亚太市场，进而迫使俄罗斯快速调整对欧洲和中国的能源策略。

（一）对美国本土的影响

1. 增加天然气产量，降低价格，能源结构进一步优化

根据美国能源信息署（EIA）统计，页岩气产量的大幅增长直接增加了美国的天然气供应总量，降低了天然气价格。2011 年美国天然气产量约 23 万亿立方英尺，其中页岩气产量为 7.85 万亿立方英尺，约占天然气总产量的 34%。预计到 2040 年，美国页岩气产量将占到本国天然气总产量的 50%。2010 年美国天然气井口价格为 4.25 美元/百万英热单位，较 2005—2008 年的平均价格下跌了 2.38 美元/百万英热单位。同时，天然气在发电、交通领域的大量应用也会大大减少美国本土石油和煤炭的消费，促使美国未来能源结构进一步优化。

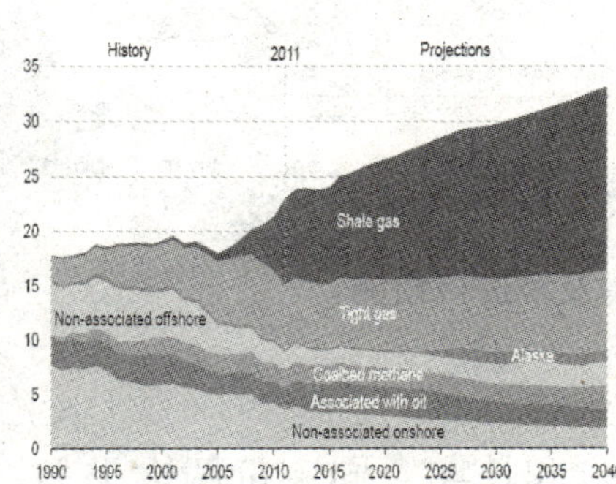

图 3　美国干式天然气产量 1990—2040 年（万亿立方英尺）

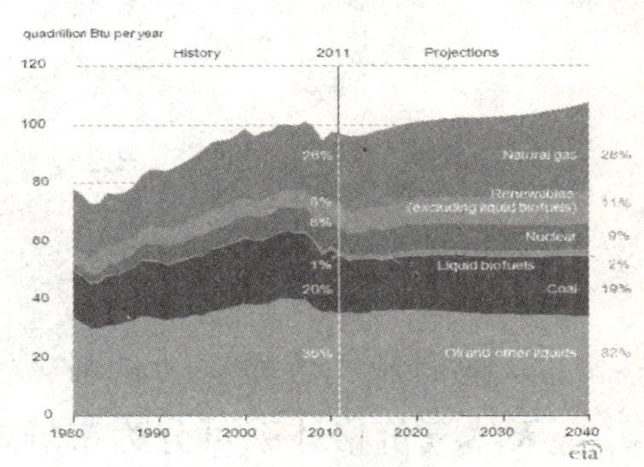

图 3　美国一次能源消费结构（1980—2040 年）

2. 提高了能源安全

得益于页岩气大规模开发，美国“能源独立”战略取得显著进展，能源自给率迅速回升，石油对外依存度从 2005 年的 64.2%

降至2012年的40%，为1991年以来的最低值。美国可以更加灵活地选择和重新考虑其进口来源地，减少或中断那些地缘政治不稳、与美国关系相对紧张国家的石油进口量。页岩气的大幅增长还使美国进口LNG数量逐年减少。数据显示，2007年美国LNG进口量为770812百万立方英尺，2012年进口量为174647百万立方英尺，比2007年减少了77%。预计到2020年，美国将不再从其他国家进口天然气，甚至还会出口LNG，美国将在能源外交上拥有更大的主导权。

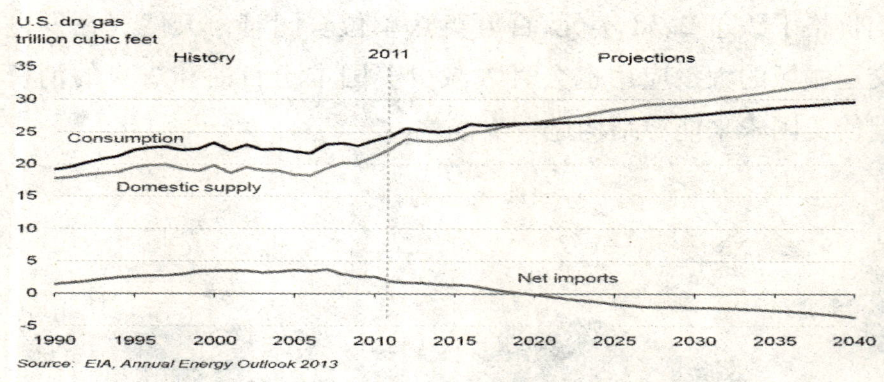

图4　美国天然气供需及净进口预测

3. 减弱油气价格联动机制

天然气价格体系可分为市场定价和长期合同定价两大类型，全球80%以上的天然气贸易采用了与油价挂钩的长期合同定价，而北美天然气价格虽受油价影响，但基本由天然气市场本身的供求来决定。页岩气开发使北美市场天然气供应充足，气价和油价出现脱节，减弱了油气价格联动机制。如2009年初至2010年3月1日，原油价格上涨了73%，而美国天然气价格却下降了15%。

4. 增加交通运输方面的石油替代

低廉的天然气价格和不断增加的供应量对交通运输业产生了较大影响：一是增加交通行业压缩天然气的直接使用，如在环境敏感地区的商业区取代柴油，用于公共交通业；二是增加气制油（GTL）技术的应用，尤其是将没有输送管道的滞留气体加工运送到需求地区。数据显示，2005—2010 年用于交通燃料的天然气消费量增长了 43.5%；2011 年美国交通运输日用天然气达 230 万立方米，预计 2016 年增加到 400 万立方米。

5. 促进天然气发电的应用

在同一热量单位基础上，天然气价格低于或相近于煤价格时，发电企业就会使用天然气发电。页岩气革命加快了美国天然气替代煤炭作为发电原料的步伐，煤电占比由 2005 年的 52% 大幅下滑至 2011 年的 43.3%，而气电占比则从 2005 年的 19% 逐步上涨至 2011 年的 25%。天然气消费总量中，用于发电的份额已从 2005 年的 26% 攀升至 2011 年的 31%。未来随着天然气供应充足以及低廉价格的持续，气发电的应用将得到进一步巩固和拓展。

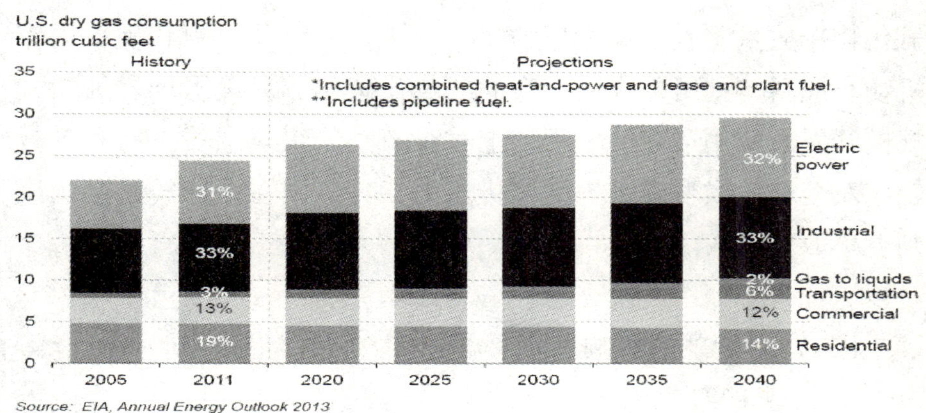

图 5 美国天然气消耗及预期

6. 提高化工业竞争力

本世纪初，美石化企业开工率仅在60%左右。近年来，得益于页岩气的成功开发，天然气价格大幅度下降，美国化工行业的成本优势上升显著，石化企业开工率跃升至2011年的93%，相当大的一部分石油化工产品竞争力远超欧亚同类产品，盈利率居全球各大区之冠（甚至超过了中东），成为率先复苏的行业之一。

7. 促进经济及就业

页岩气资源的开发直接增加了就业岗位和税收，拉动了经济增长。例如，2008年Marcellus页岩气的开发给宾夕法尼亚州创造了2.9万个就业机会，给州政府和当地政府带来了2.4亿美元的税收，带来了23亿美元的经济收入。2012年俄亥俄州的Utica页岩油气的开发提供了3.9万个就业岗位，创造了15亿税收。

8. 减少温室气体排放

天然气是几乎可以和可再生能源媲美的清洁能源。数据显示，页岩气用于发电时二氧化碳排放量约为燃煤电厂的42%，氮氧化物排放量不到燃煤电厂的20%，基本消除了二氧化硫；用作机动车燃料，则可减少约1/3的二氧化碳排放。美国页岩气的大规模开发及应用可在一定程度上减少石油、煤炭消费，有利于减轻应对全球气候变暖带来的减排压力，为美国在全球气候变化谈判上争取主动权。

（二）对全球的影响

1. 全球LNG贸易市场

从贸易流向上看，美国页岩气开发使得国际LNG出口目标发生转移。此前，世界范围内大规模建设的LNG接收终端和运输船旨在将 LNG 输往美国，而现在情况发生逆转。美国天然气市场处于供过于求和高库存的状态，甚至讨论是否应该出口天然气，这迫使俄罗斯、卡塔尔等天然气出口国重新寻找市场，将出口目标转移到亚太等市场。

从贸易价格上看，由于天然气供应充足，北美天然气价格继续低位运行。北美地区 LNG 出口欧洲和亚太地区，一是有助于平抑 LNG 现货价格。2009 年 7 月，卡塔尔 LNG 在英国的价格最低跌至 75 美元/千立方米，而俄罗斯与欧盟国家的长期交易价为 210—220 美元/千立方米。二是导致长期合同发生变化，改变传统的与油价挂钩的天然气定价方式。如美国谢尼埃能源公司的天然气出口合同与美国天然气 Henry hub 价格挂钩，按照不同准则，以不与油价挂钩的定价方式出口亚洲，出口到韩国与中国的 LNG 价格相差悬殊。

2. 地缘政治

作为一种潜在的主要能源资源，页岩气的出现改变了世界地缘政治格局，主要体现在两个方面：一是俄罗斯将失去在欧洲天然气市场强硬的定价权和部分市场份额。为防止因价格因素而导致的俄罗斯天然气在欧洲市场份额降低，俄罗斯转变了起初拒绝向欧洲购买商提供价格优惠的强硬态度，允许 15% 的天然气按照现货市场价出售，俄罗斯主导欧洲天然气市场定价权受到冲击。据估计，美国页岩气革命的成功若能在全世界得以复制，到 2040 年，俄罗斯天然气在欧洲的市场份额将从目前的 25% 左右降至 13% 以下，欧洲国家天然气消费严重依赖俄罗斯的局面将改变。二是亚太地区的天然气供应呈现多元格局。中印等国产天然气资源、俄罗斯等国出口的管道天然气及更多可供选择的国际 LNG 项目，使亚太地区油气地缘竞争更加扑朔迷离。美国海外油气需求的收缩使主要资源国油气出口进一步向亚太市场倾斜，为中国等新兴能源消费大国提供了更多的资源保障。俄罗斯在欧洲天然气市场份额被挤占后，开发亚洲市场的意愿更加强烈，中俄天然气合作取得突破性进展。未来，美国、俄罗斯等资源国可能会将中国确定为资源与技术出口的重要目标，与中国合作意愿进一步加强，中国面临的油气地缘竞争压力将会减弱。

三、美国页岩气革命对促进我国页岩气开发的启示

我国正处于经济快速发展阶段，能源需求增势强劲。长期以来，我国能源结构以煤为主，天然气利用水平非常有限，2012 年消费量约 1500 亿立方米，仅占我国一次能源消费总量的 5.3%，与国际平均水平 24% 存在较大的差距（图 6、图 7）。调查表明，我国页岩气资源十分丰富，陆域页岩气地质资源潜力为 134.42 万亿立方米，可采资源潜力为 25.08 万亿立方米（不含青藏区），开发潜力巨大。随着煤炭资源的消耗以及对清洁能源的日益重视，我国必然会加大天然气等清洁能源的开采和利用。根据《页岩气发展规划（2011—2015 年）》，“十二五”期间，我国将完成探明页岩气地质储量 6000 亿立方米，可采储量 2000 亿立方米，实现 2015 年页岩气产量 65 亿立方米，2020 年力争达到页岩气年开采量 600 亿—1000 亿立方米。

目前，我国页岩气开发处于气藏勘探和初步开采试点阶段。因此，学习借鉴美国页岩气的成功经验，对于我们少走弯路极其有益。

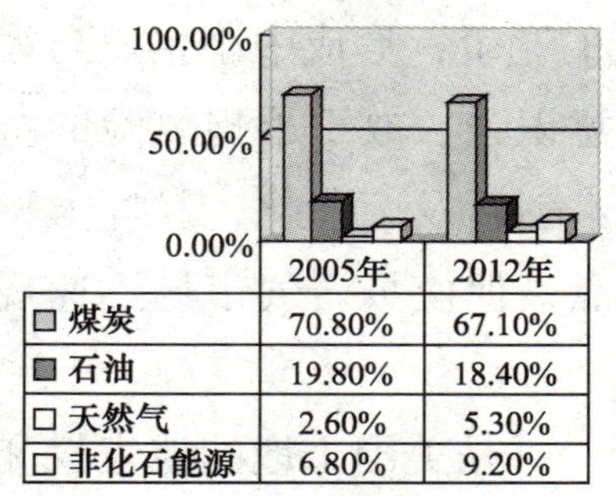

图 6　我国一次能源消费结构

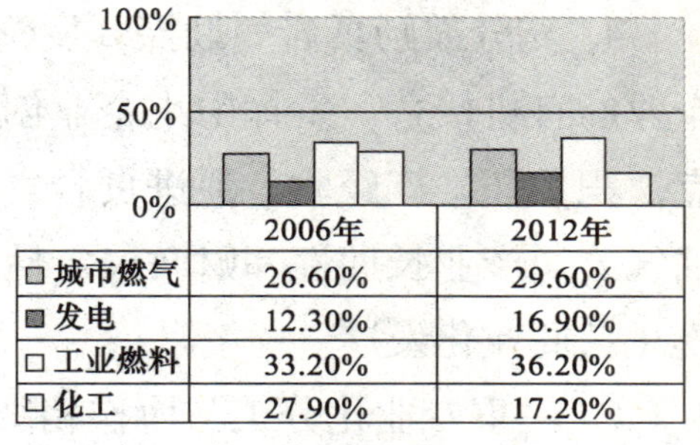

图 7　2006 年和 2012 年全国天然气消费结构变化趋势

（一）美国页岩气开发取得成功的经验

1. 政府牵头组织技术和地质研究。如美国能源部及其以后的能源研究和开发署（ERDA）等牵头发起了东部页岩气计划（Eastern Shale Gas Project），旨在研究如何从页岩中提取天然气，使得此事在商业上可行。研发过程中产生了一批科研成果，其中最重要的进展是认识到页岩气的吸附作用机理，对促进页岩气进入实质性开采起了决定性作用。

2. 政府资助前期技术研发与勘探研究。据估计，从 20 世纪 80 年代初至今，美国政府先后投入了 60 多亿美元进行非常规气的勘探开发活动，其中培训与研究费用近 20 亿美元。美国政府对页岩气开发的重视为其发展提供了强劲动力，带来了技术进步与突破。

3. 对页岩气上游开发实施税收优惠政策。美国对页岩气等非常规能源的上游开发实施非常优惠的税收政策，包括税收减免与费用扣除等。对油气行业实施的五种税收优惠同样适用页岩气。此外，美国部分州政府还对页岩气开发实施了更为优惠的税收政策，如得克萨斯州自 20 世纪 90 年代初以来对页岩气的开发不收生产税。

4. 充分鼓励页岩气勘探开发领域的竞争，形成中小企业与大企业的有机接替。发挥中小企业创新意识强、敢于承担风险的特点，积累和推广经验，促进页岩气技术创新及商业化；发挥大型油气公司产业长期性和财政稳定性特点，促使页岩气市场迅速规模化及商业化发展。

5. 注重专业化分工与协作相结合：一是美国土地的地表权和矿业权分开，有利于开采商获取页岩气上游资源；二是在页岩气开发产业链的各个环节引进各类专业化的技术服务公司；三是完善的天然气管网设施支持了页岩气的输配需求。

（二）几点建议

1. 完善政策机制。为支持页岩气作为战略性新兴产业加快发展，抓紧落实《页岩气产业政策》，推进页岩气投资主体多元化，确保有实力的企业参与页岩气开采，完善页岩气开采过程的监管，推动页岩气市场和开发环境监管，研究出台资源税、增值税、所得税等税收激励政策，力争实现“十二五”规划目标。

2. 加强页岩气开采科技攻关。加大中央财政资金科技投入，以油气科技重大专项为依托，完善页岩气科技攻关方案，抓紧实施，尽快攻克页岩气开采过程中的资源评价、工程技术装备和环境保护相关技术，积极开展科技成果的鉴定、示范和推广应用，建立适合我国地质特点和地表环境的页岩气勘探开发标准、规范，为页岩气大规模开发奠定资源和技术基础。

3. 开展页岩气技术交流合作。美国页岩气开发技术领先，实践经验丰富。但中美页岩气资源禀赋差异较大，通过加强与美国页岩气技术交流和开展国际合作，着力提升自主创新能力，消化吸收美国页岩气先进技术和经验，并以此为依托，以应用为导向，推动页岩气产业化示范区建设，积累页岩气勘探开发经验和数据。

4. 把握液化天然气资源采购时机。美国页岩气产量快速增长促其油气对外依存度持续下降，并开始研究出口 LNG 问题。特别是欧洲经济尚未走出困境，天然气市场需求疲软，对卡塔尔及俄罗斯的 LNG 和天然气出口造成很大压力。建议加强统筹协调，加快推进与加拿大、卡塔尔等国开展天然气方面的国际合作，以合理价格引进国外 LNG 资源，推进实施“国船国造、国货国运”政策。

Enlightment and Impacts of the U. S. Shale Gas Revdution

Xiao Ying

Abstract: This paper described the development history, status and trends of U. S. shale gas, analyzed the significant impacts brought by shale gas revolution. Thanks to large-scale development of shale gas, the U. S. increased his natural gas production, reduced price, and the energy structure has been further optimized. This revolution also improved U. S. energy security; weakened oil-gas price linkage mechanism; increased oil alternatives in traffic and transportation; promoted the natural gas power generation application; improved competitiveness of chemical industry; promoted the economy and employment; reduced greenhouse gas emissions. Global LNG trade flows and trade prices therefore being changed, geo-political pattern being adjusted, Russia's pricing power and market share in the European gas market is subjected to impact, natural gas supply in Asia-Pacific region will show diverse patterns, geo-political competition of oil and gas will become more complicated and confusing. Finally, based on the successful experiences of U. S. shale gas revolution, the article proposed several suggestions about increasing the development of our shale gas.

Keywords: U. S. Shale Gas Impact

我国天然气分布式能源上网电价的制定及对策建议

景春梅　刘满平　苗韧　秦锋*

摘　要： 天然气分布式能源是促进我国能源结构改善、节能减排的重要方式，定价机制不合理是制约天然气分布式能源发展的关键因素。本文以某天然气分布式能源示范项目为样本，对当前国内天然气分布式能源上网电价的标杆水平进行测算，分析了影响电价水平的相关因素，并提出了相应的定价措施和配套政策建议。

关键词： 天然气　分布式能源　上网电价　对策

天然气分布式能源是以清洁的天然气为燃料，通过冷热电三联供的方式实现能源的梯级利用，综合能源利用效率可达70%以上，并在负荷中心就近实现能源供应的现代能源供应方式，是天然气高效利用的重要方式，已成为推进我国能源生产和消费的战

---

* 景春梅，中国国际经济交流中心信息部副处长、副研究员，经济学博士，主要从事能源经济、宏观经济领域研究；刘满平，国家发展和改革委员会价格监测中心高级经济师、博士；苗韧，国家发展和改革委员会能源研究所博士；秦锋，中海油气电集团博士。

略性推广技术。

一、当前发展天然气分布式能源具有重要意义

由于天然气分布式能源发电技术具有能效高、清洁环保、削峰填谷等优点，目前已经在发达国家获得了广泛应用。对我国而言，当前发展天然气分布式能源发电更加具有重要的现实意义。

（一）天然气将是我国一次能源的重要补充

在我国城镇化和工业化快速发展背景下，未来较长一段时期内，我国能源需求将保持高速增长态势，能源供需矛盾将日益突出。据研究，2020 年我国一次能源消费量可能达到 46 亿—48 亿吨 tce，2030 年或将增长至 52 亿—54 亿吨 tce。在能源供应方面，非化石能源短期内难以大规模应用，化石能源仍将是能源供应的主体。根据中国工程院研究，考虑资源储量、安全生产、水资源等生态环境综合约束，我国煤炭年产能应不超过 27 亿吨 tce；石油资源又非常有限，年产量仅能维持在 2 亿—2. 5 亿吨 tce 范围。因此，具有清洁特点的天然气已经成为保障能源供应、优化能源结构最有效、最现实的选择。在资源保障方面，我国天然气储藏比较丰富，常规天然气地质资源量为 52 万亿立方米，最终可采资源量约 32 万亿立方米，还有丰富的煤层气资源和页岩气资源。近年来，我国在气源进口方面也取得了较大进展，可以为天然气发展提供支撑。

（二）天然气分布式能源将对我国节能减排产生巨大助推作用

提高能源效率、降低污染物和温室气体排放是当前我国能源发展面临的关键问题。特别是2012年底以来我国连续出现大规模雾霾天气后，能源的清洁、高效利用更成为全社会普遍关注的热点。而天然气分布式能源具有显著的节能效果，其综合能效在70%以上，较燃煤发电机组40%左右的效率有明显提高。此外，天然气分布式能源具有规模小、模块化、分散式的特点，可在负荷中心直接匹配用电需求，无需依托大电网进行远距离传输，能够大大降低线损。同时，以天然气为原料的分布式发电技术也可大大降低 CO_2 和污染物排放，环保效益十分突出，如表1所示。

表1　燃煤发电和天然气发电的大气污染物排放比较

排放物（g/kWh）	燃煤发电	天然气发电
SO_2	0.42	—
NO_X	0.598	0.253
烟尘	0.259	—

注：以脱硫率90%计。

（三）分布式供电模式将显著提高电网和天然气管网的安全性与稳定性，具有“双向调峰”作用

目前我国以大机组、大电网、高电压的集中式供电模式为主，电网系统构架复杂，调峰成本较高，难以有效消纳风电、光伏发电等间歇式能源。天然气分布式能源的发展为缓解上述问题带来了机遇。一方面，天然气分布式能源规模可大可小，可以在负荷中心有效匹配用电需求，有利于维持电网的稳定性；另一方面，其具有启停迅速、可调节、有限中断的特征，具备良好的调

峰性能，是理想的“黑启动电源”。此外，冷热电三联供中的冷、热副产品可有效替代电空调、电制热等负荷，也能间接起到“移峰填谷”作用。

天然气分布式发电对调节天然气管网负荷峰谷差也有帮助。受气候影响，我国各地天然气季节性需求极不平衡。例如，两湖地区天然气负荷的季节性峰谷差约为2∶1，华北地区约为7∶1，北京可达10∶1。巨大的峰谷差导致天然气保供难度大、成本高。因此，采用灵活可调节的天然气分布式供应，可消减天然气管网的峰谷差，不仅增加气网安全性，还可大大减少天然气地下储气库数量，进而减少投资。

基于此，2011年10月，国家发改委等四部委颁布《关于发展天然气分布式能源的指导意见》，提出“十二五”期间我国将建设1000个左右天然气分布式能源项目，2020年全国规模以上城市推广使用分布式能源系统，装机规模达到5000万千瓦。一些电力、燃气、石油等产业集团正在制定分布式能源产业的发展战略，纷纷成立各种形式的能源服务公司。

二、当前天然气分布式能源发展面临定价机制不合理等诸多因素制约

但在实践中，目前国内天然气分布式能源并没有形成蓬勃发展之势，具体项目的投入运行以及筹备上马并没有预期的那么理想。受多种因素影响，目前我国已建成的40多个天然气分布式能源示范项目中，约半数在运行，半数因电力并网、效益或技术等问题处于停顿状态。究其原因，主要存在“思想认识不到位、社会认知度低，法规不完善、机制不适应，优惠政策不配套、指

导意见无法落实，定价机制不合理、企业运营成本过高”等几大制约因素。在这些制约因素中，“定价机制不合理、企业运营过高”是最关键的因素。

（一）设备主要依靠进口，固定投资以及运行维护成本过高

我国目前还难以实现分布式能源成套设备自主生产，关键设备和控制系统仍需进口。据报道，目前天然气分布式能源项目一般采用进口发电机组，约占总投资的30%—50%。国产化机组较进口价格低20%—40%，相当于降低项目总投资约6%—20%。同时，由于分布式能源是新技术，本地化的工程师与高级技工比较稀缺，天然气分布式能源项目安装、运行维护成本的变化范围也很大，特别是对一些不太成熟的技术，安装、运行和维护成本可占其设备成本的30%。根据我们实地调研，国内一个示范性项目每年光设备的运行与维护成本就达到2200万元。

（二）燃料成本过高，与火电相比无明显的价格优势

首先，从天然气供应情况看，未来我国天然气供应存在一定的缺口，目前只有北京市天然气的供应最有保障，上海、广东等地都非常紧张。只有长期足够的天然气源保障供应，推广应用分布式项目才有可能。其次，天然气燃料成本占天然气分布式能源成本比重很大，大约为70%—80%。天然气价的波动对分布式能源的经济效益影响非常大，且有机构预测未来国际气价波动性较大，国内气价也存在长期上涨的趋势。天然气市场未来风险和不确定性使推广应用分布式能源可能潜伏着危机。再加上天然气供应企业相对垄断，天然气分布式能源企业与供气企业谈判降低价格的难度较大。如果企业燃料成本降不下来，其所发电力上网价格肯定要远远高于火电、水电价格，其经济优势得不到体现，不

利于推动其发展。

（三）国家还未出台标杆价格政策，分布式能源产品定价机制不合理

目前国内火电、水电上网价格的制定有明确的测算标准和公式，对于利用光伏等可再生能源发电的上网价格也有明确的标杆价格政策和补贴措施。例如，2013 年 8 月国家出台《关于发挥价格杠杆作用促进光伏产业健康发展的通知》（发改价格［2013］1638 号），明确对光伏电站实行分区域的标杆上网电价政策。根据各地太阳能资源条件和建设成本，将全国分为三类资源区，分别执行每千瓦时 0.9 元、0.95 元、1 元的电价标准。对分布式光伏发电项目，实行按照发电量进行电价补贴的政策，电价补贴标准为每千瓦时 0.42 元。而对于天然气分布式能源所产生的上网电价至今还没有明确的标杆价格政策和补贴措施，其价格也不能由企业自主定价，受政府管制。另外，天然气分布式能源所生产的另外两种产品——热和冷，尽管目前已被认定为商品，但仍未实行真正的市场定价，其出厂价格则由政府定价或政府指导价，所以当上游原料、人工成本上涨时，下游的热和冷价不动，势必会带来较大的矛盾。

三、天然气分布式能源上网电价的测算

（一）测算方法的确定

由于目前国家还没有出台具体的天然气分布式能源上网电价测算标准，我们只能以火电上网电价测算公式为参考。国内对火电上网电价的测算主要有两种方法：还本付息法和经营期电

价法。

1. 还本付息法

也叫成本加成法。即在还贷期间按满足还本付息需要的原则核定上网电价，具体计算方法是：上网电价 =（发电成本、费用 + 发电利润 + 发电税金）/厂供电量。其中，发电成本、费用 = 生产成本 + 财务费用。

（1）生产成本包括燃料成本、水费、材料费、折旧费、工资福利费、大修理费、购电费和其他费用等项目。

（2）财务费用包括长期贷款利息 + 流动资金贷款利息 + 当年汇兑损益分摊额。

（3）发电利润包括企业用于归还贷款本金的利润和投入的资本金应取得的合理收益。即：发电利润 = 还贷利润 + 资本金收益。

还贷利润 =（当年应还贷款本金 - 当年折旧可用于还贷数额）/（1 - 所得税率）。目前规定当年折旧可全部用于还贷，如果当年折旧额大于当年应还贷款本金，则还贷利润为零。

资本金收益 =（资本金 × 资本金收益率）/（1 - 所得税率）。

（4）发电税金包括发电环节增值税、城建税和教育附加等。计算公式为：发电税金 =（发电成本、费用 + 发电利润）× 增值税率 ×（1 + 城建、教育附加税率）- 进项税抵扣额 × 城建、教育附加税率。①

① 有些专家认为，发电税金计算公式 = [（发电成本、费用 + 发电利润）- 进项税抵扣额] × 增值税率 ×（1 + 城建、教育附加税率）中，成本中含进项税，本身就会出现一个错误，即成本被高估，按成本 + 利润 + 税金计算的价格多了“进项税”。另外，城建、教育附加税基是应缴增值税而不是销项税，公式计算以销项税作税基，是另一错误。因此，本报告沿用上面的公式，假定成本中不含进项税，且考虑了城建、教育附加税是以应缴增值税为基础征收，更科学。当然该公式也存在一定的缺点，因为它没有考虑附加项本身对销项税的影响。

2. 经营期电价法

经营期电价法是在综合考虑电力项目经济寿命周期各年度的成本和还贷需要的变化情况的基础上，通过计算电力项目每年的现金流量，按照使项目在经济寿命周期内各年度的净现金流量能够满足按项目注册资本金计算的财务内部收益率为条件测算电价的一种方法。计算公式如下：

$$NPV = \sum_{t=0}^{N} [(CI_t - CO_t) * (1+i)^{-t}] = 0$$

其中，CI_t 为第 t 年现金流入，CI_t = 销售收入 + 固定资产回收 + 流动资金回收 + 其他现金流入，其中销售收入 = 厂供电量 * 上网电价。

CO_t 为第 t 年现金流出，CO_t = 长期投资中的资本金投入 + 流动资金中的自有资金 + 经营成本（不含折旧费的发电成本） + 长期负债的本金偿还 + 流动负债的本金偿还 + 利息偿还 + 增值税 + 所得税 + 职工奖励及福利基金 + 其他支出。

NPV 为净现值；$CI_t - CO_t$ 为净现金流量；n 为折现年限；t 为经营年限；i 为资本金财务内部收益率，指电力项目在经营期内，各年净现金流量的现值累计为零时的折现率。

（二）测算结果

我们以国内某天然气分布式能源示范项目为例，利用他们的基本技术参数，采用还本付息法和经营期电价法分别测算上网电价。

1. 基本技术参数[①]

项目总投资 12.87 亿元，其中资本金 2.57 亿元；装机容量

① 为保护该示范项目的商业机密，我们对基本技术参数做了模糊和笼统处理。

为3×60MW；上网电量8.62亿千瓦时；设备利用小时5500小时；生产成本7.4亿元，其中燃料成本5.68亿元；期间费用5550万元；冷热收入2.37亿元，还贷期限15年；经营期20年；税率和利率按照国家规定的标准执行。

2. 测算结果

按照“所发电量全部上网”以及“自发自用、多余电量上网”的思路，采用“还本付息法”与“经营期电价法”计算上网电价结果见下表2。

表2　某示范项目不同方式、不同上网电量测算电价结果

单位：元/千瓦时

方式	电力电量	还本付息法（元/千瓦时）			经营期电价法（元/千瓦时）
		前15年	后5年	20年经营期平均	
全部上网	86187	0.8453	0.6758	0.8029	0.8025
多余上网	74687	0.8497	0.6540	0.8008	0.7954

从表2可以看出，两种不同的测算方法，采用基本一致的参数，并且测算的价格都能够满足示范项目正常运行及投资者取得合理收益的需要。如果采用还本付息法测算，在前15年还贷期间，无论是全部电量上网还是多余电量上网，都要比采用经营期电价法测算的结果高（分别高0.0428元钱和0.0543元钱），但在还贷后5年期间，电价分别低0.1267元钱和0.1414元钱。在整个20年的经营期限内，全部上网时要比采用经营期电价法测算的结果每千瓦时稍微高出0.0004元；多余上网时比采用经营期电价法测算的结果每千瓦时稍微高出0.0154元。可见，两种计算方式测算的结果基本差不多。考虑到当前国内对火力发电上

网电价的测算一般以还本付息法测算，因此建议上述示范项目上网电价整个20年经营期内为0.8029元/千瓦时。或者，在前15年核定在0.8453元/千瓦时，后5年核定在0.6758元/千瓦时。

3. 敏感性分析

为分析项目经营风险和为上网电价核准制定做参考，将总投资、天然气价格、上网电量、直供蒸汽、供冷以及生活热水单价作为敏感性因素，投资财务内部报酬率为8%，上网电量为8.6187亿千瓦时，其他参数不变时，对上网电价进行单因素敏感性分析。结果见表3。

表3　某示范项目各种因素敏感性系数表

变化因素	变化幅度（%）	上网电价（元/千瓦时）	与基本方案比较相应增减	敏感性系数
基本方案	—	0.8029	0	0
总投资	增加10%	0.8114	0.0085	0.1059
	减少10%	0.7945	-0.0084	-0.1046
上网电量	增加10%	0.7300	-0.0729	-0.9080
	减少10%	0.8921	0.0892	1.1110
天然气价格	增加10%	0.9013	0.0984	1.2256
	减少10%	0.7255	-0.0774	-0.9640
直供蒸汽价格	增加10%	0.8015	-0.0014	-0.0174
	减少10%	0.8043	0.0014	0.0174
供冷价格	增加10%	0.7773	-0.0256	-0.3188
	减少10%	0.8286	0.0257	0.3201
生活热水价格	增加10%	0.8024	-0.0005	-0.0062
	减少10%	0.8034	0.0005	0.0062

注释：敏感性系数为负数表示结果与变化因素呈反向关系，正数表示呈正向关系。

由表3可知，通过降低总投资、增加上网电量、降低天然气价格、提高直供蒸汽、供冷、生活热水价格等方式都可以降低上网电价，敏感性系数从大到小排列依次是天然气价格、上网电量、供冷价格、总投资、直供蒸汽价格和生活热水价格。因此，要降低天然气分布式上网电价，最重要的是降低天然气等燃料价格。

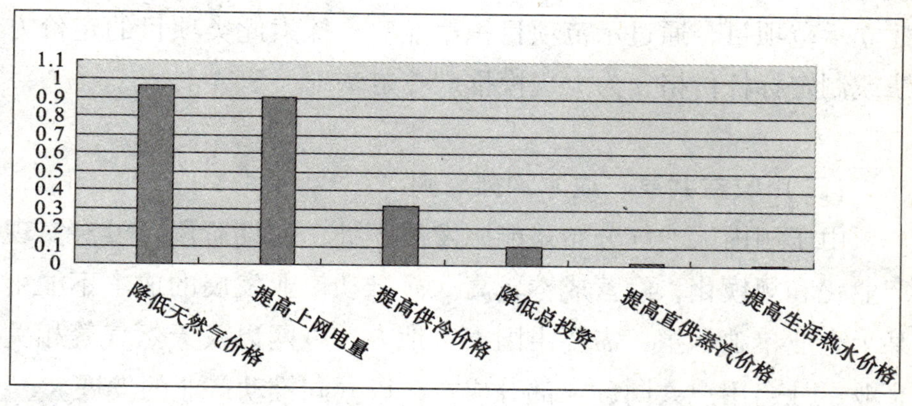

图1　各影响因素对降低上网电价的敏感性系数

四、天然气分布式能源上网电价制定应遵循的原则

（一）保本微利、积极培育原则

保本微利是每一个企业维持生存并进一步发展的基本原则，天然气分布式能源项目也是如此。当前国内天然气分布式能源发电项目中相当一部分处于亏损状态，原因在于燃料和运行成本过高，如果上网电价太低，将会导致企业入不敷出、亏损经营，不

利于该技术的推广和产业长远发展。

（二）先行先试、以点带面原则

目前国内对天然气分布式能源上网电价制定还没有明确的方法和政策，作为发展天然气分布式能源的先行者和开拓者，应允许在经济发达、能源品质要求高的地区（包括国家规划设立的生态经济区等）或天然气资源地鼓励采用天然气分布式能源技术，建立示范项目，通过示范项目积累经验，探索此类项目的定价方法或制定标杆价格，为大规模推广奠定基础。

（三）收益共享、成本均摊原则

由于国内天然气分布式能源发展还处于初期阶段，没有实现产业化和规模化，经营成本较高。而推动产业发展的成本不能由某个企业单独承担，需要由国家、地方、电网以及天然气等相关企业、社会用户共同分摊部分成本，以共同推动产业的发展。

（四）合理补偿原则

天然气分布式能源效率利用率高，可有效节约能源消耗，且对环境的污染相比传统的集中式燃煤发电要小很多，能够保护环境，还能改善当地电网运行条件，具有较好的社会效益，这些效益对社会来说是正外部性效益，由整个社会所共享。对此，国家应代表社会公众从全社会公共基金中拨付一部分来“购买”这部分价值，或者给予合理补贴加以补偿，

（五）优质高价原则

天然气分布式能源是利用清洁能源进行发电，对政府来说是一种优质能源，应树立优质高价原则，不能与常规的火力发电上

网电价简单对比。应该接受此种观点，即如果考虑到其能源利用效率高、污染排放少、用户成本低等特点，则燃气的综合效益要远高于燃煤，因此天然气分布式能源上网电价高于火电是正常的。

五、天然气分布式能源上网电价制定的对策建议

对于当前天然气分布式能源上网电价制定，政府决策部门可采用短期临时价格的方式制定，即从“国家、地方、天然气供应企业、电网企业”四方入手，着眼于国家节能减排大局，以消价疏导、天然气价格优惠、财政补贴、提高供冷价格等方式制定相应价格。但要想从根本上解决天然气分布式能源发展的价格问题，建立起支持其发展的长效机制，则必须完善天然气分布式能源的价格机制和配套政策。

（一）对该示范项目的临时价格政策建议

1. 不给予财政或其他补贴，全网消价疏导。上网电价应为0.8029元/千瓦时，所带来的电价上涨由电网企业全部承担。

2. 其他条件不变，给予气价优惠。如果天然气价格每立方米能够优惠5分钱，上网电价在现有基础上（0.8029元/千瓦时）可以下降1.68分/千瓦时；优惠1角钱，上网电价下降3.365分/千瓦时。

3. 其他条件不变，给予投资补贴。按装机规模补贴，若每千瓦补贴500元，上网电价为0.7970元/千瓦时；若每千瓦补贴1000元，上网电价为0.7912元/千瓦时。

4. 其他条件不变，给予电价补贴。如果参照北京补贴标准0.07元/千瓦时，上网电价应为0.7329元/千瓦时。

5. 调整可再生能源发展基金。从可再生能源发展基金中拿出部分资金直接对天然气分布式能源直接进行补贴，也可降低上网电价。

地方政府可根据自身财力和能源发展目标，选择其中一条或几条给予政策扶持。

（二）对我国天然气分布式能源发展的长效价格机制建议

以上临时价格政策是基于政府强力支持的短期优惠政策，行政色彩较浓。从长远看，天然气分布式能源的定价应充分考虑资源节约、环境友好、移峰填谷等外部效应，侧重依托市场机制来解决目前面临的高成本问题，具体建议如下：

1. 实施折让气价和峰谷气价。针对终端用户在用气规模、负荷时段的差异，制定差别化的价格政策，相对公平地分担供气成本，并引导天然气节约、高效、有序消费。一是贯彻《关于发展天然气分布式能源的指导意见》中对分布式能源给予价格折让的要求，考虑分布式能源削峰填谷的特点，在确定气价时给予价格折让。二是实行峰谷分时气价，优化资源的配置，提高天然气管网的供气安全性。

2. 上网/直供分别计价，将环保效益纳入电价。将分布式能源电价划分成基本电价、环保电价、辅助服务电价三部分。基本电价参考当地燃煤发电上网电价；环保电价则体现天然气的清洁高效特点，计入替代燃煤而减排污染物的环保价值（据测算，根据各地气价和环境情况不同，约为0.25—0.30元/千瓦时）；辅助服务电价为天然气分布式能源参与电网调峰或作为“黑启动电源”的服务费用。对于直供用户电价，应适当低于电网的零售电价，由买卖双方自由协商，当地物价部门监督。

3. 以冷热收益分摊运营成本。冷热产品是天然气分布式能源利用的重要产出，合理制定冷热产品价格，可以有效疏导成本压力，降低销售电价。建议各地物价部门参照本地其他供冷、供热方式的成本情况，制定分布式能源冷热价格的指导价格。当地政府应在规划分布式能源项目区域后，强制引导用能企业使用集中供能，授予分布式能源投资运营企业在一定区域内供能的特许经营权。

4. 建立“气电联动”机制。燃料价格与电价之间的矛盾是天然气分布式能源发展面临的主要问题，随着我国天然气价格改革的推进，气价必然会随着市场进行调整，如果电价得不到及时疏导，必然致使天然气分布式项目重陷价格困境。建议建立“气电联动”的机制，让天然气价格的变化及时反映到电价。从中长期看，如果天然气价格降低，则相应电价也应联动下降。

（三）其他配套政策建议

鉴于天然气分布式冷热电三联供模式的综合能源效率远高于其他传统能源利用方式，节能环保效果不亚于目前常见的新能源，建议在配套扶持政策制定上将天然气分布式能源视同新能源对待。

1. 加强统筹规划，引导产业发展

加强国家宏观层面统筹管理，按照“政府主导、企业主体、规划先行、市场导向、试点先行”的原则，进一步细化天然气分布式能源发展战略，完善产业政策，并从宏观层面掌控好发展方向和发展速度。各地方政府应对国家规划进行细化落实，将分布式能源发展与本地区能源规划有机结合。

2. 完善法律法规建设，突破现行体制障碍

应及早将《电力法》修订纳入日程，修改“一个供电营业区只允许有一个供电主体”的相关限制条款，鼓励分布式能源的电能就近消纳、多余上网。尽快制定分布式能源接入电网管理办法，明确并网发电申请文件范本及审批程序等；制定电量计量和调度管理办法，对电量双向计量方式、计量表性能及电价结算方面提出要求并严格执行。

3. 构建技术标准，指导规范建设

结合我国具体的资源环境、自然条件和电网条件，构建分布式能源行业的标准体系。规范关键设备和系统在设计、制造、检验、运行、维护等各环节的技术指标，制定相关技术设备的市场准入规范。

4. 突破技术瓶颈，实现降本增效

一是加强燃气轮机等关键技术研发，尽快突破相关热部件和联合循环运行控制等核心技术，推进设备国产化。二是加强低压配电网的信息化控制、流量平衡控制、智能保护系统、微网智能管理与控制系统等微型智能电网关键技术研究，突破微电网自愈控制、智能互动用电及需求相应等技术，为分布式电源接入电网提供全面支撑。

5. 给予财税优惠政策，降低企业运营成本

一种方案是补贴项目投资。根据项目综合能源利用效率分档制定补贴标准，建议平均额度为1000 元/千瓦，可结合各地经济发展水平适当调整，项目投产后有三年监管期，如效率不能达标，则收回补贴。另一种方案是对天然气分布式能源项目给予税收优惠。对进口分布式能源关键设备予以关税减免，对运营项目根据综合能效予以增值税分档返还。

6. 鼓励上中下游各方参与，促进深度合作分化组合

鼓励中央电力、能源企业参与分布式能源项目的建设，并调动地方资本参与积极性，使产业链各环节主体共同参与，实现利益共享、成本分摊。大力扶持专业化的能源服务公司，促进分布式能源项目的优化运行，提高产品价格竞争力；发展一批除现有大型电力设计院以外的分布式能源专业化咨询设计机构。

7. 加快示范试点建设，不断完善政策体系

建议在经济发达、天然气充足的城市，加快建设一批分布式能源示范项目，总结运营管理经验，推进相关标准体系建设，为促进分布式能源规模化、规范化发展创造条件。

The Suggestions about Feed-in Tariff in Natural Gas Distributed Energy of China

Jing Chunmei　Liu Manping　Miao Ren　Qing Feng

Abstract: Natural gas distributed energy is a vital way of improving China's energy structure and promoting energy-conservation and emission-reduction, the unreasonable pricing mechanism, nonetheless, is the key factor restricting the development of natural gas distributed energy. By using a particular type of natural gas distributed energy pilot project as an example, this paper calculated the Feed-in Tariff Benchmark of domestic natural gas distributed energy, analyzed the major factor affecting electricity price and made several recommendations on pricing measures and accompanying policy.

Keywords: Natural Gas　Distributed Energy　Feed-in Tariff　Solutions

后记：感恩

《全球要事报告（2013—2014）》的出版，是在全国博士后管委会和中国国际经济交流中心的指导和支持下，由中国国际经济交流中心博士后站牵头研究、组织和编写，国家信息中心博士后站等单位参加，时事出版社编辑出版。《全球要事报告（2013—2014）》的主要观点和内容，先后3次专家会议闭门研判。总论“全球新格局”是在专家研讨基础上，综合各篇的观点，由主编撰写而成，缺点错误在所难免，敬请学养深厚的读者批评指正，以便改进，在此致以崇高的敬意！感谢国家人社部领导和全国博士后管会领导的支持和帮助！感谢中国国际经济交流中心领导和国家信息中心领导的指导和关怀！感谢中国科学院、中国社会科学院和中国工程院的领导、专家和学者，为《全球要事报告（2013—2014）》的设计、研究、组织和编写等的建议及贡献！感谢时事出版社为《全球要事报告（2013—2014）》出版付出的辛勤劳动和高水平的编辑工作！

《全球要事报告（2013—2014）》主要资料来源于中国博士后基金项目，全国博士后管委会数据库，全国博士后管委会组成单位及有关部门，外交部、人社部、发改委、财政部、教育部、科技部、中国社科院、中科院及中国国际经济交流中心等数据库、国家信息中心及门户网站数据和文献，IMF官方网站、世行官方网站、WTO官方网站、美国经济分析局官方网站、欧盟各国官方网站、德国统计局官方网站、美国国家图书文库、欧盟经济文库、百度文库、维基文库、日本通产省官方网站、路透社官方网站等，中国网、中经网、中国国家图书馆文库、中国社会科学院文库、马克思主义文库、中国教育论文库、中国科学院文库、经济学文库、西方经济学文库等，牛津大学论文库、哈佛大学论文库、哥伦比亚大学论文库、大百科全书文库、世界史文库、世界经济史文库、清华大学论文库、北京大学论文库、中国人民大学资料中心等数百家文库及官方网站的文献和数据。

全书通稿由王宪磊、王晶、张焕波和吕欣完成。由于水平有限，错误不足之处敬请各位领导、专家和学者批评指正！我们将不断改进研究工作，提高研究质量，努力做出好的研究成果。

编写组

2013 年 11 月 19 日

图书在版编目（CIP）数据

全球要事报告（2013/2014）/ 王宪磊主编. —北京：时事出版社，2014. 1

ISBN 978-7-80232-675-0

Ⅰ. ①全… Ⅱ. ①王… Ⅲ. ①时事评论—世界—2013～2014 Ⅳ. ①D5

中国版本图书馆 CIP 数据核字（2013）第 318335 号

出 版 发 行：时事出版社
地　　　址：北京市海淀区巨山村 375 号
邮　　　编：100093
发 行 热 线：（010）82546061　82546062
读者服务部：（010）61157595
传　　　真：（010）82546050
电 子 邮 箱：shishichubanshe@ sina. com
网　　　址：www. shishishe. com
印　　　刷：北京百善印刷厂

开本：787×1092　1/16　印张：33　字数：396 千字
2014 年 1 月第 1 版　2014 年 1 月第 1 次印刷
定价：98. 00 元
（如有印装质量问题，请与本社发行部联系调换）